U0089769

中國學術思想研究輯刊

六　編

林　慶　彰 主編

第21冊

晚明心學思潮與士風變異研究

李 興 源 著

花木蘭文化出版社

國家圖書館出版品預行編目資料

晚明心學思潮與士風變異研究／李興源 著 — 初版 — 台北縣永和市：花木蘭文化出版社，2009〔民 98〕

目 4+334 面；19×26 公分

（中國學術思想研究輯刊 六編；第 21 冊）

ISBN：978-986-254-072-5（精裝）

1. 明代哲學 2. 知識分子

126 98015324

ISBN - 978-986-2540-72-5

中國學術思想研究輯刊

六 編 第二一冊 ISBN：978-986-254-072-5

晚明心學思潮與士風變異研究

作 者 李興源

主 編 林慶彰

總 編 輯 杜潔祥

出 版 花木蘭文化出版社

發 行 所 花木蘭文化出版社

發 行 人 高小娟

聯絡地址 台北縣永和市中正路五九五號七樓之三

電話：02-2923-1455 ／傳真：02-2923-1452

網 址 http://www.huamulan.tw 信箱 sut81518@ms59.hinet.net

印 刷 普羅文化出版廣告事業

封面設計 劉開工作室

初 版 2009 年 9 月

定 價 六編 30 冊（精裝）新台幣 50,000 元

晚明心學思潮與士風變異研究

李興源　著

作者簡介

李興源

學歷：

國立高雄師範大學國文系學士

國立高雄師範大學教育研究所碩士

國立高雄師範大學國文系博士

經歷：

高雄市高雄中學教師、組長

高雄市小港高中主任、校長

現職：

高鳳數位內容學院助理教授

著作：

劉蕺山教育思想之研究（碩士論文）

晚明心學思潮與士風變異研究（博士論文）

劉蕺山「誠意之學探析」（《中國國學》第十七期）

宋明新儒學哲理化述要（高雄師大國文系《問學》第四期）

提　　要

本論文探討晚明心學思潮與士風變異兩個變項，一方面闡述各自的衍化，另方面剖析其交互作用，最後闡明其對整個時代風氣之影響。

明代自神宗萬曆起，衰兆漸趨明顯，皇帝荒廢政務、貪婪無度，仕宦集團朋必黨爭、徇私內耗，政府機制毀壞，社會價值崩解，至思宗崇禎十七年（西元 1644），明代淪亡。其間質變過程，本論文將引用史典，考索別見，宏觀時局，微觀士人，詳加論述。

史家認為「明之亡，實亡於神宗」，蓋晚明政治，自萬曆十四年，皇三子出生後，「立國本」之爭議幾乎貫串整個萬曆朝；社會則是一個「民貧世富」的時代；文化上是儒、釋、道及西方天主教之間互斥互納的過程。學術思潮由理學到心學的震盪，加入了釋道的哲理及自我深化的探究。而陽明心學強調「心」的無所不包，「良知」的無所不能，王門後學據此發揚，尤其王畿一系及王艮的泰州學派，擴張了陽明心學影響的範圍，卻也導致末流之恣肆空疏。

晚明士人生存在一個詭譎多變、失節失序的政治環境中，必須面對並選擇自己所安的生存樣貌。對於為政任事、行止出處、人生受用都需要重新斟酌。要折衝廟堂或退隱山林；要堅持士人之道或屈服皇帝之勢；要爭是非或爭立場；要繼續廟堂文學，或走向性靈的範疇等等，對於當時士人是一項嚴峻的考驗。

晚明是一個由輝煌走向頹敗的時代，也由頹敗醞釀另一開始的契機，如狄更斯《雙城記》裏所謂：「這是一個最壞的時代，也是一個最好的時代。」晚明如此，現代也如此。如果這種時代的到來是歷史的偶然，那麼，就思考如何避免發生；如果是歷史的必然，就思考如何有效救治。

目次

第一章　緒　論

當十四世紀中葉（西元 1368 年），大明帝國誕生，此時正是歐洲文藝復興萌芽，而當十六世紀，歐洲已擺脫中世紀向近代邁進的時候，大明帝國呈現的是社會極端富裕奢侈，但官僚體系則極端昏庸腐敗，終於十七世紀中葉（西元 1644 年）結束王朝。而東西雙方出現一個共同的現象，就是不再盲目接受所謂的「美德」，開始對舊事物發生疑問，並尋求答案。這種新的精神，歐洲稱爲「人文主義」，晚明被視爲「異端」，人文主義推動著文藝復興往光明的方向前進；異端則在衝撞體制的過程，消失在明清之際，大明帝國換成大清帝國後，代表社會希望的「士人」，又回到訓詁考據的老路。

明朝這段歷史，擁有最璀璨的文化、最富裕的商業貿易、最強大的中央集權跟官僚體制，〔註 1〕但經過兩百七十六年，終告殞落。本來是一個大有爲的時代，何以致此？尤其，到了晚明，自由經濟萌發，平民意識覺醒和人文主義上揚。於是在政治、經濟、思想、文化等諸多領域內，產生了深刻的變化，這些變化爲什麼不是提升，而是沉淪，就必須考察這些變化，如何影響當時的士風與文風，特別是由士人集團包括皇帝在內的統治階層，他們的心術和作爲到底出了什麼問題。

自孔子開始，經世理念並未把義利對立，其推行「仁政」，首倡「足食、足兵」。孟子與梁惠王論義利時，告訴惠王：「王何必曰利，亦有仁義而已矣。」〔註 2〕王不必曰利，並不等於民不必曰利，因爲王已擁有天下，應胸懷仁義，

〔註 1〕有關明代都會工商業之興盛與中央集權之改革，可參夏咸淳先生《晚明士風與文學》一書，北京：中國社會科學出版社，1994 年，頁 9～16。

〔註 2〕《孟子・梁惠王上》。

如此，百姓才能獲得最大的利益，他也具體的談百姓之基本利益：

> 五畝之宅，樹之以桑，五十者可以衣帛矣！雞豚狗彘之畜，無失其時，七十者可以食肉矣！百畝之田，勿奪其時，數口之家可以無飢矣！謹庠序之教，申之以孝悌之義，頒白者不負戴於道路矣。七十者衣帛食肉，黎民不飢不寒，然而不王者未之有也。〔註 3〕

孟子認爲樹桑、育畜、耕田等，如能依時而進，百姓就能免於饑荒，老者更能「衣帛食肉」，人民生活安樂，君王權位自可安定。自漢朝起，董仲舒提倡「正誼不謀利」，上位者提倡，下必有甚焉者，此後，只談道與義，羞言功與利，形成以義爲尙，以利爲俗之觀念，談利遂成避諱。至宋，雖有永嘉學派葉適，重視事功之學，並與朱熹（晦庵）理學、陸九淵（象山）心學成鼎足之勢，但功利之說終未盛行，朱熹理學遂成官學。

朱熹理學被定爲明代科考之範本，「述朱」蔚爲風氣，但其推衍旣久，逐漸變得繁複支離，陽明心學的直截簡易，應運而起，中明以後，「新建」獨領風騷。從此，程朱理學仍爲官方意識，陽明心學則在後學的講學論述中廣爲傳播。陽明學說之所以能發揚甚至變異，端賴兩大弟子王畿（龍溪）、王艮（心齋）的勤於講學、勇於創新之影響。龍溪發揮「利根」思想，以「無善無惡」爲論述重點，開啓與禪學合流之契機，也留給程朱後學攻擊之口實；心齋則提出「百姓日用之學」，成爲學術思想史上一個重要命題，把學術引向平民化、生活化。而其另一重要影響，則在其心雄志高的的氣概，開創泰州學派的英雄路線。但是，晚明心學逐漸趨於疏闊恣肆、空虛玄妙，而明朝命脈亦於此時趨於風燭之危，因而，心學思潮被認爲是國運衰亡的主因，這是一個歷史的誤會，本論文試著加以釐清。

第一節　研究動機與目的

學術遞嬗更易，猶如鐘擺兩端，其內部本已蘊含反動力量。因此，從南宋至中明，晦庵理學流行而象山心學隱晦；中明以後，陽明心學流行而晦庵理學隱晦；至明清之際，晦庵理學復甦，研究的方向與重點，逐漸由見性明理（內聖）轉到民生日用（外王）。亦即，由學術的心性之學擴及攸關國計民生的實學。但是，明清之際學者包括清初一些大儒，每每以空疏淺薄來論定

〔註 3〕《孟子・梁惠王上》。

晚明學者的學術成就。如顧炎武（亭林）批評說：「以無本之人而講空虛之學，吾見其日從事於聖人，而去之彌遠也。」〔註4〕其實，晚明文士除文章出眾外，亦懷經世之志，如湯顯祖，雖後人「但賞其詞曲而已」，〔註5〕但其泛覽百家，精通五經史學外，並精研「天官、地理、醫藥」〔註6〕等實務。再如馮夢龍（猶龍），在壽寧縣任內，曾修纂《壽寧縣志》，〔註7〕綜練實事，也長於史學，王挺說他「上下數千年，瀾翻廿一史。」〔註8〕著成《春秋衡庫》一書。又如張岱（陶庵），人或記其「少爲紈絝子弟，極愛繁華」〔註9〕的輕狂形貌，但隨著明亡，榮景成空，鼎食頓成風露，遂苦心著述，完成《石匱書》、《夜航船》等卷帙浩繁的巨著，更見其孤詣之心志。

其次，從文學表現而言，《四庫全書總目》編者對晚明公安派與竟陵派訾議最多，在袁宏道（中郎）和鍾惺（伯敬）著作下，指爲「輕佻放誕」、「矜其小慧」、「掉弄聰明」等等。甚而認爲鍾惺詩文「纖佻詭僻，破壞風氣」，〔註10〕是明亡國之原因，〔註11〕如此論斷，似已流於羅織因果。就鍾惺論政部分觀之，他曾說：「使臣子於國家做得一事便是一事，國家於臣子收得一利便是一利耳。」〔註12〕又說「衣食屋居城垣，凡有國者皆事其事，不必爲盜與虜也。不幸而欲當盜與虜，則溫飽安全之民猶可往，而無衣食屋居城垣之民不可往者，是爲國者之所深念也。」〔註13〕他的「經世」作爲明顯可見。如袁宏道，博覽經史百家，又融通心學、佛學、老莊之學。「上下千古，不作逐塊觀場之見。」〔註14〕他在擔任吳縣縣令時，政績卓著。亦即文藝與經世本可並行不悖，責文藝之華

〔註4〕《顧亭林詩文集・與友人論學書》。

〔註5〕《湯顯祖詩文集》附錄，錢謙益撰〈湯遂昌顯祖傳〉。

〔註6〕同前，鄒迪光撰〈臨川湯先生傳〉。

〔註7〕《志》中所載：「疆域」、「城隘」、「學宮」、「土田」、「户口」、「賦稅」、「積貯」、「兵壯」、「獄訟」、「鹽法」、「物產」、「風俗」、「歲時」諸項，件件皆關切民事。

〔註8〕《挽馮猶龍》，見《馮夢龍詩文集》。

〔註9〕《瑯嬛文集・自爲墓誌銘》。

〔註10〕清朝《軍機處奏准全毀書目》對鍾惺《隱秀軒集》的評論：「（鍾）惺詩文纖佻詭僻，破壞風氣，本無足取，詞句內亦有悖犯處，應請銷毀。」

〔註11〕朱彝尊先生，把明之覆亡歸咎於鍾惺：「國之將亡，必有妖孽，非必日蝕星變，龍漦鸝禍也，爲詩有然。萬曆中竟陵……取名一時，流毒天下，詩亡而國亦隨之矣。」

〔註12〕《隱秀軒集》卷二八，〈與袁滄孺論楚中鹽貴書〉。

〔註13〕同前卷二三，〈善爲國者取於人事〉。

〔註14〕《珂雪齋集》卷十八。

麗為處世之輕佻，猶責月亮不放出太陽的光芒，本不相屬，硬要牽連，亦本論文期以辨明者。

最後，處於正嘉時期的陽明，曾描述當時政治環境：「仕途如爛泥坑，勿入其中」對士風則認為：「士風日偷，素所目為善類者亦皆雷同附和，以學為諱。」〔註 15〕至萬曆年間，昏君亂臣，腐蝕國政，漸露敗相，士人雖欲救治，卻流於黨爭不斷，耗損更鉅。至熹宗時，宦官壟斷君權，專以報復為能事，國事遂淪於土崩瓦解。至崇禎不過等待敗亡的結果而已。

上述士人的思想、學說、著作，皆與晚明心學思潮有關，他們除擔負著知識傳播與文化思想承傳的使命外，其身處晚明時空的心靈感受、處世心態，亦無不折射於其生活品味與舉止行為。因此，考察他們在朝廷腐壞、社會脫序、財政破敗下的尷尬境遇，所展現之舉措與理想，欲突破傳統儒教桎梏之代價，乃至於探求其精神人格，和身處其間所呈現的生活情態，以及力求解脫的途徑，對於今日處於歷史轉折處的台灣知識分子，當能提供一些安身立命的省思與啓示，此乃本論文研究旨趣之所在。

環顧當今，政治則貪腐不斷，黨爭不息；社會則功利掛帥，貧富懸殊；價值系統崩解，人民陷於徬徨。由士人集團所組成的官僚階層，其理想性、清廉度、公正性一再被質疑，相較於晚明時期，其傲慢與偏見之荼毒蔓延，實不遑多讓。因此，探討晚明這一段由興而衰的心學思潮與士風變異，期能作為人文心靈反省的借鏡；特別是理學思潮發達的當時，士人面對生死、名利、出處等重大人生問題時，以比眾生更深的思考與心理反應，是否可以做為當下政經、文化界人士的思索？

因此，本論文試著以晚明知識分子的思維——「知」做為一個切入點，以晚明充滿興衰伏流之文化發展中，士人的出處、應對、進退之「行」做為現今士人的借鏡。「知」強調心學思潮，「行」著眼於士風變異，也與陽明「知行合一」主張作一呼應，故以「晚明心學思潮與士風變異」做為研究主題！若能了解晚明士人處世的心態、人格的追求與文學創作的內涵，藉以在尙友古人之際，高大其心志，自振於流俗。尤其，士人對國家興衰，素存責無旁貸的使命感，在現實生活中，必須調適理想與現實的矛盾；經由文學作品發抒其隱微的心理。因此，擬透過典籍的閱讀思索，尋繹前賢之曲衷，所謂讀書的樂趣，不在聞名，而在於思考，此乃撰寫本論文之目的所在。

〔註 15〕《王陽明全集》卷四，〈與黃宗賢〉。

第二節　研究主題義界

一、晚明斷限

有關晚明斷限之探討，學術界素有不同看法。首先，近人嵇文甫於《晚明思想史論》言：「這樣一個思想史上的轉形期，大體上斷自隆（慶）、萬（曆）以後，約略相當於西曆十六世紀的下半期以及十七世紀的上半期。」而夏咸淳於《晚明士風與文學》則說：「時在明代嘉靖中葉以迄崇禎末世一百年間，資本主義因素萌發生長起來了，商品經濟發展很快，城市和集鎮空前繁榮。時代爲知識階層展現了一個新天地，安排了一個新環境新舞台。」〔註 16〕兩位所認爲的晚明，一在嘉靖中期、一在隆慶起始，相差約二十年，終點同樣止於崇禎末。

其次，左東嶺於《王學與中晚明士人心態》一書中，就歷史分期而言，指出「晚明」是一個比較模糊的概念，僅就其起點而言，便有多種說法，史學界也並未有定論。歸納其說，可分述如下：

其一，如從明代學術思想的發展變化而言，則以隆慶年間爲晚明之起點，《明史・儒林傳》說：「嘉、隆而後，篤信程、朱，不遷異說者，無復幾人矣。」〔註 17〕也就是說，在嘉、隆以前，陽明心學雖已出現並流行得相當廣泛，但從整體上說依然是程朱理學佔主導地位；而在此之後，王學則影響超過程朱。那麼，如何判定理學與心學在士人心中所佔地位，左東嶺認爲：「判定理學與心學之間學術影響力發生轉化的唯一標誌。恐怕應該是官方對心學的認可時間。」據此，嘉靖一朝，儘管心學在江南士人中已廣爲流行，但在嘉靖八年，世宗宣佈王學爲僞學而加以禁止，〔註 18〕到嘉靖二十六年王門弟子徐階之入內閣，此一時段可視爲是王學之挫折與壓抑期。至隆慶初，陽明之恤典被追

〔註 16〕見夏咸淳《晚明士風與文學》，北京：中國社會科學出版社，1994 年，頁 9。

〔註 17〕《明史》卷二八三，〈儒林傳〉。

〔註 18〕《明世宗實錄》記曰：「吏部會廷臣議故新建伯王守仁功罪，言：『守仁事不師古，言不稱師，欲立異以爲名，則非朱熹格物致知之論；知眾論之不予，則著朱熹晚年定論之書，號召門徒，相互倡和。才美者樂其任意，或流於清談；庸鄙者藉其虛聲，遂敢於放肆。傳習轉訛，悖謬日甚。夫功過不相掩，今宜免奪封爵，以彰國家之大信；申禁邪說，以正天下之人心。』上曰：『卿等議是。守仁放言自肆，詆毀先儒；號召門徒，聲附虛和；用詐任情，壞人心術。近年士子傳習邪說，皆其倡導。……都察院仍榜諭天下，敢有踵襲邪說，果於非聖者，重治不饒。』」（卷八嘉靖八年二月甲戌條）

補，王學也得到朝廷的承認，由此便進入其自由發展的時期，從而說明《明史》以嘉、隆爲界的本意大抵如此。

至於萬曆朝又如何劃分？撰述者各依其目的，而有不同劃分。如明史專家孟森在其《明清史講義》中，分萬曆爲三期：萬曆前十年爲冲幼期；張居正去世至四十五年爲醉夢期；四十六年以後清太祖起兵，是爲決裂期。〔註 19〕而黃仁宇將萬曆十五年，作爲神宗朝的分期標誌，甚至認爲本年乃是「歷史上一部失敗的總記錄」，〔註 20〕亦即是明代興衰的轉折點。左東嶺撰寫《王學與中晚明士人心態》，從心學與士人關係入手，則以萬曆十年張居正之死作爲標誌，將王學之發展再分爲前後兩期。自隆慶元年至萬曆十年，王學雖被朝廷解禁而有相當的發展規模，但因有高拱、張居正之限制而未徹底放開。待張居正病逝後，王陽明遂得入祀孔廟，心學乃得以在朝野流行無礙，然隨著朝政之日益變化，士人對政治遂日生厭離之感，王學由此也發生轉向，成爲士人追求自我解脫與自我適意之學問，多數士人亦將其與釋、道合而言之，公然談禪論道而無復忌諱。當時雖有東林諸子對其空虛之弊加以指責，並有後來劉宗周（蕺山）諸人起而改造之，然已難以對士人造成重大影響，則王學與士人心態之論述亦結束於此。

新近，由樊樹志撰著的《晚明史》，〔註 21〕起自萬曆元年（1573），迄至崇禎十七年（1644），是學術界認爲較爲系統論述晚明歷史的專著。這七十一年間所發生的重大問題，舉凡首輔之爭、隆萬新政、神宗與張居正的恩怨、明末三大案、東林與復社、明廷的撫與剿及戰與和、晚明中國在世界全球化經濟中的地位等，都作了精當的論述。樊樹志先生提出許多深刻獨到的觀點，凸顯萬曆以後的明代與之前的明代判若兩朝，並認爲晚明是一個可供選擇、而結果又未能改變歷史宿命的特殊階段。

〔註 19〕《明清史講義》:「明之衰，衰於正、嘉以後，至萬曆朝則加甚焉。明亡之徵兆，至萬曆而定，萬曆在位四十八年，歷時最久，又可分爲三期：前十年爲冲幼期。有張居正當國，足守嘉、隆之舊，而又或勝之。至居正卒後，帝親操大柄，泄憤於居正之專，其後專用軟熟之人爲相。而怠於臨政，勇於斂財，不郊不廟不朝者三十年，與外廷隔絕，惟依閹人四出聚斂，礦使稅使，毒遍天下，庸人柄政，百官多曠其職，邊患日亟，初無以爲意者，是爲醉夢之期。至四十六年，清太祖公然起兵，入佔遼、瀋，明始感覺，而徵兵徵餉，騷動天下，民窮財盡，鋌而走險，内外交乘，明事不可爲矣，是爲決裂之期。」(頁 246)。

〔註 20〕見黃仁宇《萬曆十五年》，頁 238。

〔註 21〕《晚明史》(上下卷）樊樹志撰，復旦大學出版社，2003 年。

綜言之，史家論晚明史通常是從神宗萬曆朝算起，原因大致是晚明的末世亂象，是從萬曆一朝肇始積聚，《明史》中說的「明之亡，實亡於神宗」，亦是此道理。〔註22〕本論文以晚明心學思潮與士風變異爲探索主題，參酌諸先進，乃以萬曆初到崇禎末，作爲晚明的主體時期。蓋萬曆朝確實是明朝國運的大轉折，其累積的惡兆，塑造了天啓朝的魏忠賢，使忠良幾乎滅絕，致「元氣盡澌，國脈垂絕。」；〔註23〕至崇禎朝，沉痾難救，思宗「非亡國之君，而當亡國之運，又乏救亡之術，徒見其焦勞瞀亂，孑立於上十有七年。而帷幄不聞良、平之謀，行間未睹李、郭之將，卒致宗社顛覆，徒以身殉。」〔註24〕故自萬曆至崇禎，是一個滅亡的因果歷程。至於文中述及萬曆之前，因其足以影響後來心學與士風之轉變故也。

二、心學商榷

所謂「心學」，陽明認爲：

> 聖人之學，心學也。心即理也。故於致知格物之訓，不得不言致吾心之天理於事事物物。……本心之明即知，不欺本心之明即行也，不得不言知行合一。〔註25〕

於此，可知晚明「心學」乃「心即理」、「致良知」、「知行合一」三者一體發明之總稱。至於「心學」精神之溯源，陽明亦曾提及：

> 夫聖人之學，心學也。學以求盡其心而已，堯舜禹之相授受曰：「人心惟危，道心惟微，惟精惟一，允執厥中。」道心者，率性之謂，而未雜於人，無聲無臭，至微而顯，誠之源也；人心則雜於人而危矣，僞之端矣。見孺子之入井而惻隱，率性之道也，從而內交於其父母，要譽於鄉黨焉，則人心矣，飢而食，渴而飲，率性之道也，從而極滋味之美焉，恣口腹之饕焉，則人心矣。〔註26〕

〔註22〕隆慶六年（1572），穆宗去世，神宗繼位，改號萬曆（1573），神宗在位長達四十八年。之後是泰昌帝明光宗（光宗在位只有一個月）和天啓帝明熹宗，這兩朝總共只有七年時期。從萬曆到天啓的半個世紀的時間，無論是在明代歷史上還是在整個中國的歷史上都是一個轉折點。

〔註23〕《明史》卷三〇九，〈流賊・前言〉。

〔註24〕同前註。

〔註25〕《明儒學案》卷一〇，〈姚江學案〉。

〔註26〕《王陽明全書》卷七，〈重修山陰縣學記〉。

陽明從「人心惟危，道心惟微，惟精惟一，允執厥中。」強調道心與人心之合一，與人心為善的可能性。顯然，王氏心學是把道統的「允執厥中」轉化為關於「人心惟危」和「道心惟微」的推定，這就在儒學道統的本體論和邏輯推定的形式上易形成本末倒置，即成為對「人心」和「道心」之「心」的研究，從而疏離了「允執厥中」，促使心學在晚明不斷衍化、轉化，也提供士風變異的充分條件。

此外，心學泰州學派代表人物——李贄，亦曾對心學發展大勢，作總括式的敘述：

> ……慈湖（楊簡）雖得象山簡易直截之旨，意尚未滿，復參究禪林諸書，蓋眞知生死事大，不欲以一知半解自足已也。至陽明而後，其學大明，然非龍溪（王畿）先生緝熙繼續，亦未見得陽明先生之妙處……。心齋（王艮）先生之後，雖得波石，然實賴趙老（貞吉）篤信佛乘，超然不以見聞自累。近老（羅近溪）多病怕死，終身與道人和尚輩為侶，日精日進，日禪日定，能為出世英雄，自作佛作祖而去，而心齋先生亦藉以有光焉故耳。故余嘗謂趙老、羅老是為好兒孫以封贈榮顯其父祖者也，王龍溪先生之於陽明是得好兒子以繼承其先者也。……今所未知者，陽明先生之徒如薛中離之外更有何人，龍溪之後當何人以續龍溪先生耳。〔註27〕

這是心學的發展大勢，楊慈湖藉助禪佛而發展了陸九淵的心學理論；陽明得龍溪發揚，使妙處顯現；心齋得趙貞吉、羅近溪而發揚光大；李贄觀察到，龍溪發揚了陽明，但「龍溪先生之後，當何人以續龍溪先生耳？」可見其對龍溪的嚮往，儼然以繼承者自許。

王畿（龍溪）對李贄最大的影響，在「無善無惡」之理論的闡述；而泰州學派對李贄的最大影響，在其狂傲勁直的人格氣質，所以李贄說：

> 當時陽明先生門徒遍天下，獨有心齋為最英靈。心齋本一灶丁也，目不識一丁，聞人讀書，便自悟性，徑往江西見王都堂，欲與之辯質所悟。此尚以朋友往也，後自知其不如，乃從而卒業焉。故心齋亦得聞聖人之道，此其氣骨何如者！心齋之後為徐波石，為顏山農。山農以布衣講學，雄視一世而遭誣陷；波石以布政使請兵督戰而死廣南。雲龍風虎，各從其類然哉！蓋心齋眞英雄，故其徒亦英雄也。

〔註27〕《續焚書》卷一，《與焦漪園太史》。

波石之後爲趙大洲，大洲之後爲鄧豁渠；山農之後爲羅近溪，爲何心隱；心隱之後爲錢懷蘇，爲程後台，一代高似一代。〔註28〕

泰州學派的「英靈」與李贄的氣質最契合，其俠氣膽識，便是高視自我之性情氣概。

綜上之述，本論文之「心學思潮」，探究範圍及核心意義，大抵根據晚明王學之說及其後學之衍化，探討其與士風的關係，盡量不涉及其他儒學思潮之衍義，以避免內容失焦而有籠統之弊。

三、士風釋義

首先，就中國傳統的士概述。自春秋末戰國以後，所謂「士」者，即今稱之爲「知識分子」。古代士階層的興起，始於孔子開講學風氣之後。孔子於春秋末開講學之風，傳播《易》、《詩》、《書》、《禮》、《樂》等殷周以來的古代文化典籍，又因魯史而修《春秋》，廣收弟子，有教無類，於是官守之學散於私家，至戰國時，百家爭鳴，士階層因而興起，戰國諸子都是所謂「士」。此爲士大略的起源。又如《說文解字》云：「士，事也。段玉裁注曰：引申之，凡能事其事者稱士。」而顧頡剛於《史林雜識初編》說：「文者謂之儒，武者謂之俠。……古代文武兼包之士至是分歧爲二……。儒俠對立，若分涇渭，自戰國以迄西漢殆歷五百年。」無論是儒或俠，都必須扮演社會的清流或正義的化身。

在對古代士人的研討中，學者們更多關注的是人，因爲人才是文化的創造者、體現者、承啓者。人在各種文化的衝擊下，其人生目標和生命情態，透過文學、政治理念、生活態度……等多重形式折射出來。二千多年來，士人在中國歷史上發揮著極其重要的作用。其中傑出者，常能輔佐君主，治國安民，成爲良相；而當國家民族遭受危難之時，有志之士常挺身而出，保衛國族，誓死不屈；若朝政腐敗之時，士人則起而伸張正義，針砭弊政，以澄清天下爲己任。至於在文化上承先啓後，在宗教、哲學、史學、文學、藝術等各方面之卓越貢獻，史書多有記載。此外，儒家的綱常名教，一直都是教化的張本，是施政的目標，也是群眾的精神寄託。儒家把道德修養作爲人生的重要價值，是對人類文化的重要貢獻。

〔註28〕《焚書》卷二，《爲黃安二上人三首》其一《大孝一首》。

孔子素被當作士人的典範，而每個時代都有自己的孔子：不同時代的研究者，都可能根據時代的需要，對孔子的歷史活動與思想主張，作各種不同的闡釋，因而產生不同時代的不同形象的孔子。孔子生活在「道術爲天下裂」〔註 29〕的時代，他以平民身分，號召士人建立自己的人格價值，擔當起傳承文化與拯救社會的重任，即「士志於道」〔註 30〕的文化任務；而老莊則爲士人指出精神自由之路途。在學術的範疇中，儒、道互相矛盾，互相補充，保持著動態的平衡。

簡言之，在一定的時代，士人的思想、行動總會形成某種趨同風尚，此謂之士風。士風的形成，是前代哲人思想的發展，與所處時代的政局、社會思潮、士人的政經地位、生活環境、文化教養、心理素質等密切相關。士風既是一定時代的綜合產物，也會影響時代的進程。士人群體有其特殊性，他們是社會的中堅，是制度策略的執行者；且與大眾有廣泛的接觸，能夠體會人民的苦難。

其次，就晚明士族而言，現代心理學認爲人有本我、自我與超我等不同的心理層次，故人的行爲和心理往往無法一致。於是，以文論人，或以人論文並不能眞正了解士人的生命底蘊。而這其中文格與人格不能相應的現象，往往是士人處世時內心矛盾的呈現。但是每個朝代的知識分子有著不同的文化背景與內容，故筆者以斷代的探究作爲起步。

以天下興亡爲己任的士子，在無力扭轉時局的窘迫中，如何做心靈的轉向，調整仕途的無望和吏治的黑暗，著實讓晚明士人飽嘗坎坷與悲怨。他們不願順勢迎合，隨權豪起舞，所以，有人眞誠面對現實，藉文學來刻畫社會黑暗，作爲情欲發洩的窗口；或以瀟洒、順性甚至逃避的態度來應付困境的壓迫，爲苦悶的心靈尋找路向。而身爲士人，當如何自處？其一，窮達不離道：如《孟子・盡心》上：「故士窮不失義，達不離道。窮不失義，故士得己焉；達不離道，故民不失望矣。古之人，得志，澤加於民；不得志，修身見於世。窮則獨善其身，達則兼善天下。」其二，以道爲尊，不爲權勢所屈：如《孟子・盡心》上：「古之賢王好善而忘勢，古之賢士何獨不然？樂其道而忘人之勢，故王公不致敬盡禮，則不得亟見之。見且由不得亟，而況得而臣之乎？」如明呂坤：「故天地間惟理與勢爲最尊。雖然，理又尊之尊也。廟堂

〔註 29〕《莊子・天下》。
〔註 30〕《論語・里仁》。

之上言理，則天下不得以勢相奪。即奪焉，而理則常伸於天下萬世。故勢者，帝王之權也；理者，聖人之權也。帝王無聖人之理則其權有時而屈。」〔註31〕以道自任，是士人的理想，先賢早有定見。

最後，本論文對於士風之評價與審度，基本承上述之觀點，輔以審時度勢之角度，並參考余英時先生《士與中國文化》自序：

> 文化和思想的傳承與創新，自始至終都是士的中心任務……所謂「士」的「超越性」既不是絕對的，也絕不是永恆的。有些「士」少壯放蕩不羈，而暮年大節凜然；有的早期慷慨，而晚節頽唐；更多的是生平無奇節可紀，但在政治或社會危機的時刻，良知呈露，每發爲不平之鳴。至於終身「仁以爲己任」而「造次必於是、顚沛必於是」的「士」，在歷史上原是難得一見的。…四民社會的成立，必須以士從最低層的貴族轉化爲最高層的庶民爲其前提。這一前提是到了春秋晚期以後才存在的。把士的社會身分正式地確定在「民」的範疇之內，這是春秋晚期以來社會變動的結果。〔註32〕

把士這個角色作一客觀評析，期能賦予晚明士大夫一個合情、合理的觀照。並從孔子所謂的「中行」、「狂狷」、「鄉愿」〔註33〕爲方向，演變至晚明士人之特殊形貌——「狂禪」、「名士」、「山人」，加上墮落失節的閹黨集團，共同營造一個時代的士林風氣，從而掌握在心學思潮中的應對，與對自我意識的覺醒，對個性自由的憧憬，對人情欲的肯定，對世間快樂的追求，對痛苦挫折的適應之實際內涵。

第三節　文獻探討與研究方法

學術思潮與士風本會互相影響，無論在朝士大夫或在野士人，他們所表達的觀點理念，透過合流或敵論都可能成爲風潮，而當時思潮也會影響士人言行及思考方向，所以在本文中，大略以士人之觀點理念歸於思潮，而以士人之行止態度歸於風氣。

〔註31〕《呻吟語》卷一。

〔註32〕《士與中國文化》〈自序〉。

〔註33〕《論語・子路》：「不得中行而與之，必也狂狷乎！狂者進取，狷者有所不爲也。」又曰：「鄉愿，德之賊也。」

一、文獻探討

首先，本論文所論心學，乃是由王陽明到王畿爲主，並兼及王艮泰州學派尤其是羅汝芳一系。據袁宏道（中郎）云：「陽明、近溪，眞脈絡也。」〔註34〕生活於晚明的袁氏兄弟，受心學影響是毫無疑問的，因其踏入官場與文壇的時候，正是張居正去世後王學重新風行的時代，奉行心學者遍佈朝野，良知之學是當時的顯學，他們不只受心學的影響，也選擇心學作爲求學論道的首選學說。故袁宏道說：「僕謂當代可掩前古者，惟陽明一派良知學問而已。」〔註35〕繼而在〈珊瑚林〉上又說：

> 王龍溪（王畿）書多說血脈，羅近溪（羅汝芳）書多說光景。如有人於此或按其十二經絡，或指其面目手足，總只一人。但初學人不可認光景，當尋血脈。

其意謂：龍溪「說血脈」，猶循經絡達其根本；近溪「說光景」，猶指面目讓人容易了解，兩者方法不同，但明白道理的目的則一。只是公安三袁對心性的理解以龍溪爲主，以近溪爲次。

公安三袁的思想受李贄、焦竑二人影響甚大，但亦有其獨特之處，就是更趨向於個體化，較少關注社會的部分，袁中道（小脩）說：

> 陽明、近溪諸老悟處，如百煉精金，未易窺測。鄧定宇之定也，陶周望之淡也，參求之眞切也，皆眞爲生死者也。〔註36〕

小脩認爲「鄧定宇之定，陶周望之淡」是爲了了脫生死，注重其超越世俗、性命解脫的功用，把心學宗旨歸向禪學目的，不再提經世濟民的作用。至於轉向的原因，和三袁所處時代氛圍關係密切，一方面是政治不可臆測的風險，另方面是經濟物質的發展，促使重新評估自我生命之價值，助長士人追求享樂的傾向，或浸淫於修道學佛之途徑。

其次，士林風習與時代作家思潮，往往重疊。故而了解士風，必須溝通世風與文風，誠如夏咸淳於《晚明士風與文學》引言所述：「在世風——士風——文風這條文化鏈上，士風處在中介的環節上，它直接影響著文風，又溝通世風與文風，世風通過它而影響文風。」〔註37〕易言之，晚明的文學作品

〔註34〕《袁宏道集箋校》卷四三，〈答陶周望〉。

〔註35〕《袁宏道集箋校》卷二一，〈又答梅客生〉。

〔註36〕同前卷二三，〈答雲浦〉。

〔註37〕見夏咸淳於《晚明士風與文學》，頁6。

中，記載著士人自我實現的歷程，他們對生命的體悟與志趣的陶冶，個人情感與人生理想的調和，透過文字爲媒介，把內心世界與外緣觀感，充分顯露。故研究晚明，這些記載歷史痕跡和當時心情的作品，自須加以涉獵。

再者，晚明士人的生活，同處在儒學衰微、理想淪亡的亂世裡，捲入政治的程度不同，但是爲人處世的基本態度卻有許多相近之處。他們的作品都能表現出對黑暗勢力的抨擊和對美好理想的堅持，而處世亦能保有知識份子作爲社會良心的道德操守；在政治上，也往往堅持一種不以當權者的是非爲是非的獨立不羈態度。正因如此，使他們在所處的時代和社會裏感受比別人更強烈的內在痛苦。作品中表露出來的那些苦悶、哀傷、憂懼、感憤的複雜情感，確實反映了任一時期廣大知識分子的心聲。由是，回響既大，相關著作應運而生。

承上所述，本論文就史料而言，主以臺北鼎文書局出版之《中國學術類編》，清・張廷玉等撰，楊家駱主編之《明史》爲主，以明清學者黃宗羲所著《明儒學案》，清・夏燮所著《明通鑑》爲輔。至如探討對象，則根據《明儒學案》：自卷十姚江學案至卷三十六泰州學案五，以及《明史・儒林傳》。就文學資料而言，以文集爲主，如王艮《王心齋全集》，王畿《王龍溪全集》，李贄《焚書》、《續焚書》，袁宗道《白蘇齋類集》，袁宏道《袁宏道集箋校》，袁中道《珂雪齋前集》，陳眉公《小窗幽記》，鍾惺《隱秀軒集》，張岱《陶庵夢憶》……等。

總之，士風是世風和文風的中間環節，既是世風在社會精英階層的顯示，又是文學的時代風格的直接淵源。研究一個時代的文學風氣，文學潮流，需要了解那個時代的作家群體性格乃至整個士林風習。因此，適當運用史料典籍，成爲本論文必要功課。

有關前人研究探討，茲分專書、論文二部份，大略介紹。就專書部份，黃仁宇《萬曆十五年》，爲學界耳熟能詳。其對晚明社會的歷史結論，在最後一章總結說：

> 1587 年，是爲萬曆十五年，歲次丁亥，表面上似乎是四海升平，無事可記，實際上我們的大明帝國卻已經走到了它發展的盡頭。在這個時候，皇帝的勵精圖治或者晏安耽樂，首輔的獨裁或者調和，高級將領的富於創造或者習於苟安，文官的廉潔奉公或者貪污舞弊，思想家的極端進步或者絕對保守，最後的結果，都是無分善惡，統統不能在事實上取得有意義的發展，有的身敗，有的名裂，還有的

> 人則身敗而兼名裂。…因此我們的故事只好在這裏作悲劇性的結束。萬曆丁亥年的年鑒，是爲歷史上一部失敗的總記錄。

又在〈《萬曆十五年》和我的「大」歷史觀〉一文中又說道：

> 從大歷史的眼光觀察，應該在讀我書時，看出中國傳統社會晚期的結構，有如今日美國的「潛水艇夾肉麵包」，上面是一塊長麵包，大而無當，此乃文官集團；下面也是一塊長麵包，也沒有有效的組織，此乃成千上萬的農民。其中三個基本的組織原則，此即——尊卑、男女、老幼，沒有一個涉及經濟、法治和人權，也沒有一個可以改造利用。

黃仁宇一再的表達這樣的見解，甚至認爲：萬曆十五年「去鴉片戰爭尚有二百五十三年，但是中央集權，技術不能展開，財政無法核實，軍備只能以效能最低的因素作標準，則前後相同。」這種史觀，對學界造成相當的影響。

其餘有關心學與明代文學思潮的綜合研究，主要專著有：馬積高《宋明理學與文學》、韓經太《理學文化與文學思潮》、潘運告《衝决名教的羈絡——陽明心學與明清文藝思潮》、左東嶺《王學與中晚明士人心態》、周明初《晚明士人心態及文學個案》、許總《理學文藝史綱》、宋克夫與韓曉《心學與文學論稿》、黃卓越《佛教與晚明文學思潮》、周群《儒釋道與晚明文學思潮》、夏咸淳《晚明士風與文學》、龔鵬程《晚明思潮》等。這些著作水準，茲不論其高低之別，對陽明心學與文學思潮的某些側面，均做出不同的考察。一般而言，陳獻章是明代心學的發端，王陽明是心學體系的完成；嘉靖時的唐宋派則是心學實際介入文學思潮的開始；徐渭則是受心學影響而又開始重個性、重情感的作家；而李贄的「童心說」，乃心學思想朝向重自適、重自我、重眞實、重自然之文學思潮轉折的標識。餘如晚明的公安派、湯顯祖、馮夢龍、竟陵派，均受到心學，特別是李贄的影響尤其深刻。

以周明初之《晚明士人心態及文學個案》〔註 38〕爲例，本書有系統闡明了晚明士人心態及其社會歷史背景和思想文化根源，並通過文學個案分析，描述代表人物如徐渭、李贄、湯顯祖、袁宏道之思想心態和創作個性。簡言之，本書著重研究處於晚明這一歷史轉型時期，做爲時代精英之士人的心態變化。周明初認爲士人心態與晚明社會文化之變化，關係密切，社會文化是士人心態長期發展深化的結果。

〔註 38〕《晚明士人心態及文學個案》，北京東方出版社，1997 年。

再觀左東嶺之《王學與中晚明士人心態》，〔註 39〕其對陽明心學與中晚明士人精神生態，及其行爲方式關係做深入研究。其中對陽明心學產生的歷史前提，及其發生之具體過程，以及對陽明心學之重要理論範疇，乃至於陽明生命存在的意義，皆有深入分析。約而言之，此書主要從士人心態演變的角度，論述白沙心學，如左東嶺認爲「它爲明代前期士人的心理疲憊提供了有效的緩解途徑，它使那些被理學弄僵硬了心靈的士人尋到了恢復活力的方法，它爲那些在官場被磨平了個性的士人提供了重新伸張自我的空間」。〔註 40〕此外，書中認爲陽明心學本來是一種救世的學說，它由內在超越的個體自適，與萬物一體的社會關懷兩方面構成，目的是要解決自我生命的安頓，與挽救時代的危機。然而在現實的歷史運行中，它卻伴隨著環境的擠壓，而逐漸向著個體自適傾斜，從而變成了一種士人自我解脫的學說。總之，全書結合歷史進行描述，並對各時期轉化的原因，進行研究，也對陽明心學如何影響中晚明時期的性靈文學思想進行了探討，其目的是打通心學與文學思想關聯的途徑。

至如夏咸淳《晚明士風與文學》〔註 41〕則是將心學對文學的影響，綰合社會習俗、士人風氣一起討論。其討論議題，涉及心學與城市經濟的發展、資本主義的萌芽、市民階層的壯大等複雜關係。若要眞正釐清這些關係，除尙有發展的空間外，仍有賴學者的深度研究。

最後觀龔鵬程《晚明思潮》〔註 42〕在「再版序」說道：

> 晚明，是個社會文化大變動的時代，近八十年來也極受學界重視，相關研究可謂汗牛充棟。但基本上是一堆錯誤，不僅無甚價值，抑且誤導後昆，貽禍無窮。這些研究者認爲：晚明社會上彌漫著反傳統、反禮教、反權威的思潮，注重個體生命，肯定情欲，強調儒學應落實於現實生活；而造成這種思想的，則是整個社會的資產階級意識勃興、資本主義萌芽、王陽明學說之流行等等。我反對這些看法。所以重新爬梳文獻，檢討各種解釋觀點，認爲從資本主義萌芽等角度來看晚明是走岔了路，晚明時期陽明學也非主潮……我呼籲調整策略，擴大視野，重新來理解這個時代。

〔註 39〕《王學與中晚明士人心態》，北京人民出版社，2000 年。

〔註 40〕同前註，頁 121。

〔註 41〕《晚明士風與文學》，中國社會科學出版社，1994 年。

〔註 42〕《晚明思潮》，臺北里仁書局，1994 出版，2005 年再版。

這是龔氏繼 1994 年初版序，再度集中而強烈表達對晚明思潮研究的見解。其開宗明義即指出相關研究之不足處，其中所流露的企圖心與指瑕之口吻，或有爭議之處！然就出發點而觀，則提供後學研究者另類思考之眼光。晚明，是一個解構的時代，凡政治興衰、士風振靡、人性善惡，均可以由觀察晚明而獲得啓示。故學界重視，研究者亦眾。然對於研究題材之選擇，進行之方向，用力深淺，時間久暫，都會影響其經營成果。譬如開礦，很難一鋤中的，短時亦難獲致成果，總賴前人披荊開路，後人踵事增華，才可日進有成。

就最新論文而言，2006 臺北師大國研所博士論文《晚明極端個人主義的「聖人之學」——「異端」李卓吾新論》，以專題專人探討異端。其餘論文，〔註 43〕或從晚明學術思潮綜論，或以陽明心學之本體與工夫論著眼，或就單一心學人物與學術、文學做統整，或旁涉晚明藝術氛圍，閒賞美學等。大抵而言，這些學位論文，較少從群體關注世風，從史料明義、進而辨別士風。於是，本論文便於此不足之處，加以開展深究之。

綜括而言，晚明士人就其群體而言，存在著一個基本心理趨向，但對士風之描述，不少學者還只是停留在外部種種現象的類比，或者還只是將心學做爲文學思想發生的背景因素加以介紹，而缺乏二者內在關聯的舉證研究。因此，本論文在前人研究基礎上，採取宏觀角度，針對心學與士風、文學之脈絡做一析論，主要從流變史的角度，探討三者之關聯與變異過程，以原始文獻爲依據，求其眞面目，即以史料，印證心學，並爬梳晚明士人思潮與士風變異的因果，從而歸結士風變異的可能性與必然性。

二、研究方法及限制

人物和事件研究是歷史研究的重要內容，而對人物和事件的評價則是反映史學工作者史識和史才的依據。李贄在史書編纂過程中，十分注重史評，認爲史評應客觀、全面。班固著《漢書》，亦一代史家，李贄卻認爲他的史才還不及寫論贊，他說：

> 班氏文儒耳，文才甚美，其於孝武以前人物，盡依司馬氏之舊，又甚有見，但不宜更添論贊於後。何也？論贊須具曠古隻眼，非區區有文才者所能措也。劉向亦文儒也，然筋骨勝，肝腸勝，人品不同，

〔註 43〕請參本書【主要參考書目】所臚列之學位論文。

故見識亦不同，是儒而自文者。雖不能超於文之外，然與固遠矣。〔註 44〕

依李贄之見解，只具備文才尚不足以論事，必須具備洞察的「曠古隻眼」，始足以擔當。針對李贄的史評方式，正如袁中道〈李溫陵傳〉所說：

於是上下數千年間，別出手眼，凡古所稱爲大君子者，有時攻其所短，而所稱爲小人不足齒者，有時不沒其所長，其意大抵在於點虛文，求實用，舍皮毛，見神骨，去浮理，揣人情。〔註 45〕

一言以蔽之，就是要絕假存眞，實事求是，雖君子不掩其短，雖小人不廢其長，應客觀全面，也不強作主張。

其次，陳寅恪嘗言：「自來詁釋辭章，可別爲二。一爲考證本事，一爲解釋辭句。質言之，前者乃考今典，即當時之時事。後者乃釋古典，即舊籍之出處。」〔註 46〕無論以古論今，或以今論古，此一循環詮釋的方法，可以從部分演繹至全體，也可以由全體歸結至局部。

最後，中國哲學基本而言是一種價值哲學，特質是處理人生問題，針對價值問題的哲學理論，應該如何建構的問題，有其相應之研究方法。如傳記研究法：利用檔案、個人生活材料、史傳記錄等資料，通過對個人關鍵性生活經歷的描述，揭示個體生活的意義。又如史學研究法：通過傳記、人物、出土文物、社會、文化、政治、經濟實況等，探究歷史動態的意義。再如哲學研究法：依直覺、思辨、反省、批判諸方法，研究知識存在價值等問題。

本論文探究晚明士人，其歷史性格之形成及其文學流變，乃至士風變異，除循李贄與陳寅恪先生之重點，亦運用傳記研究法、史學研究法、哲學研究法。李贄所標舉之才識高遠，實所難至，本文唯攻取一端，期取其一得。至典籍浩瀚，皓首難窮，故文學與生活之舉證，主要以別於廟堂文學之小品文，做爲心學思想與士林風尚的觀察依據，不再涉及其他體裁文類。

綜言之，本論文的敘述，注重史論，冀求客觀；詳讀文集，考索別見。亦即既注重研究對象的歷史發展，也注意其理論的邏輯推演。通過文史互見的理論，佐以經學義涵，破除時空概念，按類穿插心學人物及其論述、文學作品。最後，以宏觀時局，微觀士人，做爲論文撰寫架構，分章依序論述如

〔註 44〕《焚書》卷五，〈讀史・賈誼〉。
〔註 45〕《焚書》卷首，袁中道撰〈李溫陵傳〉。
〔註 46〕《柳如是別傳》〈緣起〉。

下：第二章，晚明心學思潮轉型之時代背景；第三章，晚明心學思潮之衍化；第四章，晚明士風之曲變；第五章，晚明心學與士風變異之反思；第六章，結論——晚明心學之影響與時代意義。

第二章　晚明心學思潮轉型之時代背景

陽明心學開端於正德，發展於嘉靖，盛行於萬曆、天啓、崇禎年間，而於明清之際成爲絕響。這樣一個充滿動力與變化的時代思想，與當時政治氛圍、社會風氣、文化方向互爲激盪，彼此影響。正當晚明時期，經過長期發展，政治日趨紛亂，社會價值日益解體，物質享受卻又日趨豐盛，整個生活時空產生鉅大的變動，呈現繁榮與衰敗並存的現象。這一章中，試圖探討政治氛圍、社會風氣、文化方向等因素，對晚明心學思潮及士風展現所產生的影響。

第一節　政治氛圍

萬曆前十年（1573～1582），張居正擔任首輔，慨然以天下爲己任。掌握朝廷實權，以強勢作爲，銳意改革，「尊主權、課官吏、信賞罰、一號令爲主。」由於他的務實作爲，施政著有績效：「太倉粟充盈，可支十年。……一切不敢飾非，政體爲肅。……雖萬里外，朝下而夕奉之。」〔註1〕因此，國力漸增，官箴漸立，似乎政治清明在望。但張居正執政只有短促十年，就因去世而告人亡政息。隨著張居正去世，不惟改革措施幾乎盡廢，更因其對待幼帝神宗過苛，執法過嚴，且排除異己，盡用私人，致積怨過深，死後被神宗徹底整肅，同僚亦群起圍攻，故不只自身無法倖免，親人多被牽累。然而，回顧張居正擔任首輔期間，其改革務實，卻對心學發展百般抑制，但終不能阻擋心學之擴散。本節擬從政局之變化來觀察心學發展之契機。

〔註1〕《明史》卷二一三，〈張居正傳〉。

一、張居正之務實改革

張居正所處的時代環境，是明代由盛轉衰之際，若因循前代，則難有作為；欲有所作為，則須強勢運作，居正確能展現魄力，然矯枉過正，流於專斷無情。如史載：

> 給事中余懋學請行寬大之政，居正以為諷己，削其職。御史傅應禎繼言之，尤切，下詔獄，杖戍。劉臺抗章論居正不法，居正怒甚，卒戍臺。諸給事、御史益畏居正而心不平。〔註2〕

由此看張居正之施政，僚屬建言，無法虛心採納，見其專斷；更以削職、杖戍相向，見其無情。致眾臣外表畏懼，心都懷恨。甚至官署缺額未補，晉升困難，一律歸咎於他。所謂「郎署以缺少，需次者輒不得補。大邑士子額隘，艱於進取。亦多怨之者。」〔註3〕如萬曆四年，劉臺上疏指居正「偃然以相自處，自高拱被逐，擅威福者三四年矣。」〔註4〕劉臺本居正門生，其敢於不避座主，為制度而爭，亦可見居正與群臣關係之梗概。依明朝體制，內閣屬於諮詢性質而不具實權。〔註5〕居正號令天下之作為，確實達到「擅威福」的程度，為此，居正曾作辯解：

> 蓋臣之所處者危地也，所理者皇上之事也，所代者皇上之言也。今言者方以臣為擅作威福，而臣之所以代王行政者，非威也，則福也。自茲以往，將使臣易其塗轍，勉為巽順以悅下耶，則無以逭於負國之罪；將使臣守其故轍，益竭公忠以事上耶，則無以逃於專擅之譏。況今讒邪之黨，實繁有徒，背公行私，習弊已久，臣一日不去，則此輩一日不便，一年不去，則此輩一年不便。若取臣之所行者，即其近似而議之，則事事皆可以為作威，事事皆可以為作福。雖皇上聖明萬萬不為之投杼，而使臣常負疑謗於其身，亦豈臣節之所宜有乎？〔註6〕

神宗十歲登基，居正受先王付託，太后囑諭，〔註7〕當然知道本身角色之責任，

〔註2〕《明史》卷二一三，〈張居正傳〉。

〔註3〕同前註。

〔註4〕《明神宗實錄》卷四六。

〔註5〕洪武十三年（公元1380年）朱元璋廢除中書省，分權予六部。六部直接對皇帝負責。成祖設立內閣，以大學士協助皇帝處理政務，只有秘書與顧問的職能，演變的結果，大學士又成為事實上的宰相。張居正的權力顯然已大大超越了原有的範圍，從制度本身講，則是既不合「禮」也不合「法」的。

〔註6〕《張太嶽集》卷三九，〈被言乞休疏〉。

〔註7〕《明史》卷二一三載：慈聖太后將還慈寧宮，諭居正：「先生有師保之責，與

如「巽順悅下」，無所作爲，就會「負國」；若要有所作爲，「公忠以事上」，則難免被譏爲「專擅」；居正無宰相之實名而執行宰相之實權，僭越之譏、彈劾之行，隨時到來，是時時處於「危地」。因此改革必須有魄力與睿智，並要擔當「疑謗」之後果。史稱：「張居正通識時變，勇於任事。神宗初政，起衰振隳，不可謂非幹濟才。而威柄之操，幾於震主，卒至禍發身後。」〔註8〕居正行事作風，雖有可議之處，然對整飭官箴，提振政治效率，確實著有成效。

首先，爲革新庶政，於萬曆二年，居正上〈陳六事疏〉，〔註9〕其中「核名實」一項，指出當時官場風尚：「士大夫務爲聲稱，捨其職業而出位是思，建白條陳連篇累牘，至核其本等職業，反屬茫昧。」〔註10〕所謂「出位之思」，指超出本職以外之作爲，心學弟子好集眾講學，就是「出位」的現象之一。居正認爲，講學者雖宏章廣論，卻是無關角色職責，也不切本業宗旨。自明中葉以來，聚朋講學之風盛行，〔註11〕爭相發揮義理，不只業餘行之，甚至侵及本業。居正認爲過度氾濫，足以影響士習，故又指出：

> 一切務爲姑息弛縱，賈譽於眾，以致士習驕侈，風俗日壞。間有一二力欲挽之，則又崇飾虛談，自開邪徑，所謂如肉驅蠅，負薪救火也。〔註12〕

居正所處環境，談論者譁眾取寵，自以爲是，致風俗日薄；救治者空論虛談，缺具體策略，變成「負薪救火」，愈演愈烈。當時，右僉都御史呂坤也不滿這種「捨官守而語玄虛，薄事功而課名理」〔註13〕的現象。是以，居正以「讒邪之黨」訾議此等人。爲矯正「崇飾虛談」之風氣，萬曆三年，他提出具體

諸臣異。其爲我朝夕納誨，以輔台德，用終先帝憑几之誼。」

〔註8〕《明史》卷二一三，〈張居正傳〉。

〔註9〕所陳爲：省議論，振綱紀，重詔令，核名實，固邦本，飭武備。

〔註10〕《張太嶽集》卷三六，〈陳六事疏〉。

〔註11〕嘉靖、隆慶之際，講學盛行，上焉倡導，下焉影從。《明史》卷二八三：「東昌知府羅汝芳、提學副史鄒善皆宗守仁學，善爲建願學書院，汝芳亦建見泰書院，時相討論。猶以取友未廣，北走京師，南游江左，務以親賢講學爲事。」《萬曆野獲編．書院》：「(徐階) 以首揆主盟，一時趨騖者，人人自托吾道，凡撫台蒞鎮，必立書院，以糾集生徒，冀當路見知。」
《國榷》卷六六：「世群而效之，學社棋置。捨官守而語玄虛，薄事功而課名理，下至巨奸元盜，竊入而影附焉。」卷七〇：「夫希進者爭奔走馬下，至衣褐帶索之徒，搖唇鼓舌而不休。」

〔註12〕《張太嶽集》卷二三，〈答南學院周乾明〉。

〔註13〕談遷《國榷》卷六六。

辦法：

> 國家明經取士，說書者以宋儒傳注爲宗，行文者以典實純正爲尚。今後務將頒降四書五經、《性理大全》、《資治通鑑綱目》、《大學衍義》、《歷代名臣奏議》、《文章正宗》，及當代誥律典制等書，課令生員誦習講解，俾其通曉古今，適於世用，其有剿竊異端邪說，炫奇立異者，文雖工弗錄。所出試題亦要明白正大，不得割裂文義，以傷雅道。〔註 14〕

居正對士人講學風氣，亟思予以改革導正，而致於有用。於此，他明確點出，國家以經術取士，講學以「宋儒傳注爲宗」，讀書目的在「適於世用」。凡「異端學說，炫奇立異者」，概不錄用，這對有「出位之思」的學者，是一大警示。繼而提出具體內涵，他說：

> 聖賢以經術垂訓，國家以經術作人。若能體認經書，便是講明學問，何必又別標門户，聚黨空談，今後各提學官督率教官生儒，務將平日所習經書義理著實講求，躬行實踐，以需他日之用。不許別創書院，群聚徒黨，及號召他方游食無行之徒，空談廢業，因而啓奔競之門，開請託之路。違者，提學御史聽吏部、都察院考察奏黜，提學按察官聽巡按御史劾奏，遊士人等，許各衙門訪拿解發。〔註 15〕

由上可知，居正一再禁止的是空談，一再提倡的是實踐。並以政治力介入學術和思想活動，先是禁止「別創書院，空談廢業」，如有違反規定，有關機關可以「考察奏黜」或「訪拿解發」。當年何心隱就是「遊士人等」而被「訪拿」而死於獄中。〔註 16〕

其次，居正所以禁止書院講學，〔註 17〕主要用意在抑制心學的擴張，但在處理過程則頗爲婉轉，他說：「今人妄謂孤不喜講學者，實爲大誣。孤今所以上佐明主者，何有一語一事背於堯舜周孔之道？但孤所爲皆欲身體力行，以是虛談者無容耳。」〔註 18〕並未直接言明爲何禁止別創書院，而以本身力行周孔之道，間接責難書院講學者多虛談也。對此，他也提出主張：

〔註 14〕《張太嶽集》卷三九，〈請申舊章飭學政以振興人才疏〉。

〔註 15〕《張太嶽集》卷三九，〈請申舊章飭學政以振興人才疏〉

〔註 16〕何心隱論學以心爲萬物本源，肯定人的物質欲望，隨處講學。後因挑釁張居正，於萬曆七年以「講學惑眾」之名被捕。

〔註 17〕萬曆七年，詔毀天下書院。

〔註 18〕《張太嶽集》卷三○，〈答憲長周友山明講學〉。

僕願今之學者，以足踏實地爲功，以崇尚本質爲行，以遵守成憲爲準，以誠心順上爲忠。免魚未獲，無捨筌蹄，家當未完，毋撤藩衛，毋以前輩爲不足學，而輕事詆毀，毋相與造僞虛談，逞其胸臆，以撓上之法也。〔註19〕

居正一再強調「務實」，並「遵守成憲」，踵華前賢；勿淪爲「虛談」，而「逞其胸臆」，最終目的則在避免「撓上之法」，再度以政治因素來批判學術活動。

居正一再責難空談廢業，明顯指向當時的心學學者。只因當時奉行心學人多勢眾，必須謹慎處理：一則，須防止心學繼續擴大，爲此，他禁止書院講學，並延遲陽明從祀孔廟之時程。〔註20〕二則，引導心學學者爲其所用。如羅汝芳（近溪），〔註21〕他們同爲嘉靖年間的同僚好友，近溪爲官有治聲，卻愛好講學。居正不支持其講學，卻肯定其治事能力。因而，勸導近溪以務實致用爲要，至嘉靖三十九年近溪升任寧國知府時，居正作〈贈羅惟德擢守寧國敘〉以送之：「干將誠利矣。匣而弗試，利無從見也。是故士不徒學，而惟適用之貴，裕內徵外，懋德利躬，此勵己之符而亦鏡物之軌也。」居正認爲寶劍必須出匣，才能顯其鋒利；學問要能致用，才能顯其價值。此爲居正所期待於近溪者，然近溪仍然熱衷講學，故兩人雖爲朋友，但理念不同，終不得相容，此爲近溪後來致仕之主因。

一般而言，心學學者除爲官盡職守分，官暇更樂於講學論道，此爲當時典型的出位之思，而爲居正所不能坐視者，但居正總算婉轉相勸。如通政楊時喬則對羅汝芳不假辭色，他說：

汝芳假聖賢仁義心性之言，倡爲見性成佛之教，謂吾學直捷，不假修爲。於是以傳注爲支離，以經書爲糟粕，以躬行實踐爲迂腐，以

〔註19〕同前卷二九，〈答南司成屠平石論爲學〉。

〔註20〕陽明從祀孔廟，張居正技巧性的抵制。在〈答文宗謝道長〉說：「陽明先生從祀事，以宗伯病不能會議，久稽題復，好事者遂乘間而詆之，其言粗淺可哂，然何傷於日月乎？」（《張太嶽集》卷二五）如果陽明如日月，從祀與否又何傷？然後藉故罷議，在〈答南學院謝蚪峰〉說：「陽明先生從祀，禮官方欲定議，而南疏復至，又極其醜詆，至欲並褫其封爵，則亦過矣。」（《張太嶽集》卷二五）蓋如陽明從祀孔廟，心學在發展上將取得正當性，故他以從祀一事無共識，終其一生，陽明無法入祀孔廟。

〔註21〕羅汝芳（1515～1588），字惟德，號近溪，江西南城人。嘉靖三十二年進士。先後任太湖知縣、刑部主事、寧國知府、雲南參政等職，萬曆五年被張居正勒令致仕，遂周遊於各地以講學盡其餘生。羅汝芳是泰州學派顏山農的弟子，在嘉靖、萬曆間以善於講學而在士林中頗有名氣。

綱紀法度爲桎梏。逾閑蕩檢，反道亂德，莫此爲甚。〔註22〕

近溪如同其他心學學者，曾親近佛學，是居正所謂異端邪說；爲學反對拘守傳注，與居正主張宋注不同；「以綱紀法度爲桎梏」，違反居正「遵守成憲」之說，近溪雖受晚明儒、佛相通學風的影響，其精神思想也許與禪相通，而其操守作爲卻仍是一位眞正的儒者，稱其「反道亂德」，似乎顯得太沈重。

總之，集是非榮辱於一身的張居正，處於以爭名爲高的政治環境，爲了獲致改革實效，表現堅忍不拔之意志，也訂定了務實可行之策略。而在心學如潮的學術環境，欲避免空談廢業，回歸程朱，他技巧地拖延陽明從祀孔廟，也重用心學的領袖人物。在張居正多重的措施下，萬曆前期，心學的傳播是在他的控制中進行。

二、君臣交爭，綱紀陵夷

雖然張居正有心藉崇實的改革，抑制心學發展的契機。但當其去世之後，神宗即長期怠政，致使朝綱不振，政黨交惡，宦官專擅，形成一個詭譎險惡的政治環境，心學學者大都遠離官場，退居林下，勤於講學論道，以文會友，反而讓心學有發展擴張的機會。

（一）國本之爭

神宗被認爲意圖廢長立幼，與朝臣形成長期對抗，史稱「國本之爭」。萬曆十四年（1586）正月，「鄭貴妃有寵，生皇三子常洵，頗萌奪嫡意。」〔註23〕當時，皇長子（光宗）已五歲，之前，輔臣申時行等已一再奏請冊立東宮，但是，神宗以皇長子幼弱爲由，遲遲未行。皇三子誕生，再率同列建請立儲，仍然不聽。甚者，鄭貴妃甫生皇三子即晉封；而恭妃王氏生皇長子已五歲卻未晉封，故「中外藉藉，疑上將立愛。」〔註24〕於是，言者多指斥宮闈，怪罪鄭貴妃；攻擊執政，認爲爭取不力。二月，姜應麟（泰符）〔註25〕首先抗疏言：

禮貴別嫌，事當愼始。貴妃所生陛下第三子猶亞位中宮，恭妃誕育元嗣翻令居下。……其或情不容已，請先封恭妃爲皇貴妃，而後及於鄭妃，則禮既不違，情亦不廢。然臣所議者末，未及其本也。陛

〔註22〕《明史》卷二二四，〈楊時喬傳〉。

〔註23〕《明史》卷二一八，〈申時行傳〉。

〔註24〕《明通鑑》卷六八。

〔註25〕姜應麟，字泰符，慈溪人。萬曆十一年進士，改庶吉士，授户部給事中。

> 下誠欲正名定分，別嫌明微，莫若俯從閣臣之請，冊立元嗣爲東宮，以定天下之本，則臣民之望慰，宗社之慶長矣。〔註26〕

神宗閱疏震怒，將奏疏擲地，並降旨曰：「貴妃敬奉勤勞，特加殊封。立儲自有長幼，姜應麟疑君賣直，可降極邊雜職。」〔註27〕當時，吏部員外郎沈璟、刑部主事孫如法繼續建言，並受懲處。兩京申救者數十疏，神宗皆不理會。從此以後，論「立儲」者蜂擁而起，都扣住「立儲自有長幼」之旨，要求神宗守信。故自萬曆十四年下半年，神宗開始怠荒政事，顯然在逃避立儲之事。

之後，首輔申時行連請建儲。萬曆十六年六月，御史陳登雲（從龍）認爲建儲議決不定，是鄭貴妃家族阻擾。於是，奏劾貴妃父鄭承憲，指出：

> 承憲懷禍藏奸，窺覬儲貳。日與貂璫往來，綢繆杯酌，且廣結山人、術士、緇黃之流。……陛下享國久長，自由敬德所致，而承憲每對人言，以爲不立東宮之效。干撓盛典，蓄隱邪謀，他日何所不至。〔註28〕

奏疏呈上後，貴妃、承憲皆盛怒，朝臣亦爲登雲擔心，神宗乾脆把奏疏留中不下。可見「立東宮」一事是當時共同關心的課題，神宗一直不願意直接面對，以致朝臣與貴妃家族之間議論不休。

自萬曆十七年以後，怠政的情況越趨嚴重。包括不肯召見大臣、不祭享太廟、不辦經筵日講、不及時批答奏疏等。萬曆十八年，禮部尚書于慎行請早建東宮，並出閣講讀。〔註29〕帝下詔曰：「朕不喜激聒。近諸臣章奏概留中，惡其離間朕父子。若明歲廷臣不復瀆擾，當以後年冊立，否則俟皇長子十五歲舉行。」〔註30〕爲了配合神宗之宣示，時行戒廷臣毋激擾。萬曆十九年八月，工部主事張有德請具冊立儀注，激怒神宗，立儲事延期一年。御史錢一本（國瑞）不苟同，上疏辯說：

> 前者有旨不許諸司激擾，越致遲延，非陛下預設機阱，以御天下言者乎！使屆期無一人言及，則佯爲不知，以繼其遲延。有一人言及，則御之曰「此來激擾我也」，改遲一年。明年又一人言及，則又曰「此又來激擾我也」，又改二三年。必使天下無一人敢言而後已，庶幾依

〔註26〕《明史》卷二三三，〈姜應麟傳〉。
〔註27〕同前註。
〔註28〕同前，〈陳登雲傳〉。
〔註29〕《明史》卷二一七，〈于慎行傳〉。
〔註30〕同前卷二一八，〈申時行傳〉。

> 違還就，以全其衽席昵愛之私，而曾不顧國本從此動搖，天下從此危亂。臣以為陛下之御人至巧，而為謀則甚拙也。此等機智不可以罔匹夫匹婦，顧欲以欺天下萬世耶！〔註31〕

「立儲」本國之大事，卻成為君臣之間的意氣之爭，神宗以「激擾」為口實，明顯是推拖耍賴，臣下指責皇上不立儲是滿足其「全其衽席昵愛之私」，直接揭發其內心之猶豫，但「不顧國本從此動搖」，則以社稷大義責神宗。

萬曆二十年正月，李獻可（堯俞）偕六科諸臣疏請豫教，言：「元子年十有一矣，豫教之典當及首春舉行。倘謂內庭足可誦讀，近侍亦堪輔導，則禁闥幽閒，豈若外朝之清肅；內臣忠敬，何如師保之尊嚴。」〔註32〕神宗大怒，獻可遭到貶秩、調外、奪俸。朝臣陸續疏諫，亦皆遭受責難貶謫。〔註33〕平心論之，諸臣所請，皇子出閣講讀，是事實所必須，神宗惱羞成怒，因其私心受挫，當是時，其一怒而斥諫官十一人，朝士雖駭歎，但進諫者仍接續不斷。

萬曆二十一年正月，王錫爵還朝，為首輔。原定是年春舉冊立大典，錫爵密請神宗決大計。神宗手諭示錫爵：「欲待嫡子，令元子與兩弟且並封為王。」〔註34〕即所謂「三王並封」，錫爵不敢違背上意，立刻奉詔擬定諭旨，卻又顧慮外廷諸臣公論，另擬言：「漢明帝馬后、唐明皇王后、宋真宗劉后皆養諸妃子為子，請令皇后撫育元子，則元子即嫡子，而生母不必崇位號以上壓皇貴妃」，〔註35〕兩案並陳。神宗以「並封」之諭下禮官，於是，舉朝大嘩。廷臣連章力諫。王錫爵偕同趙志皋、張位力請追還前詔，且諫者益多，王錫爵奏請下廷議，或當面討論，神宗均不予理睬，再度見其推託耍賴心態。錫爵只好自請處分，神宗亦迫於公議，廢止前命，但立儲之議再度延議。錫爵旋請速決，且曰：「曩元子初生，業為頒詔肆赦，詔書稱『祗承宗社』，明以皇太

〔註31〕同前卷二三一，〈錢一本傳〉。

〔註32〕《明史》卷二三三，〈李獻可傳〉。

〔註33〕大學士王家屏封還御批，神宗更加不悅。吏科都給事中鍾羽正言：「獻可之疏，臣實贊成之，請與同謫。」吏科給事中舒弘緒亦言：「言官可罪，豫教必不可不行」。帝益怒，弘緒外調南京，而羽正及獻可一起貶至邊方任雜職。大學士趙志皋論救，被下旨指責。吏科右給事中陳尚象復爭之，坐斥為民。戶科左給事中孟養浩，御史鄒德泳，戶兵刑工四科都給事中丁懋遜、張棟、吳之佳、楊其休，禮科左給事中葉初春，各上疏論救。養浩疏諫：「加罪獻可，是所罪者一人，而實失天下人之心。」神宗怒不可遏，廷杖孟養浩，除其名。德泳、懋遜等六人並貶一秩並外調。獻可、羽正、弘緒亦除名。

〔註34〕同前卷二一八，〈王錫爵傳〉。

〔註35〕同前註。

子待之矣。今復何疑而弗決哉？」神宗不理。十一月，錫爵力請早定國本。神宗曰：「中宮有出，奈何？」錫爵對曰：「此說在十年前猶可，今元子已十三，尚何待？況自古至今，豈有子弟十三歲猶不讀書者？」帝頗感動。錫爵再進言：「外廷以固寵陰謀歸之皇貴妃，恐鄭氏舉族不得安。惟陛下深省。」〔註 36〕神宗心動，遂有出閣之命。後又欲反悔，錫爵委婉再請，遂於萬曆二十二年二月，出閣禮成，俱如東宮禮儀，中外稍安。

萬曆二十六年，趙志皐等累疏請首定國本，且皇長子已十六歲，志皐請舉冠婚禮。至十八歲，請冊立冠婚者更加迫切。神宗爲了爲難典禮的進行，指示戶部進銀二千四百萬，作爲冊立、分封諸典禮費。萬曆二十九年，貴妃弟鄭國泰迫於群議，請冊立、冠婚並行。廷議有欲先冠婚後冊立者，首輔沈一貫認爲不可，曰：「不正名而苟成事，是降儲君爲諸王也。」神宗亦表同意，命即日舉行。九月十八日又反悔，一貫封還詔書，並說「萬死不敢奉詔」，至十月，冊立禮成，時論對此頗爲稱讚一貫。

神宗以各種藉口拖延立儲，朝臣引祖宗成憲和禮法體制，堅持反對。使國本之爭前後延續十五年，〔註 37〕並導致神宗怠政，甚至自二十五年之後，將近二十餘年不臨朝。福王（皇三子）則延至四十二年三月才至封地就任。神宗以消極怠政的方式來回應「國本之爭」。其不作爲，使得官吏無法獲得正常的升遷，職缺得不到正常補充。造成政務荒廢，士氣低落，以此期待士人忠君愛國，徒爲空談。因而，吏治日趨敗壞，貪污日趨嚴重，群臣結成黨派，爭名爭權。

（二）政爭與黨爭

明末政爭、黨爭的歸因，蓋可分爲兩方面：其一，爲制度設計問題，即內閣權膨脹造成內閣、吏部權限的矛盾。洪武十三年（1380），太祖廢除中書省，分權予六部。六部直接對皇帝負責。以後，設置內閣，扮演諮詢角色，嘉靖以後，皇帝怠政，皇帝部分的決策權力降到內閣，使內閣從參謀單位變成有決策權，但這決策權並未制度化。從制度上講，六部尤其是居首的吏部，具有獨立的行政職權和任用本部官吏的權力。當皇帝不理政務，內閣與吏部間的矛盾就比較明顯：有時吏部成了內閣的附庸；有時吏部也堅持自身的職能，兩者間的衝突就趨於激化。這是明後期政爭的基本原因。其次，官僚體系本身的異化，在社會變遷的衝擊，利欲意識增強，士人心中不再以經世濟民爲首要，而以結

〔註 36〕《明史》卷二一八，〈王錫爵傳〉。
〔註 37〕從萬曆十四年至二十九年。

朋擷取利益爲優先。如陳子龍所云：「夙興夜寐以圖謀者，皆攻人、應敵之事。」〔註38〕把心思、精力全集中到應敵和攻人上面，有的依附閣臣，有的投靠部臣，形成集團實體，尋找時機，用狠相擊。儘管其間不乏正直之人，但也不能超脫這種環境而獨潔其身。「及乎私交日盛，事變日出，而君子、小人之名遂立朝廷之上。百官之眾，萬几之多，寂然無一事之可爲，而惟君子、小人是爭。」〔註39〕各自指責對方爲小人，標榜自身爲君子。萬曆中葉到天啓年間的大規模政爭時代，一直延續到崇禎時期。

萬曆初，張居正當政，大力整頓改革，爲了讓施政順利進行，籠絡言官，控制吏部，進同排異。去世後，神宗也拉攏言官，整肅居正，官僚亦分朋相爭，集團式的相爭繼起。至萬曆二十年代，大規模的政黨之爭興起。

萬曆二十一年（1593）正月，王錫爵還朝出任內閣首輔。此時正值京朝官的考察，史稱癸巳大計。主持此次考察的吏部尚書孫鑨和考功郎中趙南星，銳意澄汰，力杜請謁，「一時公論所不予者，貶黜殆盡」〔註40〕包括孫鑨之甥文選員外郎呂胤昌，趙南星姻親都給事中王三餘，因爲其中還有大學士趙志皋之弟，及王錫爵欲有所庇者，因此，內閣皆不悅。遂切責吏部專權結黨。孫鑨則爲吏部辯護說：

> 吏部雖以用人爲職，然進退去留，必待上旨。是權固有在，非臣部得專也。今以留二庶僚爲專權，則無往非專矣；以留二司屬爲結黨，則無往非黨矣。〔註41〕

吏部用人之權，受到內閣左右。左督御使李世達、禮部郎中陳泰來相繼疏爭，攻擊王錫爵。王錫爵求助神宗，結果，孫鑨被罷，趙南星削籍。禮部郎于孔兼、主事顧允成、張納陛、戶部主事賈岩、國子助教薛敷教相繼疏爭，也都以降級外調懲處。內閣與吏部之爭達到白熱化程度，圍繞著雙方權力之爭，大量的分屬閣、部不同歸向的庶僚也都捲了進去。

常熟人趙用賢，〔註42〕喜論執政長短，爲當時物望所屬，受到如御史江東之、李植輩所嚮往。萬曆五年，因反對張居正奪情而被廷杖除名，居正死後起復故官。其作風爲閣臣申時行、許國所不悅，許國指其「黨同伐異，罔上行私」。

〔註38〕《安雅堂稿》卷九，〈策・別邪正〉。
〔註39〕同前註。
〔註40〕《明史》卷二二四，〈孫鑨傳〉。
〔註41〕《明史》卷二二四，〈孫鑨傳〉。
〔註42〕趙用賢，字汝師，常熟人。舉隆慶五年進士，選庶起士。萬曆初，授檢討。

〔註43〕趙用賢不服，稱「朋黨之說，小人以之去君子、空人國」〔註44〕的手段。黨論之興，遂自此始。萬曆二十一年（1593），趙用賢反對王錫爵迎合帝意的「三王並封」主張，改任吏部左侍郎，與文選郎顧憲成辯論人才，群情更加歸附。孫鑨被罷後，王錫爵屬意禮部尚書羅萬化接任，趙用賢和顧憲成執意不可，而推舉陳有年。因用賢曾絕婚吳之彥，〔註45〕之彥爲錫爵同鄉，使其子吳鎮攻訐趙用賢論財逐婿，蔑法棄倫。用賢疏辯，乞休。錫爵乃上議曰：「用賢輕絕，之彥緩發，均失也。今趙女已嫁，難問初盟；吳男未婚，無容反坐。欲折其衷，宜聽用賢引疾，而曲貸之彥。」〔註46〕神宗遂罷免趙用賢。接著雙方又互爲訐辯，同夥加入論戰。戶部郎中楊應宿、鄭材復力抨擊趙用賢，主張據律行法。都御史李世達、侍郎李禎支持趙用賢，指楊、鄭兩人讒諂。前此，吳中行、趙用賢、李植、江東之曾結合論事，鄒元標、趙南星、顧憲成、高攀龍繼之。從此，「言事者益裁量執政，執政日與枝拄，水火薄射。」〔註47〕因而，朋黨論愈演愈烈。內閣對吏部權力的攫奪和對反對派官員的壓制，一發不可收拾，不到一年時間，善類幾至一空。而「三王並封」的提出、報復京察官員、對疏救官員的一概貶斥，使王錫爵聲望大減，不斷受到彈劾，不能自安，於二十二年力辭致仕。

萬曆二十九年（1601），沈一貫執政時，萬曆帝沉溺財色，不理庶政。閣臣更容易攬權，以收羅同心，排陷異己，也使明後期政局陷於紛爭不已的狀態。以沈一貫爲中心形成浙黨，〔註48〕盤根錯節，牢不可破。隨著閣臣、塚宰的更迭，便形成不同的集團，互相傾軋，官位更易如搬風，紛紛藉藉，猶同聚訟一般。就如萬曆三十年馮琦所指：「近世大臣往往因言語小嫌，相爭相妨，漸成猜忌。又各招其門人、鄉曲，互相排擠。」〔註49〕由於明中後期社

〔註43〕同前卷二二九〈趙用賢傳〉。

〔註44〕同前註。

〔註45〕趙用賢有女，許御史吳之彥之子吳鎮。當用賢忤張居正奪情，被杖除名，之彥心懼，深結居正，得巡撫福建。過里門，不爲用賢禮，以激用賢。用賢怒，已察知其受居正黨王篆指使，遂反幣告絕。之彥大喜。

〔註46〕《明史》卷二二九〈趙用賢傳〉。

〔註47〕同前註。

〔註48〕另外還有顧憲成爲首謂之東林黨、湯賓尹（宣城人）爲首謂之宣黨、顧天埈（昆山人）爲首謂之昆黨；王國、王圖與孫丕揚皆秦人，故曰「秦脈」。諸人日事攻擊，議論紛呶，帝一無所問，則益植黨求勝，朝端哄然。

〔註49〕引張萱《西園見聞錄》卷十六〈釋怨〉。

會風尙趨於奢靡，對政治風氣的異化，官僚的道德修養變得浮泛多變。不是爲天下蒼生，只在保衛集團利益；不能虛誠相待，而多流於好爭偏激；不論是非，一切以情感好惡爲方向。

黨爭不能忽略的是東林學派，萬曆二十二年（1594），王錫爵將去任時，廷推繼任者。時任文選司郎中的顧憲成因參與會推，不符王錫爵和閣臣趙志皋意向，被貶爲民。到二十六年（1589）和吳中同志在二泉討論學問。三十二年（1604），構築東林書院，大會吳、越士友講學，以躬修力踐爲宗旨。顧憲成、高攀龍、許世卿、薛敷教等以東林書院爲講壇，切磋性命之學，評論朝政得失。至此，以東林書院爲中心的講學活動，便形成以清修砥礪、踐履力行爲特色的東林學派。黃宗羲認爲：東林黨一詞「亦小人者加之名目而已矣。」〔註50〕故「東林黨」是一泛稱。正如高攀龍在《論學揭》中所言：

> 國家用一當用，行一當行，去一當去，必曰是東林之脈也。或有人言一當用，言一當行，言一當去，必曰是東林之人也。不論東西南北、風馬牛不相及之人，苟出於正，目爲一黨。〔註51〕

其中包含東林學派的人，但更多則是關係人，或曾得東林學派的精神支援，或與東林學派有一定聯繫，或社會比較正直人士均被概括在內。〔註52〕

東林學派主要是通過輿論、評議，對當政者施加社會壓力，以間接形式不斷擴大影響，到萬曆三十八年（1610），對淮撫李三才的辯護達到了峰巔。李三才，〔註53〕萬曆初，魏允貞言事忤執政，三才抗疏辯護，被謫東昌推官。萬曆二十七年至三十九年（1599～1611），以右僉都御史總督漕運，並巡撫鳳陽諸府，扼守南北衝要，重懲礦監稅使，江淮千里，民恃以安。因此，被認爲是閣臣和都御史的人選，其於萬曆三十四年，對沈一貫的攻擊，〔註54〕得

〔註50〕《明儒學案》卷五八，〈東林學案〉一。

〔註51〕《高子遺書》卷七，〈論學揭〉。

〔註52〕東林本爲講學處所，並無集合成黨。惟因講學流風，互爲響應。如《明儒學案》卷五八〈東林學案〉云：「言國本者謂之東林；爭科場者謂之東林；攻逆閹者謂之東林，以至言奪情、奸相、討賊，凡一議之正，一人之不隨流俗者，無不謂之東林。」

〔註53〕李三才，字道甫，順天通州人。萬曆二年進士。授戶部主事，曆郎中。與南樂魏允貞、長垣李化龍以經濟相期許。當顧憲成里居，講學東林，好臧否人物。三才與深相結，憲成亦深信之。才大而好用機權，善籠絡朝士。撫淮十三年，以折稅監得民心，結交遍天下。性不能持廉，以故爲衆所毀。

〔註54〕萬曆三十四年，皇孫生。詔併礦稅，釋逮繫，起廢滯，補言官，既而不盡行。三才疑首輔沈一貫尼之，上疏陰詆一貫甚力。繼又言：「一貫慮沈鯉、朱賡逼

罪浙黨。而顧憲成，一再給閣臣葉向高和塚宰孫丕揚寫信，替李三才申明冤抑。而諸黨則紛紛彈劾李三才，誣他大奸大邪，並兼及東林人士，誣之爲黨，「東林由是漸爲怨府」。〔註55〕至此，兩黨對峙之態勢遂成。至萬曆四十二年，方從哲擔任首輔，齊、楚、浙「三黨鼎立，務搏清流。」〔註56〕「合於己則留，不合則逐」，〔註57〕將東林人士「廢斥殆盡」，〔註58〕善類多散居林下。

天啓初，葉向高、韓爌重又執政，起用了一些原先遭受貶謫的正直之人，如鄒元標、趙南星、高攀龍。職居言路的左光斗、魏大中等也都能伸張正義。當時的對立者都把他們目爲「東林黨」。東林黨人並未在政治上展現新機，而從事於異己之排斥，被斥之諸黨人士遂依附魏忠賢，造成閹黨之禍。士風被扭曲，士人受荼毒，其詳細將於第四章專節討論。

小品文大家鍾惺，萬曆三十八年進士，初入仕途，「思有用於當世，與一二同官講求時務。」〔註59〕然而，他所處的時代，已難提供施展抱負的機遇。在〈邸報〉一詩中，對當時政治生態有精采的敘述：

> 曰余生也晚，前事未睹記。矧乃處下流，朝章非所識。三十餘年中，局面往往異。冰山往崔嵬，誰肯施螂臂？片字犯鱗甲，萬里禦魑魅。目前禍堪怵，身後名難計。……己酉王正月，郵書前後至。數十萬餘言，兩三月中事。野人得寓目，吐舌歎且悸。耳目化齒牙，世界成罵詈。嘵嘵自嘵嘵，憒憒終憒憒。雄主妙伸縮，寬容寓裁制。並廢或兩存，喧嘿無二視。下亦復何名，上亦復何利？議異反爲同，途開恐成閉。機彀有倚伏，此患或不細。遘此不諱朝，杞人彌憂畏。〔註60〕

此萬曆三十七年事。當時尚未入仕，卻已看到了「片字犯鱗甲，萬里禦魑魅」的謫戍下場；黨爭中，伶牙俐嘴代替耳聰目明的「耳目化齒牙，世界成罵詈」；建言中，言者諄諄，聽者藐藐的「嘵嘵自嘵嘵，憒憒終憒憒」；加上皇帝「並廢或兩存，喧嘿無二視」的怠於朝事。這是鍾惺所處的政治局勢，「思有用於當世」也變得不合時宜。

己。既忌其有所執爭，形己之短，又恥其事不由己，欲壞其成。行賄左右，多方蠱惑，致新政阻格。」

〔註55〕《明儒學案》卷五八，《東林學案》一。

〔註56〕《明史》卷二一八，〈方從哲傳〉。

〔註57〕同前卷二三二〈李三才傳〉。

〔註58〕同前卷三〇五〈宦官〉二。

〔註59〕《譚元春集》卷二五，〈退谷先生墓誌銘〉。

〔註60〕《隱秀軒集》卷二。

鍾惺雖不與世爭執，卻仍招來禍端。天啓四年，丁父憂家居，福建巡撫南居益彈劾他任福建提學僉事時，「百度逾閑，五經掃地。化子衿爲錢樹，桃李堪羞；延駒儈於皐比，門墻成市。公然棄名教而不顧，甚至承親諱而冶遊，疑爲病狂喪心，詎止文人無行。」〔註61〕指控「百度逾閑」的無所作爲屬於見仁見智，指控「化子衿爲錢樹」、「承親諱而冶遊」，則是價值判斷的人身攻擊。因此，鍾惺在〈甲子歲冬〉一詩中說：「山嶽中宵徒，冰霜烈日生。豈知原有故，只覺太無名。默默非人力，器器自物情。」〔註62〕他的感覺是繪影成形，無中生有，就如「烈日」生「冰霜」一樣。處在這般動輒得咎，橫禍隨身的環境，其文風變得「幽深孤峭」，晚年「逃於禪以卒。」也是其個性和時代際遇交錯的結果。

（三）三案聚訟

對晚明政局有很大影響的還有著名的三大案。第一案是發生在萬曆四十三年五月的「梃擊案」。〔註63〕對於該案，群臣要求追查幕後主使。致萬曆帝和太子在慈寧宮召見大臣，指責大臣藉此離間他父子。最後，在戮殺張差與二內璫之後，了結本案。第二案是發生在萬曆四十八年的「紅丸案」。〔註64〕大臣欲追究誤用藥物的諸人責任。第三案「移宮案」。〔註65〕朝臣對光宗寵妾挾皇長子干預朝政，也要追究責任。黨派之間，圍繞著三案，展開了長期的爭論。

天啓元年，毛士龍（伯高）〔註66〕疏論「三案」，力言「孫慎行、陸夢

〔註61〕引自陳廣宏，《鍾惺年譜》，頁232。

〔註62〕《隱秀軒集》卷十二，〈甲子歲冬〉時天啓六年。

〔註63〕萬曆二十九年，皇長子冊立爲太子，皇三子受封爲福王。福王遲不至洛陽福王府。群臣認爲福王在京，對皇太子構成威脅，史載：「三十一年，獲妖書，言神宗欲易太子，指斥鄭貴妃。……四十一年，姦人王曰乾上變，告孔學等爲巫蠱，將謀不利於東宮，語連鄭貴妃、福王。」萬曆帝迫於群臣壓力，福王遂於萬曆四十二年到洛陽封地。四十三年，「薊州男子張差持梃入慈慶宮，事復連貴妃內璫。太子請以屬吏。獄具，戮差於市，斃內璫二人於獄中。」是爲「梃擊案」。

〔註64〕萬曆帝去世。光宗即位。即位僅一個月（八月即位，九月崩殂。），服了御藥房太監崔文升的大黃藥，仍腹瀉不止。後來，服用鴻臚寺官李可灼所進紅丸藥，光宗遂崩卒，諸臣疏論進藥之誤，是爲「紅丸案」。

〔註65〕光宗死後，選侍李氏居乾清宮，企圖挾持皇長子干預朝政。大臣們用計將皇長子接出乾清宮，於文華殿接見群臣，暫住慈慶宮。經吏部尚書周嘉謨及御史左光斗疏請選侍移宮，選侍遲至九月五日搬出乾清宮，九月初六日熹宗登基。是爲「移宮案」。

〔註66〕毛士龍，字伯高，宜興人。萬曆四十一年進士。授杭州推官。熹宗即位，擢

龍、陸大受、何士晉、馬德灃、王之寀、楊漣等，有功社稷，而或掛神武之冠，或墮九原之淚，是功罪之反也。」〔註 67〕熹宗認同，但魏忠賢心裏懷恨。天啓二年四月，禮部尚書孫愼行追論李可灼進紅丸，斥方從哲爲弒逆。〔註 68〕詔廷臣商議。都御史鄒元標支持孫愼行。方從哲上疏辯解，自請削官階，投四裔。廷臣多支持孫愼行，認爲方從哲有錯，惟刑部尚書黃克纘，御史王志道、徐景濂，給事中汪慶百支持方從哲，而詹事公鼐不置可否。當時大學士韓爌說明進藥始末，爲方從哲解套。於是吏部尚書張問達會戶部尚書汪應蛟合奏言：「宜如從哲請，削其官階，爲法任咎。至可灼罪不可勝誅，而文升當皇考哀感傷寒時，進大黃涼藥，罪又在可灼上。法皆宜顯僇，以泄公憤。」〔註 69〕結果，李可灼遣戍，崔文升放南京，而方從哲不罪。不久，孫愼行引疾去。

天啓六年，從霍維華等議，編纂《三朝要典》，以顧秉謙、黃立極、馮銓爲總裁，把功罪倒反，《明通鑒》載：

> 極意詆諆東林，報揚罪惡。其論梃擊，以「王之寀開畔骨肉，爲誣皇祖，負先帝。」論紅丸，以「孫愼行創不嘗藥之說，妄疑先帝不得正其終，更附不討賊之論，輕詆皇上不得正其始，爲罔上不道。」論移宮，以「楊漣等內結王安，故重選侍之罪，以張翊戴之功。」於是遂以之采、愼行、漣爲三案罪首。時方修《光宗實錄》，凡事關三案，命即據《要典》改正。〔註 70〕

凡先前論三案最激烈者，變成罪首，且載之史書，其荒唐竟如此。先前有過失的一律銷過晉用，於是李可灼免戍邊，崔文升命督漕運。其黨徐大化請起方從哲，方從哲不出。當時請誅方從哲者，貶殺略盡矣。

三案之論，「舉朝士大夫喋喋不去口，兩黨是非爭勝，禍患相尋，迄明亡而後已。」〔註 71〕黨爭過程中，假借政治事件，相互羅織罪名，終致黃鐘毀棄，瓦釜雷鳴，一群「有識」之士眼睜睜看著國家淪亡，足見歷史之無奈與離奇。

刑科給事中。

〔註 67〕《明通鑒》卷七七。

〔註 68〕《明史》卷二四三，〈孫愼行傳〉：「臣以爲從哲縱無弒之心，卻有弒之事；欲辭弒之名，難免弒之實。」

〔註 69〕《明史》卷二一八，〈方從哲傳〉。

〔註 70〕《明通鑒》卷八〇。

〔註 71〕《明史》卷二四四，〈贊曰〉。

三、政局與心學發展

張居正死後，陽明得以奉祠孔廟，〔註72〕講論心學不再受到限制，信奉王學成爲時髦，王世貞曾說：「今天下之爲新建學者，大率十而七。」〔註73〕王學可以說達到了空前的流行。

自王學廣爲流行以來，獨立自主的講學論道成爲風尚，如馬經綸所說：

> 至於著述，人各有見，豈能盡同？亦何必盡同？有同有異，正以見吾道之大，補前賢之缺。假使講學之家，一以盡同爲是，以不同爲非，則大舜無兩端之執，朱陸無異同之辨矣。〔註74〕

此爲馬經綸爲李贄所作的辯護，自由講學的多元繽紛，在當時確實存在，也因此爲執政者所忌諱。而「道」因時、因事而存在，不可能盡同，也不必要盡同，同異互見，正可以補「前賢之缺」。前賢之道，加後賢之道，才構成了道體的全部。

陽明心學在因緣聚會中成爲思想的主流，然其盛衰，仍有其變異的軌跡。萬曆十年至二十五年左右，朝廷忙於內鬥，爲了立國本，神宗與群臣的對峙；言路與內閣、內閣與吏部都存在著矛盾，唯當時黨爭尚不激烈，王學處於一種自由發展的狀態。此時，講學極其活躍，民間如湖北的麻城、黃安；陪都南京更趨蓬勃，像羅汝芳、周汝登、焦竑、祝世祿、湯顯祖等，均爲此時的活躍人物；即使北京城內，也在進行心學的討論，錢謙益曾對此記述：

> 近代館選，丙戌（萬曆十四年）、己丑（萬曆十七年）爲極盛。諸公有講會，研討性命之學。丙戌則袁伯修、蕭允升、王則之，己丑則陶周望、黃昭素、董思白及文恪公。幅巾布衣，以齒敘不以科論，詞林至今以爲美談。〔註75〕

他們研討「性命之學」，觀點各有不同，卻能互相尊重。如陶望齡之學：「多

〔註72〕《國榷》卷七二載：萬曆十二年，神宗下旨曰：「皇祖嘗稱王守仁有用道學，其與陳獻章、胡居仁俱祀孔廟。」

〔註73〕談遷《國榷》卷七二。

〔註74〕見《李氏遺書》附錄〈與李麟野掌科轉上蕭司寇〉。

〔註75〕錢謙益《初學集》卷八六《傳文恪公狂言》此所言蕭允升即蕭雲舉，字允升，號玄圃，宣化人。王則之即王圖，字則之，號衷白，耀州人。陶周望即陶望齡，字周望，號石簣，會稽人，乃王門學者周汝登之弟子，又曾問學於李贄。黃昭素即黃輝，字平倩，一字昭素，號愼軒，南充人。董思白即董其昌，字玄宰，號思白，華亭人。而文恪公則指劉楚先。這些人幾乎均爲公安三袁的好友，其特點是既講心學，又兼禪學，同時還是著名詩人。

得之海門（周汝登），而氾濫於方外，以爲明道、陽明之於佛氏，陽抑而陰扶。」〔註76〕他不避禪學，卻不失儒者品格。黃宗羲肯定其「爲學始基，原從儒術，後來雖談玄說妙，及至行事，仍舊用著本等心思。」〔註77〕此時的王學，已與禪學合流，心學學者也不再忌諱言禪，但尚未放棄儒者的職責而已。

萬曆二十五年以後，朝廷黨爭日益劇烈，言路舒張，先攻內閣大臣，兼及諸臣，即使神宗也不能免，最後便結成黨派，互相攻訐。一般士人都會感受政治之險惡，便有許多人主動或被動地從官場中退離。學識淵博如焦竑（弱侯）〔註78〕亦不能免，《明史》稱他：

> 既負重名，性復疏直，時事有不可，輒形之言論，政府亦惡之，張位尤甚。二十五年主順天鄉試，舉子曹蕃等九人文多險誕語，竑被劾，謫福寧州同知。歲餘大計，復鐫秩，竑遂不出。〔註79〕

弱侯直率的個性，直言是非的態度，爲官場所顧忌，連考生用語險誕，也可成爲被劾的理由。萬曆二十六年，與李贄一起回南京，從此未入官場，並與李贄等人講學論道，以期體悟自我生命。

萬曆二十九年之後，沈一貫與沈鯉當政，黨爭日益加劇。錢謙益曾論沈一貫曰：

> 與宋州（沈鯉）同輔政，而門户角立，矻矻不相下。妖書之獄，宋州及郭江夏僅而得免。人謂少師（沈一貫）齮齕之，海內清流，爭相指摘，黨論紛呶，從此牢不可破。洛蜀之爭，遂與國家相始終，良可爲三嘆也！〔註80〕

此時，黨爭達到一個高潮。陶望齡曾指出：「卓老（李贄）之不宜居通州，猶吾輩之不宜居官也。有逐我者，旦夕即行，無之亦當圖抽身之策，大約不出此歲。」〔註81〕果然陶望齡因黨爭致仕，他又說：

> 此間諸人，日以攻禪逐僧爲風力名行，吾輩雖不掛名彈章，實在逐中矣。一二同志皆相約攜手而去，吾輩意輒欲先發，……名場難入，

〔註76〕《明儒學案》卷三六，〈泰州學案〉五。

〔註77〕同前註。

〔註78〕焦竑（1540～1620），字弱侯，號漪園，又號澹園，南京人。萬曆十七年狀元。先後任翰林院修撰、東宮太子講官等職。

〔註79〕《明史》卷二八八，〈焦竑傳〉。

〔註80〕《列朝詩集小傳》丁集中，〈沈少師一貫〉。

〔註81〕《歇庵集》卷十二，〈寄君奭弟〉。

> 青山白水，是吾故物，閉門二三年，打拼此事，雖未必徹去，亦有所成，勝悠悠火宅中多矣。〔註 82〕

所謂「打拼此事」，即求取自我生命之安頓解脫。儒者本以經世為懷抱，官場作為舞台。但名場難入，掛冠非情願，但卻必然，只好「相約攜手而去」。在爾虞我詐的政治環境，心學是自我生命安頓的憑依。

天啓年間，無論魏忠賢專權，或外族入侵，許多士人挺身而出，以身家性命捍衛。對於學術，或不滿於王學末流的空談性命，劉宗周（蕺山）〔註 83〕試圖加以改造，以期陽明「良知」之說重新擔負起正人心、救危局的使命。從有用於世、有補於世道人心的目的，以改造王學。《明史》載：

> 越中自王守仁後，一傳為王畿，再傳為周汝登、陶望齡，三傳為陶奭齡，皆雜於禪。奭齡講學白馬山，為因果說，去守仁益遠。宗周憂之，築證人書院，集同志講肄。〔註 84〕

蕺山奉行陽明良知，相信人人可做聖人。卻要避免心學流入禪者的空寂。《明史》述其臨終之言曰：「學之要，誠而已，主敬其功也。敬則誠，誠則天。良知之說，鮮有不流於禪學。」〔註 85〕其承續陽明「良知」之學，加上程朱誠敬功夫，使良知恢復務實，不流於禪風。

心學從陽明的超越與經世結合；至龍溪則漸離經世而走向儒者的超越；至陶望齡漸由儒者的超越轉為禪者的超越。至蕺山，亟欲改造越中王學至於有用，以操守與經世為目的，即內聖外王兼顧。唯時代疲困已極，雖其學術純正，亦無助於末世之振衰起蔽。至此，心學曾激勵士人濟世的入世情懷，也安頓過士人在困頓中的心靈，但在晚明的動盪時局中，亦隨著政治，從學術舞台落幕。

第二節　社會風氣

晚明時期，政治紛爭激烈，皇帝放縱礦監稅使，荼毒天下，致民變迭起；

〔註 82〕《歇庵集》卷十二，〈寄君奭弟〉。

〔註 83〕劉宗周（1578～1645），字起東，號念台，浙江山陰人。因講學於蕺山，故學者又稱其為蕺山先生。萬曆二十九年進士。先後任禮部主事、尚寶少卿、順天府尹、左都御使等職。南明政權亡，絕食二十日而卒。念台先生從氣節上講，絕對是無可挑剔的，他關心國事，同情百姓疾苦，在萬曆後期支持東林正直之士，在天啓時因斥責魏閹而遭罷官，在崇禎時多次向皇帝直言上書，而兩遭罷官。

〔註 84〕《明史》卷二五五，〈劉宗周傳〉。

〔註 85〕同前註。

但社會已相對穩定百餘年，人口增加，〔註 86〕城鎮興起，江南、沿海和交通要地蓬勃發展，形成了許多商業地區。〔註 87〕物質充裕後，享受漸趨無度，僭越規範蔚成風氣。當代顧起元說：「服飾違制，婚宴無節，白屋之家，侈僭無忌。是以用度日益華靡，物力日益耗蠹。」〔註 88〕就是當時的寫照。

一、城鎮興起，商業發達

隨著社會變遷和商品經濟的發展，人口結構改變，商品市場形成。加上農家賦役繁重，驅使農民棄農從商。武宗正德以前，人民十之八九安於土田，世宗嘉靖末年，則大不同，如何良俊記松江府：

> 昔日逐末之人尚少，今去農而改業爲工商者三倍於前矣。昔日原無游手之人，今去農而游手趁食者，又十之二三。大抵以十分百姓言之，以六七分去農。〔註 89〕

人民爲生計故，務農維生爲艱，而從商有利可圖，「良賈近市利數倍，次倍之，最下無能者，逐什一之利。」〔註 90〕致富的機會較多，生活也較爲寬裕，於是從商人口也日益增多，特別是明中後期，蘇松地區，「昔日逐末之人尚少，今去農而改業爲工商者，三倍於前矣。」〔註 91〕利之所在，亦民之所趨，人數漸增，結成集團，像徽商、晉商等以地域形成的商幫，「自安、太至宣、徽，其民多仰機利，捨本逐末，唱棹轉轂，以游帝王之所都，而握其奇贏，休、歙尤夥，故賈人幾遍天下。」〔註 92〕因此，傳統輕商觀念改變，「民家常業，不出農商」，〔註 93〕是嘉靖末年以後，逐漸形成的觀念。

（一）逐利為尚，附庸風雅

〔註 86〕陶奭齡《小柴桑喃喃錄》卷上：如紹興地區，僅會稽陶氏一個家族，從明初到萬曆人口增加了千倍，「天下生齒日繁，即以吾族計之，國初始祖僅一人，今男女且萬指，相距未三百年，已千倍於曩昔」。

〔註 87〕如王士性《廣志繹》卷四載：記杭州「北湖州市，南浙江驛，咸延袤十里，井屋鱗次。煙火數十萬家，非獨城中居民。」其他如臨清，當時也是百萬人口的城市；盛澤鎮以絲織聞名；松江府以棉紡織聞名。

〔註 88〕《客座贅語》卷七。

〔註 89〕《四友齋叢說》卷十二。

〔註 90〕張瀚《松窗夢語》卷四，〈商賈記〉。

〔註 91〕《四友齋叢說》卷一三，〈史〉九。

〔註 92〕《松窗夢語》卷四，〈商賈記〉。

〔註 93〕龐尚鵬：《龐氏家訓》。

晚明時期，科第功名仍爲士林所重，但仕途進路艱難；而經商獲利卻爲士民開闢另一謀生途徑，風氣漸盛。業儒或經商，漸被等量齊觀。不僅通都大邑、東南沿海等繁榮地區，甚至內陸、邊陲也無遠弗屆。汪道昆（伯玉）曾談及家鄉儒賈人口比例：「鄉人（贛縣）什七賈，而什三儒。」〔註 94〕其出身鹽商家庭，經商獲利，甚至富可敵國，仍以博取功名，進入仕途爲目標，曾說：「吾先世夷編戶久矣，非儒術無以亢吾宗，孺子勉之，毋效賈豎子爲也！」〔註 95〕獲取功名，藉以光耀門楣，並鞏固經濟地位。足見致富奢華，不過「豎子」而已；學術有成，知書達禮，才是高貴人家。徽人李大祈始爲儒而後經商，他說：「丈夫志四方，何者非吾所當爲？既不能拾朱紫以顯父母，創業立家亦足以垂裕後昆。」〔註 96〕汪道昆由商返儒，李大祈商儒並舉，往後從商，漸成常事。

明中葉以來，在商賈之家出了不少名公巨卿、學者文人。如汪道昆，官至兵部侍郎，於隆、萬間，與王世貞雄踞文壇，天下稱「兩司馬」。〔註 97〕李贄先世是泉州商人，「航吳泛越」，經營海上貿易。顧憲成、高攀龍祖上也都「竭力商賈」。崇禎間大學士徐光啓（子先），其父「爲賈，家漸裕」。〔註 98〕可見，此時期士人觀念較爲務實開朗，業商賈，以豐富生活，取功名，以顯耀家聲。

商賈愛好儒學，除了表現在明經術、講舉業外，還表現在對文學藝術的愛好，許多商人好附庸風雅，喜歡結交文人墨客，陳繼儒（眉公）說：「新安故多大賈，賈啖名，喜從賢豪長者遊。」〔註 99〕袁宏道（中郎）說：「徽人近益斌斌，算緡料籌者競習爲詩歌，不能者亦喜蓄圖書及諸玩好，畫苑書家，多有可觀。」〔註 100〕無論世味如何更易，士人如何清貧辛苦，在中國人的觀念中，經商致富屬謀生層面，必須燻染書香墨味，才是風雅之人，顯得品味高尚。

〔註 94〕《太涵集》卷三〇。

〔註 95〕《太涵集》卷六十七。

〔註 96〕《明清徽商資料選編》，頁 470。

〔註 97〕汪道昆，字伯玉，王世貞同年進士。世貞《藝苑卮言》曰：「文繁而有法者于鱗，簡而有法者伯玉。」道昆由是名大起。晚年官兵部左侍郎，世貞亦嘗貳兵部右侍郎，天下稱「兩司馬」。世貞頗不樂，嘗自悔獎道昆爲違心之論云。（詳參《明史》卷二八七，〈汪道昆傳〉）。

〔註 98〕《徐光啓集》卷一二，〈先祖事略〉。

〔註 99〕《晚香堂小品》卷十三。

〔註 100〕《袁宏道集箋校》卷一〇，〈新安江行記〉。

（二）逾越倫常，好遊享樂

在封建專制時代，講求綱常名教，以致「人欲」的滿足，被認爲有違社會道德。晚明時期，綱常名教鬆弛，物質生活提高；主觀則人的自我意識覺醒，客觀則「人欲」的滿足爲社會所默許，有錢有閒之後，得以公開而自由地尋求歡樂。

縱欲奢侈，起自嘉靖，所謂「嘉靖以來，浮華漸盛，競相誇詡。」〔註 101〕至萬曆而尤烈，如首都北京的情況：

> 風會之趨也，人情之返也，始未嘗不樸茂，而後漸以漓，其變猶江河，其流殆益甚焉。大都薄骨肉而重交游。厭老成而尚輕銳，以晏游爲佳致，以飲博爲本業。家無擔石而飲食服御擬於巨室，囊若垂罄而典妻鬻子以佞佛進香，甚則遺骸未收，即樹旛疊鼓，崇朝雲集，噫，何心哉。德化凌遲，民風不競。〔註 102〕

「德化凌遲，民風不競」可爲當時民風寫照。北京爲國都所在，逾越奢靡，亦冠全國。首先是皇帝和皇室揮霍無度，尤以神宗爲最。僅皇帝的膳食費，嘉靖時設額爲每年二十四萬兩，萬曆中期則增至每年三十萬兩，以致經費困窘。萬曆時的修繕費也比嘉靖時增加數倍，尤其重建三大殿，「費銀九百三十萬兩，徵諸民間，較嘉靖年費更倍。」〔註 103〕神宗爲了滿足自己的奢侈生活，以修建三大殿爲名，〔註 104〕派出了流毒全國的礦監稅使，強徵稅收於天下。其次，是豪門貴族：「爭爲奢侈，眾庶仿效，沿習成風，服食器用，逾僭凌逼。」〔註 105〕這些情形也都起於嘉靖，如范濂所記：「嘉靖以來，豪門貴室，導奢導淫，博帶儒冠，長姦長傲。日有奇聞疊出，歲多新事百端。」〔註 106〕其時，奢侈成爲比賽的日常項目，豪門大家生活本較優裕，其花樣之翻新，也就無所不用其極。而陪都南京，其奢華有更甚者。如余懷所記：

> 公侯戚畹，甲第連雲，宗室王孫，翩翩裘馬，以及烏衣子弟，湖海賓游，靡不挾彈吹簫，經過趙李。每開筵宴，則呼傳樂籍，羅綺芬

〔註 101〕《皇明嘉隆兩朝聞見記》卷六。

〔註 102〕（萬曆）《順天府志》卷一〈地理志．風俗〉。

〔註 103〕《明史》卷八○，〈食貨志〉。

〔註 104〕萬曆三十年二月，帝忽有疾。命一貫入，帝曰：「朕病日篤矣，享國已久，何憾。佳兒佳婦付與先生，惟輔之爲賢君。礦稅事，朕因殿工未竣，權宜採取，今可與江南織造、江西陶器俱止勿行，所遣內監皆令還京。」

〔註 105〕《明神宗實錄》卷一七二。

〔註 106〕《雲間據目抄》卷二，〈記風俗〉。

> 芳，行酒糾觴，留髡送客，酒闌棋罷，墜珥遺簪。眞欲界之仙都，昇平之樂國也〔註 107〕

上述歡樂景象，不一而足，車馬華屋、音樂歌舞、酒觴醉客、男女雜處，故稱「欲界之仙都」。而上行下效，奢華成習。在請友宴客亦然，如何良俊記述友人，其待客時所使用之器具，可一窺梗概：

> 嘗訪嘉興一友人，見其家設客，用銀水火爐金滴嗉。是日客有二十餘人，每客皆金台盤一副，是雙螭虎大金杯，每副約有十五、六兩。留宿齋中，次早用梅花銀沙鑼洗面，其帷帳衾裯皆用錦綺，余終夕不能交睫。此是所目擊者。聞其家亦有金香爐，此其富可甲於江南，而僭侈之極，幾於不遜矣。〔註 108〕

聖賢教導士子要安於「惡衣惡食」，但眼前所見，是金雕玉琢，窮奢極侈，難免心中既忐忑又驚奇。至於菜餚品類，亦不遑多讓：

> 余小時見人家請客，只是果五色、肴五品而已。惟大賓或新親過門，則添蝦、蟹、蜆、蛤三四物，亦歲中不一二次也。今尋常宴會，動輒必用十肴，且水陸畢陳，或覓遠方珍品，求以相勝。前有一士夫請趙循齋，殺鵝三十餘頭，遂至形於奏牘。近一士夫請袁澤門，聞肴品計百餘樣，鴿子、斑鳩之類皆有。〔註 109〕

嘉靖以前即使加菜亦「三四物」而已，嘉靖以後出現「水陸畢陳」盛況，且各家互相攀比，「人人求勝，漸以成俗。」〔註 110〕在奢靡爲榮的世風籠罩下，豪門富室，奢侈揮霍，自不必說。就連小戶人家也追逐時尚，競相擺闊。如山東鄆城地區：

> 邇來競尚奢靡，齊民而士人之服，士人而大夫之冠，飲食器用及婚喪游宴，盡改舊意。貧者亦捶牛擊鮮，合飧群祀，與富者鬥豪華，至倒囊不計焉。〔註 111〕

這種追求物質享受、競逐奢華的風氣，流行於南北各地，在經濟發達、社會相對安定的江南地區尤其盛行，「至於民間風俗，大都江南侈於江北，而江南

〔註 107〕余懷：〈板橋雜記〉，見《虞初新誌》卷二十。

〔註 108〕《四友齋叢說》卷三四，〈正俗〉一。

〔註 109〕同前註。

〔註 110〕同前註。

〔註 111〕《崇禎鄆城縣志》卷七，〈風俗〉。

之侈，尤莫過於三吳。自昔吳俗習奢華，樂奇異，人情皆觀赴焉。」〔註 112〕四方人多效吳俗，所以觀吳俗之變化，可知世風之大概。且看蘇州震澤鎮的風俗演變：

> 在明初，風尚淳樸，非世家不架高堂，衣飾器皿不敢奢侈。若小民咸以茅為屋，裾布荊釵而已。即中產之家，前房必土牆茅蓋，後房始用磚瓦，恐官府見之以為殷富也。其嫁娶只以銀為飾，外衣亦只用絹。至嘉靖中，庶人之妻都用命服，富民之室亦綴獸頭，循分者嘆其不能頓革。萬曆以後，迄於天、崇，民貧世富，其奢侈乃日甚一日焉。〔註 113〕

震澤是江南和全國的一個縮影，說明了明初到明末風俗的變化。尤其萬曆之後，朝野豪奢，神宗可以縱放礦監稅使，與民爭利；饑民饑兵匯成民變，社會卻顯得一片榮景，此即「民貧世富」之寫照，亦即掏空國庫、民庫，以應社會之揮霍。

此時，士子之觀念，亦大異於前。中葉以後，「帷裳大袖，不絲帛不衣，不金線不巾，不雲頭不履。」〔註 114〕與明初，布衣褐褲，赤足芒鞋的情形，已大不同。簡言之，明代中葉以後，享樂主義盛行，上位者窮奢極慾，下位者仿效跟進，官民競逐豪奢，至社會財富耗費，國家財政漸被掏空，「蓋二百餘年，民力殫殘久矣！」〔註 115〕人民不勝負荷，社會危機嚴重。對社會道德公義的日益淪喪，主政者歸咎於心學思潮的張揚，從心學強調自我意識及「人欲」合理化的角度來看，其推波助瀾，難避其嫌，但以心學思潮為主因，實例置因果也。因此，晚明心學之轉向務實，是思潮發展必然的方向。

二、規範鬆弛，僭越為常

當逐利縱欲被視為常態，那麼，豪奢逾越就不可避免，規矩禁令也將淪於名存實亡，所謂「人情以放蕩為快，世風以侈靡相高，雖逾制犯禁，不知忌也。」〔註 116〕縱有心導正者也無可奈何，最後，聽之任之而已。

〔註 112〕《松窗夢語》卷四。
〔註 113〕《乾隆震澤縣志》卷二五，〈崇尚〉。
〔註 114〕何喬遠：《名山藏・貨殖記》。
〔註 115〕《明史》卷七九，〈食貨志〉。
〔註 116〕《松窗夢語》卷七。

（一）朝綱違紀，禮制崩壞

明初，太祖親自裁定的《大明律》和《大誥》，對生活所需均作詳盡規定：

> 一切臣民，所用居處、器皿、服色、首飾之類，無得僭越。敢有違者，用銀而用金，本用布絹而用綾錦紵絲紗羅，房舍棟樑不應彩色而彩色，不應重錦而重錦，民床敢有暖閣而雕鏤者，違誥而爲之，事發到官，工技之人與物主，各各坐以重罪。〔註 117〕

嘉靖以後，法令規章，形同具文。政府雖然屢次禁止，但違禁潮流已然形成，且從高官做起：「今蟒衣皆龍形，因爲蟒原是大蛇，無足無角，而內外臣所服蟒衣，竟然也有角有足，似蟒而實龍形。」〔註 118〕龍本象徵帝王和權勢，臣民依規定均不得穿著。嘉靖以後，臣民已穿著「似蟒實龍」的蟒衣。如此逾越禮制，在中後期尤爲普遍。且只要有人帶頭，即群起效尤，習以爲常。謝肇淛以騎乘工具爲例，說明其僭越情形：

> 國朝京官，三品以上方許乘轎，三五十年前，郎曹皆騎也，其後因馬不便，以小肩輿代之。至近日遂無復乘馬者矣。國初，進士皆步行，後稍騎驢。至弘、正間，有二、三人共僱一馬者，其後遂皆乘馬。余以萬曆壬辰登第，其時郎署及諸進士皆騎也，遇大風雨時，間有乘輿者，迄今僅二十年，而乘馬者遂絕跡矣，亦人情之所趨。〔註 119〕

一旦爲官，即欲享受特權，本爲權宜之便，後均成爲常例，且望風影效，遂成風氣。不僅如此，即使是退休、離職回鄉的官僚，抑或尚非官員，只是舉人、監生、秀才等無品級者，亦爭相仿效。如：

> 嘗聞長老言，祖宗朝，鄉官雖現任回家，只是步行。憲廟時，士夫始騎馬。至弘治、正德間，皆乘轎矣…夫士君子既在仕途，已有命服，而與商賈之徒挨雜於市中，似爲不雅，乘轎猶爲可通。今舉人無不乘轎者矣。舉人乘轎，蓋自張德瑜始也。方其初中回，因病不能看人，遂乘轎以行。眾人因之，盡乘轎矣…今監生無不乘轎矣。大率秀才以十分言之，有三分乘轎者矣。其新進學秀才乘轎，則自隆慶四年始也。蓋因諸人皆士夫子弟或有力之家故也。〔註 120〕

〔註 117〕《大誥續編・居處僭份》。
〔註 118〕《萬曆野獲編》卷一，〈列朝・蟒衣〉。
〔註 119〕《五雜組》卷十四，〈事部〉二。
〔註 120〕《四友齋叢書》卷三五，〈正俗〉二。

乘轎本爲大臣專利，是身份之表徵，後則成爲競奢之工具，不論身分，只要有錢即可乘轎，爲官如此，社會下層亦如此：

> 至賤如長班，至穢如教坊，其婦外出，莫不首戴珠箍，身被文繡，一切白澤、麒麟、飛魚、坐蟒，靡不有之，且乘坐肩輿，揭簾露面，與閣部公卿交錯於康逵，前驅既不呵止，大老亦不詰責。〔註121〕

社會風尚既然如此，基層賤工，亦起而仿效，進而「揭簾露面」，以爲標榜。甚至「俳優隸卒，窮居負販之徒，躡雲頭履行道上者，踵相接而人不以爲異。」〔註122〕如此違禁現象，已司空見慣，不再奇怪。

除此之外，對於奴婢的數目，本有具體的規定：「公侯家不過二十人，一品不過十二人，二品不過十人，三品不過八人。」〔註123〕然而，官僚大都未確實遵守。嘉靖以後，情況愈加嚴重，如江南大家世宦，役使奴僕有達一二千人者。如禮部尚書董份、大學士徐階，家裡蓄養的奴僕皆超過規定。不僅有品級的官員如此，即本不得用奴僕的富庶之家，役使奴僕的也很普遍。「今世衣冠中人，喜多帶僕從。沈小可曾言，我一日請四個朋友吃晚飯，總帶家童二十人，坐至深夜，不得不與些酒飯，其費多於請主人。」〔註124〕當時，甚至有向官府借用小吏的現象，「近日士大夫家居，皆與府縣討夫皂，雖屢經禁革，終不能止。或府縣不與，則謗議紛然，此是蔑棄朝廷紀綱也。」〔註125〕炫耀身份特權，逾越禮制，滿足虛榮，是社會經濟發展到某個階段的產物。政治規章失去權威性，越禮情形獲得上位者默許或助長之，最後導致失控，且一往不復。

再從賭博、私娼和官吏狎妓宿娼等惡習觀之。明初，風氣尚淳樸，惡習尚未風行，到了中晚期，隨著整個風尚的變化，禁令徒爲具文，惡習趨於氾濫。如田藝蘅記當時賭博：

> 杭州初時，遊手光棍賭博者，小者飲食，大者錢鈔，及今風俗薄惡，日甚一日，雖富貴子弟皆習此風。小者金銀珠玉，大者田地房屋，甚至於妻妾子女，皆以出注，輸去與人，亦恝然不惜，曾不知恥〔註126〕

〔註121〕《萬曆野獲編》卷五，〈勳戚・服色之僭〉。
〔註122〕《通州府志》卷二，〈疆域志・風俗〉。
〔註123〕《明會典》卷五二，〈民政〉三。
〔註124〕《四友齋叢書》卷三五〈正俗〉二。
〔註125〕同前註。
〔註126〕《留青日札摘抄》卷一，〈賭博〉。

賭徒不論貧富，賭注無所不可，逢賭則興奮異常，金玉田產皆可下注，甚至妻妾子女亦然，眞是一個瘋狂的時代。

對於聲色，亦頗猖狂，不止娼妓，更及男寵，如謝肇淛所記娼妓情形：

> 今時娼妓布滿天下，其大都會之地，動以千百計，其他窮州僻域，在在有之……又有不隸於官，家居而賣官者，謂之土妓，俗謂之私窠子，蓋不勝數矣。〔註127〕

又如男寵：

> 今天下言男色者，動以閩廣爲口實，然從吳越至燕雲，未有不知此好者也。〔註128〕

在當時，挾妓宿娼、寵幸男妓，都成時尚。在這樣一個行爲規範、思想觀念、價値取向發生巨變的時代和社會裡，傳統的價値觀念瀕臨解構。原來被視爲禁忌的各種私欲，重新提出並賦予時代意義：

> 世之人有不求富貴利達者乎？有衣食已足，不願贏餘者乎？有不上人求勝，悅不若己者乎？有不媚神諂鬼，禁忌求福者乎？有不卜筮堪輿，行無顧慮者乎？有天性孝友，不私妻孥者乎？有見錢不吝，見色不迷者乎？有一於此，足以稱善士矣，吾未之見也。〔註129〕

社會從「天理」回到「人欲」；從道德的約制，回到心理層面的需求。故求富貴利達、向鬼神討幸福、徇私護短、愛財迷色等私心慾念，均合乎原始人性，均視爲平常現象。換言之，曾經爲宋明理學家所否定、所壓制、所要消滅的種種個人私欲，於此時，被認爲是合乎常情，是人之本能的體現。

綜前之論，直至晚明，人的主體意識覺醒，加上商品經濟得到高度發展，封建的倫理道德受到衝擊，心學的重視自我主體，與私欲的合理化結合，有助於心學之擴張，也促使其加速異化。

（二）上行下效，傳統解構

晚明隨著商品經濟的發展，社會階層關係發生了新變動。新的經濟因素的增長，導致宗法關係漸趨解體，上下、貴賤、長幼，尊卑的界限不再那樣森嚴。昔日之卑賤者，透過社會流動，地位提高，人際關係改變，社會風氣也改變。管志道指出：

〔註127〕《五雜組》卷八，〈人部〉四。

〔註128〕同前註。

〔註129〕同前卷一三，〈事部〉一。

開國以來之綱紀，唯有日搖一日而已……民間之卑脅尊，少陵長，後生侮前輩，奴婢叛家長之變態百出……少可以凌長，則賤亦可以凌貴，於是未婚未冠之弱子，稍有文名，便分先達之席；不士不農之俠客，一聯詩社，即躐大人之班，而異途亦且攘臂焉。以爲下流既可混於上流，則雜流豈不可混於正流也？〔註130〕

長期以來，宗法人倫束縛著個性的發展，而這束縛被勃興的商品經濟所衝破，個性獲得較大的伸展空間。如伍袁萃所說：「吾鄉自正德以前，風俗醇厚，而近則澆漓甚矣！大都強淩弱，眾暴寡，小人欺君子，後輩侮先達，禮義相讓之風邈矣！」〔註131〕一個以功利爲尙的社會，人欲橫流，尊卑觀念式微，爭強鬥勝成爲風氣，風俗遂從淳厚趨於澆漓，倫理關係也從相讓變成相爭。

當規範失去權威，慾望有了合理性，僭越成爲常態，則價值觀必須重新衡量。以婚姻制度爲例，傳統婚姻講究門當戶對，娼優、僕役等，法律明禁和士民聯婚。到中後期，已完全改觀，所謂「今世流品，可謂混淆之極，婚娶之家，惟論財勢耳。」〔註132〕富商大賈和豪門世族聯婚，自不必說；至於卑賤之家亦然，「有起自奴隸，驟得富貴，無不結姻高門，締眷華冑者。余嘗謂彼固侯景、李建勳之見，而爲名族者，甘爲秦晉而不恥，何無別之甚也。」〔註133〕此爲傳統層級之見。起身卑賤，當其豪富，習氣亦如影隨形，如管志道所謂：「近乃有起家巨萬之豪僕，聯姻士流，多挾富而欺其主，亦有奮迹賢科之義孫，通名仕籍，則挾貴而卑其主。」〔註134〕此與傳統觀念不合，皆敢於突破原有禁令，而以勢利爲依附，其實亦潮流之所趨也。

其次，以職業來論，職業價值不在於職業本身，而是在於從事者之用心和成就。最明顯的是，商人地位提高，有別於傳統看法，認爲商人居於四民之末，陽明提出「四民異業同道」的觀點：

古者四民異業而同道，其盡心焉，一也；士以修治，農以具養，工以利器，商以通貨，各就其資之所近，力之所及者而業焉，以求盡其心，其歸要在於有益於生人之道，則一而已。〔註135〕

〔註130〕《從先維俗議》卷二。
〔註131〕《漫錄評正》卷三。
〔註132〕《五雜組》卷一四，〈事部〉二。
〔註133〕同前註。
〔註134〕《從先維俗議》卷二。
〔註135〕《王陽明全集》卷二五，〈節庵方公墓表〉。

陽明從職業類型對人民生活的貢獻著眼，雖其從事的內涵有異，而助人的意義則同。前七子首領李夢陽〔註 136〕則以「修行」論士商：

夫商與士，異術而同心，故善商者，處貨財之場，而修高明之行，是故雖利而不污。〔註 137〕

商與士只是職業性質的不同，並無心性良惡的差別。經商不一定有辱儒行，求利不一定有損仁義，只要以善道取之，「處貨財之場」，照樣可以「修高明之行」。義與利，士與商，不是水火不容，只要觀念正確，從商者依然可以是品德高尚。經商是末道小技的觀念改變了，至鍾惺更認爲：「貨殖非小道也，經權取捨，擇人任時，管、商之才，黃、老之學，於是乎在。」〔註 138〕把經商之術與治國用兵之道相比擬，用人乘時，學問在焉。進而士商交流，可以合作互利。他認爲：

富者餘貲財，文人饒篇籍，取有餘之貲財，揀篇籍之妙者而刻傳之，其事甚快，非惟文人有利，而富者亦分名焉。〔註 139〕

商人有錢，文人有才，二者合作，這樣著述者才能爲世所知，贊助者也得了美名。由此可見，當時士子已不再視讀書入仕爲人生唯一追求目標，誠如汪道昆所謂：「良賈何負閎儒。」〔註 140〕職業價值觀念漸從四民等差走出，以平等觀念對待。

至於被視爲「賤工」的手工藝者，也獲得翻身的機會。百工逞能獻技，成品精巧，價格驟然上漲，製作者隨之身價高漲，特別是能工巧匠，更爲世所重，如張岱所言：

竹與漆與銅與窯，賤工也。嘉興之臘竹，王二之漆竹，蘇州姜華雨之莓菉竹，嘉興洪漆之漆，張銅之銅，徽州吳明官之窯，皆以竹與漆與銅與窯名家起家，而其人且與縉紳先生列坐抗禮焉。則天下何物不足貴人，特人自賤之耳。〔註 141〕

往日這些「賤工」爲君子所不齒。如今得到官紳、名士禮遇，因其作品受到

〔註 136〕前七子指：李夢陽、康海、王九思、何景明、徐禎卿、邊貢、王廷相。（詳參《明史》卷二八六，〈李夢陽傳〉）。
〔註 137〕《空同集》卷四四，〈明故王文顯墓誌銘〉。
〔註 138〕《隱秀軒集》卷三二，〈程次公行略〉。
〔註 139〕同前卷三五，〈題潘景升募刻吳越雜誌冊子〉。
〔註 140〕《太函集》卷五五。
〔註 141〕《陶庵夢憶》卷五，〈諸工〉。

社會重視，這種價值觀念的改變，對工藝創作是一大鼓舞。

藝人本也是被社會賤視的一群，嘉靖、隆慶以後，城鎮繁榮，對文化娛樂需求增加。藝人的表演機會增加，社會地位和生活待遇得到改善，如徐樹丕所記：

> 優人鮮衣美食，橫行里中。人家作戲一本，費至十餘金，而諸優猶恨嫌少。甚至有乘馬者，乘輿者，在戲房索人蔘湯者，種種惡狀。然必有鄉紳主之，人家惴惴奉之，得一日無事，便爲厚幸矣。屠沽幾家以做戲爲榮，里巷相高，致此輩肆無忌憚。〔註 142〕

昔日倚門賣笑的戲子，可以吃好穿好，「橫行里中」，他們只是被需要，並沒有被尊重，所以他們的作爲盡是「惡狀」，「里巷相高」的結果，被認爲是「肆無忌憚」。

由於傳統價值的解構，使得不登大雅之堂的戲曲、小說，隨著娛樂文化而水漲船高，當時藝人普遍受重視。有些名角非重金莫致，如評書大師柳敬亭，善說《水滸》，非常走紅，「一日說書一回，定價一兩，十日前先送書帕下定，常不得空。」〔註 143〕又憑著他的機智與口才，「奮袂以登王侯卿相之座，往往於刀山血海、骨撐肉薄之時，一言導窾，片言解頤，爲人排難解紛，生死肉骨。」〔註 144〕一時名流文士皆與之交。當時，深受心學濡染的文學大師如湯顯祖、袁宏道、笑笑生、馮夢龍、張岱等，沒有一個不熱愛、通曉民間文藝，文人通過和民間藝人的交往，了解到市井社會的風情，也認識在民眾中蘊藏著智慧和才能。晚明文學紮根於世俗文化的沃土之中，其成就和特色皆與此有關。

總之，明中葉以後，商業經濟規模不斷擴大，物質享受僭越了習俗和規範，傳統的階層觀念因而解構。於是，要求擺脫傳統思想束縛，開展個人自由意志的思潮，油然而生。因此，無論朝野官民都需要有新的價值作憑藉，陽明心學的興起與傳播，爲傳統的綱常倫理，賦予新的發展契機。

三、礦稅災禍，民變蠭起

以上兩小節所述，是都會的興起，經濟的發展，朝野奢華的景象。本小節則從另一個面向，探究一般的城鄉百姓，受生活壓力和礦監稅使欺壓，所

〔註 142〕徐樹丕《識小錄・吳優》。
〔註 143〕《陶庵夢憶》卷五，〈柳敬亭說書〉。
〔註 144〕《牧齋有學集》卷四一。

造成的動亂和不安。此一現象，也相當程度地影響士人的觀感，進而引發一波新的學術思潮，以作爲對晚明社會的不滿與針砭。

明代之衰，論史者多以爲自萬曆始，蓋「神宗怠荒棄政」，漸而「元氣盡澌，國脈垂絕。」〔註 145〕以皇室揮霍言，也以萬曆爲最。親政以後，奢靡無度，宮中用度驚人，皇帝的伙食費、本人大婚、皇子分封、三殿兩宮土木所費均較往昔倍增，加上三大役的戰費，遂使萬曆後期，戶部太倉年有赤字。〔註 146〕致營建乏資，計臣束手，萬曆欲以礦稅支應。派出礦監稅使，荼毒全國，遂使民不聊生。

萬曆十二年，房山縣民史錦奏請開礦。十八年，又有易州民周言、張世才復言阜平、房山藏有礦砂。皇帝有意，但申時行等以爲不可。自二十四年，礦採已盛行，〔註 147〕所有徵稅中官均由神宗親自派遣，皇帝儼然成爲全國採礦公司的大老闆。礦監眾多，危害較烈的有：雲南楊榮，遼東高淮，江西潘相，福建高寀，湖廣陳奉，山東陳增。另，通督大邑皆有稅監，兩淮有鹽監，廣東有珠監，或專遣，或兼攝。大璫小監，縱橫繹騷，吸髓飲血，以供萬曆私人之用，礦監稅使又從中剝削，「大率入公帑者，不及什一」，〔註 148〕致天下蕭然，生靈塗炭。

萬曆與太監形同分贓，太監中飽私囊，萬曆又百般曲護。萬曆二十四年，陳增以礦稅太監身分至山東，至三十三年死，肆惡山東達十年。其間，凡抗拒或奏劾他的一律受罰。爲了礦監之間的利益平衡，神宗又爲其增稅，並縱容屬下爲非作歹，草菅人命，官民莫可奈何。〔註 149〕至二十七年，李三才任鳳陽巡撫，劾程守訓奸贓，陳增始畏懼。三才因力陳礦稅之害：

> 陛下愛珠玉，民亦慕溫飽；陛下愛子孫，民亦戀妻孥。奈何陛下欲

〔註 145〕《明史》卷三〇九，〈流賊〉。

〔註 146〕萬曆二十年，寧夏用兵，費帑金二百餘萬。其冬，朝鮮用兵，首尾八年，費帑金七百餘萬。二十七年，播州用兵，又費帑金二三百萬。三大征踵接，國用大匱。於二十四年，乾清、坤寧兩宮火災。二十五年，皇極、建極、中極三殿災後修建。

〔註 147〕礦監遍及浙江、陝西、山西、河南、廣東、雲南、遼東、江西、福建、湖廣等地。

〔註 148〕《明史》卷三〇五，〈宦官〉二。

〔註 149〕當時，益都知縣吳宗堯抗拒，被陷害幾死於詔獄。巡撫尹應元奏劾陳增二十大罪，被判罰俸。皇帝又爲其增東昌稅。增益肆無忌憚，縱其黨程守訓等大作奸弊，誣大商巨室，藏違禁物，所破滅什伯家，殺人莫敢問。

> 崇聚財賄，而不使小民享升斗之需；欲緜祚萬年，而不使小民適朝夕之樂。今闕政猥多，而陛下病源則在溺志貨財。臣請渙發德音，罷除天下礦稅。〔註 150〕

踰月未見回應，又上言：

> 聞近日奏章，凡及礦稅，悉置不省，此宗社存亡所關，一旦眾畔土崩，小民皆爲敵國，風馳塵鶩，亂眾廳起，陛下塊然獨處，即黃金盈箱，明珠塡屋，誰爲守之。〔註 151〕

三才對礦稅之害體會至深，其言亦重，「一但眾畔土崩，小民皆爲敵國」，其情何其痛切。其任職至萬曆三十九年（1611），此間正值礦監稅使橫行暴戾，賴其扼守南北衝要，重懲奸人，江淮千里，民恃以安。其恢宏氣魄，精敏才幹，受百姓歡迎。但卻擋了神宗財路，故神宗欲去之而後快。如御史史學遷所言：「陛下以陳增故，欲去三才，托詞解其官。年來中使四出，海內如沸。李盛春之去以王虎，魏允貞之去以孫朝，前漕臣李誌之去亦以礦稅事。」〔註 152〕似乎神宗眼中只有礦稅，不見其他。

除此之外，陳奉兼領數使，恣行威虐。常藉口巡視，鞭笞官吏，剽劫行旅，商民恨之入骨，激起武昌民變，朝臣奏請撤回礦監，以收民心。〔註 153〕皇帝皆置之不問，天下安危竟不及稅監斂財。又如天津稅監馬堂，兼轄臨清。糾結亡命之徒，橫行街頭，百姓憤怒，遂糾眾焚燒官署，殺其同黨。〔註 154〕事情傳開，詔捕首惡，株連甚眾。御史彈劾馬堂，皇帝仍然不理。至若尙膳監監丞高淮，於萬曆三十一年夏，率家丁三百餘人，打著飛虎旗幟，聲言欲入大內謁帝，潛住廣渠門外。給事中田大益、孫善繼、姚文蔚等上言：「淮搜括士民，取金至數十萬，招納諸亡命降人，意欲爲何？」高淮則自稱鎭守協同關務，兵部指其所言不實。神宗一心回護高淮，竟曰：「朕固命之矣。」〔註 155〕再如御馬監監丞

〔註 150〕《明史》卷二三二，〈李三才傳〉。

〔註 151〕同前註。

〔註 152〕同前註。

〔註 153〕《明史》卷三〇五〈宦官〉二載：陳奉自武昌抵荊州，數千人於途中以瓦石擲之。大學士沈一貫亦言：「陳奉入楚，始而武昌一變，繼之漢口、黃州、襄陽、武昌、寶慶、德安、湘潭等處，變經十起，幾成大亂。立乞撤回，以收楚民之心。」

〔註 154〕馬堂始至，亡命之徒數百人跟隨，白晝手鋃鐺奪人產物，抗拒者輒以違禁入罪。州民萬餘縱火焚堂署，斃其黨三十七人。

〔註 155〕《明史》卷三〇五，〈宦官〉二。

梁永，萬曆二十七年二月，奉命往陝西徵收名馬貨物。稅監本來不典兵務，梁永卻私自畜馬五百匹，招致亡命之徒，用千戶樂綱出入邊塞。富平知縣王正志揭發他的惡行，並劾礦監趙欽。反被逮捕並瘐死詔獄中。

另有楊榮，奏報番地有寶井，神宗許其開挖，所得不如預計十分之一，乃誣指知府周鐸侵占藏匿，下法司提問。百姓恨榮入骨，相率燒毀稅廠，殺委官張安民。榮不知悔改，恣行威虐，杖斃數千人。於是指揮賀士勛、韓光大等率冤民萬人燒焚其住處，殺楊榮及其黨二百餘人，投之火中。「事聞，帝爲不食者數日，欲逮問守土官。」〔註 156〕大學士沈鯉上疏力爭，並且密屬太監陳矩剖示。神宗乃停止誅殺賀士勛等。其他稅監亦不甚髮數。〔註 157〕神宗成爲宮廷貪腐集團之首領，不顧群臣之諫言，亦不聞百姓之痛楚，因此子民漸轉爲寇仇，正如李三才所言。

易言之，神宗寵愛諸稅監，自大學士趙志皐、沈一貫而下，廷臣諫者不下百餘疏，〔註 158〕但神宗概不處理，而「諸稅監有所奏，朝上夕報可，所劾無不曲護之。」〔註 159〕「皇帝」成爲爲惡之機器。以故，「諸稅監益驕，所至肆虐，民不聊生，隨地激變。」這種暴虐，一直到神宗駕崩，始用遺詔罷之，而毒痛已遍天下。論者謂：「明之亡，不亡於崇禎，而亡於萬曆。」〔註 160〕良有以也。以上所述，可見礦稅荼毒之貽害，成爲明亡國之重大禍因之一。

其次，爲了籌措軍費，逐年加稅。嘉靖中，以俺答入寇，北方諸府及廣

〔註 156〕同前註。

〔註 157〕《二十二史箚記》卷三五，〈萬曆中礦稅之害〉載：「江西礦監潘相，激起浮梁景德鎮民變，焚燒廠房，潘相往勘上饒礦，知縣李鴻告戒邑人，敢以食物供給者死，相竟日饑憊而歸，乃核鴻，罷其官。蘇杭織造太監孫隆，激民變，遍焚諸委官家，隆走杭州以免。福建稅監高寀，在閩肆毒十餘年，萬眾洶洶欲殺寀，寀率甲士二百人突入巡撫袁一驥署，劫之，令諭眾，始退。此外，如江西李道、山西孫朝、張忠、廣東李鳳、李敬、山東張曇、河南魯坤、四川邱乘雲輩，皆爲民害，猶其次焉者也。」

〔註 158〕萬曆二十二年，沈一貫入內閣，「朝政已大非。數年之間，礦稅使四出爲民害。」〈沈一貫傳〉二十九年，沈鯉與朱賡入閣，「即具陳道中所見礦稅之害。」三十三年，「鯉初相，即請除礦稅。」〈沈鯉傳〉。三十年，帝因疾欲罷稅，命一貫入，並曰：「……礦稅事，朕因殿工未竣，權宜採取，今可與江南織造、江西陶器俱止勿行，所遣內監，皆令還京。……」翌日，病情好轉就反悔。「言礦稅不可罷。……礦稅之害，遂終神宗世。」〈沈一貫傳〉

〔註 159〕《明史》卷二一八，〈沈一貫傳〉。

〔註 160〕《二十二史箚記》卷三五，〈萬曆中礦稅之害〉。

西、貴州外增銀一百十五萬。神宗末年，遼事既起，爲了應付戰爭，以各種名義繼續增稅。〔註 161〕崇禎九年秋，楊嗣昌建議大舉平賊，深得思宗心意，並須增兵增餉。〔註 162〕帝乃下詔：「流寇延蔓，生民塗炭，不集兵無以平寇，不增賦無以餉兵。勉從廷議，暫累吾民一年，除此腹心大患。」〔註 163〕當時謂之勦餉，勦餉期一年而止。崇禎十二年，餉盡而賊未平，於是又從楊嗣昌及督餉侍郎張伯鯨建議，勦餉外又增練餉七百三十萬，「先後增賦千六百七十萬，民不聊生，益起爲盜矣。」〔註 164〕崇禎十五年，蔣德璟疏曰：「既有舊餉五百餘萬，新餉九百餘萬，又增練餉七百三十萬，臣部實難辭咎。且所練兵馬安在，徒增餉七百餘萬，爲民累耳。」〔註 165〕可見，練餉增加，兵馬卻未操練，不但空談平寇，也增加民累。蓋思宗亦知民窮財盡，不斷加稅，只有逼民爲寇，遂罷練餉。

另外，天災助長人禍加熾，萬曆十八年，王家屏即以久旱乞罷，疏言：

> 邇年以來，川竭河涸，加以旱潦蝗螟，疫癘札瘥，調燮之難莫甚今日。況套賊跳梁於陝右，土蠻猖獗於遼西，貢市屬國復鴟張虎視於宣、大。慮內事外，內已竭而外患未休；剝民供軍，民已窮而軍食未裕。〔註 166〕

自萬曆十年，神宗親政以後，其整體疲態逐漸顯現，至天啓、崇禎之際，後金頻攻遼西，晉陝連歲荒旱，延安久不雨，草木焦枯，百姓採食蓬草，繼而啃樹皮。所謂「飢寒刑戮死則同，攘奪猶能緩朝夕。」天災與政府的催徵，小民不勝負荷，只好相率逃亡。於是饑民群起鋌而走險，形成寇亂。明末流寇除了饑民，還有白蓮教徒、礦徒、驛卒、逃兵等。白蓮教之亂以山東徐鴻儒爲最，〔註 167〕海盜則以福建劉香爲最。〔註 168〕驛卒變成流寇起於節省糧

〔註 161〕《明史》卷二五二，〈楊嗣昌傳〉載：「萬曆末年，增賦五百二十萬；崇禎初，再增百四十萬，總名遼餉。至是，復增勦餉、練餉，額溢之。」

〔註 162〕同上。四正、六隅爲平賊之編組：以陝西、河南、湖廣、江北爲四正，四巡撫分勦而專防；以延綏、山西、山東、江南、江西、四川爲六隅，六巡撫分防而協勦。此即所謂十面之網。

〔註 163〕《明史》卷二五二，〈楊嗣昌傳〉。

〔註 164〕同前註。

〔註 165〕同前卷二五一，〈蔣德璟傳〉。

〔註 166〕同前卷二一七，〈王家屏傳〉。

〔註 167〕《二十二史劄記》卷三十六〈明代先後流賊〉載：「天啓二年，東妖賊徐鴻儒反，連陷鄆、鉅野、鄒、滕、嶧，眾至數萬，巡撫趙彥任、都司楊國棟、廖棟檄所部練民兵，守要地，起家居總兵楊肇基，使統兵往討，而棟、國

餉。崇禎二年，軍隊缺餉，延綏賑災，思宗不賜庫銀，給事中劉懋請裁驛卒以省驛費，〔註 169〕但晉陝土地貧瘠，當地壯夫擔任驛卒，以養家活口，突然失業，加上連年荒旱，爲了生計，只好淪爲流寇，以求活計。逃兵則起於缺練、缺餉，朝廷常未能按時給餉，逃亡譁變屢起，〔註 170〕當時流寇既起，官兵往往加入造反的隊伍。至此，民窮財困，內憂外患，實難救治。

至於流賊，以李自成、張獻忠爲最盛。崇禎年間，變亂無一日或止，流賊縱橫各地，屢仆屢起，形同政府與亂賊逐鹿，最後，崇禎十七年，思宗「登煤山，書衣襟爲遺詔，以帛自縊於山亭。」〔註 171〕結束大明江山，李、張兩人皆僭稱王號。李於順治二年，縊死山中。張於順治三年，被斬於鳳凰坡。

質言之，自萬曆朝，國家機器運作失靈，皇帝失德、失政，國庫空虛，社會貧富懸殊，朝臣動輒得咎，人民成爲敵對，皇帝躲在深宮，掩耳不聞天下事，雖非亡國之君，卻已開亡國之運。至天、崇兩朝，「群盜滿山，四方鼎沸，而委政柄者非庸即佞，剿撫兩端，茫無成算。內外大臣救過不給，人懷規利自全之心。加以天災流行，饑饉洊臻，政繁賦重，外訌內叛。是故明之亡，亡於流賊，而其致亡之本，不在於流賊也。」〔註 172〕萬曆飲鴆，亡在崇禎。時朝臣救禍不及，救亡不能，徒呼負負。茫然的士人，帶恨的群眾，在這樣一個亂世無據的時代，是選擇「雞鳴不已」，或退隱山林；掙扎於仕途，或讀禪書、說禪語。許許多多的衝擊和思索，均足以對當時思想和風氣造成影響。

棟等攻鄒，兵潰，游擊張榜戰死。彥方視師兗州，遇賊，肇基至，急迎戰，令棟、國棟夾擊，大敗之。橫河賊精銳，聚鄒、滕中道，肇基令遊兵綴敗鄒城，而以大軍擊賊，紀王城大敗，賊殪之。嶧山遂圍鄒，國棟等亦先後收復鄆、鉅野、嶧、滕、諸縣，乃築長圍攻鄒，三月，賊食盡，其黨出降，遂擒鴻儒。」

〔註 168〕同前註載：「崇禎初，福建有紅夷之患，海盜劉香乘之，連犯閩廣沿海邑，總督熊文燦議招撫，遣參政洪雲蒸、副使康承祖、參將夏之本、張一傑等宣諭，俱被執，乃令降盜鄭芝龍擊香於田尾洋，香勢蹙，令雲蒸止兵，雲蒸大呼急擊賊，勿顧我，遂遇害。香勢窮，自焚溺死，承祖等脫歸。賊黨千餘人歸降，至此海盜盡平。」另參《明史》卷二六〇〈文燦傳〉。

〔註 169〕《明史》卷三〇九，〈流賊〉載：「裁驛站，山、陝遊民仰驛糈者，無所得食，俱從賊，賊轉盛。」

〔註 170〕同前註。如崇禎元年「陝西大饑延綏缺餉，固原兵劫州庫。」碰到「京師戒嚴，山西巡撫耿如杞勤王兵譁而西，延綏總兵吳自勉、甘肅巡撫梅之煥勤王兵亦潰，與群盜合。」

〔註 171〕同前註。

〔註 172〕《明史》卷三〇九，〈流賊〉。

第三節　文化取向

承前二節所述，晚明政治綱紀淩夷，價値天崩地裂，是一個社會大變革時代。此時，呈現多元發展的格局，表現在文化取向上，主要爲三教合一與中西文化的交流，此二者，爲心學挹注新的要素與動力。

一、三教合一

中國學術思想自西漢以來，儒家長期居於統治地位，但道家和佛家勢力也相匹敵，儼然三足鼎立。儒、釋、道三家在立場上互相排斥，理論上卻互相滲透。佛、道往往比附儒家，自述其宗旨與儒學無違，以求生存發展。儒者每每視佛老爲異端而予以排斥，私下卻又好佛近老。宋儒素以正統自居，實質則受佛學影響而吸收轉化。當時老莊思想對士人影響也深，最得任誕狂放、不修名檢之士的喜愛。明中葉以後，儒、釋、道三家進一步合流。之前，士大夫耽悅佛老，總是做而不說，以逃避社會輿論，如今則公然接納釋道，認爲三家基本精神一致，不必揚此抑彼，應認同存異，並行不悖。

宋元以來，對儒家經典的解釋必須以朱注爲準。到明中期，陽明心學、王艮學說流傳天下後，學術不再是儒家獨尊，儒學也不再是程朱的「大一統」。孔孟之言非定論，經典所載非定本。至晚明，學術思想更開放，學者們具有一種兼容並蓄的氣概。就儒家本身，不可執一說以排眾說，對儒家以外的學說，也不可執儒而排諸子。蓋天下至大，物類至繁，學問至廣，道理至微，非儒家經典所能囊括。誠如唐順之所說：「語理而不盡於六經，語治而不盡於六官。」〔註173〕對諸子百家之異說，無論「農圃、工賈、醫卜、堪輿、占氣、星曆、方技之小道，與夫六藝之節脈碎細，皆儒者所宜究其說而折衷之，未可以爲賾而厭之也。」〔註174〕學術殿堂不再是象牙塔，開放的觀念使學術思想更宏大。

至於儒禪之間，本有分際，不必擔心其混淆。如王畿（龍谿）所說：

> 吾儒之學，與禪學俗學，只在過與不及之間。彼視世界爲虛妄，等生死爲電泡，自成自住，自壞自空，天自信天，地自信地，萬變輪迴，歸之太虛，漠然不以動心，佛氏之超脱也。牢籠世界，桎梏生死，以身徇物，悼往悲來，戚戚然若無所容，世俗之芥蔕也。修慝

〔註173〕《荊川先生文集》卷一，〈雜編序〉。
〔註174〕《荊川先生文集》卷一，〈雜編序〉。

> 省愆，有懼心而無戚容，固不以數之成虧自委，亦不以物之得喪自傷，內見者大，而外化者齊，平壞坦坦，不爲境遷，吾道之中行也。〔註 175〕

王龍溪站在儒學的立場，認爲佛氏的要旨在超脫，其視世界爲虛妄，以成、住、壞、空而輪迴，態度是消極的；儒道的要旨是中行，能修慝省愆，不以物傷，不爲境遷，態度是坦蕩的。故儒佛之間的差異，「是非本明，不須假借。」〔註 176〕他又對儒道之學脈加以梳理，他說：

> 耿楚倥（即耿定理）曰：「陽明拈出良知二字，固是千古學脈，亦是時節因緣。」春秋之時，功利習熾，天下四分五裂，人心大壞，不復知有一體之義，故孔子提出個仁字，喚醒人心，求仁便是孔氏學脈；到孟子時，楊墨之道塞天下，人心戕賊，不得不嚴爲之防，故孟子復提出義，非義則仁無由達，集義便是孟氏學脈。晉梁而下，佛老之教淫於中國，禮法蕩然，故濂溪欲追復古禮，橫渠汲汲以禮爲教，執禮便是宋儒學脈，禮非外飾，人心之條理也，流傳既久，漸入支離，心理分爲兩事，故陽明提出良知，以覺天下，使知物理不外於吾心，致知便是今日學脈，皆是因時立教。先生曰：良知是人身靈氣，醫家以手足痿痺爲不仁，蓋言靈氣有所不貫也，故知之充滿處即是仁，知之斷制處即是義，知之節文處即是禮，說個仁字，沿習既久，一時未易覺悟，說個良知，一念自反，當下便有歸著，尤爲簡易。〔註 177〕

孔曰仁，孟曰義，晉梁而下，佛老壞禮法，故宋儒強調禮，流傳既久，禮落入支離，故陽明提「良知」以概括仁、義、禮，「良知」有簡易之便。龍溪的良知之學，繼承陽明，從其立意核心看，積極闡述儒家之仁體，並嚴分與佛道空無之差異，但並無貶斥佛老之意。

至趙貞吉（大洲），他承認自己入禪，卻不違儒行，且能分辨禪之變異，如黃宗羲所說：

> 其（指大洲）答友人云：「僕之爲禪，自弱冠以來，敢欺人哉？試觀僕之行事立身，於名教有悖謬者乎？則禪之不足以害人明矣。僕蓋以身證之，非世儒徒以口說諍論比也。」先生（大洲）謂禪不足以害人

〔註 175〕《明儒學案》卷一二，〈浙中王門學案〉。

〔註 176〕同前註。

〔註 177〕同前註。

> 者，亦是有說，朱子云佛學至禪學大壞，蓋至於今，禪學至棒喝而又大壞，棒喝因付屬源流而又大壞，就禪教中分之爲兩，曰如來禪，曰祖師禪。如來禪者，先儒所謂語上而遺下，彌近理而大亂眞者是也；祖師禪者，縱橫捭闔，純以機巧小慧勞籠出沒期間，不啻遠理而失眞矣。今之爲釋氏者，中分天下之人，非祖師禪勿貴，遞相囑付，聚羣不逞之徒，教之以機械變詐，皇皇求利，其害豈止於洪水猛獸哉！故吾見今之學禪而有得者，求一樸實自好之士而無有，假使達摩復來，必當折棒噤口，塗抹源流，而後佛道可與，先生（大洲）之所謂不足以害人者，亦從彌近理而大亂眞者學之。〔註178〕

大洲認爲「不信自心，而立基無地也。」〔註179〕他涉獵禪學已久，但行事立身皆奉名教，由他自身證明，禪學不會主動害人，禪能害人，是人自受也。亦即，人藉禪而行放肆之事。當時禪學已失達摩原意，因此，要避免禪學之害，須先避免其「彌近理而大亂眞」的部分。如龍溪和大洲雖深入禪學，仍能謹守儒者身分，但一般學者恐循祖師禪路徑，流於機械變詐，皇皇求利，則亦禪之末流，禪之俗化。

至徐渭（文長），則認爲儒釋可以互補，他說：「大約佛之精，有學佛者不知，而吾儒知之；吾儒之粗，有吾儒自不能全，而學佛者反全之者。」〔註180〕透過兩種學術，可以互相參酌，各補其不足。但儒常從本位立場批評佛之不足，如徐渭所說：

> 而今之詆佛者，動以吾儒律之，甚至於不究其宗祖之要眇，而責諸其髡緇之末流，則是據今之高冠務干祿之徒，而謂堯舜執中以治天下者教之也，其可乎？其或有好之者，則又陰取其精微之說以自用，而陽暴其闕漏以附黨於中正，謂佛遺人倫非常道，將以變天下爲可憂。嗟夫，吾儒之所謂常道者，非以其有欲而中節者乎？今有欲者滿天下，而求一人之幾於中節，不可得也，是其於常道亦甚難矣，況欲求其爲非常之道，如佛氏之無欲而無無欲者耶？〔註181〕

世間求一「中節者」已不易得，求佛氏「非常之道」實嫌苛刻。有人「陰取

〔註178〕《明儒學案》卷一二，〈浙中王門學案〉。
〔註179〕同前卷三三，〈泰州學案〉。
〔註180〕《徐文長三集》卷一九。
〔註181〕《徐文長三集》卷一九，〈逃禪集序〉。

其精微之說以自用，而陽暴其闕漏」更是不該。因此，文長認爲「惟佛之教，自古稱異端，爲吾儒所辟，然錄其善，不可盡棄之者。……雖其爲教，異吾聖人，不害其爲助我，而胡必於去之耶？」〔註 182〕佛能在其本土盛行，必有可取之處，雖與吾儒相異，擇其善者以助我，始爲宏量明智之舉。

至焦竑（澹園），倡三教融合，提出一個可貴的文化思考：「人有裔夏，寶無裔夏。」〔註 183〕佛教雖來自「西方」，但其教義與孔孟之道都講性命之學，其本質固有相通之處，他說：

> 孔孟之學，盡性知命之學也。獨其言約旨微，未盡闡晰，世之學者，又束縛於注疏，玩狎於口耳，不能驟通其意。釋氏諸經所發明皆其理也，苟能發明此理，爲吾性命之指南，則釋氏諸經即孔孟之義疏也，而又何病焉。〔註 184〕

孔孟學說「言約旨微」，浩繁的「唐疏宋注」，未必合孔孟的原意，而博大精深的佛家學說正可以彌補儒家之不足。只要能「發明此理」，就不應排斥以佛詮儒，以佛濟儒，以佛旨改造儒學。他對儒釋均持肯定態度，且可互相發明，凡學有助於性命都應珍惜。「學者誠有志於道，竊以爲儒釋之短長可置勿論，而第反諸我之心性，苟得其性，謂之梵學可也，謂之孔孟之學可也，即謂非梵學，非孔孟之學，而自爲一家之學亦可也。」〔註 185〕爲學貴在領悟道理，不在各執立場。各執立場，往往淹沒了是非，只要能心領意會，自然豁然開朗，是非自在其中矣。他又認爲陽明悟良知，借力於釋道之「直指人心」：

> 知所謂良知，則知捨人倫物理，無復所謂良知，即欲屏而絕之，豈可得哉？此理儒書具之，特學者爲注疏所惑溺，不得其眞。而釋氏直指人心，無儒者支離纏繞之病，故陽明偶於此得力，推之儒書，始知其理斷斷乎非後儒之所講解者。張商英云：「吾學佛而後知儒，亦猶此也。」〔註 186〕

學者志於學，以悟道爲貴，但無論借路「葱嶺」或借路「洙泗」，只要能心領神會，都得任其方便。澹園以開放胸襟看儒釋，其合處必多。如他認爲「佛

〔註 182〕同前卷二四〈昭慶寺碑〉。
〔註 183〕《焦氏筆乘續集》卷二〈支談上〉。
〔註 184〕《焦氏澹園集》卷一二，〈答耿師〉。
〔註 185〕同前註。
〔註 186〕《焦氏澹園集》卷一二，〈答友人問〉。

氏所言『本來無物』者，即《中庸》未發之中之意也。」〔註 187〕此以理而論。又說：「予以謂能讀此經《華嚴經》，然後知《六經》、《語》、《孟》無非禪，堯、舜、周、孔即爲佛，可以破沉空之妄見，糾執相之謬心。」〔註 188〕此以經典而論。因此，研讀佛典，不但不妨害孔孟之學，而且能發明儒學，「爲吾性命之指南」，「釋氏之典一通，孔子之言立悟」。〔註 189〕袁宗道（伯脩）也贊同焦竑的觀點：「三教聖人，門庭各異，本領是同。所謂學禪而後知儒，非虛語也。」〔註 190〕至於袁宏道（中郎）與袁中道（小脩）亦從其兄接受「三教合一」之說。中郎說：「迨先伯脩既以中秘里旋，首倡性命之說，函蓋儒、釋，時出其精語一二示人，人人以爲大道可學，三聖人之大旨，如出一家。」〔註 191〕小脩亦曰：「蕞爾之邑，不知有所謂聖學禪學，自兄從事於官，有志於生死之道，而後我兄弟始仰青天而見白日矣。」〔註 192〕可見當時「學佛然後知儒」〔註 193〕的學術觀念是相當普遍的。

袁宏道（中郎）對不同的學術思想，提出「以受不以勝」的態度。所謂「以受」就是有容納百家的氣度，「吾取其精以供吾用，而汰其甚，告之以敝，彼亦且樂爲吾用」。〔註 194〕所謂「以勝」或曰「以角」，就是把儒家以外的學術放在敵對的位置，竭力排斥，必欲戰而勝之，「唯吾自挾其道而與之角，居然以敵名予之，而彼亦傲焉以敵自居，於是異端之禍與吾儒相終始。」〔註 195〕像韓愈等人，竭力排詆異端，「徒爲忿激之論」，雖標榜尊儒衛道，但適得其反，若然，將許多學說視爲「異端」而不納，將削弱儒家的力量。袁宏道認爲，儒術博大深廣，能包容諸子百家，與名、法、楊、墨、老、釋諸家有相通相似之處，諸家「皆不出吾儒之固有」，「道之無遺覆，而諸子百家無異載。」〔註 196〕以儒家爲主體，融匯百家眾說，這是明中葉以後普遍的思想。另外，更激者否認儒家的獨尊地位，認爲儒家與其他學派應相提並論，「儒、道、釋

〔註 187〕同前，〈答耿師〉。
〔註 188〕同前卷一六〈刻大方廣佛華嚴經序〉。
〔註 189〕《焦氏筆乘續集》卷二，〈支談上〉。
〔註 190〕《白蘇齋類集》卷一七。
〔註 191〕《袁宏道集箋校》卷四十，〈募建青門庵疏〉。
〔註 192〕《珂雪齋集》卷十九，〈告伯脩文〉。
〔註 193〕《焦氏筆乘續集》卷二，〈支談上〉。
〔註 194〕《袁宏道集箋校》卷三八。
〔註 195〕同前註。
〔註 196〕《袁宏道集箋校》卷三八。

之學，一也，以其初皆期於聞道也。」〔註 197〕李贄評論先秦諸子，認爲申子、韓子等學說「各自成家，各有一定之學術，各各有必至之事功」，唯獨儒家「泛濫而靡所適從」，故「博而寡要，勞而少功」。〔註 198〕李贄貶低儒家，有膽有識，提供當時士人嶄新的思維模式，產生很大影響。

總之，明季禪風極盛，學者多援禪入儒，藉禪詮儒，認爲二家基本宗旨相似，可以相輔相成。當時高僧也有同樣主張。蓮池大師（袾宏）指出：「核實而論，則儒與佛不相病而相資，佛有陰助王化之所不及者，儒有顯助佛法之所不及者，儒與佛不當兩相非，而當交相贊也。」〔註 199〕儒佛二家各有長短，應當互補互贊。大師對佛教內部也主張融合，「若人持律，律是佛制，正好念佛；若人看經，經是佛說，正好念佛；若人參禪，禪是佛心，正好念佛。」〔註 200〕把禪、教、律都歸淨土。紫柏大師（達觀）也主張教內、教外皆融通，他說：

> 凡學佛性宗通而相宗不通，常迷於相似般若路頭。……於相似般若路頭不辨清楚，不免牽諸外典，附會佛書。且性宗，塵勞中人稍挹波瀾，懷抱便覺超放。即如讀莊子一般，令人心魂游揚濁世之表。於此虛豁快活處受用了。……震旦國中自昔以來，每有竊謂佛經皆是抽繹莊老六經，自成一家。如此等人，若使其相宗中討個分曉，何至失言如此，取後人笑。〔註 201〕

達觀認爲性宗、相宗要一起通透，才不致牽諸外典，或一味「虛豁快活」，就如同讀莊子獲得「心魂游揚」的感覺，與佛類似，就以爲佛經是由莊老抽繹而出。這是儒者虛矯自大的習性，必須掃除。

大師們雖融通三教，卻守著佛家立場。焦澹園在〈答友人問釋氏〉云：

> 周茂叔言：看一部華嚴經，不如看一艮卦，如何？曰：此言是也。學者苟能知艮卦，何須佛典。苟能知自性，又何須艮卦。〔註 202〕

對此，蓮池大師回應：

> 宋儒有言，讀一部華嚴經，不如看一艮卦。此說高明者自知其謬，

〔註 197〕《續焚書》卷二，〈說彙〉。
〔註 198〕《焚書》卷五〈孔明爲後主寫申韓管子六韜〉。
〔註 199〕《竹窗二筆・儒佛交非》。
〔註 200〕《雲棲遺稿》卷三，〈勸念佛往生淨土〉。
〔註 201〕《紫柏全集》卷七〈示門人〉。
〔註 202〕《明儒學案》卷三五，〈泰州學案〉四。

庸劣者遂深信不疑，開邪見門，塞圓乘路，言不可不愼也。假另説，讀一部易經不如看一艮卦，然且不可，况佛法也？况佛法之華嚴也？〔註 203〕

儒者好以自身立場，鄙薄對方，似失之引喻失義。蓮池間接指出，不可以一艮卦比易經，也不可以一艮卦比華嚴。口氣委婉，道理自明。

憨山大師（釋德清）認爲，三教一理，三聖同體，學者必須兼通儒釋道，方能不陷於片面、狹隘，正確對待人生哲學中經世、出世的大問題。他說：

為學有三要，所謂不知《春秋》，不能涉世；不精《老》《莊》，不能忘世；不參禪，不能出世。此三者，經世、出世之學備矣。缺一則偏，缺二則隘，三者無一而稱人者，則肖之而已。〔註 204〕

人生在世，經世、忘世、出世三種思想，都要具備。他也站在佛家立場，對一般儒者常以枯槁寂滅攻擊佛家，加以辯解：

世之士紳有志向上，留心學佛者，往往深思高舉，遠棄世故，效枯木頭陀，以爲妙行。殊不知佛已痛呵此輩，謂之焦芽敗種，言其不能涉俗利生。此正先儒所指虛無寂滅者，吾佛早已不容矣。佛教所貴在乎自利利他，乃名菩薩。梵語菩薩，此云大悲眾生。以其能入眾生界，能斷煩惱，故得此名。菩薩捨世間無可修之行，捨眾生無斷煩惱之具。…且佛制五戒，即儒之五常。不殺，仁也；不盜，義也；不邪淫，禮也；不飲酒，智也；不妄語，信也。但從佛口所說，言別而義同。今人每發心願，持佛戒，乃自脫路其五常，是知二五而不知十。〔註 205〕

德清指出，一般學佛者，都學佛之「末流」，所謂「虛無寂滅」，非只爲儒所斥，即佛亦不容。佛制五戒，如儒有五常，「言別而義同」。大師們就儒佛相似之處比擬譬喻，讓人易懂，以取得「世之士紳」的認同。

晚明學者文人多喜莊子。如徐渭作詩稱讚說：「莊周輕生死，曠達古無比。何爲數論量，生死反大事。乃知無言者，眞得窺其際。身沒名不傳，此中有高士。」〔註 206〕在「曠達」這一點上，莊子與明士氣息相通。袁宏道年輕的

〔註 203〕《竹窗隨筆》〈華嚴不如艮卦〉。
〔註 204〕《憨山老人夢遊集》卷三九。
〔註 205〕同前卷五，〈示袁大塗〉。
〔註 206〕《徐文長三集》卷四，〈讀莊子〉。

時候就愛讀《莊子》，後又模擬《莊子》，作《廣莊》七篇，能得《莊子》神韻，又摻雜了儒家佛家思想。陸雲龍評道：「語有禪鋒，中郎直爲三教之冶。」〔註207〕其弟中道也作《導莊》七篇，多含佛旨禪趣。其小序云：「莊先內篇，爲貝葉前茅，暇日取其與西方旨合者，以意箋之。覺此老牙頰頗自具禪髓，固知南華仙人是大士分身入流者也。」〔註208〕於此中道指出莊禪亦相通也。

要之，儘管三教合一的主張，晚明學者各有看法，然大抵而論，不外一方面不輕言放棄儒家萬物一體的濟世責任，一方面又追求個體存在與受用的價值，此一求「全」的特點，看似矛盾，卻在晚明心學得到統一，如馮夢龍取三家之長以爲治世之資，其〈三教偶拈序〉說：

> 余於三教概未有得，然終不敢有所去取。其間於釋教吾取其慈悲，於道教吾取其清淨，於儒教吾取其平實。所謂得其意皆可以治世者，此也。〔註209〕

三教合一，至晚明已成爲不可逆的潮流，馮夢龍站在某一種高度，擷取三家精神所在，雖有不同，卻都是治世所不可免，故不宜以高下分。如此主張，可以避免站在本位立場，所衍生的紛爭，使三教融合顯得更自然。

二、中西文化交流

中國是一個自稱泱泱大國卻封閉自大的國度，除了朝代的移轉，南北的遷徙，大國小國之間的來往，很少出中土他往。其中有兩次外來文化以和平方式輸入中國，也使中國文化起了變異成長的效果。一次是一世紀開始（東漢明帝時），印度佛教文化的輸入。自九世紀初（唐朝中期）至明末，佛教文化在將近七百年中，其信仰和理論與儒、道一直在不斷的爭執中，但也發展出共存共榮的相處方式。

一次是十六世紀末，西方科技、宗教文化的輸入。以「耶穌會」爲主體的西方文化，是另一個「異端」的出現。晚明朝野均以戒慎的態度對待，當時來華的天主教「耶穌會」教士羅明堅、利瑪竇等人，均具有多種才華和寬廣的見識。尤其利瑪竇（Matteo RICCI），〔註210〕爲了能順利傳教，一方面爭取士大

〔註207〕《翠娛閣評選十六家小品》。

〔註208〕《珂雪齋集》卷二二。

〔註209〕《馮夢龍全集》卷首。

〔註210〕利瑪竇（1552～1610），意大里亞（Italia今義大利 Italy）人，西元1583（萬曆十一年）以仰慕中國文化爲由來到中國。

夫的同情，並尊重中國文化習尚，〔註211〕以減少傳教阻礙。一方面策略性地以西方的科學技術、宗教思想作爲媒介，來博取士大夫的喜好。他也了解中國政教以儒家爲中心的事實，而選擇附和儒學而排斥佛教。〔註212〕自利瑪竇入中國後，教徒東來日增。由於利瑪竇能夠尊重傳統，漢語儒服，隨俗而化。故當時傳教士來華受到朝野的禮遇，不但皇帝「嘉其遠來，假館授粲，給賜優厚，公卿以下重其人，咸與晉接。」〔註213〕也肯定東來者「大都聰明特達之士，意專行教，不求祿利。其所著書多華人所未道，故一時好異者咸尚之。」〔註214〕從徐光啓對傳教士的品行及學識持肯定和信任，可以印證：

> 累年以來，因與講究考求，知此諸臣最眞最確，不止踪跡心事一無可疑，實皆聖賢之徒也。且其道甚正，其守甚嚴，其學甚博，其識甚精，其心甚眞，其見甚定，在彼國中亦皆千人之英，萬人之傑。〔註215〕

西洋教士來中國傳教，經過挑選，除了宗教，還帶來西方的科學技術，如天文學、地理學、物理學、數學、機械、醫藥等等。其撰〈泰西水法序〉謂傳教士皆「實心、實行、實學，誠信於士大夫也。其談道也，以踐形盡性，欽若上帝爲宗。所教戒者、人人可共由。余嘗謂其教必可以補儒易佛。」〔註216〕徐光啓是從實用立場去看待西方文化。

利瑪竇在世時，一直隱諱其最主要的傳教目的，而以滿足時人對科技的好奇爲優先，因而與明政府相安無事。但萬曆三十八年逝世後，科學傳教不被後繼者所採用，而把基督福音放在優先位置，因其儀式、教義與傳統歧異，因而與士大夫及閭巷小民屢起衝突。萬曆四十四年，禮部給事中余懋孳遂奏逐客：

〔註211〕利氏認爲中國重要的祭祖和祭孔禮儀和宗教信仰無關。「給逝去的祖先獻供……來表達對祖先的愛情及感恩之情。……教導子孫和無知的人孝敬仍然在世的父母。……與偶像崇拜無關，或許也能說那不是迷信。」有關祭孔「是爲了感謝他在書中傳下來的崇高學說，使這些人能得到功名和官職。」

〔註212〕以實際論，佛教信靈魂不死，有天堂地獄之說，強調獨身等與天主教更接近，但利瑪竇從現實考量，一則中國以儒學爲尊且排斥佛教，二則天主教與佛教同爲外來宗教，是眞正的競爭對手。

〔註213〕《明史》卷三二六，〈外國七・意大里亞傳〉。

〔註214〕同前註。

〔註215〕《徐光啓集》卷九，〈辨學章疏〉。

〔註216〕同前卷二，〈泰西水法序〉。

> 自利瑪竇東來，而中國復有天主之教。乃留都王豐肅、陽瑪諾等，煽惑群眾不下萬人，朔望朝拜動以千計。夫通番、左道並有禁。今公然夜聚曉散，一如白蓮、無為諸教。且往來壕境，與澳中諸番通謀，而所司不為遣斥，國家禁令安在。〔註217〕

由此可見，當時天主教儀式並不為大家所了解，至有被當成「煽惑群眾」，且「夜聚曉散」，如同白蓮之圖謀。因此，朝廷決定將他們遣送回國，但深諳天主教文化的徐光啓極力疏辯，故未及時執行。在這期間，教士依然變裝化名，傳教如故。除了傳教以外，並有著書立說，影響士大夫，對中國科學文化均有幫助。

晚明心學遍布，存疑、好奇、創新的精神被稱揚，而改變學風，注重現實的觀念被重視，西方文化於此時到來，使得部分士大夫有所期待。「一時好異者咸尚之，而士大夫如徐光啓、李之藻輩，首好其說，且為潤色其文辭，故其教驟興。」〔註218〕光啓於萬曆三十二年受洗，他認識到中國的科學技術落後，其治學在求實效，求富國強兵。治學優劣，端視其有用與無用。此時徐光啓更提出「欲求超勝，必須會通，會通之前，先須翻譯。」〔註219〕成為晚明士大夫超前的共識。於是，陳子龍稱其生平所學皆主於實用〔註220〕。雖身為閣臣，率先認眞向洋人學習，努力引進西方科學技術。徐光啓也與利瑪竇合譯了西方古典數學名著《幾何原本》，李之藻與利瑪竇合譯了《同文算指》。因數學屬基礎學科，至為重要。徐光啓說：「算術者，工人之斧斤尋尺，曆律兩家、旁及萬事者，其所造宮室器用也。此事不能了徹，諸事未可易論。」〔註221〕又說：「象數之學，大者為曆法，為律呂；至其他有形有質之物，有度有數之事，無不賴以為用，用之無不盡巧極妙者。」〔註222〕數學還能訓練人專心注意，開發創意，「能令學理者祛其浮氣，練其精心；學事者資其定法，發其巧思」。〔註223〕徐光啓還預言「竊意百年之後，必人人習之。」〔註224〕

〔註217〕《明史》卷三二六，〈意大里亞傳〉。

〔註218〕同前註。

〔註219〕《徐光啓集》卷八，〈曆書總目表〉。

〔註220〕陳子龍撰《農政全書凡例》云：「徐文定公忠亮匪躬之節，開物成務之姿，海內具瞻久矣。其生平所學，博究天人而皆主以實用。」

〔註221〕《徐光啓集》卷二，〈刻同文算指序〉。

〔註222〕同前，〈泰西水法序〉。

〔註223〕同前，〈幾何原本雜議〉。

〔註224〕同前註。

其預言驗證了。除數學外，又大量譯介天文曆法、水利工程、生理學、解剖學、地圖學等科目，都有關國計民生，而切於實用。

以上是從實務的立場去看西學，但因傳統經驗及保守觀念所限，多以「奇異」視之。張岱指出：「有褒之爲天學，有訾之爲異端，褒之、訾之，其失均也。」〔註225〕

在「華夷之辨」的傳統觀念下，不問優劣，逢外必反，如西方曆法顯然比明代曆法精密，李之藻研究西洋天文曆算之學以備修曆工作，徐光啓等人再三建議朝廷採用，但終棄而不用。張岱說：「以爲外裔而輕視之，遂以鑿枘不入，故終利瑪竇之身，而不得究其用。則是西學雖精，而法以人廢也。」〔註226〕這種文化保守主義，確實桎梏了自然科學的進步。林啓陸更以政治權謀視之：「此輩擅入我大明即欲改移曆法，此其變亂治統，覬圖神器。」〔註227〕把修曆法與圖謀神器連結，是一種反教情節的表現。〔註228〕又如許大受貶斥西方科學的理由是「夷技不足尚，夷貨不足貪，夷占不足信。……縱巧何益於心身？」〔註229〕因科學無助於修身養性，故不足尚，不足貪，不足信，這已經把不相干的兩件事情混淆了。

天主教的傳教策略，是藉由儒教，排斥佛老，而發展天教。林啓陸對傳教士傳教策略頗能洞察：

> 適逢崇禎八年利妖之遺毒艾儒略輩入單霞，送余有《天主實義》《聖水紀言》《辨學遺牘》《鴞鸞不並鳴說》《代疑續編》諸妖書等，其言極膚淺極虛誕，陽斥二氏之邪妄，陰排儒教之歧途，然其辟儒處，未敢十分啓口者，竊欲藉儒冠儒服者，達其教於朝廷，使得以肆其奸毒也。〔註230〕

〔註225〕《石匱書・利馬竇傳》。

〔註226〕《石匱書》卷三四，〈曆法志〉。

〔註227〕《破邪集》卷六，〈誅夷論略〉。明・徐昌治編《聖朝破邪集》八卷，東京中文出版社。

〔註228〕中國朝代更替，都改曆法，故林啓陸等認爲曆法一改，代表神器將失，因而堅持捍衛「古帝王大經大法」。他們認爲傳教士一再更改「祖宗欽定、聖賢世守之大統曆法。」意味著「舉堯舜以來中國相傳綱維統紀之最大者而欲變亂之。」因此傳教士之用心是可議的：「以此名目曰慕義而來，此爲歸順王化乎？抑亦暗傷王化乎？」（以上參見《破邪集》卷一沈漼〈參遠夷疏〉）

〔註229〕《破邪集》卷四，〈聖朝佐辟〉。

〔註230〕《破邪集》卷六，〈誅夷論略〉。

利瑪竇的傳教策略，對二氏明著貶斥，陰地裏仍排儒教，只因儒教是官學，貶斥不能明目張膽，於是假借儒冠儒服，廣交士人，期達其教於朝廷。尙有，對於天主教儀式不合中國禮儀者亦加反對，黃問道說：

> 至於崇奉天主之故，指天地爲靈，日月星辰爲頑物，山川社稷爲邪魔，祖宗考妣爲不必祭，有是理乎？禮曰：天子祀天地，諸侯祀封內山川，大夫祀宗廟，士庶人祀祖禰，以明天地至尊不容越也。今欲人人奉一天主塑一天像，日日禱其側而乞憐焉，不知邀天褻天僭天瀆天者乎？〔註231〕

天主爲唯一的神靈，本是天主教信仰的規矩，但與當時風俗歧異太大，以衛道爲己任的士大夫，對此傷害儒家禮儀的行爲，當然視爲異端而反對。

西學東漸，中西文化交匯的現實，促使明清之際的學者開始考慮東西文化的異同，探尋中西文化不同走向的原因，對中西文化進行比較研究。這是一個極有意義的課題。如徐光啓認爲天主教與儒學，有相輔相成之處，「必欲使人盡爲善，則諸陪臣所傳事天之學，眞可以補益王化，左右儒術，救正佛法者也。」〔註232〕劉侗則把西學比作墨家，他說：

> 嘗得見其徒而審說之，大要近墨爾。尊天，謂無鬼神也；非命，無機祥也；稱天主而父，傳教者也；器械精，攻守悉也。墨也，墨乃近禹。今其徒，晷以識日，日以識務，晝分不足，夜分取之，古之人愛日惜寸分，其然歟？〔註233〕

利瑪竇等人重視科技，會製作器械，這一點很接近墨子。墨家在春秋戰國時代與儒家同爲顯學，漢代以後儒家定於一尊，墨家日益衰歇。晚明時期，墨家在西方文化的映照下，顯現它的價值。劉侗將西學與墨家相比，其精神同，唯墨家爲人排難解紛，天主教則勸人信主得救。

其次，中國科學技術不發達，其中一個重要原因就是科舉制度，因爲科舉不考自然科學，士子也就不重視。徐光啓在論及中國數學衰頹原因時說：「其一，爲名理之儒土苴天下之實事；其一，爲妖妄之術謬言數有神理，能知來藏往，靡所不效。卒於神者無一效，而實者無一存。」〔註234〕亦即宋元以來，

〔註231〕《破邪集》卷五，〈辟邪解〉。

〔註232〕《徐光啓集》卷九，〈辨學章疏〉。

〔註233〕《帝京景物略》卷五。

〔註234〕《徐光啓集》卷二，〈刻同文算指序〉。

理學盛行，士大夫務心性之學，不重「實事」。另一個原因是把數學用於占星相等迷信活動。

於是，張潮則從比較的角度，認爲華人的智力並不亞於洋人，科技卻落後了，因中國人以功名爲重，心思耗於經典八股。張潮說：

> 泰西人巧思，百倍中華，豈天地靈秀之氣，獨鍾於彼方耶？予友梅子定九、吳子師邵，皆能通乎其術，今又有黃子履莊，可見華人之巧，未嘗讓於彼。只因不欲以技藝成名，且復竭其心思於富貴利達，不能旁及諸技，是以巧思遜泰西一籌耳。〔註 235〕

指出明末清初，重功名、輕技藝的價值觀已改變，專精技藝仍可成名。袁宏道說：「薄技小器，皆得著名。」〔註 236〕黃履莊，自幼喜歡玩弄刀鑿，製作了一些小玩藝，後來懂得了「泰西幾何比例」，「而其巧因以益進」，〔註 237〕但在當時研究科技的人畢竟少數，世風仍趨向功名。宋應星指出：「爲士者，日思官居清要；而畎畝庶人，日督其稚頑子弟儒冠儒服，夢想科第，改換門楣。」〔註 238〕除了功名有礙實學，中庸之道也阻礙科技的發展。張潮在教士南懷仁〈七奇圖說〉一文之後批道：「極西巧思獨絕，然吾儒正以中庸爲佳，無事矜奇鬥巧也。」〔註 239〕洋人好心奇，講求創意；儒者守中庸，以平實爲佳，標新立異常被視爲異端，故科學技術之遲滯，是必然的結果。透過明末中西文化接觸，其分合迎斥之間，對後世觀念的啓迪，確實產生影響。

自利瑪竇來華（1582）到耶穌會解散（1773），一九○多年間，來華教士多達四、五百人，其中利瑪竇、湯若望、羅雅谷、熊三拔、鄧玉函、南懷仁等，對中西文化交流頗有貢獻，徐光啓、李之藻等頗爲尊崇西學，也成西學輸入的中心人物。除對當時曆法、算學、輿地等學術影響甚大，也開闊了中國人的心胸眼界，對新事物的好奇，對新思想的接納，追求實用，著重客觀的經世、治學方法的講求。這個影響還一直延續到清初。

〔註 235〕《虞初新誌》卷六。

〔註 236〕《袁宏道集箋校》卷二。

〔註 237〕《虞初新誌》卷六，〈黃履莊小傳〉載：他還運用力學、光學原理，發明製造很多「奇器」，有驗器（溫度計、濕度計等），水器（龍尾車等），造器（儀器、量具等），諸鏡（千里鏡、顯微鏡等）。

〔註 238〕《野議・風俗議》。

〔註 239〕《虞初新誌》卷一九。

三、心學與天學「具存深意」的文化心態

最後，本小節將綰合晚明「三教歸一」的學術思潮，結合「會通中西」的文化取向，觀察對晚明心學思潮與天學〔註240〕交流的深意。

誠如黃仁宇，將「萬曆十五年」（1587）看作有明一代歷史變革的一條界線，此年以後，士大夫活躍於黨爭，學人文士熱衷於結社，言官御史與內監、執政日相水火。皇帝乖慶，宦官專權。自「國本論」、「立儲議」、「三王並封」、「福王之國」、「楚太子獄」、「科場案」、「京察」、「妖書」《憂危竑議》、「熊廷弼案」等事件，到「梃擊、紅丸、移宮」等三大案，士大夫無不捲入政治漩渦或黨禍的紛爭之中，若非屬東林黨，便繫崑、浙、宣三黨之一。政風愈下，愈導致儒學衰變，即如《明史》所言：「經學非漢唐之精專，性理襲宋元之糟粕，論者謂科舉盛而儒術微」，〔註241〕顧炎武也說：「《大全》出而經說亡」，〔註242〕晚明儒學喪失了經學支柱。如宋儒「好附門墻，於淵源最悉」；那麼明儒則「喜爭同異，於宗派尤詳」。〔註243〕換言之，萬曆以來，風行天下的王學，已分裂爲浙中、江右、南中、楚中、北方、粵閩、泰州諸大學派，而浙中王畿（龍溪）、泰州王艮（心齋）爲代表的兩派影響最大。與王學各派遞相出入的，還有甘泉（湛若水）、東林諸門派等。

値得注意的是，利瑪竇傳教以「結交名士」爲主要方式，因「一名知識份子的皈依，較許多一般教友更有價値。」〔註244〕因爲一名士大夫信教，會影響許多人。且「顯貴和官吏多喜歡和我們往來，而不太容易和僧人交往，不但南京如此，中國其他各地也莫不如此。」〔註245〕因此，利瑪竇結交了許多士大夫，其中，他所說的「南京的領袖人物」，如「三教領袖」焦竑，以及

〔註240〕萬曆二十三年（1595），利瑪竇在華身著僧衣，上下叩門，自廣州到肇慶，欲進兩京而失敗，經歷了整整十三年的艱辛摸索，終於在瞿太素（汝夔）這位正熱衷於煉丹求長生的江南貴胄之導引、幫助下，進駐南昌，建立了廣州以外的第一所耶穌會住院，居住三載，受到江右王門章潢（本清）一派大儒的學術禮遇。撰成漢學名著《天學實義》，可謂「天學」一名之始。

〔註241〕《明史》卷二八二，〈儒林傳・序〉。

〔註242〕顧炎武在《日知錄》中批評明儒：「自八股行而古學棄，《大全》出而經說亡。」《大全》系指明成祖永樂年間頒布，胡廣等奉敕編撰的《五經四書性理大全》，這是明代官方朱學的標準本。

〔註243〕見馮從吾《元儒考略》（《四庫全書》本）。

〔註244〕《利瑪竇全集》冊三，頁203。

〔註245〕同前冊四，頁365。

有「教中三杰」之稱的徐光啓、李之藻、楊廷筠等，是實際參與「中西會通」主要的士大夫群體。

教中三杰，皆一時知名之士。他們或被傳教士介紹西學科技、繪刻《山海輿地全圖》所吸引，或爲傳教士「意專行教，不求祿利」之苦修精神所感動，或欲借「天學」以擺脫個人危難之處境，各人動機雖不同，但皆深知「其所著書多華人所未道」，均是新材料、新觀點。因此，首先接受其教，同情地瞭解其學，，導致「一時好異者咸尙之」。無論是傳教士與士大夫之間的結交，還是士大夫內部的交誼，都超越宗教宣傳，而進入學理的研討層面。他們通過合作譯著西書，相互寫序評介、質疑送難，甚而著文攻擊，一迎一拒，推波助瀾。加之，透過「赴京會試」的機會，成爲中西儒士結交的最好契機。

焦竑繼承晚明心學，追隨泰州學派，師事耿定向、羅汝芳等人，篤信李贄之學，推崇李贄「可肩一狂字，坐聖門第二席」，〔註 246〕以道德、經術、文章標表海內，徐光啓尊之爲「鉅儒宿學，北面人宗」，〔註 247〕是晚明學術思想界的實際盟主，也是徐光啓最推崇的「尊師」。講學以羅汝芳（近溪）爲宗，推重王陽明「良知」說與王艮「格物」論，視二者「如車兩輪，實貫一轂」。〔註 248〕認爲：三教「道一也，達者契之，眾人宗之。在中國曰孔孟老莊，其至西域者爲釋氏」，「釋氏之典一通，孔孟之言立悟」，「《六經》、《語》、《孟》無非禪，堯、舜、周、孔即爲佛」。〔註 249〕「孔、老、釋之出，爲眾生也」，「知佛則知孔老矣。後世源遠流分，三教鼎立，非聖人意也。」〔註 250〕焦竑以「寶無裔夏」的胸懷，成爲晚明學術「三教歸一」的標幟，利瑪竇和徐光啓於萬曆二十七年（1599）曾訪問焦竑，利氏更尊以中國「三教領袖」之頭銜。

上述以徐光啓、利瑪竇爲代表的「少數創造者」群體，都屬當朝重臣，與王學江右、浙中、泰州三大派多有關係。徐光啓同焦竑、李贄等泰州學派；利瑪竇同馮應京（慕岡）、章潢（本清）等江右學派均保持情誼友好而學術辯難的關係，卻沒有直接捲入各學派的門戶相鬥。他們以旁觀者的冷靜和敏銳，洞察到王學流弊的根源，不在於外在的派別分化，而在於內在的共同宗旨，即「三教歸一」之旨趣。

〔註 246〕《明儒學案》卷三五，〈泰州學案〉四〈文端焦澹園先生竑〉。
〔註 247〕《徐光啓集》卷二，〈焦氏澹園續集序〉。
〔註 248〕《焦氏筆乘》卷三，〈王先生〉。
〔註 249〕《焦氏澹園集》。
〔註 250〕《焦氏筆乘》卷三，〈王先生〉。

利瑪竇以《天主實義》〔註 251〕爲主，向中國人宣傳天主教教義，並毫不遮掩地批評有明一代的「三教歸一」爲「妖怪」。他在該書第七篇〈論人性本善而述天主門士正學〉中，嘗專列「辯三教歸一之說」，直指其失：

> 夫前世貴邦，三教各撰其一。近世不知從何出一妖怪，一身三首，名曰「三函教」。庶氓所宜駭避，高士所宜疾擊之，而乃倒拜師之，豈不愈傷壞人心乎？

接著，又針對晚明儒學虛空之弊端，運用西方「非此即彼」的形式邏輯思維，進行論證。茲擇其一端，以窺「天學」思辯之概，其一曰：

> 三教者，或各眞全，或各僞缺，或一眞全，而其二僞缺也。苟各眞全，則專從其一而足，何以其二爲乎？苟各僞缺，則當竟爲卻屏，奚以三海蓄之哉？使一人習一僞教，其誤已甚也，況兼三教之僞乎？苟唯一眞全，其二僞缺，則惟宜從其一眞，其僞者何用乎？

「苟唯一眞全，其二僞缺，則惟宜從其一眞。」從眞去僞，這是合理的推論；但「苟各眞全，則專從其一而足，何以其二爲」，既皆爲眞，爲何不是從三，而是從一？此與前之推論自相矛盾，也可見其護己辭窮之邏輯論證，難怪李贄會懷疑西儒「不知到此何干」？〔註 252〕

顯然，利瑪竇於晚明「三教歸一」的學術思潮之中，同時評判儒與佛道各自的得失，但他立足於「天學」之宗教立場，其目的是用「天主正學」歸化士大夫。至於徐光啓，則奉儒教爲先，而以朱學爲門戶，重申自開國以來，以朱學爲官學乃「灼見聖孚」。他認爲「學孔氏者必從朱氏始」，因「繼孔氏而稱儒術者無若元晦氏」，且「平心以求諸六經，終覺紫陽是爲順守，而彼爲逆取。」〔註 253〕可見，他雖師事焦竑，但其學術立場則宗朱學。他批評佛老之學：「近世學士橫生途轍，謬欲祧而櫝之，曰吾獨契聖宗，以上接洙泗爲嫡傳也，而實則陰用二氏之精者。」〔註 254〕在當時的時代氣氛中，黜虛崇實是心學末流的反動，也是時代趨勢，儒學「其實行實功，有體有用，將必因朱子以見宣尼之正脈，而俾天下國家實受眞儒之益。」〔註 255〕易言之，徐光啓

〔註 251〕《天主實義》，明萬曆杭州李之藻重刻本。

〔註 252〕《續焚書》卷一，〈與友人書〉所說：「我已經三度相會（利瑪竇），畢竟不知到此何干也。意其欲以所學易吾周孔之學，則又太愚，恐非是爾。」⑥

〔註 253〕《徐光啓集》卷二，〈刻紫陽朱子全集序〉。

〔註 254〕同前註。

〔註 255〕同前註。

立足於「理學」，期由王學末流返歸「朱學正脈」，以徹底革除陽明心學「逆取」所造成儒學之弊端，「順守」朱子所傳之「孔孟眞傳」。〔註256〕

晚明以降，隨著西方列強殖民擴張勢力的急速發展，在各種不平等條約的保護下，一批批傳教士湧進中國，西學諸書流入、譯作越來越多，其原型眞貌，反而更難以辨認。《四庫全書總目》卷一二五〈子部・雜家類・存目二〉所錄「天學」（宗教）、哲學類西書〔註257〕來說，著錄者明顯地站在程朱理學的立場，將天主教神學（「天學」）和佛教混爲一談，認爲耶佛「各持一悠謬荒唐之說，以較勝負於不可究結之地」，「均所謂同浴而譏裸裎耳」。除對每一書之「提要」都有不同程度的曲解之外，最後在《寰有詮》下特作「案」云：

> 歐羅巴（歐洲）人天文推算之密，工匠製作之巧，實愈前古。其議論誇詐迂怪，亦爲異端之尤。國朝節取其技能，而禁傳其學術，具存深意。其書本不足登冊府之編，然如《寰有詮》之類，《明史・藝文志》中已列其名，削而不論，轉慮惑誣，故著於錄而辟斥之。又《明史》載其書於道家，今考所言兼到三教之理，而又舉三教全排之，變幻支離，莫可究潔，眞雜學也。故存其目於雜家焉。

可見，視「西學」、「天學」爲雜學，「節取其技能，而禁傳其學術」，這實際已成爲晚明以來中國對待「西學」的基本國策，表明對西方傳教士及其所傳「學術」與科技「具存深意」的文化心態。

此一文化心態，從利瑪竇寫給明朝銓部大臣虞淳熙的信中，更可清晰辨認其入華的意圖：

> 竇（利瑪竇自稱）西陲鄙人，棄家學道，泛海八萬里，而觀光上國，於兹有年矣。……然寰宇象緯之學，特是少時偶所涉獵，獻上方物，亦所攜成器，以當羔雉。其以技巧見獎借者，果非知竇之深者也。若止爾爾，則此等事，於敝國庠序中，見爲微末器物，復是諸工人所造，八萬里外安知上國之無此？何用泛海三年，出萬死而致之闕下哉！所以然者，爲奉天主至道，欲相闡明，使人人爲肖子，即於大父母得效涓埃之報，故棄家忘身不惜也。〔註258〕

〔註256〕同前註。

〔註257〕即利瑪竇《辨學遺牘》、《二十五言》、《天主實義》、《畸人十篇》、《交友論》、龐迪我《七克》、艾儒略《西學凡》、畢方濟《靈言蠡勺》、高一志《空際格致》、溥汎際《寰有詮》等十種。

〔註258〕利瑪竇《辯學遺牘》首篇〈利先生復虞詮部書〉（《天學初函》本）。

由此可見，晚明傳教士輸入西學的宗旨，並非眞要傳播西方先進的科技知識，而是向中國傳播「天主至道」，用「天學」歸化中國。其核心是宗教與哲學；科學和技術僅僅只是一塊「以當羔雉」的敲門磚而已。

因此，後世學者，只著眼科技而無視宗教，或只接納科技而拒絕宗教，均是對「西學」原型的誤解，如前引利瑪竇所說：「其以技巧見獎借者，固非知竇之深者也。」又如前引《四庫提要》之所謂：「國朝節取其技能，而禁傳其學術，具存深意」的國策，立場不同，針鋒互對。此便形成了晚明士大夫與傳教士「會通中西」之「深意」所在。

總而言之，晚明以利瑪竇爲代表的歐洲傳教士輸入的「西學」原型，是以「天學」爲核心，是一亦宗教、亦哲學、亦政治、亦科技的複合體；以李贄、焦竑爲代表的「三教歸一」論，和以徐光啓爲代表的「中西會通」論，這兩股學術思潮共同導致了晚明心學的理論危機。利瑪竇立足於「天學」的宗教立場，徐光啓立足於「理學」之哲學立場，共同確立了「易佛補儒」的「中國式」傳教策略。利瑪竇本想依此進入中國士大夫上層社會以傳播福音；徐光啓本想依此恢復「朱學正脈」，以挽救王學末流喪失儒家經學支柱之危機。結果，經由晚明中西儒士的磨合，因雙方交往形式、應對策略的變化，雙方哲學觀念的差異或誤解，而導致宗教角色向學術角色的轉換，形成意想不到的學術結果。誰也未料到《天主實義》所持的「實理」，既未觸動王學殿軍焦竑與李贄，卻暗合了焦氏後學徐光啓，力圖走出「三教歸一」的王學末路，而復歸「實行實功，有體有用」的朱學「正脈」。

第三章　晚明心學思潮之衍化

晚明心學雖與程朱理學相對立，但它基本仍屬儒家思想。一如程朱理學，以強調倫理道德爲主，並成爲政教張本。〔註1〕唯學說中強調人的主觀自主，則超越儒家名教傳統的規範。故自陽明開悟「致良知」後，其門下弟子各立學說，形成其心學體系繁複多姿之衍化。本章分從心學體系、王門思想革新、王學末流意義析論之。

第一節　陽明之心學體系

明代心學始自陳獻章（白沙），大明於陽明。〔註2〕《明史》載：「原夫明初諸儒，皆朱子門人之支流餘裔，師承有自，矩矱秩然。曹端、胡居仁篤踐履，謹繩墨，守儒先之正傳，無敢改錯。學術之分，則自陳獻章、王守仁始。」〔註3〕陽明之學，後稱姚江學派，其宗旨與朱學背馳，經過陽明及弟子的講學傳播，「門徒遍天下，流傳逾百年，其教大行，其弊滋甚。嘉隆而後，篤信程朱不遷異說者，無復幾人矣。」〔註4〕是以本章以師承爲據，學理歷程爲軸，分節剖析晚明心學之流播與分化，藉以凸顯其對士風之影響。

〔註1〕陽明心學體系基本框架如良知、良能、誠意、明德、親民等概念，來自於《孟子》和《大學》。至於其強調萬物一體，除繼承孔孟「仁政」思想，也融合了張載《西銘》、程顥《識仁篇》的主要內容。

〔註2〕《明儒學案》卷一〇，〈姚江學案〉：「有明之學，至白沙始入精微，至陽明而始大。」

〔註3〕《明史》卷二八二，〈儒林傳〉一。

〔註4〕同前註。

一、朱學到王學之轉變

從明初至成化百餘年間，以程朱思想爲主流，學者「習熟先儒之成說，未嘗反身理會，推見至隱，所謂此亦一述朱，彼亦一述朱耳。」〔註5〕張居正更明定講學「以宋儒傳注爲宗」。朱子成爲當時學術和思想上的權威，其思想遠承孔、孟之仁、義、禮、智，近接周、程之天理，張載氣論，發展出以「天理」爲最高境界的道德理論系統。其基本觀念從理氣始，他說：

> 天地之間，有理有氣。理也者，形而上之道也，生物之本也；氣也者形而下之器也，生物之具也。是以人物之生，必稟此理，然後有性；必稟此氣，然後有形。〔註6〕

萬物生成兼具理氣，理未嘗離乎氣，就理論次序，理先於氣。因「自形而上下言，豈得無先後？」〔註7〕就存在狀態言，理氣二分，「理與氣，此決是二物。」〔註8〕但運行時又相依附，「天下未有無理之氣，亦未有無氣之理。」〔註9〕既爲二物、也分先後、又相依附，易生邏輯矛盾。其主要用意在強調「理終爲主。」〔註10〕晦庵再從人物之生，先有理有性，然後有氣有形，發展出理無不善，〔註11〕氣則有善有不善。〔註12〕至於氣如何有善惡，朱子以爲：

> 或問：氣清底人，自無物慾？曰：也如此說不得。口之欲味，耳之欲聲，人人皆然。雖是稟得氣清，才不檢束，便流於欲去。〔註13〕

「流於慾」便是「惡」。晦庵對於「欲」有一個比喻：「心，譬水也。性，水之理也。性所以立乎水之靜，情所以行乎水之動，欲則水之流而至於濫也。」〔註14〕水之動爲「情」，動而不正爲「欲」。晦庵又指人欲非外於天理而存在，「有個天理，便有個人欲。蓋緣這個天理須有安頓處；才安頓得不恰好，便

〔註5〕《明儒學案》卷一〇，〈姚江學案〉。
〔註6〕《朱子文集》卷五八，〈答黃道夫書〉。
〔註7〕《朱子語類》卷一。
〔註8〕同前註。
〔註9〕同前註。
〔註10〕《朱子文集》卷四九，〈答王子合〉。
〔註11〕《論語或問》卷十七，〈答黃道夫書〉：「然其本然之理，則純粹至善而已，所謂天地之性也。」
〔註12〕《朱子語類》卷四：「人之所以有善有不善只緣氣質之秉各有清濁。」
〔註13〕同前卷九五。
〔註14〕同前卷五。

有人欲出來。」〔註15〕人欲在天理之內，「人欲便也是天理裏做出來。雖是人欲，人欲中自有天理。」〔註16〕如此天理人欲又渾同了，人欲爲惡，自要消滅，「聖人千言萬語，只是教人存天理、滅人欲。」〔註17〕滅人欲則天理自然顯現。其人性的理欲渾同，緣於本體論的理氣不離。

晦庵承前賢論理氣關係，而開展出「理先氣後」、「理本氣末」、「居敬窮理」，內容豐富，系統精密，思辨嚴謹。然而，朱學爲何會轉到王學？於此，必須討論其「居敬窮理」的修養功夫。晦庵繼承程頤「涵養須用敬，進學則在致知。」的觀點，發展爲「居敬窮理」，作爲內外修養工夫的命題，其立論雖承自伊川，卻更完備，他說：

> 所謂致知在格物者，言欲致吾之知，在即物而窮其理也。蓋人心之靈，莫不有知；而天下之物，莫不有理；惟於理有未窮，故其知有不盡也。是以大學始教，必使學者即凡天下之物，莫不因其已知之理而益窮之，以求至乎其極。至於用力之久而一旦豁然貫通焉，則眾物之表裡精粗無不到，而吾心之全體大用無不明矣。此謂物格，此謂知之至也。〔註18〕

「格致說」爲晦庵的重要工夫理論，已超出《大學》本意。以「致吾之知」釋「致知」；以「即物而窮其理」釋「格物」。「格物」的目的在「窮其理」和「致吾之知」。在內達成「吾心之全體大用」之明，吾心大用既明，內成誠正之德，外成修齊治平之道，此即「內聖外王」之謂也。晦庵曰：「格物所以明此心」〔註19〕又曰：「格物是物上窮其至理，致知是吾心無所不知。」〔註20〕「無所不知」即「吾心之全體大用無不明」。由此，格物致知的目的是「心與理爲一。」〔註21〕他說：「理即是心，心即是理。」〔註22〕「此心虛明廣大，無所不知，要當極其致耳。」〔註23〕既然理與心合一，心亦包容萬有，似乎與陸、王心學主張無異。但是，晦庵對於心與理，物與我作主客體的論述。

〔註15〕同前卷十三。
〔註16〕同前註。
〔註17〕《朱子語類》卷十二。
〔註18〕《大學章句》〈格物補傳〉。
〔註19〕《朱子語類》卷一八。
〔註20〕同前卷十五。
〔註21〕《朱子語類》卷一二六。
〔註22〕同前卷三七。
〔註23〕同前卷一五。

他說：「知在我，理在物。」〔註24〕「知者吾心之知；理者事物之理。以此知彼，自有主賓之辨。」〔註25〕主賓關係就是認識的程序。既然以「吾心之知」去認識「事物之理」，就必須「即物而窮其理。」〔註26〕故言：「上而無極太極，下而至於一草、一木、一昆蟲之微，亦各有理。……一物不格就缺了一物道理。須著逐一與他理會過。」〔註27〕又說：「惟一日而格一物焉，明日又格一物焉，積習既多，然後脫然有貫通處。」〔註28〕由逐一格物漸進累積到脫然貫通，屬於向外求知。「所謂致知在格物者，言欲致吾之知在即物而窮其理也。」〔註29〕「所謂窮理者，事事物物各自有個事物底道理，窮之需要周盡。」〔註30〕歷來學者認爲此段工夫最根本篤實，但窮理必須窮盡「事事物物各自底道理」，實失之繁瑣。故陽明認爲「支離決裂，錯雜紛紜，而莫知有一定之向。」〔註31〕即針對逐一格物，以求貫通而發。

格物致知以窮理，是向外求之，以達「心與理一」，居敬是向內修養，以達到「心與理一」。「敬字工夫，乃聖門第一義。」〔註32〕晦庵把格物窮理和居敬涵養兩種工夫結合，相互發明，他說：「學者工夫，惟在居敬窮理二事，此二事互相發明。能窮理則居敬工夫日益進，能居敬則窮理工夫日益密。」〔註33〕他沒有從道問學發展出去，兼舉居敬的「尊德性」工夫和窮理的「道問學」工夫。此又與以「尊德性」爲優先的陸九淵（象山）不同。

爲何象山對晦庵進德修業的工夫不認同，據《象山年譜》錄〈朱亨道書〉，可一窺梗概：

> 鵝湖之會，論及教人，元晦之意，欲令人泛觀博覽而後歸之約；二陸之意，欲先發明人之本心而後使之博覽。朱以陸之教人爲太簡，陸以朱之教人爲支離。此頗不合。〔註34〕

〔註24〕同前註。
〔註25〕《朱子文集》卷四四，〈答江德功〉。
〔註26〕《大學章句》傳五章。
〔註27〕《朱子文集》卷四九。
〔註28〕《大學或問》卷二。
〔註29〕《大學章句》。
〔註30〕《朱子語類》卷十五。
〔註31〕陽明《大學問》。
〔註32〕《朱子語類》卷一二。
〔註33〕同前卷九。
〔註34〕《象山全集》卷三六，〈年譜〉。

所謂「泛觀博覽」就是要逐一格物，漸進積累，至豁然貫通，眾物之表裡精粗無不到，吾心之全體大用無不明，即所謂「由博返約」。而象山認心爲主體，萬事萬物皆備於心，故進德修業以發明本心爲首要。對照前述，晦庵認心屬氣，有知理之能力，故必須經過格物或讀書等階段以致其知，顯然有別。是以，象山回應晦庵曰：「易簡工夫終久大，支離事業竟浮沉。」〔註35〕晦庵與象山之差異在爲學工夫，晦庵由博返約，象山由本心到博覽。

從南宋末年，到明朝中葉，學術爲朱學獨佔，尤其成祖時深得官方青睞。〔註36〕但至天順、成化、弘治年間，由於程朱格物窮理的思想，顯得過於支離冗複，時勢使然，士人便捨朱學而轉向陸學，此代表人物即是陳獻章。

陳獻章（白沙），二十七歲從學於吳與弼，遍讀古聖賢之書，然未知入處。回白沙後從靜坐中漸悟道理，他說：

> 比歸白沙，杜門不出，專求所以用力之方。既無師友指引，惟日靠書冊尋之，忘寢廢食，如是者亦累年，而卒未得焉。所謂未得，謂吾此心與此理未有湊泊吻合處也。於是，捨彼之繁，求吾之約，惟在靜坐，久之，然後見吾此心之體隱然呈露，常若有物。日用間種種應酬，隨吾所欲，如馬之御銜勒也。體認物理，稽諸聖訓，各有頭緒來歷，如水之有源委也。〔註37〕

白沙認爲，逐一向外格物或窮究前人書冊，並不能使吾心與理爲一。簡言之，他體認成聖之功，就是靜坐，倡導涵養心性，以自然爲宗，以虛爲基本，以靜爲門戶，以自得爲歸旨。這是晦庵所不欲提起的。〔註38〕故《明史》曰：「學術之分，則自陳獻章、王守仁始」。〔註39〕此指獻章和陽明兩人使明代哲學開始脫離程朱理學的藩籬。黃宗羲敘說較詳：「有明之學，至白沙始入精微，其吃緊工夫全在涵養，喜怒未發而非空，萬感交集而不動。至陽明而後大，兩先生之學

〔註35〕《象山全集》卷三四。

〔註36〕成祖永樂十二年，命儒臣胡廣、楊榮、金幼孜等編纂《五經大全》、《性理大全》，並頒布天下，作爲科考之範本，而以程朱注疏爲標準，朱學遂具有學術統治地位。

〔註37〕《陳獻章集》卷二，〈復趙提學僉憲〉。

〔註38〕同前〈與羅一峰〉二：「晦庵恐人差入禪去，故少説靜，只説敬，如伊川晚年之訓。此爲防微慮遠之道，然在學者須自量度何如，若不至爲禪所誘，仍多靜方有入處。」

〔註39〕《明史》卷二八二，〈儒林傳〉一。

最爲相近。」〔註40〕兩位都是以靜爲主，於靜中養出端倪。

陽明心學能獲得發展，程朱理學流弊漸顯，是重要因素之一，如陽明所說：

> 自是而後，言益詳，道益晦；析理益精，學益支離；無本而事於外者益繁以難。……則今之所大患者，豈非記誦詞章之習；而弊之所從來，無亦言之太詳，析之太精者之過歟？〔註41〕

這是陽明給白沙大弟子湛若水（甘泉）的書信，〔註42〕首先指向因朱學條分縷析所造成的支離繁難，影響後學徒務「記誦章句之習」。亦即朱學成爲八股化的道學，學者因襲模擬，埋沒自我的結果，反不如楊、墨、老、釋各有其自得者。以上是從學術的內在發展以觀其變異。

再從客觀的環境觀察，明朝中葉，政治腐敗，社會奢侈成風。晦庵認爲天理人欲是根本對立的，是絕對而無彈性的，「人之一心，天理存則人欲亡，人欲勝則天理滅。」〔註43〕人必須意志堅定地作克己復禮的工夫，因「聖賢千言萬語，只是教人明天理，滅人欲。」〔註44〕學者曾問晦庵有關天理人欲同行異情之事，晦庵答：「同行異情，只如渴飲饑食等事，在聖賢無非天理，在小人無非人欲。」〔註45〕渴飲饑食既爲聖賢小人之所必有，爲何聖賢必爲天理，小人必爲人欲，其邏輯因果並不嚴謹。因此，「存理去欲」的道德系統已產生困境，期待一個新價值思潮的產生。心學就在這種環境中發展，它從傳統的倫理學觀點，逐漸往注重人性的心理學靠近。發展的過程中，在野的陽明心學與在朝的程朱理學也是經過激烈的辯難，陽明心學曾被當作異端。〔註46〕明中期以後心學大盛，勢力超過了程朱理學，理學仍爲功名的教本，心學成了哲學的主流。

〔註40〕《明儒學案》卷五，〈白沙學案〉上。

〔註41〕《王陽明全集》卷七，〈別湛甘泉序〉。

〔註42〕《明儒學案》卷三七，〈甘泉學案〉載甘泉與陽明立教宗旨之異同：「先生（甘泉）與陽明分主教事，陽明宗旨致良知，先生宗旨隨處體認天理。學者遂以良知之學，各立門户。其間爲之調人者，謂「天理即良知也，體認即致也，何異？何同？」

〔註43〕《朱子語類》卷十二。

〔註44〕同前註。

〔註45〕《宋元學案》卷四四，〈晦翁學案〉。

〔註46〕明世宗曾指陽明「放言自肆，詆毀先儒。號召門徒，虛聲附和。用詐任情，壞人心術。近日之士，傳習邪說，皆其嚮導。」

心學的出現，激發對人本價值的覺醒。朱熹哲學以天理爲最高範疇，天理不僅至高且有主宰性。所謂「宇宙之間，一理而已。……其張之爲三綱，其紀之爲五常，蓋皆此理之流行，無所適而不在。」〔註47〕人事的三綱五常接受其支配，人失去主動性。陽明則把「吾心良知」作爲哲學最高範疇，取代「天理」的位置。對萬物發揮生育主宰的作用，把主動性收回到「吾心良知」。

總之，無論從學術思想發展，或客觀環境的需求，陽明心學的出現，有其水到渠成的必然性。蓋明代思想學術的重大轉變，始於孝宗弘治年間。董其昌說：「成、弘間，師無異道，士無異學，程朱之書，立於掌故，稱大一統，而修辭之家，墨守歐、曾，平平爾。時文之變而師古也，自北地始；理學之變而師心也，自東越始。」〔註48〕北地指李夢陽，東越指王陽明。此時，思想文化界形成兩大潮流：一是文學上的復古潮流，「李夢陽、何景明倡言復古，文自西京，詩自中唐而下，一切吐棄，操觚談藝之士翕然從之。明之詩文，於斯一變。」〔註49〕即李夢陽等「前七子」〔註50〕反對台閣體，而提倡秦漢文章和盛唐詩歌；一是學術上的心學潮流，即陽明鼓吹「良知」的心學潮流。顧炎武說：「蓋自弘治、正德之際，天下之士厭常喜新，風氣之變已有所自來。而文成以絕世之資倡其新說，鼓動海內。」〔註51〕就是這個「厭常喜新」的心態，加上陽明後學勤於講學，使陽明心學所以能迅速傳播、「鼓動海內」，使得陽明心學在社會上逐漸取代程朱理學。

二、陽明心學主要內涵

陽明建立了心學理論體系，並使心學成爲明代中後期哲學主流。其主要命題有「心即理」說、「致良知」說和「知行合一」說。三者常一體發明，而應先體會「心即理」，再以「合一」的觀點，使「知行合一」與「致良知」一起通透。其中心思想則在「良知」二字。從陽明成學過程，來看其心學體系，黃宗羲曰：

> 先生之學，始泛濫於詞章，繼而遍讀考亭之書，循序格物，顧物理吾心，終判爲二，無所得入。於是出入於佛老者久之。及至居夷處

〔註47〕《朱子文集》卷七〇，〈讀大學紀〉。
〔註48〕《容台文集》卷一，〈合刻羅文莊公集序〉。
〔註49〕《明史》卷二八五，〈文苑〉一。
〔註50〕前七子見第二章第二節註一三七。
〔註51〕《日知錄》卷一八。

> 困，動心忍性，因念聖人處此，更有何道？忽悟格物致知之旨，聖人之道，吾性自足，不假外求。其學凡三變始得其門。自此以後，盡去枝葉，一意本源，以默坐澄心爲學的。有未發之中，始能有發而中節之和，視聽言動，大致以收斂爲主，發散是不得已。江右以後，專提致良知三字，默不假坐，心不待澄，不習不慮，出之自有天則。蓋良知即是未發之中，此知之前，更無未發；良知即是中節之和，此知之後，更無已發。此知自能收斂，不須更主於收斂；此知自能發散，不須更期於發散。收斂者，感之體，靜而動也；發散者，寂之用，動而靜也。知之眞切篤實處即是行，行之明覺精察處即是知，無有二也。居越以後，所操益熟，所得益化，時時知是知非，時時無是無非，開口即得本心，更無假藉湊泊，如赤日當空而萬象畢照，是學成之後，又有此三變也。〔註52〕

此段敘述，明確點出陽明捨棄程朱，歸心於象山，汨至心學思想形成的基本歷程。第一階段，在龍場悟「聖人之道，吾性自足，不假外求」，即物理不外吾心及良知自足。第二階段，盡去枝葉，一意本源，以默坐澄心爲學。先是於正德四年在貴陽即提倡知行合一，之後於正德八年在滁陽教人靜坐息心，以體會心理爲一之道，又於正德十五年（江右以後）揭「致良知」之說。第三階段，嘉靖六年（居越以後）天泉證道而確定「四句教」。〔註53〕開口即得本心，無假借湊泊。

至於陽明心學之旨意究竟爲何？陽明認爲：「聖人之學，心學也。心即理也。故於致知格物之訓，不得不言致吾心之天理於事事物物。……本心之明即知，不欺本心之明即行也，不得不言知行合一。」〔註54〕於此，「心即理」、「致良知」和「知行合一」三者以一體發明。

分開來說，陽明的「心即理」說，強調心的主體意識。首先，他把心提到最高的位置：「心者，天地萬物之主也。」〔註55〕因此，心可包容萬事萬物：

〔註52〕《明儒學案》卷一〇，〈姚江學案〉。

〔註53〕錢德洪說：「居貴陽時，首與學者爲『知行合一』之說；自滁陽後，多教學者靜坐；江右以來，始單提『致良知』三字，直指本體，令學者言下有悟，是教亦三變也。」按錢氏所言，致良知是陽明心學的最後定論。而黃宗羲於致良知之後又增添了「居越以後」，是指晚年四句教。

〔註54〕同前註。

〔註55〕《王陽明全集》卷二，《傳習錄》中。

在物爲理，處物爲義，在性爲善，因所指而異其名，實皆吾之心也。心外無物，心外無事，心外無理，心外無義，心外無善，吾心之處事物，純乎理而無人僞之雜謂之善，非在事物有定所之可求也。處物爲義，是吾心之得其宜也，義非在外可襲而取也。〔註56〕

「物」、「事」、「理」、「義」、「善」皆在吾心，不必向外求。心既管天下之理，則「外吾心而求物理，無物理矣。」〔註57〕既然心即理，心的本體就是天理，是高揚主體的自覺性。他又把心的功能推到無限：「我的靈明，便是天地鬼神的主宰。」〔註58〕因爲「天沒有我的靈明，誰去仰他高；地沒有我的靈明，誰去俯他深；鬼神沒有我的靈明，誰去辨他吉凶災祥。」所以「爲學須得個頭腦，工夫方有著落」。〔註59〕「得個頭腦」就是「拿定主意」，他說：

夫學貴得於心，求之於心而非也，雖其言出於孔子，不敢以爲是也，而況其未及孔子者乎？求之於心而是也，雖其言出於庸常，不敢以爲非也，而況其言出於孔子者乎？〔註60〕

學問不在攀緣前賢往聖，而在自己心理明白，無論言出庸常或孔子，論斷是非在「我心」，不必以孔子的是非爲是非。因此，「君子之論學，要在得之於心，眾皆以爲是，苟求之心而未會焉，未敢以爲是也；眾皆以爲非，苟求之心而有契焉，未敢以爲非也。」〔註61〕凡世俗權威所認定之是非，必須經過良知之檢核，才成爲自我認可的是非。因此，「學，天下之公也。非朱子可得而私也，非孔子可得而私也。」〔註62〕對傳統倫理及權威重新定位，排除一廂情願式的服從或奉行，使個體心靈的創發得以舒展。

其次，陽明的「知行合一」強調踐履的重要性。此針對晦庵學說而發，晦庵分知行爲二，且主張知先行後。陽明則認爲知行不可分說，他認爲：

知是行的主意，行是知的工夫；知是行之始，行是知之成。只說一個知，已自有行在；只說一個行，已自有知在。〔註63〕

陽明以良知統合了「知」與「行」，使自覺性（知）和實踐性（行）同時啓動，

〔註56〕《王陽明全集》卷四，〈與王純甫〉。
〔註57〕同前卷二，〈傳習錄〉中。
〔註58〕《王陽明全集》卷三，《傳習錄》下。
〔註59〕同前註。
〔註60〕同前卷二，《傳習錄》中，〈答羅整庵少宰書〉。
〔註61〕同前卷二一，〈壬午答徐成之〉。
〔註62〕同前卷二，《傳習錄》中，〈答羅整庵少宰書〉。
〔註63〕同前卷一〈傳習錄〉上。

「一念發動處，便即是行了」，〔註 64〕「聖學只一個工夫，知行不可分爲兩事。」〔註 65〕知行貫徹整個行的過程，他說：

> 夫學、問、思、辨、行皆所以爲學，未有學而不行者也。如言學孝，則必服勞奉養，躬行孝道，然後謂之學。豈徒懸空口耳講說，而遂可以謂之學孝乎？學射則必張弓挾矢，引滿中的；學書則必伸紙執筆，操觚染翰。盡天下之學，無有不行而可以言學者，則學之始，固已即是行矣。篤者，敦實篤厚之意。已行矣，而敦篤其行，不息其功之謂爾。蓋學之不能以無疑則有問，問即學也，即行也；又不能無疑則有思，思即學也，即行也；又不能無疑則有辨，辨即學也，即行也。辨既明矣，思既愼矣，問既審矣，學既能矣，又從而不息其功焉，斯之謂篤行。非謂學、問、思、辨之後而始措之於行也。是故以求能其事而言謂之學，以求解其惑而言謂之問，以求通其說而言謂之思，以求精其察而言謂之辨，以求履其實而言謂之行。蓋析其功而言則有五，合其事而言則一而已。〔註 66〕

晦庵以學、問、思、辨屬「知」，以篤行屬「行」。陽明則以「行」以貫之。學之始即爲行，學有疑難則以問、思、辨解決之，故學、問、思、辨皆不外於行。因此，知行不可須臾離：「知之眞切篤實處即是行，行之明覺精察處即是知。」〔註 67〕陽明「知行合一」說，主要是對於晦庵的「知先行後」說演變成「重知輕行」的矯正，但「知行合一」說把動機與行動混合了，把意識活動當成實踐活動，其流弊則演變成「以知爲行」，講完就是做完的空談的學風。嚴格說來，晦庵與陽明之不同，在於方法與途徑，晦庵強調以增進知識爲學聖人的基本途徑；而陽明以爲學、問、思、辨皆是「行」，也應包括象山所強調的尊德性、重實行的修養方法。由此可見，「知行合一」實爲朱陸學說的折衷與調和。

最後，從龍場悟道時所提出的「吾性自足」到江右時期的「自信良知」，實際上都是陽明對人生哲理的體悟。這種體悟，解決他所遭遇的人生困境。但是如何將這種體悟，透過教學手段傳達給弟子，達到對人生遭遇的覺醒。其教學方法一個是「致良知」，一個是「四句教」。〔註 68〕

〔註 64〕《王陽明全集》卷三，《傳習錄》下。

〔註 65〕同前卷一〈傳習錄〉上。

〔註 66〕《王陽明全集》卷二，《傳習錄》中〈答顧東橋書〉。

〔註 67〕《王陽明全集》卷六，〈答友人問〉。

〔註 68〕「四句教」的產生背景，見註 53。至於其內涵與對心學的影響，將於本節第

「致良知」說強調人的主觀道德意識，是陽明的一大發明。晦庵把「格物致知」解釋爲「即物而窮其理」，陽明認爲向外窮理以求得知識，會流於支離。他說：

> 若鄙人所謂致知格物者。致吾心之良知於事事物物也，吾心之良知，即所謂天理也。致吾心良知之天理於事事物物，則事事物物皆得其理矣，致吾心之良知者，致知也；事事物物皆得其理者，格物也，是合心與理而爲一也。〔註69〕

把「格物致知」解釋爲「致吾心之良知於事事物物」。良知即是在人心中的天理，故曰「天理即是良知」，〔註70〕天理人人有，故曰「天理在人心，亙古亙今，無有終始。」〔註71〕良知也是人人有，故曰「良知之在人心，不但聖賢，雖常人亦無不如此。」〔註72〕陽明從心理合一的觀點，把「心」、「天理」、「良知」合一，既然人心已含有天理和良知，致良知自然是致吾心中之良知。聖愚皆同，個個自足，不假外求，只是「聖人能致良知，而愚夫愚婦不能致，此聖愚之所由分也。」〔註73〕在他看來，「滿街人都是聖人」、「人心中各有個聖人」。〔註74〕這是對人性的肯定與鼓舞，即人皆有成聖的可能性，端看人之爲與不爲。他在寫給聶雙江的信中說：

> 蓋良知只是一個天理，自然明覺發見處，只是一個眞誠惻怛，便是他本體。故致此良知之眞誠惻怛，以事親便是孝，致此良知之眞誠惻怛，以從兄便是弟；致此良知之眞誠惻怛以事君便是忠。只是一個良知，一個眞誠惻怛。〔註75〕

良知本有，成聖由己，致良知何其平易近人，因此黃宗羲說「自姚江指點出：良知人人現在，一反觀而自得，便人人有個作聖之路」。〔註76〕陽明復認爲良知是會成長的，應時推移而助其滋長。他說：

> 我輩致知，只是各隨分限所及。今日良知現在如此，只隨今日所知

三部分專論。

〔註69〕《王陽明全集》卷二，《傳習錄》中〈答顧東橋書〉。

〔註70〕同前卷三，〈傳習錄〉下。

〔註71〕《王陽明全集》卷三，《傳習錄》下。

〔註72〕同前卷二，《傳習錄》中〈答陸原靜書〉。

〔註73〕《王陽明全集》卷二，《傳習錄》中〈答顧東喬〉。

〔註74〕同前卷三，《傳習錄》下。

〔註75〕同前卷二，《傳習錄》中〈答聶文蔚〉。

〔註76〕《明儒學案》卷一〇，〈姚江學案〉。

> 擴充到底；明日良知又有開悟，便從明日所知擴充到底。如此方是精一功夫。與人論學，亦須隨人分限所及。如樹有這些萌芽，只把這些水去灌溉；萌芽再長便又加水。自拱把以至合抱，灌溉之功，皆是隨其分限所及。若些小萌芽，有一桶水在，盡要傾上，便浸壞他了。〔註 77〕

各人良知固有不同，明日與今日良知又復有異，只就當時分限所及，擴充灌溉，良知自得發展，過與不及均會妨礙生機。「良知」尚可因資質不同而各成其才，他說：

> 聖人教人不是個束縛他通做一般，只如狂者便從狂處成就他，狷者便從狷處成就他，人之才氣如何同得？〔註 78〕

這是人性的眞平等，由此可知，陽明的「致良知」和程朱理學的「存天理」範疇並不相同。程朱的天理是指傳統的綱常倫理，而陽明所說的「天理」即是良知，是人人心中成聖的那盞燈苗。

除此之外，陽明又認爲良知是絕對的善，它既是是非標準，又是好惡標準。他說：

> 良知只是個是非之心，是非只是個好惡，只好惡就盡了是非，只是非就盡了萬事萬變。〔註 79〕

陽明以良知統合「是非」與「善惡」。以良知判是非，以良知決好惡，好惡無一毫之私，自然合乎是非。「爾那一點良知，是爾自家底準則，爾意念著處，他是便知是，非便知非。更瞞他一些不得，爾只不要欺他，實實落落依著他做去，善便存，惡便去，他這裡何等穩當快樂，此便是格物的眞訣，致知的實功。」〔註 80〕是非是理性層面，好惡是情感層面，當是非和好惡歸屬於「良知」，自然無弊。但是，當好惡脫離了良知的範疇，就未必能是是非非了。

綜言之，陽明「心即理」強調人的主體意識，將「天理」從玄遠之處移到人們的心中，強調以我爲主，以自己的「頭腦」、「靈明」審視一切。而致「良知」，突出主體道德意識，進行道德修養要直指本心，賦予哲學教化的功能。陽明心學這些特點，對「厭常喜新」的士大夫來說，有很大的吸引力，

〔註 77〕《王陽明全集》卷三，《傳習錄》下。

〔註 78〕《王陽明全集》卷三，《傳習錄》下。

〔註 79〕同前註。

〔註 80〕同前註。

也易被下層知識分子接受。因此，陽明心學自正德初年創立以來，信徒日廣，「門徒遍天下，流傳逾百年」，〔註81〕成爲明代中後期的學術主流。

三、四句教的影響

陽明心學，以良知爲宗，除了他認爲「無病」〔註82〕的「致良知」教法，還有所謂的「四句教」。陽明將征思田，錢德洪（緒山）與王畿（龍谿）論學：

> 汝中舉先生教言曰：無善無惡是心之體，有善有惡是意之動，知善知惡是良知，爲善去惡是格物。德洪曰：此意如何？汝中曰：此恐未是究竟話頭。若說心體是無善無惡，意亦是無善無惡的意，知亦是無善無惡的知，物亦是無善無惡的物矣。若說意有善惡，畢竟心體還有善惡在。〔註83〕

陽明四句教，兩大弟子各有體會，德洪傾向「有教」，汝中傾向「無教」。兩人各有堅持，乃向陽明求證，陽明認爲兩種觀點應相資爲用。他說：

> 二君之見正好相資爲用，不可各執一邊。我這裡接人原有此二種。利根之人直從本源上悟入。人心本體原是明瑩無滯的，原是個未發之中。利根之人一悟本體，即是工夫，人己內外，一齊具透了。其次不免有習心在，本體受蔽，故且教在意念上著實爲善去惡。工夫熟後，渣滓去得盡時，本體亦明盡了。汝中之見，是我這裡接利根之人的；德洪之見，是我這裡爲其次立法的。二君相取爲用，則中人上下皆可引入於道。若各執一邊，眼前便有失人，便於道體各有未盡。〔註84〕

此即「天泉證道」。「四句教」和「四無教」都是一種教法，「四無教」接利根之人；「四句教」接其次的人。但陽明強調「四句教」才是根本方法。他說：

> 以後與朋友講學，切不可失了我的宗旨。無善無惡是心之體，有善有惡是意之動，知善知惡的是良知，爲善去惡是格物。只依我這話頭，隨人指點，自沒病痛。此原是徹上徹下工夫。利根之人，世亦難遇，本體工夫，一悟盡透。此顏子、明道所不敢承當，豈可輕易

〔註81〕《明史》卷二八二，〈儒林傳〉。
〔註82〕《傳習錄》下：「良知明白，隨你去靜處體悟也好，隨你去事上磨練也好，良知本體原是無動無靜的。此便是學問頭腦。我這個話頭自滁州到今，亦較過幾番，只是致良知三字無病。」
〔註83〕《王陽明全集》卷三，《傳習錄》下。
〔註84〕同前註。

望人？人有習心，不教他在良知上實用爲善去惡工夫，只去懸空想個本體，一切事爲，俱不著實，不過養成一個虛寂。此個病痛不是小小，不可不早說破。〔註 85〕

利根之人總是稀有，常人還是佔多數，故須作「爲善去惡」工夫。其爲聖凡提供不同教法，體現陽明爲挽救世道人心的苦心。

錢德洪和王畿同屬「浙中王門」，是王守仁在家鄉的心學傳人，但兩人對王學宗旨的看法已不相同。錢德洪主張「四有」，恪守師說，只是對陽明的某些說法作些補充。而王畿主張「四無」，不拘守陽明的成說，把「良知」說引向了禪學。黃宗羲評論這兩人說：

龍溪（指王畿）從現在悟其變動不拘之體，先生（指錢德洪）只於事物上實心磨煉，故先生之徹悟不如龍溪。龍溪之修持不如先生。乃龍溪竟入於禪，而先生不失儒者之矩矱，何也？龍溪懸崖撒手，非師門宗旨所可繫縛，先生則把纜放船，雖無大得亦無大失耳。〔註 86〕

龍溪雖有禪學悟境，並不違背陽明意旨，錢德洪事物上實心磨練，與程朱理學即物窮理的宗旨亦相契合。龍溪重頓悟，德洪重修持，至其得道一也。除「浙中王門」外，當時主要的王學派別還有「江右王門」和「泰州學派」等。「江右王門」是王學在江西地區的傳人，這一派的代表人物有鄒守益、羅洪先等，也以恪守師說、傳播王學爲旨歸，救正了「浙中王門」通禪的偏頗，故後人把它看作是王學的嫡傳，所謂「姚江之學，惟江右爲得其傳」。〔註 87〕就因其守正的特質。

「良知說」爲陽明在環境險惡、困心橫慮的處境中，所體悟出來的道理，這是心理境界的昇華，能處危疑震撼而從容不迫，堅持讀書人所應有的不屈不移的風範。而「心即理」、「天理即良知」、「知行合一」則是陽明要以良知的道德意識的能動性，來包容所有的認知行爲與道德行爲，也是對治程朱心理內外分，知行先後分的問題。

總而言之，「良知說」的提出，在當時有振聾發聵的作用。如鄒守益謂「良知一振，群寐咸醒。」〔註 88〕王畿謂「先師倡明聖學，以良知之說覺天

〔註 85〕《王陽明全集》卷三，《傳習錄》下。
〔註 86〕《明儒學案》卷一一，〈浙中王門學案〉一。
〔註 87〕《明儒學案》卷一六，〈江右王門學案〉一。
〔註 88〕《王陽明全集》卷首，〈像贊〉。

下，天下靡然從之。」〔註 89〕顧憲成謂「當士人桎梏於訓詁詞章之間，驟而聞良知之說，一時心眼具醒，若撥雲霧而見白日，豈不快哉！」〔註 90〕陸瓏其謂「自陽明王氏創爲良知之說，……龍溪、心齋、近溪、海門之徒從而衍之，……其弊也至於蕩軼理法，蔑視倫常。天下之人恣睢橫肆，不復自安於規矩繩墨之內，而百病交作。」〔註 91〕足見王學的傳播風靡一時，一度取代程朱理學的地位，左右中國思想界達百年之久。不過，陽明死後，其學一度受到排斥。由於其弟子論講不懈，使心學依然風靡天下，輝煌一時。據《明儒學案》所列，計有浙中、江右、南中楚中、北方、閩粵、泰州等七個學案。〔註 92〕而私淑王學，引爲爲學宗旨，亦不在少數。是以，下一節將陸續探討王門後學之流播與思想革新內涵，說明其對晚明心學的衝擊和對士風變異之影響。

第二節　王門後學之思想革新

陽明立教以「良知」爲宗旨，由於弟子資質不同，秉性有異，以致體會、傳述各有分殊，可謂源流爲一，支流分歧。其中浙中王門大都「篤實光明，墨守師說。」〔註 93〕徐愛（橫山）、錢德洪（緒山）、王畿（龍谿）等屬之。但龍溪常以師說爲名，卻有通禪之爭議；江右王門最能傳姚江之學，蓋「陽明一生精神，俱在江右」〔註 94〕鄒守益（東廓）、羅洪先（念菴）、聶豹（雙江）、鄒元標（南皐）等屬之；南中王門熱中講會，「幾乎比戶可封」，如唐順之（荊川）、徐階（存齋）等屬之；至於泰州學派則勇於創新，開創激進的理論風格，與陽明學說漸離漸遠，王艮（心齋）及其後學屬之。正如黃宗羲所說：「陽明先生之學，有泰州、龍溪而風行天下，亦因泰州、龍溪而漸失其傳。」易言之，陽明之後，透過弟子不斷講學傳播，其內涵也逐漸更新變異，尤其

〔註 89〕同前註。

〔註 90〕《小心齋札記》卷三。

〔註 91〕《三魚堂文集》卷二，〈學術辨〉上。

〔註 92〕詳參《明儒學案》卷一〇至卷三六。

〔註 93〕《明儒學案》卷一二，〈浙中王門學案〉二。

〔註 94〕同前卷一六，〈江右王門學案〉前言：「姚江之學，惟江右爲得其傳，東廓（鄒守益）、念菴（羅洪先）、兩峰（劉文敏）、雙江（聶豹）其選也。再傳而爲塘南（王時槐）、思默（萬廷言），皆能推原陽明未盡之旨，是時越中流弊錯出，挾師說以杜學者之口，而江右獨能破之，陽明之道賴以不墜。」

是黃宗羲所指的泰州學派及龍溪，以及受兩者影響的王門後學，促使陽明心學轉折，乃至於改造或超越的歷史走向。

一、異端的價值意義

從學術而言，傳統大多把與儒學對立之論點視爲異端，至陸象山則以中性的觀點看「異端」，認爲凡與「同」相異者即稱爲「異端」，無論如何，「異端」都帶有走出過去、創立新說的涵意。〔註95〕從政治而言，凡有違統治者旨意之論即稱「異端」，「異端」常遭禁絕或獲罪。如明世宗曾指陽明學爲異端，但至萬曆中晚期，陽明心學成爲顯學；朱熹晚年被列爲僞學，並編入僞學逆黨，但從南宋末年至明中葉，朱學成爲官方哲學；李贄被世人指爲異端，〔註96〕常發驚世之論的風格，爲當權者所忌諱，卻受當時年輕士人所喜愛。〔註97〕因而，平心而論，「異端」之價值意義，是其識見「獨到」之處及敢於創新之勇氣。王學重視爲學須有頭腦，即鼓勵爲學要有獨創見解，雖爲弟子，可以「不滿其師說」。因此，從龍溪、心齋以下，爲學立說皆勇於翻出故舊，或從師門超出，或從傳統獨立，其特質有二，分述如下：

（一）以「狂」為質

狂放性格起自陽明。當陽明功業日隆，學術日明，信從日眾之時，隨之而起的是謗議不止，而陽明處之泰然。他說：

> 我在南都以前，尚有些鄉愿的意思在。我今信得這良知眞是眞非，信手行去，更不著些覆藏。我今才做得個「狂者」的胸次，使天下之人都說我「行不揜言」也罷。〔註98〕

「狂」是王學的本色。陽明之後，無論從龍溪，或由心齋開創的泰州學派，都具有狂者的性格。龍溪講學四十餘年，以體悟性命，挽回世道爲志。終生希聖希賢，認爲孔子不得中行而思及狂狷，他則認爲狂者離中行爲近，因此，

〔註95〕或相違於官方政策，或相異於文化學術，都可被指稱「異端」。然政治上所指「異端」，概視爲邪說暴行，常會遭到禁絕或毀滅。文化學術上之「異端」，可以並存或訴之論戰。本文則從文化學術之角度觀之。

〔註96〕《焚書》卷一，〈答焦漪園〉：「又今世俗子與一切假道學，共以異端目我，我謂不如遂爲異端，免彼等以虛名加我，何如？」

〔註97〕沈瓚《近事叢殘》：「李卓吾好爲驚世駭俗之論，務反宋儒道學之說。其學以解脫直截爲宗，少年高曠豪舉之士，多樂慕之，後學如狂。」

〔註98〕《王陽明全集》卷三，《傳習錄》下。

他特別稱揚狂者。他說：

> 夫狂者志存尚友，廣節而疏目，旨高而韻遠，不屑彌縫格套以求容於世。其不掩處雖是狂者之過，亦其心事光明特達，略無回護蓋藏之態，可幾於道。天下之過，與天下共改之，吾何容心焉。若能克念，則可以進於中行，此孔子所以致思也。〔註99〕

他對狂者的嚮往，亦可見其以狂者自許。尚友古人，廣節疏目，旨高韻遠，不屑格套，尤其「天下之過，與天下共改之」，是何其光明特達，其差中行，只在克念而已。又說：「狂者之意，只是要做聖人。其行有不掩，雖是受病處，然其心事光明超脫，不作些子蓋藏回護，亦便是得力處。若能克念，時時嚴密得來，即為中行矣。」〔註100〕可見其對狂者的高度期待。

陽明心學雖仍以維護「天理」為最高宗旨，但這天理為心所主宰，是明中葉以來，主體意識的覺醒，突破程朱理學道德意識的限制，在當時產生巨大的作用。袁宏道說：「至近代王文成、羅盱江（近溪）輩出，始能抉古聖精髓，入孔氏堂，揭唐虞竿，擊文武鐸，以號叫一時之聾瞶。」〔註101〕其主體意識的豪邁性格，也開啓泰州學派勇往直前的思潮。

泰州學派，承緒陽明心學脈絡，更開創激進的理論風格，黃宗羲以為：

> 陽明先生之學，有泰州、龍溪而風行天下，亦因泰州、龍溪而漸失其傳。泰州、龍溪時時不滿其師說，益啓瞿曇之秘而歸之師，蓋躋陽明而為禪矣。然龍溪之後，力量無過於龍溪者，又得江右為之救正，故不至十分決裂。泰州之後，其人多能以赤手搏龍蛇，傳至顏山農、何心隱一派，遂復非名教之所能羈絡矣。顧端文（憲成）曰：「心隱輩坐在利欲膠漆盆中，所以能鼓動得人，只緣他一種聰明，亦自有不可到處。」羲以為非其聰明，正其學術也。所謂祖師禪者，以作用見性，諸公掀翻天地，前不見有古人，後不見有來者，釋氏一棒一喝，當機橫行，放下拄杖，便如愚人一般。諸公赤身擔當，無有放下時節，故其害如是。〔註102〕

泰州學派創自王艮（心齋），其出自王學而漸離王學的性質，甚為明顯。傳至顏

〔註99〕《王陽明全集》卷三，〈與陽和張子問答〉。
〔註100〕《王龍溪全集》卷一，〈與梅純甫問答〉。
〔註101〕《袁宏道集箋校》卷四一，〈為寒灰書冊寄鄖陽陳玄朗〉。
〔註102〕《明儒學案》卷三二，〈泰州學案〉一。

鈞（山農）、何心隱等，已不受傳統的綱常禮教所羈絡，亦即學術從過去談義理，到現在談合理的利欲，利欲更接近人性，所以「能鼓動得人」。泰州學派的學說，突破王學固有觀點。此時，理學僅成科考之範本，學術思潮歸於心學，心學遂成爲顯學。形成「嘉隆以後，篤信程朱，不遷異說者，無復幾人矣」〔註 103〕的局面。而以「赤手以搏龍蛇」言其承擔的氣魄，以「非名教之所能羈絡」言其悖離傳統、勇往直前之勇氣；心隱更倡導「利欲」的合理性，黃氏認爲這些學術主張，本如祖師禪的頓悟一般，悟過即放下，偏偏這些人「無有放下時節」，在學術界乃至社會上產生的震動，一再蔓延擴散，故稱「其害如是」。

泰州學派把王學自由狂放的精神發揮盡至。心齋謂：「出不爲帝者師，是漫然苟出，反累其身，則失其本矣；處不爲天下萬世師，是獨善其身，而不講明此學於天下，則遺其末矣。」〔註 104〕個性豪邁，志氣遠大。自心齋之後，經徐波石、顏山農、何心隱、羅近溪、周海門、陶石簣等，一代高似一代。〔註 105〕直至顏山農，從徐波石學，得泰洲之傳，具豪俠個性，「趙大州赴貶所，山農偕之行。徐波石戰歿元江府，山農尋其骸骨歸焉。頗欲自爲於世，以寄民胞物與之志。」可見其狂者個性，並以反對傳統爲職志，他說：「平時只是率性而行，純任自然，便謂之道。凡儒先見聞，道理格式，皆足以障道。」〔註 106〕其孤意獨行，排斥聖賢見聞之行止，羅汝芳尊其學爲聖學。至何心隱，從學於山農，曾用計欲去嚴嵩。爲司業時，曾對張居正說：「公居太學，知大學道乎？」後居正爲首輔，令王之垣捕之，他對之垣說：「公安敢殺我，殺我者，張居正也。」〔註 107〕死於獄中。鄧豁渠更甚，「以爲性命甚重，非拖泥帶水可以成就，遂落髮爲僧。訪李中溪元陽於大理，訪鄒東廓、劉師泉於江右，訪王東崖於泰州，訪蔣道林於武陵，訪耿楚倥於黃安。」〔註 108〕以落髮爲僧示其求道決心，其求道歷程亦甚狂急。

至如李贄更不避異端稱號，其顛覆傳統價値，更爲突出，他說：

> 天幸生我大膽。凡昔人之所忻艷，以爲賢者，余多以爲假，多以爲迂腐不才而不切於用；其所鄙者、棄者、唾且罵者，余皆以爲可託

〔註 103〕《明史》卷二八二，〈儒林傳〉一。

〔註 104〕《明儒學案》卷三二，〈泰州學案〉一。

〔註 105〕《焚書》卷一，〈爲黃安上人大孝文一首〉。

〔註 106〕《焚書》卷一，〈爲黃安上人大孝文一首〉。

〔註 107〕同前註。

〔註 108〕同前註。

國託家而託身也。其是非大戾昔人如此，非大膽而何？〔註 109〕

他素與傳統觀念、封建名教不相容，也有為名犧牲的覺悟，「一棒打殺李卓老，立成萬古之名。」〔註 110〕他堅定的自我意識，以己心量事，不顧世俗褒貶。曾說：「蓋自量心上無邪，身上無非，行上無垢，影上無塵，古稱『不愧』『不怍』，我實當之。是以堂堂之陣，正正之旗，日與世交戰而不敗者，正兵在我故也。」〔註 111〕他自信己正，故無戰不勝，確實夠狂。與當時達觀大師並稱「二大教主」，達觀也以傳道救世為己任，自稱「僕一祝髮後，斷髮如斷頭，豈有斷頭之人，怕人疑忌耶？」名為出家，卻勇猛精進，視死如歸。

再觀湯顯祖，其終生雖以言情為主，但其人格心態卻是狂放的。他說：

> 子言之，吾思中行而不可得，則必狂狷者矣。語之於文，狷者精約嚴厲，好正務潔，持斤捉引，不失繩墨，士則雅焉。然予所喜，乃多進取者，其為文類高廣而明秀，疏夷而蒼淵……於天人之際，性命之微，莫不有所窺也。因以裁其狂斐之致，無詭於型，無羨於幅，峨峨然，颯颯然。〔註 112〕

孔子不得中行則求狂狷，湯氏則喜狂者之進取。強調文章要高廣明秀，人格風範要峨峨颯颯。點出泰州學派的傳統人格特徵：注重對現實的關注與進取的精神，表現出眞正的狂者氣質。

要之，在心學的世界裏，「狂」風鼎盛。但似乎也成為時代風氣。當代呂坤不肯「躡著他人腳跟走」，認為「此心果有不可昧之眞知，不可強之定見，雖斷舌可也，決不可從人然諾。」〔註 113〕他雖不是泰州學派的成員，卻具有如泰州學派鮮明的人格特質。因此，在晚明的心學潮流中，具有強烈的狂俠精神，除了有個人的「死生存亡」的患難相依外，更有以天下為己任的「講學之思」，是當時士人群體的普遍心態。

（二）以「我」立說

晚明學者認為個人思想應超越傳統觀念，聖賢學說或「義理聞見」，適用於當時，未必適用於現在，若執著就有妨礙。袁宏道說：「人惟執著道理，東

〔註 109〕同前卷六，〈讀書樂引〉。

〔註 110〕見《續焚書》汪本鈳：《續刻李氏書序》。

〔註 111〕《續焚書》卷一，〈與周友山〉。

〔註 112〕《湯顯祖詩文集》卷三二，〈攬秀樓文選序〉。

〔註 113〕《呻吟語》拾遺，〈存心〉。

也礙，西也礙，便不能出脫矣。」〔註 114〕因有執著，思考就會拘束，在舊圈子繞就走不出新路。張岱也說：「蓋一執，則非獨未得者不能進，即已得者亦塊磊不化之物矣。」〔註 115〕一有執著，便畫地自限，不能有新發展；而已有的知識，漸漸僵化，成為「塊磊不化之物」。因此，為學必須「破執」，走出過去，走出他人，不要依傍，不要假借，「休躡著人家腳跟走，此是自得學問」。〔註 116〕要有自主性與創造性，表現出「我」的風格。讀書則注重親自體悟，「凡看經書，未嘗敢以各家注疏橫據胸中，正襟危坐，朗讀白文數十餘過，其意義忽然有省。」〔註 117〕不依傍舊說，不假藉注疏，直接閱讀原文，以領悟經典的精神實質。並在原著的基礎上，提出自己的新見解、新思想，「必須從舊紙堆中翻出新意見來，方可以為人師。」〔註 118〕讀書沒有心得，就如枯井呆鐘。掘井不及泉，不可謂之井；撞鐘不得聲，不可謂之鐘；若記問之學，無得於心，不可謂之學。故井能湧泉才是眞井，鐘能傳響才是眞鐘，學能有得才是眞學。

理學家以孔子為「定本」，束縛人們「活潑」的自然之性，但晚明李贄則認為「不以孔子之是非為是非」，揭櫫是非標準因時而異，如同前賢往聖所著述論說，都是「因病發藥，隨時處方，以救此一時懵懂弟子，迂闊門徒云耳。藥醫假病，方難定執，是豈可遽以為萬世之至論乎？」〔註 119〕如同醫生為病人處方，也是因人因病而異，不可今人用古人處方，南方人沿用北方人處方。因此，更進一步認為：「天生一人自有一人之用，不待取給於孔子而後足也。若必待取給於孔子，則千古以前無孔子，終不得為人乎！」〔註 120〕李贄不臣服於聖賢見解，在黃安出家之舉，本具諷世之意。而對孔子周遊列國，也以出家視之。他說：

> 非但釋迦，即孔子亦然。孔子之於鯉，死也久矣，是孔子未嘗為子牽也。鯉未死而鯉之母已卒，是孔子未嘗為妻繫。三桓荐之，而孔子不仕，非人不用孔子，乃孔子自不欲用也。視富貴如浮雲，唯與

〔註 114〕《袁宏道集箋校》卷四四，〈德山麈談〉。
〔註 115〕《四書遇》。
〔註 116〕《呻吟語》卷二，〈問學〉。
〔註 117〕《四書遇・序》。
〔註 118〕《四書遇・論語・為政》。
〔註 119〕《焚書》卷三，〈童心說〉。
〔註 120〕同前卷一，〈答耿中丞〉。

> 三千、七十，遊行四方，西至晉，南至楚，日夜皇皇，以求出世知己。是雖名爲在家，實終身出家者矣。故予謂釋迦辭家出家者也，孔夫子在家出家者也。〔註 121〕

李贄認爲孔子日夜惶惶，是在求出世知己。是其以己況孔子也。孔子惶惶之目的，爲了推銷「仁政」，雖終無用者，仍知其不可而爲之。其視富貴如浮雲，卻視「仁政」爲終生理想，可謂孔子以出世精神做入世之事業也。

如此不依傍典籍，不拾襲舊說，正是晚明學者的得意處。此一做法，來自於陽明強調「靈明」的作用，「爲學須得個頭腦」。自嘉靖以來，學者張揚學術個性，立說貴獨見自得，如唐順之（荊川）提倡「本色」，作爲治學根本，他說：

> 今有兩人，其一人心地超然，所謂具千古隻眼人也，即使未嘗操紙筆呻吟，學爲文章，但直攄胸臆，信手寫出，如寫家書，雖或疏鹵，然絕無煙火酸餡習氣，便是宇宙間一樣絕好文字；其一人猶然塵中人也，雖其專學爲文章，其於所謂繩墨佈置，則盡是矣，然翻來覆去，不過是這幾句婆子舌頭語，索其所謂眞精神與千古不可磨滅之見，絕無有也，則文雖工而不免爲下格。此文章本色也。〔註 122〕

「直攄胸臆，信手寫出。」就是絕好文字；老生常談，都是「婆子舌頭語」就落下格。他還指出先秦諸子，「雖其爲術也駁，而莫不皆有一段千古不可磨滅之見。」唐宋以還，學者「莫不語性命，談治道，滿紙爛然，一切自託於儒家，然非其涵養畜聚之素，非眞有一段千古不可磨滅之見，而影響剿說，蓋頭竊尾……而其言遂不久湮廢。」〔註 123〕由此可知，唐順之「本色」說的眞實內涵，必須有獨立價値的「千古不可磨滅之見」。至於其嚴厲批評宋儒，指出其依附他人而少建樹，意謂唐氏已超越理學與心學消長階段，流露出貴有自得的文學思想，此乃與心學相呼應之變化。

再觀焦竑，其治學思想注重主體意識，他說：「學道者當盡掃古人之芻狗，從自己胸中闢取一片乾坤，方成眞受用，何至甘心死人腳下！」〔註 124〕前言往行，皆不可恃，胸中乾坤，才是有得，蓋「聖賢之言，豈一端而已？

〔註 121〕《焚書》卷三，〈書黃安二人手冊〉
〔註 122〕《荊川文集》卷七，〈答茅鹿門知縣〉
〔註 123〕同前註
〔註 124〕《焦氏筆乘續集》卷二。

學者當曲暢旁通，各極其趣，安有立定一說，而使天下強屈其見，以從一家也？」〔註 125〕爲學要有我見、自得，人人自立腳根，如呂坤所說「我只是我」。〔註 126〕至如公安接受「無善無惡」之心性論，並站出來爲陽明心學辯護，卻把心性論依照自我心得推演，代表之一袁中道（小脩）說：

> 心者何？即唐虞所傳之道心也。人心者，道心中之人心也。離人心，則道心見矣。道心見，則即人心皆道心矣。見道心故謂之悟，即人心皆道心則修也。悟到即修到，非有二也。聖賢之學，期於悟此道心而已矣。此乃至靈至覺，至虛至妙，不生不死，治世出世之大寶藏焉。而世謂儒門無此學術，奉而歸之於禪，則大可笑已。有宋諸儒，雖所見不同，然未有不見此道心者也。世間高明之士，所以輕宋儒者有故。心體本自靈通，不藉外之見聞。而儒者爲格物支離之學，其沈昏陰濁莫甚焉。心體本自瀟灑，不必過爲把持。而儒者又爲莊敬持守之學，其桎梏拘攣莫甚焉。世間之大智慧者，豈肯米鹽瑣碎，而自同木偶人哉？宜其厭之而趨禪也。然以此概諸儒焉則過矣，周茂叔、程明道、邵堯夫輩，實是悟向上一路，未易可測也，朱晚亦入悟。國朝白沙、陽明，皆爲妙悟本體。陽明良知，猶爲掃蹤絕跡。兒孫數傳，盜翻窠穴，得直截易簡之宗，儒門之大寶藏，揭諸日月矣。〔註 127〕

認爲聖賢之學以悟「道心」爲目的，「悟」的方法有兩種：有直捷的悟和漸進的悟，但「悟到即修到，非有二也」，此道心即爲心體。至此爲一般說法。他又發明道心是「至靈至覺，至虛至妙，不生不死」的存在狀態；也有大功能，有爲而治世，無爲而出世，均可應付自如。其次強調心體之體用是靈通瀟灑，它是本身自足，自然而成，不須藉助外在的知識見聞，工夫上也不必過爲把捉操持。最後強調「悟向上一路」的心性之學是自周、程、邵到白沙、陽明的心學傳統，尤其陽明良知的「直截易簡」是「儒門之大寶藏」。

綜前之論，王陽明「無善無惡」的超越境界，在晚明形成超越世俗利害的大勇，無論是學術主張，抑或對名利生死的糾纏，都充滿甘冒被他人指爲異端的風險，流露在艱難境遇中，保持自我獨立與超然的儒者責任。

〔註 125〕同上卷三。

〔註 126〕《呻吟語》卷一，〈談道〉。

〔註 127〕《珂雪齋集》卷一〇，〈傳心篇序〉。

二、日用之學

明自中葉以後，政治荒廢隳落，但農工商各業仍迅速發展，嘉靖以來，商品經濟空前活躍，刺激消費的增長，長期受到壓抑的「人欲」得到了舒展，於是「百姓日用」問題引起了學者的注意和討論。

（一）平民意識

《周易・繫辭上》云：「百姓日用而不知。」〔註 128〕意指日常生活所需所用均在不知不覺中進行。陽明進而闡述說：

日用間何莫非天理流行，但此心常存而不放，則義理自熟。〔註 129〕

又說：

蓋日用之間，見聞酬酢，雖千頭萬緒，莫非良知之發用流行。〔註 130〕

日用之間的「見聞酬酢」，已包括應對進退、起居飲食，「雖千頭萬緒」，但「良知」與「天理」流行其間。陽明雖談日用仍不忘道德修養，至龍溪對「日用」則有他的看法：

今人講學，以神明爲極精，開口便說性說命，以日用飲食、聲色貨利爲極粗，人面前不肯出口。不知講解得性命到入微處，一種意見盤桓其中，只是比擬卜度，於本來生機了不相干，終成俗學。若能於日用貨色上料理經綸，時時以天則應之，超脫淨盡，乃是定力。〔註 131〕

龍溪指出當時以談性命爲高超，但「比擬卜度」，毫無生機，還是俗學；日用飲食雖被視爲粗俗，但從中涵泳，繩以天則，超脫「嗜欲」，才是高明。亦即性命不在空談，須在日用常行中實踐，以見性命之眞。他的思想未出程朱、陽明「存天理，去人欲」之範圍。

王艮（心齋）〔註 132〕是陽明高足，泰州學派的創始人。出身鹽戶，與下

〔註 128〕《周易・繫辭上》：「仁者見之謂之仁，知者見之謂之知，百姓日用而不知，故君子之道鮮矣！顯諸仁，藏諸用，鼓萬物而不與聖人同憂，盛德大業至矣哉！」

〔註 129〕《王陽明全集》卷四，〈答徐成之〉。

〔註 130〕同前卷二〈傳習錄〉中。

〔註 131〕《明儒學案》卷一二，〈龍溪先生語錄〉。

〔註 132〕王艮（1483～1541 年），字汝止，號心齋，泰州安豐（今江蘇省東臺縣）人，學者稱他爲心齋先生。生於世代竈户的平民家庭。是自由學者，從人民的日用常行出發。十九歲發憤學習儒家經典，有志於成爲「萬世師」。王艮於三十八歲（1520 年）時訪王陽明，在聽講「致良知」之學時感其「簡易直截，予所不及」而拜爲師。由於王艮堅持獨立見解和「狂者」風格，「時時不滿其師

層民眾有著密切聯係，所以特別重視「百姓日用」問題。他以傳道爲己任，聽講者有農民、陶工、樵夫、灶丁、僕隸、商賈等。在知識階層中也有不少信徒，像顏山農、何心隱、李贄等叛逆者，以及焦竑、趙貞吉、羅汝芳、楊起元、陶望齡等著名學者，都屬於泰州學派，接受了王艮的「百姓日用」之說。他對陽明在「日用之間」發現良知的主張加以發揮，提出「百姓日用即道」的命題，把百姓的生存權利看作天經地義的「道」，也就是「天理」。

王艮提出「百姓日用之道」並賦予新的內涵，作爲理論中心，用以反映平民的思想要求。黃宗羲認爲心齋於往來動作處指點學者，學者都能體悟。他說：

> 陽明而下，以辯才推龍溪，然有信有不信；惟先生（心齋）於眉睫之間，省察人最多，謂百姓日用即道，雖童僕往來動作處，指其不假安排者以示之，聞者爽然。〔註 133〕

能讓「聞者爽然」，主要原因在指點過程「不假安排」，這是「百姓日用」的現實存在，也是「聖人之道」。心齋說：

> 聖人之道，無異於百姓日用，凡有異者，皆謂之異端。〔註 134〕

心齋一再強調的是聖凡相通之理，他說：「聖人經世，只是家常事」，〔註 135〕「百姓日用」就是聖人之所致力，不須任何做作，一做作就是「人欲」一端。他說：「天理者，天然自有之理也，纔欲安排如何，便是人欲。」〔註 136〕把高懸的天理拉回到自然而然的本質。又說：「百姓日用條理處，即是聖人之條理處。聖人知，便不失；百姓不知，便易失。」〔註 137〕聖人之「道」變得平易近人。

王艮的「百姓日用之道」，包含著平民百姓的生存和基本生活物質需求的權利。他說：「即事是學，即事是道。人有困於貧而凍餒其身者，則亦失其本而非其學也。」〔註 138〕理學家批判「人欲」，王艮把合理的「人欲」列爲「百姓日用之道」。他的「百姓日用之道」適應了當時社會經濟出現新因素的要求，

說」，且「往往駕師說之上」。對王學的某些範疇和命題予以自己獨創的理解和解釋，明確地提出了「百姓日用之道」和「尊身立本」等強調主體價值的思想觀點。晚年則居家講學，完全形成了獨具一格的「以相與發揮百姓日用之學」爲宗旨的泰州學派。

〔註 133〕《明儒學案》卷三二，〈泰州學案〉一。

〔註 134〕《明儒學案》卷三二，〈泰州學案一・心齋語錄〉。

〔註 135〕同前註。

〔註 136〕《王心齋全集》卷一，〈語錄〉。

〔註 137〕《明儒學案》卷三二，〈泰州學案一・心齋語錄〉。

〔註 138〕同前註。

因而深得平民和下層知識分子的讚賞。「如日月復明而星辰復燦，稱之爲日用中之布帛粟菽」。〔註 139〕

「百姓日用之道」雖由王艮提出，也是一種時代精神。如呂坤對「百姓日用」也有類似的看法。他說：

> 耕耘簸揚之夫，炊爨烹調之婦，莫不有神化性命之理，都能到神化性命之極。學者把神化性命看得太玄，把日用事物看得太粗，只因不曾理會。理會得，橫豎推行，撲頭蓋面，腳踏身坐的，都是神化性命。〔註 140〕

他認爲程朱理學把神化性命提得太玄遠，而把日用事物看得太粗鄙。呂坤認爲耕夫炊婦莫不有神化性命，也都能致神化性命，只要於日常事物中理會，「腳踏身坐的，都是神化性命」。王艮、呂坤等人對百姓日用的重視，說明當時的哲學思潮與民生世俗日益貼近了，這也是對宋元以來理學家們高談性命，看輕民生日用的改造。

至李贄以「百姓日用」爲本，說得更明白：「穿衣吃飯，即是人倫物理，除卻穿衣吃飯，無倫物矣。世間種種，皆衣與飯類耳，故舉衣與飯，而世間種種自然在其中。非衣飯之外更有所謂種種絕與百姓不相同者也。」〔註 141〕「穿衣吃飯」日日爲之，處處爲之，獨處群聚之理盡在期間，由此體會，「人倫物理」在焉。換言之，人倫物理不在玄遠處，而在日日必行的「吃飯穿衣」中。至陶望齡也說：「百姓日用處，即聖神地位處。聖神地位處，即學者入手處。」〔註 142〕可見當時「聖神地位」是和「百姓日用」相伴而行的。質言之，「百姓日用即道」指聖人之道就在普通百姓的日常生活之中，把「聖人之道」與百姓日用等同起來，超越封建綱常倫理。

（二）破除名教〔註 143〕

從「安身立本」、「百姓日用之道」出發，泰州學者陸續有其闡發。發展

〔註 139〕同前註。

〔註 140〕同前卷五四，〈諸儒學案下二・呻吟語〉。

〔註 141〕《焚書》卷一，〈答鄧石陽書〉。

〔註 142〕《明儒學案》卷三六，〈泰州學案〉五。

〔註 143〕顧亭林於《日知錄》卷一三，談「名教」曰：「晉宋以來，風衰義缺，故昔人之言，曰名教、曰名節、曰功名，不能使天下之人，以義爲利，而猶使之以名爲利，雖非純王之風，亦可以救積洿之俗矣。」故所謂「名教」，大抵是指以傳統儒教之名目、名分、名節、尊卑、功名爲誘因，來教化人民。

到何心隱，認為追求物質欲望是合理的。他說「性而味，性而色，性而聲，性而安逸，性也」，〔註 144〕因此他提倡「寡欲」，即發展自然本有的人欲，並做到有所節制。「寡欲，以盡性也。……凡欲所欲，而若有所節，節而和也，自不戾乎欲於欲之多也。非寡欲乎？」〔註 145〕他說：

> 孔孟之言無欲，非濂溪之言無欲。欲惟寡則心存，而心不能以無欲也。欲魚欲熊掌，欲也；捨魚而取熊掌，寡欲也。欲生欲義，欲也；捨生而取義，欲之寡也。欲仁非欲乎？得仁而不貪，非寡欲乎？從心所欲非欲乎？欲不踰矩，非寡欲乎？〔註 146〕

何氏認為心不能無欲，只是欲要有節制，就是寡欲。欲魚、欲仁都是欲；得魚得仁都是貪。傳統把「仁」當作無上的「天理」，他把「仁」放在「人欲」的範疇，且是自然的存在，不作主觀的價值判斷。無論君主、聖賢也都應「寡欲」，他提出一個原則就是「與百姓同欲」，由此形成老安少懷的和諧局面，就是「育欲」的結果。「昔公劉雖欲貨，然欲與百姓同欲，以篤前烈，以育欲也。太王雖欲色。亦欲與百姓同欲，以基王績，以育欲也，育欲在是，又奚欲哉？」〔註 147〕何心隱的這些觀點是針對程朱理學的「存天理，滅人欲」而提出的調和策略。在當時商品經濟發達的社會，人們強烈追求滿足自己的物質欲望，因此引起廣泛的迴響，故顧憲成說：「心隱輩坐在利欲膠漆盆中，所以能鼓動得人」。〔註 148〕蓋「利欲」合乎人性之所需。

至李贄，從人的基本心理需求出發，承認「人必有私」。因為，「私者，人之心也，人必有私而後其心乃見，若無私則無心矣。」，〔註 149〕認為「勢利之心，亦吾人秉賦之自然矣」，勢利之心是被認同的，甚至「聖人不能無勢利之心」，因為「財之與勢，固英雄之所必資而大聖人之所必用也」，〔註 150〕勢利本身不具善惡之性質，英雄藉以施展抱負，聖人藉以濟助眾生，將更能擴大善的作用，因而，「謂聖人不欲富貴，未之有也。」〔註 151〕但為避免「有私」淪於為非放肆，他又從「道不離人，人不離道」的假設，認為人無不載道，

〔註 144〕《何心隱集》卷二，〈寡欲〉。
〔註 145〕同前註。
〔註 146〕《明儒學案》卷三十二，〈泰州學案〉一。
〔註 147〕《何心隱集》卷三，〈聚和老老文〉。
〔註 148〕《明儒學案》卷三十二，〈泰州學案〉一。
〔註 149〕《藏書》卷三二，〈德業儒臣後論〉。
〔註 150〕《明燈道古錄》卷上。
〔註 151〕同前註。

猶水無不在地，提出「人即道」、「道即人」〔註152〕的觀點。故而「穿衣吃飯即是人倫物理」。「道」成爲「飢來吃飯困來眠」的基本物質生活，並說這才是「自然之性，乃是自然眞道學也，豈講道學者所能學乎」，〔註153〕此「自然之性」是從心理層面說的，是人天性的流露，是常人的感受，其自然而然如同水一定在地一般。這種主張，不再把「人欲」「自私」放在與人類敵對的位置。

李贄不贊同董仲舒的「正其誼不謀其利，明其道不計其功」，認爲天下無不計功謀利者，「若不是眞實知其有利益於我，可以成吾之大功，則烏用正義明道爲耶？」〔註154〕他以功利作爲「正義明道」的目標，這才叫「聖學」。因爲「富貴利達所以厚天生之五官，其勢然也」，所以聖人一定要順從這一規律，「順之則安之矣」。〔註155〕從「人即道」的觀點，利欲未必違反義理，「民情之所欲」，是可以從事的。他說：

> 如好貨，如好色，如勤學，如進取，如多積金寶，如多買田宅爲子孫謀……凡世間一切治生、產業等事，皆其所共好而共習、共知而共言者，是眞邇言也。〔註156〕

他指出，就是這些治生、產業等事均爲日用之常，是人之常情，都是「百姓日用之邇言」，而某些所謂君子「不樂聞」的，卻偏是「舜獨好察之」的內容，故而「百姓日用之邇言」就是「有德之言」，也才是「尊德性」的內容。李贄以「利」作爲「德性」，以「趨利避害」爲「至善」，是顛覆傳統倫理道德的價值觀，也爲當時新價值觀建立新的思維。

要言之，李贄的這些觀點，從程朱理學「存天理，滅人欲」的角度觀之，是異端，又不同於傳統的道德觀念。這種公開宣揚利己主義的人性論，正反映了當時正在勃興的基層群眾的願望。

（三）以人為本

王艮提出「尊身立本」，強調尊身、愛身和保身的觀點，主張平等和愛人。身何以重要？蓋身與道相等，尊身與尊道兼顧，他說：

〔註152〕《明燈道古錄》卷下。

〔註153〕《續焚書》卷三，〈孔融有自然之性〉。

〔註154〕《焚書》卷五，〈讀史・賈誼〉。

〔註155〕《續焚書》卷一，〈答耿中丞〉。

〔註156〕同前，〈答鄧明府〉。

> 身與道原是一體。至尊者此道，至尊者此身。尊身不尊道，不謂之尊身；尊道不尊身，不謂之尊道。須道尊身尊，才是至善。〔註 157〕

他從「人與道」合一的觀點，推及具體的「身」亦等同於「道」，從身道統一出發，提倡尊身立本，把「尊身」與他所倡導的「百姓日用之道」的「道」相結合。為了「尊道」，還必須「明哲保身」。他說：

> 明哲保身者，良知良能也，知保身者則必會愛身，能愛身則不敢不愛人。能愛人則人必愛我，人愛我則吾身保矣……知愛人，而不知愛身，必至於烹身割股，捨生殺身，則吾身不能保矣。〔註 158〕

明哲保身不是獨愛其身，必須由愛自身及於愛他人，他人必也愛我，如此，就可保身矣。但愛人不可忘記愛身，若傷身以愛人，亦非保身之道也。因此，王艮的「安身立本」、「尊身尊道」和「明哲保身」說，反復強調自身的重要，把自身作為天下事物的本，把家國天下作為事物的末。只有安身、尊身、保身，才能齊家、治國、平天下。如此之觀點，是對個人價值的肯定和個人尊嚴的維護，卻是對傳統名教具衝撞的意義。從人、己的平等觀，「我之不欲人之加諸我」以求得自身的人格和思想的獨立，反過來，「吾亦欲不加諸人」，這才眞正達到了安身立本、安人安天下和「親民止至善」的境地。

至於李贄，由於強調私心是為學任事的動力，「服田者，私有秋之獲而後治田必力；居家者，私積倉之獲而後治家必力；為學者，私進取之獲而後舉業之治也必力」。〔註 159〕故為了達成目標，自會盡力去做相對的付出。倘若否認這些現實存在，則將降低動力，並增造作虛偽而已。因此，無論服田、居家、為學、為人之所必須，異質而同理。易言之，李贄在從「人必有私」，進而主張「人必有別」。他認為只有三個人能超然於名利之外，「超然於名利之外，不與名利作對者，唯孔夫子、李老子、釋迦佛三大聖人爾。捨是，非名即利。」〔註 160〕人必須眞誠面對這個現實，或者一心去求利，或者一心去求名，不可口是心非，混淆類別。他說：

> 以身為市者，自當有為市之貨，故不得以聖人而為市井病；身為聖人者，自當有聖人之貨，亦不得以聖人而兼市井。吾獨怪夫今之學

〔註 157〕《王心齋全集》卷一，〈語錄答問補遺〉。
〔註 158〕《王心齋全集》卷一，〈明哲保身論〉。
〔註 159〕《藏書》卷三二，〈德業儒臣後論〉。
〔註 160〕《續焚書》卷一，〈復李士龍〉。

者以聖人而居市井之貨也。陽爲聖人，則炎漢宗室既以爲篡位而誅之；陰爲市井，則屠狗少年又以爲穿窬而執之；非但滅族於聖門，又且囚首於市井。比之市交者，又萬萬不能及矣，吾不知其於世當名何等也。」〔註 161〕

平民、賢者與聖人各有不同之「貨」，市井小民求利，賢者求名，聖人忘名利而超越世俗。雖有高低凡聖之差別，只要眞心顯露，均有存在之價値。惟假道學非但欲名利雙收，且又諱言名利，以市井之行徑，扮聖人之儀容，遂令人生厭。李贄把自然眞實當作道德判斷的原則，亦即以眞誠與虛僞之辨取代宋儒的天理與人欲之辨。

除此之外，由心齋的「尊身」到羅近溪的「生生之仁」，再到湯顯祖的「貴生」，也處處展現重視個體存在價値的意義。湯顯祖貶謫徐聞時，講學於貴生書院，因「其地人輕生，不知禮義，故以貴生名之。」〔註 162〕並闡述其貴生的主張：

故大人之學，起於知生。知生則知自貴，又知天下之生皆當貴重也。然則天地之性大矣，吾何敢以物限之；天下之生久矣，吾安忍以身壞之。〔註 163〕

從知生到貴生，從貴生到貴天下之生，從貴天下之生到不忍壞天下之生，其重生尊身的主張，不離泰州學派以人爲本的傳統。

三、自得之說

陽明以「正物」爲「致知」的心學色彩，關鍵在於良知。從個體自我之適意而言，是一「平懷坦坦不爲物遷」的人生，即如龍溪所謂「自得之學，居安則動不危，資深則機不露，左右逢源則應不窮。」〔註 164〕此一自得之說，面對晚明日益增強的享樂主義，以及對財富慾望與奢靡追求日趨嚴重的士風，若未加以限制，恐有助虐之嫌。是以，自得之說就晚明心學而言，實質爲一種自我修養與自我解脫的主觀心性學說，即如之前陳白沙所倡言自然自得之道。其認爲「自」是對道的自然眞切體悟；「得」是對聖賢之道的眞實把

〔註 161〕《初譚集》卷二十，〈師友〉。
〔註 162〕《湯顯祖詩文集》卷四八〈與汪雲陽〉。
〔註 163〕同前卷三十七，〈貴生書院記〉。
〔註 164〕《王龍溪全集》卷一〈語錄．龍南山居會語〉。

握，即所謂：「道也者，自我得之，自我言之，可也。」〔註165〕發展至湛若水，便是隨處體認天理的修養。〔註166〕以下就以順性適世分題敘說。

（一）順　性

安頓個人心靈，必須適性發展。適性是以個性多樣化爲基礎，如李贄所提「物性不齊」，由此而建立適性的理論。他認爲「天下至大也，萬民至眾也，物之不齊，又物之情也」。〔註167〕既然物性不齊，就應完成萬民之性，而不是強天下人之性以歸於一致。他認爲：

> 只就其力之所能爲，與心之所欲爲，勢之所必爲者以聽之，則千萬其人者，各得其千萬人之心，千萬其心者，各遂其千萬人之欲，是謂物各付物，天地之所以因材而篤也。所謂萬物並育而不相害也。今之不免相害者，皆始於使之不得並育耳。若肯聽其並育，則大成大，小成小，天下更有一物之不得所者哉？是之謂「至齊」，是之謂「以禮」。夫天下之民，各遂其生，各獲其所願，不格心歸化者，未之有也。世儒既不知禮爲人心之所同然，本是一個千變萬化活潑潑之理，而執之以爲一定不可易之物，故又不知齊爲何等，而故欲強而齊之，是以雖有德之主，亦不免於政刑之用矣。吁！禮之不講久矣！〔註168〕

千萬人有千萬心、千萬欲，如能遂千萬人之欲，則能並育而不相害，大成大，小成小，此即所謂「物各付物」。照顧百姓，能使「各遂其生，各獲其所願」則民必歸化。人的個性千差萬別，對於「千變萬化活潑潑」的個性，若欲「強而齊之」，勢必運用政刑爲工具，此乃以禮害性，使百姓不得安寧。因此，既然物性不齊，就應滿足天下人的自我需求，亦即順民之性，他提出：

> 聖人順之，順之則安之矣。是故貪財者與之以祿，趨勢者與之以爵，強有力者與之以權，能者稱事而官，懦者夾持而使。有德者隆之虛

〔註165〕《陳獻章集》卷二，〈復趙提學僉憲〉。

〔註166〕湛若水（甘泉）曰：「夫學不過知行，知行不可離，又不可混。《中庸》必先學問思辨，而後篤行。《論語》先博文而後約禮。《孟子》知性而後養性。始條理者知之事，終條理者聖之事。程子知所有而養所有，先識仁而以誠敬存之。若僕之愚見，則於聖賢常格內尋下手，庶有自得處。故隨處體認天理而涵養之，則知行並進矣。」（〈答顧箬溪〉見《明儒學案》卷三十七，〈甘泉學案・論學書〉）

〔註167〕《明燈道古錄》卷上，第十五章。

〔註168〕同前註。

位，但取具瞻；高才者處以重任，不問出入。各從所好，各騁所長，無一人之不中用。何其事之易也？〔註169〕

指出順性的目的，在人盡其才，因才使能，把人安置在對的位置，把事情做對。有德者應予尊崇，其以雅量慮事，瞻望必高遠可取；高才者應予重用，其以能力任事，作爲必積極有成。如此，則「各從所好，各騁所長，無一人之不中用。」此爲用人之道。而最上位者也應有與民同欲之態度。他申明：

聖人無中，以民爲中也。夫民之所欲，天必從之，況居民上而爲天子者哉？……大舜無中，而以百姓之中爲中；大舜無善，而以百姓之邇言爲善；則大舜無智，而唯合天下、通古今以成其智。〔註170〕

爲君王者應把民之所欲，常放心中，並竭力以助成之。所以，最理想的聖君是虛己以順萬民者。帝王之「無中」、「無善」、「無智」，實爲大中、至善與上智。

至於李贄在闡釋「志道、據德、依仁、游藝」時，也融合了儒、釋、道三家自得自在的思想，把「游藝」闡述成一種人生境界。他說：

夫志道如志的，的在百步之外，尚爾遙遠。據德則已得而據之，然日夜遑遑，猶恐侵奪，終非己有，與我猶二也。依仁則彼我不二矣，然猶未忘一也。到游藝時，則如魚游水，不見其水；如水裹魚，不見有魚，自相依附，不知其孰爲依附。尚無所依，而何據何志之有？尚無有仁，而何德何道之有？到此則遺價給由，種種皆藝也；由給價遺，皆游也。豈不平常！豈不奇妙！日用應緣，但如此做去，則工夫一片，工夫一片則體用雙彰，體用雙彰則人我俱泯，人我俱泯則生死兩忘，生死兩忘則寂滅現前，眞樂不假言矣。孔子告顏子不改其樂，不改此也。程夫子尋孔顏樂處，尋此處也。此樂現前，則當下大解脫，大解脫則大自在，大自在則大快活。世出世間，無拘無礙，資深逢源。故曰：「魚相忘乎江湖，人相忘乎道術。」故學至游藝，至矣，不可以有加矣。〔註171〕

李贄在此所構造的「游藝」人生境界，不是行有餘力之後的文藝作爲，而是由志道、據德、依仁逐漸擴展的胸懷。它有孔、顏、程顥等儒者的從容自得，有道家生死兩忘的超然灑脫，又有佛家斬斷俗緣的「寂滅現前」。而其終極目

〔註169〕《焚書》卷一，〈答耿中丞〉。

〔註170〕《明燈道古錄》卷下，第一章。

〔註171〕《續焚書》卷一，〈與陸天溥〉。

的在於「大解脫」、「大自在」、「大快活」。在此，他進入三教，又超越三教，也超越出世與入世，成爲「世出世間，無拘無礙，資深逢源」的心靈自由境界。在此種境界裡，人與境的關係猶如魚與水的關係，既相即而又相忘，此種自在，非佛之「避」，亦非儒之「即」，而是出而不離、入而不執的無礙之境，故稱爲「世出世入」之游藝。

至於袁宏道（中郎）則從養生角度，闡述與造化者和平共存就能自得自在的要義。他說：

> 聖人之於生也，無安排，無取必，無僥倖，任天而行，修身以俟，順生之自然，而不與造化者忤，是故其下無傷生損性之事，而其上不肯爲益生葆命之行。古之善養生者，有三家：釋曰無生，儒曰立命，道曰外其身而身存。既曰無生，即非養之所能生也。既非養之所能生，則不以不養而不生明矣。立命者，順受其正。順受故不欣長生，不悲夭折，何也？命不待壽而立，壽何益？命不因夭而不立，夭何惡，夭不足惡，壽不足欣，故養生以益壽，皆妄之妄者也。外其身者可以存身，則內其身亦可以亡身。〔註 172〕

一切順應自然，無絲毫造作勉強。消極方面，不做傷生損性之事；積極方面，也不爲益生葆命之行，中郎有意將儒、釋、道在任天而行與順受其正之觀點加以綜合。

而張岱又從「物性不齊」的觀點，以家禽野獸各有不同的生存方式，人應順其自然，俾能「物性自遂」。他說：

> 但恨魚牢幽閉，漲膩不流，劇鬐缺鱗，頭大尾瘠，魚若能言，其苦萬狀。以理揆之，孰若縱壑開樊，聽其游泳，則物性自遂。深恨俗僧難與解釋耳。昔年余到雲棲，見雞鳧豚羖，共牢饑餓，日夕挨擠，墮水死者，不計其數。余向蓮池大師再四疏說，亦謂未能免俗，聊復爾爾。後見兔鹿猢猻亦受禁鎖，余曰：「雞鳧豚羖，皆藉食於人，若兔鹿猢猻，放之山林，皆能自食，何苦鎖禁，待以胥縻？」蓮師大笑，悉爲撤禁，聽其所之。見者大快。〔註 173〕

對於魚能「聽其游泳」，對於兔鹿猢猻能「放之山林」，是順其天性，使其自由

〔註 172〕《袁宏道集箋校》卷二三，〈廣莊・養生主〉作於萬曆二十六年，正是中郎思想的活躍時期，自適自然的人生觀藉〈廣莊〉而舒發。

〔註 173〕《西湖尋夢》卷三，〈西湖中路・放生池〉。

發展。若以欄圈、池子將其禁鎖起來，雖餵以食物，終與其天性違背。「撤禁」、「開樊」，讓兔鹿猢猻回歸山林溝壑，是復其天性。此即張岱所要的「物性自遂」。

（二）適　世

若論自我適意說，實源自《中庸》「素」的觀念，經陽明闡述，〔註 174〕至李贄而更精細。他說：

> 君子所以無願外之念者，以其能素位也；所以能素位者，以其無入而不自得於己也。……今夫貧賤我素有也，一旦而居乎富貴之位，則視富貴又若素有然，而行乎富貴之所得行，初不見其身之從貧賤來也。今夫富貴我素有也，一旦而居乎貧賤之位，則視貧賤又若素有然，而行乎貧賤之所宜行，初不見其身之從富貴來也。以至患難夷狄，莫不皆然。〔註 175〕

李贄以動態的觀念、「隨緣」的心境來闡述「素位」的新意義，無論「位」是如何的改變，心念及行止必同時隨「位」而調整，唯如此才得「素」。《中庸》之守素顯然是指安於本分的尊禮觀念，到陽明心學，守素與良知結合起來，所表現出的內涵是對當下所處環境的自得。其「自得」並非人生主要目的，而是爲入世作準備。而到了李贄，自得與素位已經具有了新的內涵，接著又說：

> 今觀夫子視富貴如浮雲，寧獨傳捨？莊生魚樂於濠梁之上，貧賤若曳尾之龜，其爲素位亦已極矣。扶杖逍遙與逍遙御風，何殊百代過客乎？觀《人間世》以《應帝王》步步皆實詣，寧獨吾夫子教人素位哉？〔註 176〕

孔子視富貴如浮雲與莊子濠梁觀魚同是素位自得，此指兩者對心靈的安頓，能不受外境所干擾，但兩者的人生態度則截然不同，孔子入世，莊子出世。李贄將孔子的扶杖逍遙與莊子的逍遙御風並舉，將道家之超然出世等同於儒學之素位自得，其用意在凸顯心靈的安置是人生態度的唯一或主要項目。將自得變成了自我解脫，是把心學的入世手段變爲出世目的。

〔註 174〕《中庸》第十四章說：「素富貴行乎富貴，素貧賤行乎貧賤，素夷狄行乎夷狄，素患難行乎患難，君子無入而不自得也。」至陽明強調「素其位」的觀念：「嘗以爲君子素其位而行不願乎其外，素富貴行乎富貴，素貧賤行乎貧賤，素患難行乎患難，故無入而不自得。」（《王陽明全集》卷四，〈與王純甫〉）

〔註 175〕《明燈道古錄》卷下第十一章。

〔註 176〕《明燈道古錄》卷下第十一章。

李贄經歷與耿定向的論爭，在悲憤中仍然勇往直前，除了表現充分的自信，也造就了他我行我素的人生態度。他曾說：

> 大抵七十之人，平生所經風浪多矣。平生所貴者無事，而所不避者多事。貴無事，故辭官辭家，避地避世，孤孤獨獨，窮臥山谷也。不避多事，故寧義而餓，不肯苟飽；寧屈而死，不肯倖生。此其志頗與人殊。蓋世人愛多事，便以無事爲孤寂；樂無事，便以多事爲桎梏。唯我能隨遇而安，無事固其本心，多事亦好度日。使我苟不值多事，安得聲名滿世間乎？〔註 177〕

李贄的人生經歷，有蘇軾所謂「穿林打葉」〔註 178〕般的過程，但對一個七十歲的老人，均已風雨不再，有如過往雲煙。其「貴無事也不避多事」的人生態度，是「無可無不可」、「無入而不自得」的儒禪融合，所以能夠「隨遇而安，無事固其本心，多事亦好度日」。他在給焦竑的信中曾談及一種自得自在的人生態度：

> 怕作官便捨官，喜作官便作官；喜講學便講學，不喜講學便不肯講學。此一等人心身俱泰，手足輕安，既無兩頭照顧之患，又無掩蓋表揚之醜，故可稱也。〔註 179〕

李贄認爲，在現實行爲中，是否做官講學，完全依順個性，不要造作，就能得到「心身俱泰，手足輕安」，這是無礙的任事態度。他也提到「念佛時但去念佛，欲見慈母時但去見慈母，不必矯情，不必逆性，不必昧心，不必抑志，直心而動。」〔註 180〕這是無執的人生態度。功名富貴以及道德性命均屬身外之物，除非自投羅網，否則就不會被束縛。

再說三袁，其人生價值取向以求樂自適爲原則。袁宏道（中郎）人生目標是求道，求道便是關注自我生命的價值與意義，而這價值與意義落實在現實人生行爲上，便是求樂，便是適意。中郎將學道之人概括爲玩世、出世、諧世與適世四種，而嚮往適世之人，他說：

> 獨有適世一種人，其人甚奇，然亦甚可恨。以爲禪也，戒行不足；以爲儒，口不道堯、舜、周、孔之學，身不行羞惡辭讓之事，於業不擅一能，於世不堪一務，最天下不緊要人。雖於世無所忤違，而

〔註 177〕《續焚書》卷一，〈與城老〉。

〔註 178〕蘇軾〈定風波〉：「莫聽穿林打葉聲，何妨吟嘯且徐行。」「穿林打葉」，本指驟雨擊打林葉的狀態。寓指處於多變的世態。

〔註 179〕《焚書》卷二，〈復焦弱侯〉。

〔註 180〕同上，〈爲黃安二上人三首〉。

賢人君子則斥之惟恐不遠矣。弟最喜此一種人，以爲自適之極，心竊慕之。〔註 181〕

適世之人爲何可恨？非其有礙或挑戰世俗，而是放棄儒者對社會的責任，其於世「無所忤違」，追求自我的適意，並尋其中之樂趣，此種態度亦屬避亂世法則之一也。

綜言之，自孔子周遊列國，才不得售而志不衰者，「仁」未遂行故也。孟子論辯諸子，所倚仗者「義」也；陽明處龍場困境，悟「良知」以度顚沛橫逆也。陽明之後，龍溪、心齋都是追求一個「狂」字而奔波終生。如王艮的學說強調「安身立本」和「明哲保身」。他說：「格物，即物有本末之身。身與天下國家一物也，格知身之爲本，而家國天下之爲末，行有不得者，皆反求諸己。反己，是格物底工夫。故欲齊、治、平在於安身…身未安，本不立也。」〔註 182〕以自身爲根本，只有安身，才能齊家、治國、平天下。至晚明，朝綱危疑震撼，社會是非淆亂，朝野無論有爲無爲，安頓自己成爲當務之急，是以順性適世之論，成爲明哲保身又兼濟天下的護身符。

四、貴眞之情〔註 183〕

天地人間之情，在陽明後學的「因情設教」下，追求普遍意義和永恆價値。由李贄發起，流露在袁宏道的審美觀，至湯顯祖表現出對肉體超越的精神意義。對情的渴望與追求，在馮夢龍身上，則試圖以內在主體情感爲道德規範的基礎。無論如何，這些理想追求，和社會現實存在著一定的矛盾。

（一）以誠入情

自孔子言曾點之樂，歷來被認爲儒者在倫理的強調外，尙有對情感生活的注重。陽明主情依此而發揮，他主張心即理，以心統性情，承認情感存在之必然，但卻是受到良知指導。他說：

樂是心之本體，雖不同於七情之樂，亦不外於七情之樂。〔註 184〕

〔註 181〕《焚書》卷五，《徐漢明》。

〔註 182〕《明儒學案》卷三二，〈泰州學案〉一。

〔註 183〕夏咸淳先生所著《晚明士風與文學》一書，嘗從從時代的文學思潮和文學觀念的轉變，歸納出：「尊情、貴眞、尚今、崇俗」等特點，可謂畫龍點睛，言簡意賅。然本小節主要從心學角度論述，強調其晚明士風「重情」的意義。

〔註 184〕《王陽明全集》卷二，〈傳習錄中・答陸原靜書〉。

又說：

> 喜、怒、哀、懼、愛、惡、欲，謂之七情。七者俱是人心合有的，但要認得良知明白。〔註185〕

又說：

> 問：樂是心之本體。不知遇大故，於哀哭時，此樂還在否？先生曰：須是大哭一番方樂，不哭便不樂矣。雖哭，此心安處，即是樂也，本體未嘗有動。〔註186〕

由此，陽明主情必須合乎兩大原則，即眞與善。他假設樂爲心之「本體」，超然於七情之上，是心靈獲得充分的紓解，故「遇大故」就「大哭一番」，哭後獲得心安，樂就是因爲心安。這是眞情流露。七情是人心本來就具有，卻要「認得良知明白」，受良知指導，所以保證七情皆合乎善。所以要強調情與樂，其目的不僅是要安頓儒者的自我性命，更重要的是要使儒者在險惡的環境中不至於冷卻入世熱情。

在陽明的心學體系中，心體是無善無惡，是爲至善。誠意是爲善去惡之意，爲善是善，去惡亦是善。故而他說：

> 心之發動不能無善，故須就此著力，便是誠意。如一念發在好善上，便實實落落去好善；一念發在惡惡上，便實實落落去惡惡。〔註187〕

陽明從良知出發，因而好惡等同是非。好善惡惡就是誠意，依然有善無惡。到王畿（龍溪）論誠時與陽明並不全同，他說：

> 聖人無欲，與天地同體，無所障蔽，無所污染，率性而行，無不是道，故曰誠者天之道也。賢人以下，不能無欲，染有輕重，蔽有淺深，雖欲率性而行，爲欲所礙，不能即達，必須遵道而修，以通其蔽，而滌其染，故曰誠之者人之道也。〔註188〕

龍溪的本意，心、意、知、物既然均無善無惡，均爲至善，率性而行即是道。但在天泉證道時，陽明告誡龍溪，天下利根之人甚少，四無教法會有遺棄之病，才有賢者以下誠意工夫。李贄之學契合龍溪，對「無善無惡」之說更有體悟。他也講誠，但他所講之誠的內涵，從原來的倫理之善轉向了自然之眞。他說：

> 《大學》釋誠意即首言「如好好色，如惡惡臭」，蓋即此以比好惡之

〔註185〕《王陽明全集》卷三，〈傳習錄下〉。

〔註186〕《王陽明全集》卷三，〈傳習錄下〉。

〔註187〕同前註。

〔註188〕《王龍溪全集》卷八，〈中庸章解義〉。

> 眞實不欺處。使人知此是誠意，誠即實也；知此是獨知，獨知即自不敢欺也。不欺則意誠矣。不欺己則慊於己，不欺心則慊於心，不欺人則自不至於消沮閉藏，而無惡之可掩矣。不患千目而視、千手而指矣，而何有於十視與十指耶？何等安閒！何等自在！〔註 189〕

此處所言，誠即是實，即是眞實不欺；能眞實不欺，便是誠意。此猶如見了美色便喜愛，見了醜惡便厭惡一樣的自然而然，其重點在於不掩飾自我的內心眞實，而並未強調道德的自我檢束。在此段文字中，誠之內涵所以會發生轉化，是因爲作者誠意的目的已發生改變，即從原來儒家由格物到平天下的序列中獨立出來，其目的在於達到「慊於己」、「慊於心」的自得自足，並最終獲得自我心理的「安閒」、「自在」。

羅汝芳（近溪）則提出了「赤子之心」的說法，他認爲「天初生我，只是個赤子。赤子之心，渾然天理，細看其知不必慮，能不必學。果然與莫之爲而爲，莫之致而至。」〔註 190〕他是把「赤子之心」看作自然具備的一切「知」和「能」的，因此導出不必學習傳統的教條，主張「莫之爲而爲，莫之致而至」。黃宗羲稱：「先生（近溪）之學，以赤子良心，不學不慮爲的，以天地萬物同體，徹形骸、忘物我爲大，此理生生不息。不須把持，不須接續，當下渾淪順適，工夫難得湊泊，即以不屑湊泊爲工夫，胸次茫無畔岸，便以不依畔岸爲胸次，解纜放船，順風張棹，無之非是。」〔註 191〕此又指出羅近溪之學，把王學再次引向禪宗化。

至於李贄，對「赤子之心」亦有其看法，他說：「赤子之心，眞心也。見著父母，一團親愛，見著兄弟，一團歡欣，何嘗費些擬議思慮？何曾費些商量？大人只是不失這個眞心。」〔註 192〕他認爲赤子就是一個誠字，凡眞情流露皆可貴。進而把羅汝芳「赤子之心」推向更大的自由，提出了「童心說」：

> 童心者，眞心也，若以童心爲不可，是以眞心爲不可也。夫童心者，絕假純眞，最初一念之本心也。若失卻童心，便失卻眞心；失卻眞心，便失卻眞人。人而非眞，全不復有初矣。〔註 193〕

〔註 189〕《明燈道古錄》卷上第十八章。
〔註 190〕《明儒學案》卷三四，〈泰州學案〉三。
〔註 191〕同前註。
〔註 192〕《焚書》卷三，〈童心說〉。
〔註 193〕《焚書》卷三，〈童心說〉。

提出這樣的觀點，是爲了反對「以聞見道理爲心」的虛假，反對一切假人、假言、假事、假文：

> 夫既以聞見道理爲心矣，則所言者皆聞見道理之言，非童心自出之言也。言雖工，於我何與？豈非以假人言假言，而事假事，文假文乎？蓋其人既假，則無所不假矣。由是而以假言與假人言，則假人喜，以假事與假人道，則假人喜，以假文與假人談，則假人喜。無所不假，則無所不喜。〔註 194〕

李贄的「童心說」主要是針對道學和道學家的虛僞性，他認爲六經、《論語》、《孟子》等儒家經典並不眞的是出自聖人之口的聖人之言。而是後人附加上去的，並不能作爲「萬世之至論」，並且指出，正是這些傳統的儒家書籍，導致了後世道學家的虛僞性，「六經、《語》、《孟》，乃道學之口實，假人之淵藪也」。〔註 195〕他讚佩何心隱、海瑞之類的英雄豪傑，非取其道德節操而在其眞情之流露。再則，小市民平日營生，眞情表露，亦皆可貴。他說：

> 市井小夫，身履是事，口便說是事，作生意者但說生意，力田作者但說力田。鑿鑿有味，眞有德之言，令人聽之忘厭倦矣。〔註 196〕

小民之可愛，在其天眞淳樸，有話直說，無所掩飾，聽者不用另行解讀，因其話就是實話；不像大人或學者們，往往話中帶話，說東指西，聽完話不知眞意，反增迷障。

由於晚明時局險惡，人際信任蕩然，情義亦多僵固，故「尊情」成爲晚明士人的一大人生追求，從哲學到政治再到文學，無不顯示出尊情的蹤跡。像李贄、屠隆、王思任、湯顯祖、馮夢龍諸人，便是其中傑出的代表。而尤以李贄更爲凸出，傳統的情理觀是以理統情；晚明的情理觀是以情統理。袁黃（了凡）〔註 197〕特別強調情的功能，他說：

> 夫世之勸人阻人者，以刑賞，以天道之吉凶，以名義之衮鉞，是獨以理行者也。而善勸阻者，則以情。情聯之，則琴瑟塤篪；情走之，則千里命駕；情迫之，則等一死於鴻毛，指湯火而偕赴；情羞之，則暮夜之金不收，呼蹴之物不餌。一往而深，無根而固。如匹奴之

〔註 194〕同前註。

〔註 195〕同前註。

〔註 196〕同前卷一，〈答耿司寇〉。

〔註 197〕袁黃（1533～1606 年），字坤儀，號了凡，原籍浙江嘉善陶莊。萬曆十四年舉進士。萬曆二十年（1592 年），任兵部職方司主事。

徑，飛雁之義，虎乳而蜂銜，皆不待熟於典籍，嫻於名義也。〔註198〕

情是人人具備，且可發揮強大力量，有情可以如琴瑟和鳴，可以千里不爲遠，可以赴湯蹈火而不辭，可以抗拒不義之餽贈。情的力量是如此之大，所以聖賢都善於「用情」，以情感化人，教育人。一般人常藉「刑賞」、「天道」、「名義」等「勸人阻人」，其效果往往不佳。

晚明尊情論者不是排斥一切道理，而是反對拂逆人情的「天理」。李贄對傳統「發乎情，止乎禮義」的論點不表贊同。他說：

> 蓋聲色之來，發乎情性，由乎自然，是可以牽合矯強而致乎？故自然發於情性，則自然止乎禮義，非情性之外復有禮義可止也。惟矯強乃失之，故以自然之爲美耳。〔註199〕

傳統「發乎情，止乎禮義」是教化的理想或要求。「自然發於情性，則自然止乎禮義」是李贄的假設。他試圖把傳統的「倫理」之情轉化爲「心理」之情。故把禮義納在情性之內，「非情性之外復有禮義可止」。既然情性自然合乎禮義，如果再用禮義來節制它，就會產生矯揉做作的情感。

再觀湯顯祖，素以主張言情顯名，其「臨川四夢」正助其聲勢。其主情方向，乃對其人生際遇及時代環境之反應也。當意氣少年時，思有所作爲，卻遭時不遇。上〈論輔臣科臣疏〉痛斥張居正和申時行，被貶謫徐聞典史。〔註200〕《明史》稱他：「意氣慷慨，善李化龍、李三才、梅國楨，後皆通顯，有建樹，而顯祖蹭蹬窮老。」〔註201〕也由於這樣的遭遇，他把政治的無情，化作對有情世界的追求。他說：

> 世有有情之天下，有有法之天下。唐人受陳隋風流，君臣遊幸，率以才情自勝，則可以共浴華清，從階升，娭廣寒。令白也生今之世，滔蕩零落，尚不能得一中縣而治。彼誠遇有情之天下也。今天下大致滅才情而尊吏法，故季宣低眉而在此。假生白時，其才氣凌厲一世，倒騎驢，就巾拭面，豈足道哉？〔註202〕

此爲湯氏寫給李季宣的信，認爲理想的聖王之治不是禮法世界，而是有情世界。

〔註198〕《兩行齋集》卷一，〈情理論〉。

〔註199〕《焚書》卷三，〈讀律膚說〉。

〔註200〕湯顯祖稱：「陛下御天下二十年。前十年之政，張居正剛而多欲，以群私人，囂然壞之。後十年之政，時行柔而多欲，以群私人，靡然壞之。」

〔註201〕《明史》卷二三〇，〈湯顯祖傳〉。

〔註202〕《湯顯祖詩文集》卷三四，〈青蓮閣記〉。

他舉唐李白和季宣相對照，李白的時代是「君臣遊幸」，「共浴華清」。而季宣爲令雖「大著良聲」，卻不容於官場，只好棄官遨遊。故而感慨，假如季宣生於唐代，便會如李白那般以才情自勝；而李白如處於當今「滅才情而尊吏法」的時代，也會如季宣一般，不能得一中縣而治，落得「滔蕩零落」的潦倒局面。

湯顯祖所嚮往的有情之天下帶有渾厚的理想化色彩，在這個世界裏，以情代替理法。在《南柯記》的〈風謠〉中，湯氏以南柯郡描繪此種政治理想，所謂：

> 才入這南柯郡境，則見青山濃翠，綠水淵環。草樹光輝，鳥獸肥潤。但有人家所住，園池整潔，館宇森齊。何止苟美苟完，且是興仁興讓。〔註 203〕

可謂青山綠水，生機盎然，一幅安居樂業的景象。那麼，要如何達成這個「興仁興讓」境界呢？他用四支曲辭道：

> 徵傜薄，米穀多，官民易親風景和。老的醉顏酡，後生們鼓腹歌。
> 行鄉約，制雅歌，家尊五倫人四科。因他俺切磋，他窨俺琢磨。
> 多風化，無暴苛，俺婚姻以時歌《伐柯》。家家老少和，家家男女多。
> 平稅課，不起科，商人離家來安樂窩。關津任你過，晝夜總無他。
> 〔註 204〕

當時的現實情勢是礦監稅使，荼毒天下，反動蠭起。在這個理想國度，他設計的政府要做到「徵傜薄」、「無暴苛」、「平稅課」，此爲當時人民之最期待；教育則「制雅歌」、「多風化」；人際則「官民易親」、「家尊五倫」，終能達到「老少和」、「男女多」、「關津任你過，晝夜總無他」的理想境界。總之，這是一個充滿生機而人人自足的有情世界，也是湯顯祖的理想世界。這個世界的核心是體現生生之仁的情，所以他說：「聖王治天下情以爲田，禮爲之耜，而義爲之種。」〔註 205〕倘若沒有情這塊田地，禮義也是無從施展的。

湯顯祖重情，也展現在他對理、勢、情關係的精闢論述，他說：

> 今昔異時，行於其時者三：理爾、勢爾、情爾。以此乘天下之吉凶，決萬物之成毀。作者以效其爲，而言者以立其辨，皆是物也。事固有理至而勢違，勢合而情反，情在而理亡，故雖自古名世建立，常

〔註 203〕《湯顯祖集》第四冊《戲曲集・南柯記》。
〔註 204〕同前註。
〔註 205〕《湯顯祖詩文集》卷三四，〈南昌學田記〉。

> 有精微要眇不可告語人者。史氏雖材，常隨其通博奇詭之趣，言所欲言，是故記而不論，論而少衷。何也？當其時，三者不獲並露而周施，況後時而言，溢此遺彼，固然矣。嗟夫！是非者，理也；重輕者，勢也；愛惡者，情也。三者無窮，言亦無窮。〔註206〕

依顯祖看來，處世行事由理勢情三者構成，這三者各有其特質，「是非者理也，重輕者勢也，愛惡者情也」，這三者有相成也有相逆，「事固有理至而勢違，勢合而情反，情在而理亡」，其理想的狀態，是情理並行而以情助理，最終達到「以人情之大竇，爲名教之至樂」的目的。

簡言之，顯祖所言之情，是指宇宙生生不息之精神，間接受陽明心學重主觀心性的影響，直接受羅汝芳生生之仁的心學理論的影響，〔註207〕然後依其於現實遭遇中深刻體會而形成。此情包含他豐富的情感世界與充沛的生命活力。此情成爲文學產生的原動力，並發揮教化百姓、和諧社會的作用。顯祖在晚明士人中的凸出特徵就是一個情字，正如陳洪謐所說：「惟先生以性情爲文，故往來千載，脫然畦封；以性情爲治，故浮湛一官，儻然適志。其文弗可及，其人愈弗可及也。」〔註208〕一個情字，成就湯顯祖獨樹一格的人品與文品。

最後以馮夢龍爲例，其以重情爲一生的核心思想，他曾總結其生平曰：

> 余少負情癡，遇朋儕必傾赤相與，吉凶同患。聞人有奇窮奇枉，雖不相識，求爲之地，或力所不及，則嗟歎累日，中夜輾轉不寐。見一有情人，輒欲下拜；或無情者，志言相忤，必委曲以情導之，萬萬不從乃已。嘗戲言：「我死後不能忘情世人，必當作佛度世，其佛號當云多情歡喜如來。有人稱讚名號，信心奉持，即有無數喜神前後擁護，雖遇仇敵冤家，悉變歡喜，無有嗔恶妒嫉種種恶念。」又嘗欲擇取古今情事之美者，各著小傳，世人知情之可久，於是乎無情化有，私情化公，庶鄉國天下，藹然以情相與，於澆俗冀有更焉。〔註209〕

重情是馮氏的生命特質，承認自幼即爲「情癡」，編寫《情史》是其生命特質

〔註206〕同前卷五十，〈沈氏弋說序〉。

〔註207〕湯顯祖與陽明心學關係密切：其一、他的好友，如祝世祿、管志道、袁宏道、鄒元標、羅大紘等都是心學學者。其二、他生長於王學盛行的江西臨川，自幼受到心學的薰陶。其三、他是羅汝芳的弟子，「十三歲時從明德羅先生游」。生命的性格，最終形成他的言情說。

〔註208〕《湯顯祖詩文集》附錄，〈玉茗堂選集題詞〉。

〔註209〕《情史類略》卷首，〈情史序〉。

的展現，也是其一生的志願，他具有救人於患難的不容已之眞心，想以「多情歡喜如來」度化眾生，使無情之人變爲有情，天下人都能「以情相與」，最終以情化成天下。

馮夢龍的人格性情，決定了他對情的強調，如他論韻文民歌之價値，也是以「眞」爲核心：

> 今所盛行者，皆私情譜耳。雖然，桑間濮上，國風刺之，尼父錄焉，以是爲情眞而不可廢也。山歌雖俚甚矣，獨非鄭衛之遺歟？且今雖季世，而但有假詩文，無假山歌。則以山歌不與詩文爭名，故不屑假，苟其不屑假，而吾藉以存眞，不亦可乎？抑今人想見上古之陳於太史者如彼，而近代之留於民間者如此，倘亦論世之林雲爾。若夫藉男女之眞情，發名教之僞藥，其功於《桂枝兒》等，故錄《桂枝詞》而次及《山歌》。〔註210〕

當時流行的山歌雖俚且多爲「私情譜」，但因其情眞，故不可廢。當時詩文注重形式美，不能眞實表現眞情感，只有山歌保留眞情的流露，故蒐集「藉以存眞」，而存眞的目的又有針對士風之假，這便是「藉男女之眞情，發名教之僞藥」。

簡言之，存眞去僞，本是自王陽明以來王學一貫強調的思想，其中在李贄身上表現得尤爲凸出，可以說求眞成爲其論學的核心，嘲諷僞道學是他終生志趣，卻也是他招禍的原因。因此，「存眞」的思想可以視爲晚明心學家共同的趨向。而馮夢龍則以男女眞情作爲批判假道學的工具。

（二）以情為教

晚明政局被權勢所籠罩，情是晚明士人逃避權勢威脅，可以間接論述的題目。由於各自的人生態度不同與立論的角度有異，其所言之情也就包含種種複雜的要素。

李贄曾說：「至人之治，因乎人者也。因乎人者，恒順於民，其治效固已異矣。」〔註211〕所謂「順於民」指順民情也。袁宏道亦執相同看法，「夫民之所好好之，民之所惡者惡之，是以民之情爲矩，安得不平？」「可見順人情可久，逆人情難久。」〔註212〕於是，李贄將夫婦之情置於天地根本的地位：「夫婦，人之始也。有夫婦然後有父子，有父子然後有兄弟，有兄弟然後有上下。

〔註210〕《馮夢龍詩文》，頁1。

〔註211〕《焚書》卷三，〈論政篇〉。

〔註212〕《袁宏道集箋校》卷四四，〈德山麈談〉。

夫婦正，然後萬事無不出於正。夫婦之爲物始也如此。」〔註213〕夫婦爲陰陽之代稱，陰陽協調萬物生化，夫婦正則人倫萬事皆條理井然，生生不息。

其次，馮夢龍後期不容已生機之情，受到李贄的影響，將情提高到一個哲學的高度，他說：

> 天地若無情，不生一切物。一切物無情，不能環相生。生生而不滅，由情不滅故。四大皆幻設，惟情不虛假。有情疏者親，無情親者疏。無情與有情，相去不可量。我欲立情教，教誨諸眾生。子有情於父，臣有情於君。推之種種相，俱作如是觀。萬物如散錢，一情爲線索。散錢就索穿，天涯成眷屬。若有賊害等，則自傷其情。如睹春花發，齊生歡喜意。盜賊必不作，奸宄必不起。佛亦何慈聖，聖亦何仁義。倒卻情種子，天地亦混沌。無奈我情多，無奈人情少。願得有情人，一起來演法。〔註214〕

馮氏認爲有情才能化生萬物，有情才能親親仁民。而當日社會風氣澆薄，舊的倫理道德和名教制度開始解體，出現了社會道德的淪喪，世人少情寡愛。縱佛以慈悲爲懷，聖以仁義爲教，天下何曾有過長治久安，百姓心靈何曾有過安穩無憂。因此，只有立情教，以情爲懷，以情爲教。期能達到「無情化有，私情化公」，「使人知情之可久」，「庶鄉國天下藹然以情相與，與澆俗冀有更焉」。〔註215〕

正因爲馮氏認爲天地間唯情爲最大，故超越了人與物、佛與儒的界限，構成了世界得以成立的根本。換言之，沒有情就沒有大地，沒有人類，當然也就沒有君臣，沒有父子。在此，情具備創生性，亦即情可創造世界，創造人類，而情則始於男女，「流注於君臣、父子、兄弟、朋友之間而汪然有餘」。〔註216〕情所以能夠具備創生世界的根本屬性，乃在其本身所擁有的巨大生命活力，他說：

> 萬物生於情，死於情。人於萬物中處一焉，特以能言、能衣冠揖讓，遂爲之長，其實覺性與物無異。……生在而情在焉。故人而無情，雖曰生人，吾直謂之死矣。〔註217〕

〔註213〕《焚書》卷三，〈夫婦論〉。
〔註214〕《情史類略》卷首，〈情史序・情偈〉。
〔註215〕同前註。
〔註216〕同前註。
〔註217〕同前卷二一，〈情通類〉總評。

這便是「天地若無情，不生一切物」之意。情是一個關懷，一股熱誠，是儒家的生生之仁，是陽明心學精神的體現，並呼應湯顯祖所言「世總爲情」之旨。

聖人設教以情爲主，可以說「六經皆以情教」，「王道本乎人情。不通人情，不能爲帝王」。〔註218〕這與湯顯祖所言的「聖王治天下之情以爲田」同義，馮夢龍認爲「人知惟聖賢不溺於情，不知惟眞聖賢不遠於情」。〔註219〕程朱理學，教人以克制私情爲尚，卻忽略「情義」所能產生的力量。他進一步說：

> 自來忠孝節烈之事，從道理上做者必勉強，從至情上出者必眞切。夫婦其最近者也，無情之夫，必不能爲義夫；無情之婦，必不能爲節婦。世儒但知理爲情之範，孰知情爲理之維乎？〔註220〕

忠孝節義必然出自至情至性，宋儒只知道「存天理，去人欲」，用理來規範情（欲），以致連「情義」也壓制了，理若無情義支持，此理容易流於虛假。而情要能起作用，還有一個要素叫做「膽」。他解釋道：

> 語云：「色膽大如天。」非也，直是「情膽大如天」耳。天下事盡膽也，膽盡情也。楊香孱女而拒虎，情極於傷親也；刖跪賤臣擊馬，情極於匡君也。由此言之，忠孝之膽，何嘗不大如天乎？總而名之曰『情膽』。聊以試世，碌碌之夫，遇事推調，不是膽歉，盡由情寡。〔註221〕

無論感恩報仇，甚至濟弱扶傾，均由眞情而激發慷慨憐憫之情緒。楊香拒虎，刖跪擊馬，都因情義深重，自然而然，勇往直前，義無反顧。故曰：「情不至，義不激，事不奇。」〔註222〕由此而論，情之作用大矣。

馮夢龍關於情的理論，在人生不斷的體會中演化增長。即從前期的歌頌男女眞情到後期的強調生機之情。由強調個體自我情感的滿足，到重視社會效果。前期「藉男女之眞情，發名教之僞藥。」屬比較消極性；而後期「以人間之眞情，補名教之罅漏」則屬積極之情。

總之，湯顯祖與馮夢龍與陽明心學具有密切的關係，並且都是以情的生生之仁作爲其立論核心，更重要的是，二人情的思想都對晚明士人造成了巨大的影響，成爲當時言情說的主流。至於其言情說的精神生活、文學表現，

〔註218〕《情史類略》卷一五，〈智胥〉評語。
〔註219〕同前，《孔子》評語。
〔註220〕《情史類略》卷一，〈情貞類〉總評。
〔註221〕《桂枝兒》卷一，〈調情〉評語。
〔註222〕《情史類略》卷四，〈情俠類〉卷後評語。

本論文將於第四章專節討論。

第三節　遺音與前奏——王學末流之歷史意義

晚明王門後學如顏山農、何心隱、李贄等人，打破扼殺人性人情之名教，卻也使得「世俗以縱欲爲尚，人情以放蕩爲快。」〔註 223〕的世風得以蔓衍。再者，萬曆年間，王門後學將陽明良知本體無限推拓，使學術思想與佛禪合流，而佛禪之「無」、「空」旨意，本爲儒者修練心性之手段，此時則作爲目標來追求，此種以「無」、「空」爲目標的作爲，即是王學末流的型態。此種型態與陽明原始良知也是背道而馳，因此，當王學趨於末流，則必有反思者，由一部分具有憂患意識之士人，除了政治上以「衛道救時」自任，學術上以批評陽明心學流弊爲鵠的，使得以東林學派爲代表的思潮，其「經世致用」影響清初實學。此乃王學末流之歷史意義所在。以下分二點詳述：

一、晚明心學的禪宗化

陽明心學經過後學的革新衍化，最後呈現與禪合流，有其內在因素所致。藉顧憲成（涇陽）的觀點觀察，顧氏認爲陽明的「無善無惡」四字最容易與釋氏混淆，他首先認爲佛氏大意，「一言以蔽之曰：『無善無惡。』」〔註 224〕而「躋陽明而爲禪」〔註 225〕的是「無善無惡」四字。他說：

> 管東溟曰：「凡說之不正而久流於世者，必其投小人之私心，而又可以附於君子之大道者也。」愚竊謂惟「無善無惡」四字當之。何者？見以爲心之本體，原是「無善無惡」也，合下便成一個「空」。見以爲「無善無惡」，只是心之不著於有也，究竟且成一個「混」。「空」則一切解脫，無復挂礙，高明者入而悅之，於是將有如所云：以仁義爲桎梏，以禮法爲土苴，以日用爲緣塵，以操持爲把捉，以隨事省察爲逐境，以訟悔遷改爲輪迴，以下學上達爲落階級，以砥節礪行，獨立不懼爲意氣用事者矣。「混」則一切含糊，無復揀擇，圓融者便而趨之，於是將有如所云：以任情爲率性，以隨俗襲非爲中庸，

〔註 223〕張瀚《松窗夢語》。
〔註 224〕《明儒學案》卷三二，〈泰州學案〉一。
〔註 225〕同前註。

以闇然媚世爲萬物一體，以枉尋直尺爲捨其身濟天下，以委曲遷就爲無可無不可，以猖狂無忌爲不好名，以臨難苟免爲聖人無死地，以頑鈍無恥爲不動心者矣。是故欲就而詰之，彼其所占之地步甚高，上之可以附君子之大道；欲置而不問，彼其所握之機緘甚活；下之可以投小人之私心，即孔孟復作，其亦奈之何哉！此之謂以學術殺天下萬世。〔註226〕

涇陽對陽明「無善無惡一語，辯難不遺餘力，以爲壞天下之法，自斯語始。」〔註227〕蓋「無善無惡」易淪爲「空」和「混」。「空」則所有努力終歸於無，既然，何必有所作爲；「混」則所有不對皆可合理化，既然，何不含糊度過。陽明提「四句教」時，對無善無惡並沒有很多說解，而王龍溪〈天泉證道紀〉及周海門〈九解〉〔註228〕則肯定「無善無惡」，賦予自己的觀點，影響當時思潮，最後被涇陽認爲流於猖狂無忌：

詳繹龍溪之旨，總是要人斷名根。這原是吾人立腳第一義。「人不知而不慍」，「遁世不見知而不悔」，聖人已如此說了。卻何等說得正當！龍溪乃曰：「打破毀譽關，卻被惡名，埋沒一世，不得出頭，亦無分毫掛帶。」則險矣。這便是爲無忌憚之中庸立了一個赤幟。王塘南比諸洪水猛獸，有以也。且人不特犯有名根，又犯有利根。……若利根不斷，漫說要斷名根，吾恐名根愈死，則利根愈活，個中包裹裹藏伏有不可勝言者。季時嘗言，不好名三字是恣情縱欲的引子，良可味也。〔註229〕

東林諸子都以名節相砥礪，愛名節，護名譽，視名節、名譽如同生命，如果不愛名節，則失德失政，貪荒利邪，何者不可爲？所以東林把「打破毀譽關」視同洪水猛獸。但是，如平實而論，龍溪起始提「不好名」應指「不求名」，

〔註226〕《小心齋札記》卷十八。

〔註227〕《明儒學案》卷五八，〈東林學案〉一。

〔註228〕《明儒學案》卷三六，〈泰州學案〉五：南都舊有講學之會，萬曆二十年前後，名公畢集，會講尤盛，一日拈舉天泉證道一篇，相與闡發，明日公（許敬庵）出九條目，命曰九諦，以示會中，先生（周海門）爲九解復之。諦一云：「……孟子七篇，大旨道性善而已。……而一以無善無惡爲宗，則經傳皆非。」；解一曰：「維世範俗，以爲善去惡爲隄防，而盡性知天，必無善無惡爲究竟。無善無惡，即爲善去惡而無跡；而爲善去惡，悟無善無惡而始眞，教本相通不相悖，語可相濟難相非，此天泉證道之大較也。」

〔註229〕《明儒學案》卷五八，〈東林學案〉一〈端文顧涇陽先生憲成・商語〉。

「狂者」行俠助人，本諸義氣，非爲得名。其直道向前，勇於承擔的結果，易流於「不顧名」，而觸犯名教，招來物議。如康海爲救李夢陽，只好向劉瑾低頭。〔註230〕雖李贄稱之，眾人則鄙之。

當陽明心學產生，一方面掃除了朱學末流支離墨守的積習，其直指本心，簡易直截，已含有禪化的因素。至末流變成束書不觀，空談無根，且自以爲是，「偶有所窺，則欲盡廢先儒之說而駕其上；不學則藉一貫之言以文其陋；無行則逃之性命之鄉以使人不可詰。」〔註231〕顧炎武（亭林）也把這種情形歸責於陽明。他以爲：

以一人而易天下，其流風至於百有餘年之久者，古有之矣：王夷甫之清談，王介甫之新說。其在於今，則王伯安之良知是也。孟子曰：「天下之生久矣，一治一亂。」撥亂世，反諸正，其不在後賢乎？〔註232〕

亭林以王衍（夷甫）的清談、王安石（介甫）的新政比諸陽明的良知，將明末亂象歸因陽明心學。他又高舉「撥亂世，反諸正」的旗幟，對心學展開批判。而學者群相呼應，如李塨（恕谷）說：

漢後二氏學興，處處談性，人人論天。……至於扶危定傾，大經大猷，拱手推之粗漢豪俠，其自負直接孔孟者，僅此善人書生之學而已。……明之末也，廊廟無一可倚之臣。天下無復辦事之官，坐大司馬堂批點《左傳》，敵兵臨城，賦詩進講，覺建功奏績，俱屬瑣屑，日夜喘息著書，曰：此傳世業也。以致天下魚爛河決，生民塗炭。〔註233〕

恕谷指出「談性論天」的結果，到危亡之際，則「廊廟無一可倚之臣」。又好比兵臨城下，猶點書賦詩，故作從容，終至覆敗滅亡，生民塗炭。易言之，晚明士人平時空談，精神消磨於紙堆，忽略民生及安危，所以他又提醒「紙上閱歷多，則世事之閱歷少；筆墨之精神多，則經濟之精神少。宋明之亡以

〔註230〕《明史》卷二八六，〈康海傳〉載：「康海，字德涵，武功人。弘治十五年殿試第一，與夢陽輩相倡和，訾議諸先達，忌者頗眾。正德初，劉瑾亂政。以海同鄉，慕其才，欲招致之，海不肯往。會夢陽下獄，書片紙招海曰：『對山救我。』對山者，海別號也。海乃謁瑾，瑾大喜，爲倒屣迎。海因設詭辭說之，瑾意解，明日釋夢陽。逾年，瑾敗，海坐黨，落職。」

〔註231〕《日知錄》卷一八。

〔註232〕同前註。

〔註233〕《恕谷後集》〈與方靈皋書〉。

此。」〔註 234〕此爲顏李之實學精神也。

王門後學又提倡「現成良知」，主張靜坐斂心，就可悟出「天理」，成爲聖人。以袁氏兄弟爲例，他們深受心學的影響，袁宏道（中郎）說：「僕謂當代可掩前古者，惟陽明一派良知學問而已。」〔註 235〕一方面對心學是肯定，另方面則選擇龍溪路數。其兄袁宗道（伯脩）說：

> 予始讀陽明先生集，意不能無疑。及讀先生天泉證道之言曰：「汝中所見，我久欲發，恐人信不及，含蓄到今。此是傳心秘藏，顏子、明道所不敢言者。今既已說破，亦是天機該發泄時，豈容復秘？」嗟夫！先生弢藏最上一著，許多年不露一點端倪，若非龍溪自悟，當終身閉弢矣。〔註 236〕

在心學體系中，伯修肯定了龍溪「四無」的學術宗旨，並選擇其悟性的部分。但仍認爲良知是儒不是禪。伯修說：

> 良知二字，伯安（陽明）自謂從萬死得來，而或者謂其借路蔥嶺。夫謂其借路，固非識伯安者。然理一而已，見到徹處，固未嘗有異也。……或曰：伯安以知善知惡爲良知，將無與眞心自體之知異乎？余曰：知善知惡，彼爲中下根人權說耳。王汝中（王畿）所悟無善無惡之知，則伯安本意也。汝中發伯安之奧也，其猶荷澤發達摩之秘乎？〔註 237〕

伯脩認爲龍溪的無善無惡之良知，才是陽明本意；而知善知惡，是陽明爲中下根人權說。而無善無惡最易入禪，一般人分辨不易，或謂陽明借路蔥嶺而悟良知，同理也可說禪者借路良知而悟禪理。此即導致明末禪與良知混同，甚至往禪的路上走去。

此種現象，間接鼓動清談學風，使生活脫離現實。不讀書，不在事上考究，只知談心性，參話頭，以名士清流自相標異，專立門戶。「以無端之空虛禪悅，以浮誇之筆墨文章，快然於口。」〔註 238〕清談之風氾濫成災，亭林痛切指出：「劉石（五胡）亂華，本於清談之流禍，人人知之。孰知今日之清談，有甚於前代者。昔之清談談老莊，今之清談談孔孟；未得其精而已

〔註 234〕《恕谷先生年譜》。

〔註 235〕《袁宏道集箋校》卷二一，〈又答梅客生〉。

〔註 236〕《白蘇齋類集》卷二二，〈雜說〉。

〔註 237〕同前卷一七，〈讀大學〉。

〔註 238〕《明語林》卷七。清・吳肅公撰，見於《清史稿・藝文志》著錄十四卷。

遺其粗，未究其本而先辭其末；不習六藝之文，不考百王之典，不綜當代之務。舉夫子論學論政之大端一切不問，而曰一貫，曰無言。以明心見性之空言，代修己治人之實學。股肱惰而萬事荒，爪牙亡而四國亂。神州蕩覆，宗社丘墟。」〔註 239〕總之，「風俗之壞，實始姚江。」〔註 240〕已成入清學者之通論。

然而，儒與禪的不同，主要在其人生態度，儒為入世，禪為出世。因心學採取禪的修練方式，最後連目的也禪化了。這是儒者所不能接受，屢屢要予分辨者。承前所述，三袁雖注重生命的解脫，但他們總還是奉行心學的儒者，主張將儒與禪講明。如袁宏道說：

> 近代之禪，所以有此流弊者，始則陽明以儒而濫禪，既則谿渠諸人以禪而濫儒。禪者見諸儒汩沒世情之中，以為不礙，而禪遂為撥因果之禪；儒者藉禪家一切圓融之見，以為發前賢所未發，而儒遂為無忌憚之儒。不惟禪不成禪，而儒亦不成儒矣。〔註 241〕

中郎直接指出心學走上禪境，是陽明開其端，陽明在龍場以頓悟的方式發明「良知」；而「四句教」中，稱許龍溪對「無善無惡」的悟境。後學很多選擇走利根得悟的捷徑，如此則與禪宗靜坐開悟同路。鄧谿渠本為儒生，聞良知之學，不解，遂落髮為僧，遍訪學者，求解脫性命，最後變得「幽深玄遠。如今，也沒有我，也沒有道，泛泛然如虛舟飄搖而沒著落。」〔註 242〕黃宗羲指其「只主見性，不拘戒律。……人但議其縱情，不知其所謂先天第一義者，亦只得完一個無字而已。」〔註 243〕立論之初，大都首尾具足，但後學往往取其易者，故出流弊。

又有管志道（東溟），〔註 244〕認為儒者可以站穩立場，保其體，而儒與釋互為圓通。他雖是泰州後學，但論學則以理圓體方立論，所謂：

> 乾元無首之旨，與《華嚴》性海渾無差別，《易》道與天地準，故不期與佛、老之祖合而自合。孔教與二教峙，故不期佛、老之徒爭而

〔註 239〕《日知錄》卷七，〈夫子之言性與天道〉。
〔註 240〕《三魚堂文集》卷五，〈答臧介子書〉。
〔註 241〕《袁宏道集箋校》卷二二，〈答陶石簣〉。
〔註 242〕《明儒學案》卷三二，〈泰州學案〉。
〔註 243〕《明儒學案》卷三二，〈泰州學案〉。
〔註 244〕管志道，字登之，號東溟。隆慶五年進士，官至廣東僉事。與袁氏兄弟為論學之友。

自爭。教理不得不圓，教體不得不方，以仲尼之圓，圓宋儒之方，而使儒不礙釋，釋不礙儒。以仲尼之方，近儒之圓，而使儒不濫釋，釋不濫儒。〔註245〕

簡言之，儒與佛老二教，道理可以相通，但出世、入世的立場各不相同。因宋儒把道理講死，所以要回到孔子立說的活潑化；近儒把立場走岔，所以要回到孔子「弘毅」的抱負上。因此，「教理得圓，教體得方」，把儒與二教關係講明了。學者需要不斷澄清說明，意謂陽明心學很難脫離儒、禪相雜的性質。

最後，陽明希望人人可以成聖，也使士人的言行俗化，甚至放縱恣肆。陽明從聖凡平等的立場，認爲「與愚夫愚婦同的，是爲同德；與愚夫愚婦異的，是爲異端。」〔註246〕於是，縱使處下層社會，也有可能躍居聖人的地位。王艮（心齋）由一個鹽丁，成爲王學大師，開泰州一派，可見成聖是爲與不爲，而非能與不能的事。王棟（一庵）說：

自古農工商賈，業雖不同，然人人皆可共學。孔門弟子三千，而身通六藝者才七十二，其餘則皆無知鄙夫耳。至秦滅學。漢興，惟記誦古人遺經者，起爲經師，更相授受。於是指此學獨爲經生文士之業，而千古聖人與人人共明共成之學，遂泯沒而不傳矣。天生我師，崛起海濱，慨然獨悟，眞宗孔孟，直指人心。然後愚夫俗子不識一字之人，皆知自性、自靈、自完、自足，不假聞見，不煩口耳，而二千年不傳之消息，一朝復明矣。〔註247〕

不論職業類別，甚至愚夫俗子，皆可共學求道。陽明把聖人凡人化，心齋更把這樣的觀念帶至基層社會，也造就了不少平民學者。如樵夫朱恕、陶匠韓樂吾、田夫夏叟等。他們都直心來往，不事矯飾，尤其韓樂吾教人，「隨機指點，農工商賈從之游者千餘。秋成農隙，則聚徒講學。一村既畢，又之一村，前歌後答，絃誦之聲洋洋然也。」〔註248〕此爲當時基層講學盛況。

至於羅汝芳（近溪）的講學，如李贄於〈羅近溪先生告文〉所記：

至若牧童樵豎，釣老漁翁，市井少年，公門將健，行商坐賈，織婦耕夫，竊屨名儒，衣冠大盜，此但心至則受，不問所由也。況

〔註245〕《明儒學案》卷三二，〈泰州學案〉一。

〔註246〕《王陽明全集》卷三，〈傳習錄〉下。

〔註247〕《明儒學案》卷三十二，〈泰州學案〉一。

〔註248〕同前註。

> 夫布衣韋帶，水宿巖棲，白面書生，青衿子弟，黃冠白羽，緇衣大士，縉紳先生，象笏朱履者哉？是以車轍所至，奔走逢迎。先生抵掌其間，坐而談笑。人望丰采，士樂簡易。解帶被襟，八風時至。〔註249〕

眞所謂「有教無類」，三教九流齊聚一堂，牧童老翁一起共學，「談笑」是一種親切態度，「簡易」是一種普遍教法。在這種講學環境，士大夫習氣必須向小市民移動。陽明心學到此地步，士大夫的行徑和社會基層合流了。放任恣肆，遠離名教，與禪無異，有志者認爲是危機，群起欲打倒「狂禪」，或歸咎於末流，或歸咎於陽明，「以無本之人而講空虛之學，吾見其日從事於聖人而去之彌遠也。」〔註250〕總之，明末清初，一股對心學的反動潮流，往心學的相反方向走去，有回歸程朱理學，並有開展經世之學之趨勢。

二、開啓明末清初的經世之學

由於心學末流的空疏，加上明季國運的乖舛，心學與時代氛圍已不相稱，只有走向沒落。因應而起的則是講求實際有用的「經世」之學。若論「經世」之學的產生，大概可由三個方向考察：一爲對心學的反動；二爲學術本身的發展；三爲對時代的危機意識。

先從對心學的反動談起，心學之所以沒落，蓋如亭林所謂「當今之患，高者好言性命虛無之學，而卑者拘牽於章句。凡夫前言往行，古今之故，帝王治人之道，是皆不得而聞之，故試於政事而無效。」〔註251〕在高位者，從事虛無之學，無益於政事，也就無益於亂世。他也藉著闡述爲學宗旨，對性命之學流於空虛加以訾議：

> 竊以爲聖人之道，下學上達之方，其行在孝悌忠信，其職在灑掃應對進退，其文在《詩》《書》《三禮》《周易》《春秋》，其用之身在出處辭受取與，其施之天下，在政令教化刑法。其所著之書，皆以爲撥亂反正，移風易俗，以馴至乎治平之用，而無益者不談。一切詩賦銘頌贊誄序記之文，皆謂之巧言，而不以措筆，至於世儒盡性至命之說，必歸之於有物有則，五行五事之常，而不入於空虛之論，

〔註249〕《焚書》卷三，〈羅近溪先生告文〉。
〔註250〕《亭林文集》卷六，〈答友人論學書〉。
〔註251〕《亭林文集》卷六，〈答友人論學書〉。

僕之所以爲學者如此。〔註252〕

亭林認爲，正統儒家文化要做到的就是「學以致用」，他並不反對性命之說，但性命必須歸於「有物有則」，致用於「五行五事」。故不滿晚明冥想玄談之學風，並認爲凡眞學問，須能於實務上驗證，方爲有益於天下民生。甚至把國運的乖舛歸因於整個心學體系，他說：

小人之無忌憚而敢於叛聖人者，莫甚於李贄，…然推其作俑之繇，所以敢於詆毀聖賢，而自標宗旨者，皆出於陽明、龍溪禪悟之學。後之君子悲神州之陸沉，憤五胡之竊據，而不能不追求於王、何也。〔註253〕

亭林把亡國的責任歸給學術和士風，心學末流的空疏以及以李贄爲代表的心學學者均成爲內憂外患的歸因對向。其實，自萬曆以來，統治者之貪婪，制度之崩壞，致士人於朝廟不得售其才，只好流連山林，追求心靈的安頓。亭林以此等退居山林的心學學者爲亡國推手，似有錯置因果之嫌。

此外，同爲務實派的高攀龍，概括當時弊病爲「學涉玄虛，士迷利祿」二者，並肯定學術的重要，「天下無眞事功者，由無眞學術，學術果眞步步踏著實地，朝市山林皆有事在，不必得位也。」〔註254〕亦即要建立事功，必先有踏實的學術。至陸世儀則直接指出經術的重要：「自世教衰，士子不通經術，但剽耳繪目，幾倖戈獲於有司。登明堂不能致君，長郡邑不知澤民，人才日下，吏治日偷，皆由於此。」〔註255〕由此知，經國需要務實，務實需要踏實的學術，踏實的學術在經術，所以經術爲經世之所需。綜合顧、高之見，可以看到以道自任的文化使命，成爲重建晚明社會政治秩序的理想依憑。

其次，再由學術本身發展，考察「經世」之學的產生。從朱學而言，其同時含有唯心及經驗兩部分，他發揮了經驗的部分，條分縷析，概括綜合，而集理學大成。但也由於過度詳細，末流流於支離繁瑣；而王學爲救治朱學之支離，發揮了朱學不足的唯心部分，改以簡易直截的「致良知」作爲教化的宗旨。但末流變成空談虛無。其實，陽明學說一樣有玄遠和實用兩部分。其玄遠部份，從龍溪、心齋而下，發展至極致，也在明末清初眾相撻伐之下

〔註252〕同前註。

〔註253〕《日知錄》卷二〇，〈李贄〉。

〔註254〕《高子遺書》卷八上，〈答周二魯〉。

〔註255〕《復社紀略》卷一，頁179。

消聲匿跡。其實用部分，則可由陽明經常強調「良知良能，愚夫愚婦與聖人同」〔註256〕看出來。至於如何實踐良知良能，他說：

> 如言學孝，則必服勞奉養，躬行孝道，然後謂之學，豈徒懸空口耳講說，而遂可以謂之學孝乎？學射則必張弓挾矢，引滿中的；學書則必伸紙執筆，操觚染翰。盡天下之學無有不行而可以言學者，則學之始固已即是行矣。〔註257〕

陽明除了心性上的論述，在實務上仍以參與操作爲要領，故服勞奉養始可言孝；張弓挾矢始可言射；伸紙執筆始可言書。至顏習齋，強調從實踐上獲得認識，其主張和陽明有異曲同工之處。他說：

> 以讀經史羣書爲窮理處事以求道之功，則相隔千里；以讀經史羣書爲即窮理處事而曰道在是焉，則相隔萬里矣。……譬之學琴然，書猶琴譜也：爛熟琴譜，講解分明，可謂學琴乎？故曰：以講讀爲求道之功，相隔千里也。更有一妄人指琴譜曰：是即琴也。辨音律，協聲韻，理性情，通神明，此物此事也。譜果琴乎？故曰：以書爲道，相隔萬里也。千里萬里，何言之遠也。亦譬之學琴然。歌得其調，撫嫻其指，弦求中音，徽乎中節，是之謂學琴矣。未爲習琴也。手隨心，音隨手，清濁疾徐有常功，鼓有常規，奏有常樂，是之謂習琴矣。未爲聽琴也。弦器可手製也。音律可耳審也。詩歌惟其所欲也。心與弦忘，於是乎命之曰聽琴。今手不彈，心不會，但以講讀琴譜爲學琴，是渡河而望江也，故曰千里也。今目不覩，耳不聞，但以譜爲琴，是指薊北而談滇南也，故曰萬里也。〔註258〕

他反對從「讀經史羣書」去求事物的了解與認識，而主張從實際行動去獲得體悟。「以講讀爲求道之功」，相隔千里也；若「以書爲道」，更相隔萬里。他以學琴爲例：必須手彈心會，以求中音中節；如以講琴讀譜爲學琴，就如把望江當渡河；如以譜爲琴，就如指北邊而說南方，終越離越遠。

再觀龍溪，他曾說：「儒者之學以經世爲用，而其實以無欲爲本。」〔註259〕其說法仍以「內聖外王」爲基本，「無欲」屬內聖；「經世」屬外王。而龍溪一

〔註256〕《王陽明全書》卷二，〈傳習錄〉中〈答顧東橋書〉。
〔註257〕同前註。
〔註258〕《存學編》卷二。
〔註259〕《王龍溪先生集》卷一三，〈賀中丞新源江公武功告成序〉。

生，長居江湖，發揮較多的不在致用之經世之學，而在無欲之心性之學，終使空無之心性走至極端。其經世之說則成爲明末之顯學。

至如顧亭林指責最厲的李贄，亦推崇事功，故稱讚「江陵爲宰相之傑也。」〔註260〕而反對董仲舒「正誼不謀利，明道不計功」。他表示：

> 天下何嘗有不計功謀利之人哉？若不是眞實知其有利益於我，可以成吾之大功，則烏用正誼明道爲也？〔註261〕

李贄以利己的功利主張，開啓當時勇於說出「爲己」的觀念，至顏元（習齋）的功利主義，主張「正其誼以謀其利，明其道以計其功」，推翻董仲舒的主張。至李恕谷則從人情世故立說：

> 董仲舒曰：正其道不謀其利，修其理不急其功。語具《春秋繁露》，本可自通，班史誤易「急」爲「計」，宋儒遂酷遵此語爲學術，以爲事求可，功求成，則取必於智謀之末，而非天理之正。後學迂弱無能，皆以此語誤之也。請問行天理以孝親而不思得親之歡，事上而不欲求上之穫，有是理乎？事不求可，將任其不可乎？功不求其成，將任其不成乎？〔註262〕

他認爲凡事物講實用實效，可以坦誠講出心理感受，孝親思得親之歡，事上欲求上之穫，本人之常情，毋庸壓抑。故道理事功貴其有用，謀利急功，求可求成，是行事作爲應有的準則。

最後，從對時代的「危機意識」來觀察，明末「經世」之學之發生，自萬曆朝起，當三大案的聚訟不休，遼東邊事不斷，流寇自內而生，礦稅使四出擾民，有識之士，憂慮已深。至天啓、崇禎時，國事更爲艱難，爲救亡圖存，表現於政治和學術，都趨向有用之學，而蔚爲風氣。

萬曆末，徐光啓（文定）等人倡導實用之學，其子徐驥爲其所撰的〈行實〉稱：

> 於物無所好，惟好學，惟好經濟。考古證今，廣諮博訊，遇一人輒問，至一地輒問，問則隨聞隨筆。一事一物，必講究精研，不窮其極不已。故學問皆有根本，議論皆有實見，卓識沉機，通達大體。如曆法、算法、火攻、水法之類，皆探兩儀之奧，資兵農之用，爲

〔註260〕《焚書》卷一，〈答鄧明府〉。
〔註261〕《焚書》卷五，〈賈誼〉。
〔註262〕《恕谷後集》〈論語傳注問〉。

永世利。〔註 263〕

因其好學，故窮究精研，以求其根本，他好經濟，故曆、算、兵、農無不涉獵，以獲實見。其通達大體，全爲經世致用。後學群起歸向，其弟子之一張溥於敘《農政全書》云：

> 予生也晚，猶獲侍先師徐文定公，蓋歲辛之季春也。（案即崇禎四年三月）公時以春官尚書守詹，次當讀卷，亟賞予廷對一策，予因得以謁公京邸。公進予而前，勉以讀書經世大義，若謂孺子可教者。予退而矢感，早夜惕勵。聞公方究泰西曆學，予邀同年徐退谷往問所疑，見公掃室端坐，下筆不休。室僅廣丈，一榻無帷，則公臥起處也。公初筮仕入館職，即身任天下，講求治道，博極群書，要諸體用。〔註 264〕

張溥受文定所感，在「讀書經世」之大義，他說文定「博極群書，要諸體用」，亦自定其爲學方向及目標也。

至思宗，亟思有所作爲，崇禎四年，開武舉殿試；十年，令天下府、州、縣學皆設武學生員。〔註 265〕取士則有別於往昔，「今天子制詔春官以取士，必重實學，徵材用，故崇二三場所試論表策者，雖書經義不佳，論、表、策佳者，取之。」〔註 266〕亦即只要能提出具體策略，均以優先錄用。崇禎嘗與劉宗周（蕺山）論治國方略：

> 帝曰：「國家敗壞已極，當如何？」宗周曰：「論者但論才望，不論操守，不知天下眞才望，出於天下眞操守，自古未有操守不謹，而遇事敢前者，亦未有操守不謹，而軍士畏威者。」帝曰：「濟變之日，先才後守。」宗周曰：「前人敗壞，皆由貪縱使然；故以濟變言，愈宜先守後才。」帝曰：「大將別有才局，非徒操守可望成功。」宗周曰：「如范志完操守不謹，用賄補官，所以三軍解體。由此觀之，操守爲主。」〔註 267〕

可見思宗望治殷切，用人有意先才後德。在上者提倡，其下影從。大凡論學，以有益於當時爲先。當時邊務危急，陳子龍認爲「君子之學貴於識時，時之

〔註 263〕《徐光啓集》卷首，王重民〈序言〉。

〔註 264〕《農政全書》，頁 1。

〔註 265〕詳參《明史》卷六九、七〇〈選舉志〉一、二。

〔註 266〕《安雅堂稿》卷七，〈子丑二三場干祿集序〉。

〔註 267〕《明史》卷二五五，〈劉宗周傳〉。

所急，務之恐後，當今所急，不在兵乎！」〔註 268〕如徐雋里主張「將兵農禮樂，以至天時地利，人情物理，凡可佐廟謨，裨掌故者，隨其性之所近，併當一路，以為用世張本。」〔註 269〕亦即各種學問，分門別類，各依性向，以規劃實施，而有用於世。陸世儀亦以博學有用相勉：「六藝古法雖不傳，然今人所當學者，正不只六藝，如天文、地理、河渠、兵法之類，皆切於世用，不可不講。」〔註 270〕配合時代脈動，實用之學遂成顯學。

總之，從程朱理學到陽明心學，再從陽明心學到泰州學派的異端學說。人們的思想從程朱理學的桎梏中解脫出來，思想獲得自由，自我意識也隨之覺醒，對明代中後期的思想和個性解放，不無啓迪。但是，發展過度之後，任情縱欲，見利忘義等行為也常伴隨而至，王學末流在此確實難辭其咎。蕺山曾思以改造心學來收拾人心，端正士風，甚至轉變國家形勢，似近於癡想。蓋當時局勢困頓已極，政治腐敗，社會失序，變亂紛起，此局勢非心學單一因素所可造成，前引亭林謂其為亡國之因，似也過於武斷。無論如何，心學確已走到發展的盡頭，它曾經激勵過士人拯危救民的入世熱情，也幫助士人在困頓中擺脫環境的困擾，求得心靈的平靜與安寧，但在明季的動盪的時局中，它已承擔不起過多的指責和負擔，終於走入歷史發展的宿命。

正如顧亭林嘗針對東漢末年黨錮之禍所說：「至其末造，朝政昏濁，國事日非，而黨錮之流，獨行之輩，依仁蹈義，捨命不渝，風雨如晦，雞鳴不已。」〔註 271〕此段議論，用來形容晚明經世之說的出現，亦十分適合。當晚明禮樂崩壞，一群以悲憫情懷，本著「風雨如晦，雞鳴不已」的士子們，他們的經世主張，倡實用之學，不啻展現一股「士不可不弘毅，任重而道遠」〔註 272〕的精神實質，著實成為晚明空疏之遺音與清初實學之前奏。

〔註 268〕《陳忠裕全集》卷上，年譜。

〔註 269〕《南雷文集》前集卷五，〈光祿大夫太子太保吏部尚書謚忠襄徐公神道碑銘〉。

〔註 270〕《思辨錄》卷一，〈大學類〉

〔註 271〕《日知錄》卷一三

〔註 272〕《論語・泰伯》

第四章　晚明士風之曲變

「內聖外王」是儒家傳統的功業，維護「道統」和「政統」是士人之天職。然而，一個時代經歷政治局勢、社會風尚、哲學思想等方面的變化，士風也會隨之變化。

明代中後期，一方面，政治敗壞，皇帝怠政，君臣失序，黨爭激烈，以致士人手足無措；另方面，經濟繁榮，社會變遷，以致奢侈僭越成習，利欲觀念張揚。習儒者「貧困失職」，力耕者「約己豐人」；〔註1〕加以陽明心學所倡導的主體意識及個性解放，對士風產生很大的影響。因而，士人忠君愛國的觀念逐漸淡薄，不全以「道統」和「政統」的維護者和正義的承擔者爲榮耀，也加深對業儒的恐懼與憂慮。本節擬就晚明人生價值的轉化，對廟堂君臣之作爲及在野士人行止之影響，作一考察。

第一節　人生價值的轉化

明初，皇帝清明，政局穩定。士人忠君愛國、遵紀守法成爲風氣。至英宗、憲宗時，「幸門日開」，〔註2〕王振和汪直弄權，唯當時士風尚能以名節自勵。至武宗時，「內外多故」，〔註3〕劉瑾專政，「列卿爭先獻媚，而司禮之權居內閣上。」〔註4〕士氣大受挫傷，士風漸變。正德十五年（1519），武宗執意南巡，釀成風

〔註1〕《譚友夏合集》卷七二，〈三十四舅氏墓誌銘〉。
〔註2〕《明史》卷一八五，〈贊曰〉。
〔註3〕《明史》卷二八一，〈循吏傳〉。
〔註4〕詳參《明史》卷三〇六，〈閹黨傳〉。

波。〔註5〕諸臣「抗言極論，竄謫接踵；死相枕藉，而赴蹈恐後。」〔註6〕雖皆切於國家安危，但心裏不能無懼。至嘉靖初之「大禮議」。〔註7〕為此，君臣爭執達十多年，造成「君臣交失」。〔註8〕世宗遂「威柄自操，用重典以繩臣下。」〔註9〕致正直難容於朝，如嚴嵩之柔媚反得進，士風更趨保守；忠而見斥者，自生畏懼與怨懟。

至萬曆時期，朝政更壞，張居正死後遭清算和爭國本事件，士人心理備受影響。爭國本之後，神宗長期怠政，士子難得被任用，官員長期得不到升遷，功名成為幻影。此時，泰州學派的異端思想已大行，自我意識覺醒，浮誇之風更加趨於熾烈。天啓後，魏忠賢專權，士風趨於兩極，或泯滅本性，或挺身赴義，使士人面臨痛苦的抉擇，終陷入「退無營業，進靡階梯」〔註10〕的窘境。茲就此生存窘境，探討晚明士人或關注自我人生，抑或重視世俗生活，以及面臨壓力與困惑時的價值變遷。

一、「退無營業，進靡階梯」——人生價值的重新選擇

晚明士人面對萬曆帝施政的荒謬與怠惰，群臣屢有上疏，概括為：一、不接見輔臣，如「朱賡輔政三載，猶未一覯天顏」；二、官署虛懸，「事不切身，政自苟且」；三、章奏留中不下，「言路惟空存議論」；四、榷稅使者滿天下，致小民怨聲徹天，「天以回祿警陛下，陛下反以回祿剝萬民」；五、郊廟不親，朝講不御，「親宦官宮妾，而疏正人端士。」〔註11〕君臣之道瓦解至此。因此，士人之價值觀念不得不相對更迭。以下分三點說明之：

〔註5〕武宗欲以「威武大將軍鎮國公太師朱壽」之名義南巡，群臣阻止，武宗不予理睬，進諫諸臣遭受責斥、廷杖、下詔獄、戍邊或貶謫等。

〔註6〕《明史》卷一八九，〈贊曰〉。

〔註7〕所謂大禮之議，即世宗是繼嗣還是承統，稱孝宗為皇考還是皇伯考，興獻王和王妃的尊號是否去掉「本生」二字。當世宗決定去除「本生」二字，下旨改「本生聖母章聖皇太后」尊號為「聖母章聖皇太后」，遭群臣反對，於嘉靖三年，九卿諸臣等共二百三十多人，跪伏在左順門請願。世宗屢派司禮中官傳旨勸退，眾官不肯，世宗大怒，讓司禮太監將跪伏官員的姓名錄下來，分別逮捕入獄、奪俸、杖之或謫戍。

〔註8〕《明史紀事本末》卷五〇〈大禮儀〉「谷應泰評曰」。

〔註9〕《明史》卷二〇四，〈贊曰〉。

〔註10〕《文徵明集》卷二五，〈三學上陸冢宰書〉。

〔註11〕以上詳參《明史》卷二三六，〈王元翰傳〉。

（一）從兼善天下到追求自我實現

「士不可以不弘毅，任重而道遠。仁以爲己任，不亦重乎？死而後已，不亦遠乎？」〔註 12〕是儒士初始積極入世之抱負。唯現實政治與人生理想悖離，不得已而選擇退隱避世。孔子說：「危邦不入，亂邦不居。天下有道則見，無道則隱。」〔註 13〕「邦有道，則仕；邦無道，則可捲而懷之。」〔註 14〕至孟子，概括爲：「達則兼善天下，窮則獨善其身。」〔註 15〕因此「兼濟」與「獨善」，出仕與退隱成爲儒者處世之兩端。

陽明的「心即理」、「致良知」和泰州學派的「安身立本」、「明哲保身」等學說，對士人們思想觀念有很大的影響。以天下爲己任、維護大一統政權，不再是士人基本的人生理想和立身之本，其忠君愛國的觀念逐漸淡薄，開始走向自我體認。如張岱所說：「先天下之憂而憂，後天下之樂而樂，其擔荷何遠？使世間士子無此胸襟，則讀書種子先絕矣，更尋何人仔肩宇宙？」〔註 16〕亦即「世間士子」須有以天下爲己任的博大胸懷，勇於擔荷歷史重任的弘毅精神。至若體認官場險惡及人生無常後，將如袁中道（小脩）所謂：「而今而後，知古人戰戰兢兢，臨深履薄，是吾人保命符。」〔註 17〕「保命符」是對當時客觀環境所起的願望，致使小脩從早年的狂放到晚年的歸隱自保，正說明晚明士人重視自我生命的維護。

袁宗道（伯脩）也曾面臨官隱兩難：「今世界如一大船在驚濤中，只靠數輩老長年，有不得出者，又有欲歸者，其奈蒼生溺何？處處好從赤松遊，不必棄侯印歸山中也。」〔註 18〕國家如大船在驚濤中，朝官何忍天下蒼生受苦。唯留則無用，罷則不忍。至於袁宏道（中郎）耐性則不如伯脩，狂放卻甚於乃兄，〔註 19〕因此，認爲「時不可爲，豪傑無從著手，眞不若在山之樂也。」〔註 20〕但歸隱後又放心不下，「時事如此，將何所托足？雖江河爲淚，恐不足

〔註 12〕《論語・泰伯篇》。
〔註 13〕《論語・泰伯篇》。
〔註 14〕《論語・衛靈公》。
〔註 15〕《孟子・盡心上》。
〔註 16〕《四書遇・論語・泰伯》。
〔註 17〕《珂雪齋集》卷二一，〈書族兄事〉。
〔註 18〕《白蘇齋類集》卷十五，〈梅開府〉。
〔註 19〕《珂雪齋集》記載李贄言：「伯也穩實，仲也英特。」英特即英氣勃發也。小脩亦謂中郎之資近狂。
〔註 20〕《袁宏道集箋校》卷二二，〈又與馮琢庵師〉。

以盡賈生之哭也。」〔註 21〕一則憂心國事，卻只有「江河爲淚」的苦悲；一則求「在山之樂」，確有「便令遺世亦難從」〔註 22〕的矛盾。最後，則如小脩的自我追求：「鳳凰不與凡鳥同群，麒麟不代凡駟伏櫪。大丈夫既不能爲名世碩人，洗蕩乾坤，即當居高山之頂，目視雲漢，手捫星辰。必不隨群逐隊，自取其辱也。」〔註 23〕以上乃由三袁之自述，觀察其內心的轉化與選擇，已明顯由經世濟民轉至自保自適。

再觀竟陵派鍾惺（伯敬），於萬曆三十八年中進士，因已經歷官場險惡，作有《史懷》一書，爲其讀史所見之筆記，乃一「經世之書」。陶珽在作序時說：「《史懷》者，吾友鍾伯敬經世之書也，檃括正史而論斷之，自云取謝康樂（靈運）『懷抱古今』之意。」〔註 24〕鍾惺也說：「又將《二十一史》肆力一遍，取其事以經世，取其文以傳世，以怡情。」〔註 25〕從鍾氏「經世」、「傳世」、「怡情」的撰作目的論之，其由經世之大我轉至怡情之自我，多少流露出人格之孤僻悲鬱，也回應時代黨爭中，士人承受壓力後的自我安頓。

（二）從存天理到重人欲

程朱理學強調「存天理，滅人欲」，把「克己復禮」的思想推向了極端。因而，崇高人格繫於完美道德，而完美道德則須壓抑個性與欲望。越到後期，道德對個人的制約也就越嚴厲。隨著陽明倡導心學，喚醒士人良知，期望其具備眞誠惻怛之仁心，然終難抵擋物質之誘惑。自嘉靖中期以來，經濟發達，世風奢靡，面對物質誘惑，尙須保持道德面孔，只好以虛僞應付，至萬曆中更烈。張居正曾指出：「今之仕者，以上之惡虛文，責實效，又務爲拙直任事之狀，以爲善宦之資，是以忠爲詐也。嗚呼！以巧爲巧，其蔽猶可救也；以拙爲巧，其蔽不可救也；以詐爲詐，其術猶可窺也；以忠爲詐，其術不可窺也。」〔註 26〕指出當時官場，以拙爲巧、以忠爲詐的風氣。同時，士人備受摧折，經世濟民的理想破滅，乃轉變生存的信念和方式，不再唯「名教」是從，不再以「道統」和「政統」自任。而強化自我存在之意義，以爲樂道

〔註 21〕同前，〈答沈伯函〉。
〔註 22〕同前卷三二，〈甲辰初度〉四首其二。
〔註 23〕《珂雪齋集》卷二四，〈寄祈年〉。
〔註 24〕引自陳廣宏《鍾惺年譜》，頁 195。
〔註 25〕《隱秀軒集》卷二八，〈與譚友夏〉。
〔註 26〕《張太岳文集》卷十八，〈雜著〉。

未必要安貧，物欲享受是合理的存在。如陽明倡「四民異業而同道」，注重「有益於生人之道。」〔註27〕以平等視四民，並重視實際生活。如李夢陽所說：「夫商與士，異術而同心也」。〔註28〕不但轉化傳統賤商的觀念，也突破儒士「謀道不謀食」與「安貧樂道」的價值，於是，晚明士人有感於「爲士不振，俱失養」〔註29〕的生存窘境，漸體悟「治生」之重要性。誠如陳確所說「嘗以讀書、治生爲對，謂二者眞學人之本事，而治生尤切於讀書」，「唯眞志於學者，則心能讀書，必能治生，天下豈有白丁聖賢？敗子聖賢哉？豈有學爲聖賢之人而父母妻子之弗能養，而待養於人哉！」〔註30〕明白指出，物質與基本人欲得到滿足，是彰顯天理的基本條件。

除此之外，由於傳統道學過度強調懲忿窒欲，以天理壓制人欲，使追求歡樂失去合理性。至王畿（龍溪）則主張：「樂是心之本體」〔註31〕的求樂意向，成爲人情之所同然，無論凡夫俗子或聖賢豪傑，皆可同感於心。袁宏道（中郎）更提倡平凡做人，所謂「打倒自家身子，安心與世俗人一樣。」〔註32〕肯定現實生活的意義，淡化禮教的束縛。由此可見，名教清高風尚的約束，於晚明士子重生存理念的價值中，有了異動。

（三）從名節自礪到明哲保身

在人的情意中，同時具有堅強和懦弱的因素，在一個砥礪名節的時代，道德的力量會抗拒強暴和權勢，當道德的勇氣和力量式微，對於外力的威脅利誘，則選擇順應或屈服，甚者，會因勢趁時，蠅營狗苟。

英宗以前，士人「憂國忘家，身繫安危，志存宗社。」〔註33〕直言敢諫，廉潔奉公，是當時士人普遍的風氣。劉瑾當政時期，忠君愛國的士氣大受挫傷。「自時厥後，政府日以權勢相傾，或脂韋淟涊，持祿自固。」〔註34〕失去任事進取的意願，想方設法鞏固自己的地位和權勢。而科道官們也不再以名節自勵，「世宗之季，門戶漸開。居言路者，各有所主。故其時不想其

〔註27〕《王陽明全集》卷二五，〈節庵方公墓表〉。
〔註28〕《空同先生集》卷四六。
〔註29〕馮夢龍《喻世名言》卷一八。
〔註30〕《陳確集》卷五，〈學者以治生爲本論〉。
〔註31〕《明儒學案》卷一二，〈浙中王門學案〉二。
〔註32〕《袁宏道集箋校》卷四四，〈德山麈談〉。
〔註33〕《明史》卷一七○，〈贊曰〉。
〔註34〕同前卷一九○，〈贊曰〉。

不言，患其言之冗漫無當，與其心之不能無私，言愈多，而國是愈益淆亂也。」〔註35〕「各爲其主」、「不能無私」這是當時朝臣自保的狀況。

如湯顯祖，以「一世不可予，余亦不可一世」〔註36〕的率直傲立於世，被史家冠以「意氣慷慨，以天下爲己任」。〔註37〕當其貶官徐聞，其友劉應秋說：「吾丈已蕭蕭遠在風塵之外，崎嶇迫厄中，從鍛煉得覺悟，從覺悟得操修，便當有眞正路頭。」〔註38〕劉應秋以修心養性爲主，因此，他勸導湯顯祖：

> 無常迅速，生死事大；其他即伊周事業，夷齊聲名，皆大地幻境耳，不足多繫念也。〔註39〕

此爲劉應秋的價値取向。視伊周事業爲秕糠，等夷齊聲名如虛譽，從大我回到自我，湯顯祖的另一好友鄒元標，與劉應秋的看法全然不同，他以爲：

> 方義（顯祖字義仍）之上書排閽，此身皆其度外，寧計其他！余獨喜者，義志性命之學，玆固堅志熟仁之一機也哉！夫貞松産於岩岫，固蒼然翠也；然非霜雪之摧抑，雷霆之震驚，則其根不固，而枝葉不能不凋。義幸勉之！寧爲松柏，無爲桃李，寧犯霜雪，無飽雨露；俾向之燁然可驚可愕者，斂而若無若虛。斯非上之賜而余所深望者哉！若夫跳叫際曉，登臨賦詩，自寫其抑鬱無聊之氣，非余所知也。〔註40〕

在鄒元標看來，湯顯祖遭遇的貶官，適足見其勁直，「寧爲松柏，無爲桃李，寧犯霜雪，無飽雨露」。如湯顯祖收斂個性，「若無若虛」，則是元標所不願看到。鄒元標的意氣慷慨與劉應秋的內斂自適，即構成當時士人價値選擇的兩端，但湯顯祖的生生之仁，難於放棄對世事的關懷，是更接近於鄒元標，但自十九年貶官，二十六年復被彈劾，遂家居二十年，或謂：「因執行所抑，天下惜之。」〔註41〕此爲當時之政治現實也。

〔註35〕同前卷二一五，〈贊曰〉。
〔註36〕《湯顯祖詩文集》卷五○，〈豔異編序〉。
〔註37〕《撫州府志》卷五九，〈湯顯祖傳〉見《湯顯祖詩文集》附錄。
〔註38〕《劉大司成文集》卷一四，〈又與湯若士〉。
〔註39〕同前註。
〔註40〕《鄒公存眞集》卷四，〈湯義仍謫尉朝陽序〉。
〔註41〕《撫州撫志》卷五九，〈湯顯祖傳〉見《湯顯祖詩文集》附錄。

二、「廷論紛呶，物議橫生」〔註42〕——廟堂的折衝

晚明士風之曲變，與社會文化長期深化相互影響。茲以明史之相關士人列傳作一縱向的群體心態探討，並橫向就閣臣、科道、循吏等人物角色作一印證說明。

（一）「外畏清議，內固恩寵」——大臣的依阿自守

萬曆帝對張居正的死後清算，給後繼者嚴厲的警戒。自己威柄自操，復怠於政務。此後，執政大臣大都柔媚依違。「張四維、申時行相繼柄政，務為寬大。」〔註43〕盡力迎合皇帝及群臣的意志，如申時行等在廷對所言：「臣等才薄望輕，因鑒前人覆轍，一應事體，上則秉皇上之獨斷，下則副外庭之公論，所以不敢擅自主張。」〔註44〕其委曲自全的心態甚明。因此，務承帝旨的結果，申時行不只「不能大有建立。」〔註45〕且在任內促成皇帝停止講筵，〔註46〕及章奏留中不下。〔註47〕其實，處身於不思有為的皇帝及恣意抨擊的言路之間，輔臣的依阿自守、兩可其間亦有其不得已之處。

歷任首輔，如申時行、沈一貫、方從哲等，都靠媚主作偽維持自己的地位。史臣評曰：「外畏清議，內固恩寵，依阿自守，掩飾取名，弼諧無聞，循默避事。」〔註48〕對張四維、趙志皋、朱賡諸人，史臣評曰：「四維等當軸處中，頗滋物議。」其對首輔的執政能力，深有質疑。先觀沈一貫，於輔政「小有救正，大率依違其間，物望漸減。」〔註49〕於萬曆二十九年（1601），完成冊立太子一事，實為有功。時皇長子已二十歲。延續了十五年的「爭國本」事件，至此方告結束。但於廢礦稅一事，則功敗垂成。萬曆三十年，皇帝病危，囑一貫廢除礦稅，但次日病情好轉，立即反悔，不罷礦稅，一貫未能堅持，致礦稅之害遂延至神宗朝結束。

再觀萬曆三十四年，沈一貫、沈鯉相繼去位，內閣僅朱賡一人執政。朱

〔註42〕《明史》卷二三一「贊曰」：「物議橫生」指萬曆黨爭，政權亂象，也是士風變異之形式。

〔註43〕同前卷二一八〈申時行傳〉。

〔註44〕《明神宗實錄》卷二一九。

〔註45〕《明史》卷二一八〈申時行傳〉。

〔註46〕同前註。

〔註47〕同前〈申時行傳〉：評事雒于仁「進酒色財氣四箴，帝大怒。」時行依違期間，請毋下其章，章奏留中自此始。

〔註48〕《明史》卷二一八，〈贊曰〉。

〔註49〕同前，〈沈一貫傳〉。

賡「醇謹無大過。」因神宗「素慮大臣植黨」，〔註 50〕致沈一貫和朱賡皆一人當國。朱賡接任首輔時已七十二歲，當時朝政日弛，神宗仍欲精簡閣臣，朱賡盡力敦請廷推閣臣，以增補人力。後來朱賡病重，上了二十多道乞休章，言官們生怕他病後還會出來，仍然不斷攻擊他，直至他病逝。

至於萬曆末期當政的方從哲，其「性柔儒，不能任大事」〔註 51〕當時，神宗更加荒怠，各地災害頻傳，官署缺員未補，而等待升遷和任職有數千員，獄囚無人判決，家屬聚號長安門，史稱「職業盡弛，上下解體。」〔註 52〕朝臣對時政所作建言，「帝多不聽，而從哲有內援，以名爭而已，實將順帝意，無所匡正。」〔註 53〕通常，首輔依阿自守，是爲了循默避事。但方從哲常昧於事理，於「紅丸」和「移宮」兩案的處理，可謂荒腔走板，致使科道論劾群起，〔註 54〕而朝政也更加紛亂。

天啓朝，宦官魏忠賢權傾人主。擅政時，「海內爭望風獻諂。」〔註 55〕首輔中，周延儒「庸駑無才略，且性貪。當邊境喪師，李自成殘掠河南，張獻忠破楚蜀，天下大亂，（周）延儒一無所謀畫。」〔註 56〕與清兵對陣，「駐通州不敢戰，唯與幕下客飲酒娛樂，而日騰章奏捷，帝輒賜璽書褒勵。」〔註 57〕其蒙君欺己，爭功推諉，如飲鴆爲樂，等待敗亡。溫體仁則「爲人外曲謹而中猛鷙」，受熹宗寵信，執政八年，「專務刻核，迎合帝意」〔註 58〕「然當是時，流寇躪畿輔，擾中原，邊警雜沓，民生日困，惟日與善類爲仇。」〔註 59〕可見天啓一朝，除了魏忠賢的暴虐，君臣一般昏庸諂佞，致令內外交困，國勢危急。

綜前言之，由於閣臣依違自守，唯順帝意，致政績空蕪，自然引起「言

〔註 50〕《明史》卷二一九，〈朱賡傳〉。

〔註 51〕《明史》卷二一八，〈方從哲傳〉。

〔註 52〕同前註。

〔註 53〕同前註。

〔註 54〕同前註：給事中惠世揚糾劾方從哲有十大罪，三可殺。其中「崔文昇用瀉藥傷損先帝，諸臣論之，從哲擬脫罪，李可灼進劫藥，從哲擬賞賚，當誅。」卷二四三〈孫愼行傳〉：禮部尚書孫愼行追論紅丸案，斥方從哲犯有弒逆之罪：「臣以爲從哲縱無弒之心，卻有弒之事；欲辭弒之名，難免弒之實。」

〔註 55〕同前卷三〇五，〈魏忠賢傳〉。

〔註 56〕同前卷三〇八，〈周延儒傳〉。

〔註 57〕同前註。

〔註 58〕同前，〈溫體仁傳〉。

〔註 59〕同前註

路勢張，恣爲抨擊。」〔註60〕而言路之抨擊許多流於意氣，以致「是非瞀亂，賢否混淆，群相敵仇，罔顧國是，詬誶日積。」〔註61〕因此，國力頹敗成爲必然的結果。

（二）振風裁而恥緘默——爭則名高的心理

相較於一批循默求全的大臣，晚明廟堂亦不乏直諫之士。天順以後，直言敢諫，是當時突出的士風。十三道監察御史和六科給事中合稱科道，他們共同負有建言和進諫之責。所謂：

> 御史爲朝廷耳目，而給事中典章奏，得爭是非於廷陛間，皆號稱言路。天順以後，居其職者，振風裁而恥緘默。自天子、大臣、左右近習，無不指斥極言。南北交章，連名列署。或遭譴謫，則大臣抗疏論救，以爲美談。顧其時，門户未開，名節自勵，未嘗有承意旨於政府，效搏噬於權璫，如末季所爲者。故其言有當有不當，而其心則公。〔註62〕

不只負有言責的科道官，文學詞臣也勇於言事：「詞臣以文學侍從爲職，非有言責也。激以名義，侃侃廷諍，抵罪譴而不悔。」〔註63〕甚至「草野微賤……逢掖布衣、刀筆掾史、抱關之冗吏、荷戈之戍卒……慷慨發憤之徒，扼腕而談世務也。英、景之際，《實錄》所載，不可勝書。」〔註64〕整個士人集團，以至鄉野草民，奏章均得上達天聽，展現公忠體國，爲善恐後，不畏權勢，不計個人利害，這是明前期的士人情懷。

正德、嘉靖時期的屢次大規模抗爭中，士人侃侃廷諍，名聲很高。後諫張居正奪情者亦知名於天下。張居正去世，大都召回京復職。其後，建言者漸漸忠厚意薄，衒沽情勝。值萬曆帝亟欲整肅張居正，僅李植、汪東之、羊可立揭發奸情，〔註65〕甚得皇帝倚重。執政申時行、許國、王錫爵、楊巍等擔心三人得寵。三人又以大峪山不宜作壽宮一事攻申時行曰：

〔註60〕《明史》卷二一九，〈贊曰〉。

〔註61〕同前註。

〔註62〕同前卷一八〇，〈贊曰〉。

〔註63〕同前卷一七九，〈贊曰〉。

〔註64〕同前卷一六四，〈贊曰〉。

〔註65〕《明史》卷二三六，〈李植傳〉載：「萬曆帝深恨居正、馮保，未有以發。李植揭發馮保十二大罪。由是受知於帝。隔二年，御史羊可立亦以追論張居正而受帝知。與汪東之相結，並引吳中行、趙用賢、沈思孝爲重。」

> 地果吉則不宜有石，有石則宜奏請改圖。今鑿石以安壽宮者，與曩所立表，其地不一。朦朧易徙，若弈棋然，非大臣謀國之忠。〔註66〕

申時行辯稱：「車駕初閱時，植、東之見臣直廬，力言形龍山不如大峪。今已二年，忽創此議。其藉事傾臣明甚。」〔註67〕爲此，神宗親往查看，認定大峪山爲佳，遂將三人外調。之後，每一無關緊要之事相爭相劾，皇帝只好忙於調解。另，丁此呂舉發會試考官，偏袒張居正子嗣修、懋修、敬修。又指侍郎高啓愚主持南京試，以「舜亦以命禹」爲題，有勸進張居正之意。當時申時行、許國皆張嗣修座主。許國憤激，諷責言官說：

> 昔之專恣在權貴，今乃在下僚；昔顚倒是非在小人，今乃在君子。意氣感激，偶成一二事，遂自負不世之節，號召浮薄喜事之人，黨同伐異，罔上行私，其風不可長。〔註68〕

內閣指責言官藉端生事，不但居功自負，且黨同伐異，言官不服，雙方復爭論不休，此後，言路和內閣猶如水火。

再觀內閣、吏部之間的矛盾。萬曆中期以後政爭大都以黨爭的形式進行，也逐漸由暗鬥發展到明爭。萬曆二十一年（1593）癸巳京察，對立派別之間的鬥爭已很激烈。負責京察的吏部尚書孫鑨、考功郎中趙南星等秉公執法，力杜請謁。孫鑨首斥外甥呂胤昌，趙南星亦自斥其姻親。一時公論所非皆遭貶黜，大學士趙志皐之弟也不例外。於是內閣大臣皆不悅。結果，皇帝下旨責部臣專權結黨。孫鑨乃上疏言：

> 今以留二庶僚爲專權，則無往非專矣。以留二司屬爲結黨，則無往非黨矣。如避專權結黨之嫌，畏縮選愞，使銓職之輕自臣始，臣之大罪也。臣任使不效，徒潔身而去，俾專權結黨之說，終不明於當時，後來者且以臣爲戒，又大罪也。〔註69〕

孫鑨遂杜門稱疾。皇帝卻認爲孫鑨不認錯，奪其俸，趙南星貶官，虞淳熙等停職。自此以後，內閣與吏部之間門戶之爭日益激化。

從爭國本、爭三案、抨擊時弊，諤諤之士形成強大的清議勢力，又演變成黨爭的歷史命運。如史論：

〔註66〕《明史》卷二三六，〈李植傳〉。

〔註67〕同前註。

〔註68〕同前卷二二九，〈趙用賢傳〉。

〔註69〕《明史》卷二二四，〈孫鑨傳〉。

朋黨之成，始於矜名，而成於惡異。名盛則附之者眾，附者眾，則不必皆賢而胥引之，樂其與己同也；名高則毀之者亦眾，毀者不必不賢而怒而斥之，惡其與己異也。同異之見岐於中，而附者、毀者爭勝而不已，則黨日眾，而爲禍熾矣。〔註70〕

好同惡異的心態，使得士人們物以類聚，黨人相爭常使是非之爭演變爲意氣之爭。以天啓三年（1623）的癸亥京察之爭爲例，由吏部尚書張問達和左都御史趙南星主持，對三黨的主要人物加以排斥，如亓詩教、趙興邦、官應震、吳亮嗣等四人被趙南星稱爲「四凶」，評爲不謹而落職，其餘，屬於齊、楚、浙三黨或相關的官員也紛紛引退。當惠世揚彈劾方從哲時，朝廷中東林黨人已佔絕對優勢，竟有一百十多人先後上疏彈劾方從哲及三黨成員的罪責。實際言之，京察之爭是清流士大夫與結黨營私官吏之爭，京察旨在弘揚正氣，懲汰貪鄙，卻演爲不同黨派之間的互相傾軋，而流於意氣之爭。

由物議橫生，以致黨禍繼作，是萬曆至天啓年間黨爭發展的歷程。東林黨對對立黨派官僚窮追猛打，雙方之間的仇隙越結越深，冤冤相報，紛爭不已。後來三黨中的許多成員爲了和東林黨人對抗，投靠宦官魏忠賢，逐漸形成一個閹黨集團。借助於魏忠賢，將三案又翻了過來，並隨意篡改史實，炮製出了一部《三朝要典》，將王之寀、孫愼行、楊漣等作爲三案罪首，並重修《光宗實錄》。同時他們還製造了「六君子事件」和「七君子事件」等冤案，對東林黨人大加迫害。

（三）名麗閹黨，依媚取容——士人的人格滅裂

明代士風至天啓年間又一大變，萬曆以來激烈的黨爭仍在繼續，士人們不再以國事爲重，唯黨派利益是爭。

物以類聚，人以群分。當魏忠賢用事，亟待外廷諸臣協助，「（顧）秉謙、（魏）廣微率先諂附，霍維華、孫傑之徒從而和之。」〔註71〕氣勢遂盛。然而「秉謙爲人，庸劣無恥，而廣微陰狡」；〔註72〕而霍維華則「性憸邪」。〔註73〕從此國家權炳落入一群德行低劣之徒手中，天下自不得安寧。

當顧秉謙爲首輔，「自（天啓）四年十二月至六年九月，凡傾害忠直，皆秉

〔註70〕同前卷二三二，〈贊曰〉。

〔註71〕《明史》卷三〇六，〈閹黨傳〉。

〔註72〕同前註。

〔註73〕同前註。

謙票擬，《三朝要典》之作，秉謙爲總裁，復擬御製序冠其首，欲用是鉗天下口。」〔註 74〕票擬旨意，皆依魏忠賢旨意，書信往還，則稱「內閣家報」。是以史書載以「自秉謙、廣微當國，其後入閣者黃立極、施鳳來、張瑞圖之屬皆依媚取容，名麗逆案。」〔註 75〕此等士人依附閹黨後，肆意搏擊東林黨人。如徐大化兩次被東林黨人置於京察而貶官，天啓四年，魏忠賢以中旨起用爲大理寺丞。楊漣等六君子下獄後，徐大化獻策於魏忠賢稱：「彼但坐移宮罪，則無贓可指。若坐納熊廷弼賄，則封疆事重，殺之有名。」〔註 76〕因此，被羅織罪名而下詔獄、謫戍、削奪官職者不計其數。

士無操守，致士行荒誕，是當時附麗閹黨之特色。如霍維華諂附魏忠賢，並充當謀主，關係似親密。但當天啓帝病篤，則刻意與魏忠賢疏離。時袁崇煥在寧遠保衛戰捷報傳來，魏忠賢給霍維華加官封蔭，霍維華力辭，並將封蔭轉授袁崇煥。熹宗一死，霍維華立即對閹黨集團進行彈劾。故思宗即位後，霍維華仍得在朝廷做官。給事中顏繼祖極論其罪惡曰：「璫熾則借璫，璫敗則攻璫。擊楊（漣）、左（光斗）者，維華也；楊、左逮，而陽爲救者，亦維華也。以一給事中，三年躐至尚書，無敘不及，有賚必加，即維華亦難以自解。」〔註 77〕後來揭發他的人漸多，霍維華最終以充軍論罪。再如賈繼春，在移宮案剛發生時，上疏指斥楊漣等，後見公議向著楊漣，遂向東林黨求和。魏忠賢將其復職後，又大翻移宮案，極力詆毀楊漣、左光斗等。思宗即位後，魏忠賢失勢，立即彈劾崔呈秀等人。在魏忠賢遭受懲罰後，又稱讚高弘圖疏救楊漣的行爲，其反覆之行爲，思宗認爲這是「眞小人」，〔註 78〕遂以「交結近侍」論罪。

士無操守最爲典型的要算阮大鋮。其人「機敏猾賊，有才藻。」〔註 79〕與左光斗同鄉。天啓四年，吏科都給事中缺官，左光斗薦引他，但趙南星等人以其輕躁不可任用，欲以魏大中替換，阮氏遂對東林黨產生怨恨。此後，阮大鋮投靠魏忠賢，與霍維華、楊維垣、倪文煥結爲死友，編造了《百官圖》進獻。後楊漣、左光斗等人被下獄拷死，阮大鋮則被召回爲太常少卿。但仍不信任魏忠賢，每次進謁，均賄賂守門，取回名帖。魏忠賢自殺後，被定入

〔註 74〕同前註。
〔註 75〕同前註。
〔註 76〕《明史》卷三〇六，〈閹黨傳〉。
〔註 77〕同前註。
〔註 78〕同前註。
〔註 79〕同前卷三〇八，〈奸臣傳〉。

逆案，終崇禎之世，被廢斥十七年。

至如爲謀生存，泯滅天性，依附魏忠賢，號稱義子義孫，則士德更爲卑下。明史載：「外廷文臣則崔呈秀、田吉、吳淳夫、李夔龍、倪文煥主謀議，號『五虎』。武臣則田爾耕、許顯純、孫雲鶴、楊寰、崔應元主殺戮，號『五彪』。又吏部尙書周應秋、太僕少卿曹欽程等，號『十狗』。又有『十孩兒』、『四十孫』之號。而爲呈秀輩門下者，又不可數計。自內閣、六部至四方總督、巡撫，遍置死黨。」〔註 80〕崔呈秀於天啓元年擢爲御史，「卑污狡獪，不修士行。」〔註 81〕被魏忠賢納爲心腹，日與謀劃。曾於疏章末尾言：「臣非行媚中官者，目前千譏萬罵，臣固甘之。」〔註 82〕疏出，朝野轟笑。寵幸後，更貪得無厭，朝臣多拜爲門下士，以致「暮夜乞憐者，莫不緣呈秀以進，蠅集蟻附，其門如市。」〔註 83〕其並爲五虎之首，其他四虎皆其引薦，亦可見求官無恥之態。

總之，稱頌魏忠賢，由崔呈秀首開先例，倪文煥繼之，影響所及，「中外章疏，無不頌忠賢功德者矣。」〔註 84〕如劉徽先後稱頌魏忠賢達十一疏。如閻鳴泰，當忠賢竊柄，即潛結之，故「每陳邊事，必頌功德，於薊遼建生祠，多至七所。其頌忠賢，有『民心依歸，即天心向順』語，聞者咋舌。」〔註 85〕朝廷中之重大舉措，必歸功於魏忠賢，如袁崇煥寧遠捷報，吏部尙書周應秋等稱：「仰賴廠臣揮授方略，克奏膚功，不有殊典，曷酬大勳。」〔註 86〕如梁夢環建祠祀忠賢三疏頌功德。寧錦之役，復稱忠賢「德被四方，勛高百代。」〔註 87〕諂媚奉承，瘋狂光怪，無所不用其極。

再如爲魏忠賢建生祠的造神運動，更是一絕。建生祠，始於浙江巡撫潘汝禎。「汝禎巡撫浙江，徇機戶請，建祠西湖。六年六月疏聞於朝，詔賜名『普德』。自是，諸方效尤，幾遍天下。」〔註 88〕從天啓六年（1626）六月潘汝禎

〔註 80〕《明史》卷三〇五，〈宦官傳〉二。
〔註 81〕同前卷三〇六，〈閹黨傳〉。
〔註 82〕同前註。
〔註 83〕同前註。
〔註 84〕同前註。
〔註 85〕同前註。
〔註 86〕文秉：《先撥志始》卷下。卷上記載萬曆至天啓四年。卷下記載天啓五年至崇禎二年。
〔註 87〕《明史》卷三〇六〈閹黨傳〉。
〔註 88〕同前註。

上疏建祠到七年八月天啓帝去世，每月均有生祠竣工或開建。總共已完成達四十座，動工或規劃則更多。有的地方官員甚至連建幾座，閻鳴泰建七座，劉詔建四座。李蕃建三座。張翼明爲巡撫，上疏請建魏忠賢功坊，坊額稱「一代宗功」，眞是愈奇而愈下。

再視其落成頌詞：「凡疏詞揄揚，一如頌聖，稱以『堯天帝德，至聖至神』，而閣臣輒以駢語褒答，中外若響應。」〔註 89〕至於由五軍都督府、錦衣衛等衙門，公、侯、伯、駙馬等官，以及博平侯郭振明等捐資建祠的公疏中，則稱：「乃社稷有靈，篤生廠臣，獨受遺命，一秉忠貞。但知有皇上，不知有群臣；但知有社稷，不知有富貴；但知有祖宗之法度，不知有奸佞之把持，故《三朝要典》，一但煥然，此廠臣肯堂肯構之元功也。」〔註 90〕又山東巡撫李精白請建「隆禧」祠的上疏亦曰：「廠臣仁威彈壓乎山川，澸澤滲漉乎中外，堯天之巍蕩，帝德難名；時雨之沾濡，元勛丕著。」〔註 91〕最後，以國子監生陸萬齡爲例，其疏請於國學旁建生祠謂：

> 恭遇申岳疏靈、尼山吐氣，篤生聖輔督廠魏忠賢，提不世之貞心，佐一朝之乾斷，披丹開導，首勸鑾輿視學，竭力匡勷，立補累朝缺典。……孔孟之門，昔爲邪慝冒藉之窟，今日何由清明？是廠臣驅蔓延之邪黨，復重光之聖學，其功不在孟子下。伏願於監西敕建廠臣生祠；更願皇上製碑文一道，勒石顯揚。〔註 92〕

陸萬齡將魏忠賢比作至聖先師，要求與孔子之並尊，「邪慝冒藉」之舉，莫此爲甚。會熹宗崩，建祠暫止。崇禎二年，忠賢誅，諸祠悉廢，凡建祠者概入逆案。凡此種種不一而足，媚態畢現，可謂士之沉淪。

質言之，當魏忠賢神像被樹立，士人良知之滅裂已不言自明。立祠本是表示對被供奉者的敬仰和懷念，也藉其德威庇祐眾生。爲魏忠賢建生祠，卻是官員表示對其忠誠和歌頌，更主要是藉魏忠賢之威勢，袒護其私心私利，其阿諛無度，任私心毀其天性，晚明士風之曲變，至此實已癲狂至極，令人嘆爲觀止。當此之時，仍有諤諤之士，如楊漣、左光斗等人傲立崖岸，力抵霜雪風雨；抱道忤時，扮演砥石清流，擔起社會良知的角色。

〔註 89〕《明史》卷三〇六，〈閹黨傳〉。

〔註 90〕《先撥志始》卷下。

〔註 91〕《明史》卷三〇六，〈閹黨傳〉。

〔註 92〕《明史》卷三〇六，〈閹黨傳〉。

（四）「榮出於科目之外，貴加乎爵祿之上」〔註93〕——士人的義理承擔

風雨如晦，雞鳴不已。縱世局昏暗，天地總為人間留一線光芒。晚明局勢之頽疲，閹黨之虐劣，端賴成仁取義之士，承擔義理，清廉守節，公忠直言，以喚醒世人良知，共留天地正氣。

以砥礪名節而言，常以睥睨之態與權貴相抗。如萬曆初，張居正病重，「朝士群禱，南星與顧憲成、姜士昌戒弗往。」〔註94〕在爭國本時期，萬曆帝下詔「三王並封」，顧憲成、薛敷教等上疏諫：

> 皇上因祖訓立嫡之條，欲暫令三皇子並封王，以待有嫡立嫡，無嫡立長。……我朝建儲家法，東宮不待嫡，元子不並封。廷臣言甚詳，皇上概弗省，豈皇上創見有加列聖之上乎？……伏乞令皇元子早正儲位，皇第三子、皇第五子各就王爵。〔註95〕

神宗欲三王並封，朝臣都認為有意偏袒鄭貴妃所出的皇三子，顧憲成等除引祖訓上奏，另信給時任首輔的王錫爵，反復論辯，並封之議終得廢止。

又如馮從吾為御史時，「巡視中城，閹人修刺謁，拒卻之。禮科都給事中胡汝寧傾邪狡猾，累劾不去。從吾發其奸，遂調外。時當大計，從吾嚴邏偵，苞苴絕跡。」〔註96〕萬曆二十年，又抗章言：「陛下郊廟不親，朝講不御，章奏留中不發。……願陛下勿以天變為不足畏，勿以人言為不足恤，勿以目前晏安為可恃，勿以將來危亂為可忽。」〔註97〕其款款陳言，語語眞誠，無所畏懼。

再以萬曆二十一年大計京官為例，趙南星與尚書孫鑨「秉公澄汰」。〔註98〕當時，皇帝與執政大臣皆為改革阻力，然趙、孫仍勇往直前，雖奪俸、貶官，亦無所畏懼。天啓三年，南星再主持京察時，更是力排眾議，官員不謹，均以罷黜。當時士風，乃「人務奔競，苞苴恣行，言路橫尤甚。每文選郎出，輒邀之半道，為人求官，不得則加以惡聲，堅定改革意志。選郎即公正無如何，尚書亦太息而已。」〔註99〕南星深知其弊，並獨排眾議，誠如史載：「銳意澄清，

〔註93〕《苑洛集》卷六，〈席君墓誌銘〉。
〔註94〕《明史》卷二四三，〈趙南星傳〉。
〔註95〕《明史》卷二三一，〈顧憲成傳〉。
〔註96〕同前卷二四三，〈馮從吾傳〉。
〔註97〕同前註。
〔註98〕同前〈趙南星傳〉。
〔註99〕同前註。

獨行己志，政府及中貴亦不得有所干請，諸人憚其剛嚴不敢犯。」〔註100〕其堅忍剛毅之氣魄，勘爲楷模，於澄清時政，著有成效。

又如鄒元標，素以直言敢諫著稱。萬曆年間，張居正奪情，元標抗疏切諫曰：

> 陛下以居正有利社稷耶？居正才雖可爲，學術則偏；志雖欲爲，自用太甚。……今有人於此，親生而不顧，親死而不奔，猶自豪於世曰：「我非常人也」，世不以爲喪心，則以爲禽彘，可謂之非常人哉？〔註101〕

此疏呈上後，被廷杖八十，謫戍都勻衛。天啓年間，回朝主持外計，去留官員毫不徇私。當孫慎行論「紅丸」案，彈劾方從哲等人，鄒元標立即上疏支持：「元輔方從哲，不伸討賊之義，反行賞奸之典，即謂無其心，何以自解於世。」〔註102〕因方氏世居京師，黨附者眾。致眾人之議，皆不得伸。

楊漣、左光斗等都是敢言之士。萬曆四十八年，「紅丸」案，楊漣認爲：「帝疾必不起，文昇藥故也，非誤也，鄭（貴妃）、李（可灼）交甚固，包藏禍心。」〔註103〕責任指向光宗親近諸人。在「移宮」案時，宮府危疑，人情危懼，楊漣與左光斗協心穩住，光斗曰：

> 內廷有乾清宮，猶外廷有皇極殿，爲天子御天得居之，爲皇后配天得共居之。……及今不早斷決，將借撫養之名，行專制之實，武氏之禍將見於今，將來有不忍言者。〔註104〕

以李選侍據乾清宮，將如武后取大位。楊漣則曰：「諸臣受顧命於先帝，先帝自欲先顧其子，何嘗先顧其嬖媵？請（李）選侍於九廟前質之，若曹豈食李家祿者？能殺我則已，否則今日不移，死不去。」〔註105〕其意氣慷慨，可死，不可去。當日，選侍遂移宮。對於扶持沖主，宸極獲正，兩人確用力最多。總之，天啓初期，楊漣、左光斗、趙南星、魏大中等人激揚諷議，務植善類，皆力排奸邪。

當面對酷刑和死亡，仍心存忠君愛國，是傳統士人的自我價值觀。魏大

〔註100〕 同前註。
〔註101〕《明史》卷二四三，〈鄒元標傳〉。
〔註102〕同前註。
〔註103〕同前卷二四四，〈楊漣傳〉。
〔註104〕同前〈左光斗傳〉。
〔註105〕同前〈楊漣傳〉。

中被逮，途經常州，知府曾櫻見了，潸然淚下，魏大中顏色不變，安慰曾櫻說：「死於王家，男兒常事，何必爾爾。」曾櫻擬送盤纏，魏大中拒絕說：「譬如娶婦，霜居數十年，乘死中偶動一念，便屬失節，簀華而晥，不敢以此易也。」〔註 106〕顧大章於獄中自表心跡：「故作風濤翻世態，常留日月照人心。」〔註 107〕繆昌期亦曰：「一死無餘事，三朝未報心。」〔註 108〕於廷訊時，「慷慨對簿，詞氣不撓。」〔註 109〕李應昇亡命前一天詩云：「十年未敢負朝延，一片丹心許獨醒。」〔註 110〕周順昌於投案時，舉家號哭，見書案上有素榜，從容曰：「龍樹庵僧屬我書者，我向許之，今日不了，亦一負心事。」〔註 111〕題了「小雲棲」三字，書上年月、姓名，然後投筆出。以上志士，抱持「生以理全，死與義合」的人生態度，只有從容就義，而不以窮易節。

簡言之，力求人格完善，保持士節和臣節，至死不渝，是此等士人共有之特質。以楊漣爲例，彼於獄中書曰：「若夫雷霆霜雪，無非天恩，何不可安受？我思古人罪則歸己，此則不變之心也。」當時閹黨大翻三案，指楊漣爲移宮案的罪首，楊漣於絕筆書曰：「但願國家強固，聖德剛明，海內長享太平之福，漣即身無完肉，屍供蛆蟻，原所甘心，不敢言求仁得仁，終不作一怨尤字也。」〔註 112〕當其被羅織罪名入獄，「士民數萬人，擁道攀號，所歷村市，悉焚香建醮，祈佑漣生還。比下詔獄，（許）顯純酷法拷訊，體無完膚。」〔註 113〕其忠君愛國，至死不渝的情懷，令人敬重與嘆息。

至於左光斗，在獄中表現更富悲壯色彩。抗清名將史可法爲其門生。史可法向人講述：

> 聞左公被炮烙，旦夕且死，史公持五十金，涕泣謀於禁卒。卒感焉，使更敝衣草屨，僞爲除不潔者。引至左公處，則席地倚牆而坐。面額焦爛不可辨，左膝以下筋骨盡脫矣。史公跪抱公膝而嗚咽，左公辨其聲，而目不可開，乃奮臂以指撥眥，目光如炬，怒曰：「庸奴，此何地也，而汝來前。國家之事，糜爛至此，老夫已矣。汝復輕身

〔註 106〕《東林列傳》卷三，〈魏大中列傳〉。
〔註 107〕《碧血錄》卷上。
〔註 108〕《碧血錄》卷下，〈檻車〉。
〔註 109〕《明史》卷二四五，〈繆昌期傳〉。
〔註 110〕《碧血錄》卷下。
〔註 111〕《東林列傳》卷三，〈周順昌列傳〉。
〔註 112〕《碧血錄》卷上。
〔註 113〕《明史》卷二四三，〈趙南星傳〉。

而昧大義，天下事，誰可支柱者，不速去，無俟奸人構陷，吾即先撲殺汝。」因摸地上刑械，作投擊勢，史噤不敢發聲，趨而出。後常流涕述其事以語人曰：「吾師肺肝，皆鐵石所鑄造也」。〔註 114〕

可法與左公所表現的師徒情深，以及左公的惜才如命，在在感人肺腑。至其鐵漢英雄膽，激揚忠義氣概，直如天雷隆隆，震爍古今。

總之，盡忠守節，從容赴義，不「苟全性命於亂世」的選擇，使得這些士人，較之熱衷功名，皓首窮經之儒士，或依媚閹黨之徒，更具匡濟天下的生存價値意義。而一股耿直剛毅、臨危不懼的士風形象，更爲晚明平添慨然以天下爲己任的士大夫形象。

三、「朝列清班，暮幽犴獄」的憂懼與棲息之調整

晚明時期，廟堂鬥爭激烈，小人肆無忌憚，使得士人常處於「朝列清班，暮幽犴獄」〔註 115〕的憂懼，當士人剛心銳氣銷折殆盡，迫不得已，遂思考退離政壇，找回自我價値，做爲另一種安身立命之依據，此種思考正如陽明所說：「退身以全節，大知也；斂德以亨道，大時也；怡神養性以游於造物，大熙也。」〔註 116〕當鞍馬勞形以後，竟不得免於攻訐，故有「歸歟」之嘆，藉此擺脫官場的險惡，達到退身全節而自保自適，從而歸向自然山水，享受自由灑落的生活，其歸隱意識亦影響晚明士人。

易言之，當進取憤激之情緒，轉化爲任性避世，選擇如隱士、山人、名士甚至狂禪的生活模式，來達到自我完善的目的。就當時而言，受政治、社會、文化影響，四者之間，是一有機體，往往無法完全切割，約略而言：隱士以其退隱避世成就其風采；若隱士不山居澤處，而遊揚都城，奔走公卿縉紳之間，則稱爲山人；名士則以狂放不羈成其風流；至勇於衝撞名教，不諧世俗，則稱之狂禪。四者均屬士人擺脫「失遇」窘境的矛盾群體。以下對此四類，逐一敘述，並彰其特質。

（一）「不如安樂窩中去，靜聽鵑聲叫洛陽」〔註 117〕的隱士風采

當士人覺得聞達不可求，聖賢不可追，選擇「屏絕塵慮，棲山侶石」以

〔註 114〕《方苞集》卷九，〈左忠毅公逸事〉。
〔註 115〕《明史》卷九五，〈刑法〉三。
〔註 116〕《王陽明全集》卷十九，〈思歸軒賦〉。
〔註 117〕《堅瓠集》五集卷一，〈賦詩去位〉。

安頓生命。此正是明史所言：「聖賢以用世爲心，而逸民以肥遯爲節。豈性分實然，亦各行其志而已。」〔註 118〕無論選擇「用世」或「肥遯」，是士人面對時代與自我，必須顯現的志向。

此種想法頗能印證於公安派諸士。袁中道（小脩）便在其體會官場風險之後，剖析其歸隱山林之因：

> 吾賦性坦直，不便忍嘿，與世人久處，必招愆尤。不若寂居山中，友麋鹿而侶梅鶴，此其宜居山者一也。又復操心不定，朱紫隨染，近繁華即易入繁華，邇清淨即易歸清淨。今繁華之習漸消，清淨之樂方新，而青山在目，緣與心會，此其宜居山者二也。兄弟俱闡無生大法，而爲世緣迫逼，不得究竟。今居山中，一意理會一大事因緣，必令微細流注，蕩然不存，此其宜居山者三也。骨肉受命慳薄，惟盡捐嗜慾，可望延年。業緣在前，未能盡卻，必居山中，乃能掃除，此其宜居山者四也。生平愛讀書，但讀書之趣，須成一片。俗客熟友，數來嬲擾，則入之不深，得趣不固。深山閉門，可遂此樂，此其宜居山者五也。〔註 119〕

文中屢屢流露，小脩欲去外緣之干擾，免自性受牽累，更流露出耐得住寂寞的況味，故又陳述「能耐寂寞，而可以隱。耳能耐寂寞，而不須絲竹；目能耐寂寞，而不須粉黛；口能耐寂寞，而不須肥甘；身能耐寂寞，而不須安逸；門戶能耐寂寞，而不須光榮；名姓能耐寂寞，而不須稱揚。」〔註 120〕將寂寞視爲不被俗累的重要依憑。

其實，隱士原有用世之心，遭遇挫折之後，選擇隱居遯世。其中，有科場失意者：如唐時升「少有異才，未三十謝去舉子業」〔註 121〕李流芳「再上公車不第，天啓壬戌，抵近郊聞警，賦詩而返，遂絕意進取」；〔註 122〕歸子慕「一再試不第，不赴公車，屏居江村」；〔註 123〕顧雲鴻「中萬曆庚子鄉試，退而卜築虞山之藤溪」。〔註 124〕亦有逢親人變故而退隱者：如黃姬水，做秀才時，

〔註 118〕《明史》卷二九八，〈隱逸傳〉。
〔註 119〕《珂雪齋前集》卷二三，〈寄祈年〉。
〔註 120〕《珂雪齋前集》卷十三，〈東遊記〉十。
〔註 121〕《列朝詩集小傳》丁集下，〈唐處士時升〉。
〔註 122〕同前，〈李先輩流芳〉。
〔註 123〕同前，〈歸待詔子慕〉。
〔註 124〕同前，〈顧先輩雲鴻〉。

父母去世，「哭父母成疾，遂棄諸生」〔註 125〕其自敘《白下集》云：「壯心不死，束髮易生，向人莫語，御酒寡歡，雲霞鬱思，江山灑泣。」〔註 126〕其感慨，頗有時代之思。

有仕途失意者：如張之象曾做浙江布政司經歷，因性情倜儻，不甘爲小吏，辭職而歸，「閉門卻掃，橫經藉書，紛披几案間，客至不能布席，貧不能買山，作〈賣書買山詩〉」。〔註 127〕又如王問爲廣東按察僉事，赴任途經桐江，該地曾爲東漢嚴光隱居垂釣處，即徘徊不欲離去，遂棄職歸家，供奉老父，不再出仕，足跡不履城市，以詩文書畫自娛。

當然，也有一些隱士既未出仕，也不願參加科考。這些隱士往往天性淡泊。如姜玄，「少博學嗜酒，不就博士弟子試」，「居於湖瀆，足未嘗輕詣，人或使其子弟學焉，亦時謝遣之。朝起視盎中粟稍可炊，即閉廬吟誦，歲中所過相善者，率不出百里」。〔註 128〕又如俞允文「未及強，謝去諸生，讀書汲古，年六十七而卒」。〔註 129〕簡言之，甘心隱淪，不關心世務，不應試，不出仕者，間亦有之。傳統讀書人接受儒家的養成教育，學成入世者爲多，遇挫退隱，時代不可爲也。

（二）「挾詩卷，攜竿牘，遨遊縉紳」的山人舉止

晚明時期，隱士、山人〔註 130〕遊揚於縉紳公卿間成爲風氣。錢謙益說：

> 本朝布衣以詩名者，多封己自好，不輕出遊人間，其挾詩卷、攜竿牘，遨遊縉紳，如晚宋所謂山人者，嘉靖間自子充（吳擴）始，在北方則謝茂秦（榛）、鄭若庸，此後接跡如市人矣。〔註 131〕

鉤心鬥角的官場和束縛身心自由的禮教，想要掙脫；卻又不願割斷世俗，捨棄

〔註 125〕同前丁集上，〈黃秀才姬水〉。

〔註 126〕同前註。

〔註 127〕《列朝詩集小傳》丁集上，〈張經歷之象〉。

〔註 128〕同前，〈姜布衣玄〉。

〔註 129〕同前，〈俞處士允文〉。

〔註 130〕所謂「山人」，歷來有不同解釋。如《管子‧輕重己》：「趣山人斷伐，具械器，……三月之後，皆以其所有易其所無。」此乃指住在山裡的人。又如唐‧王勃‧〈贈李十四詩〉四首之一：「野客思茅宇，山人愛竹林。」則指隱居山中的士人。至宋‧蘇軾‧〈於潛令刁同年野翁亭〉詩：「山人醉後鐵冠落，溪女笑時銀櫛低。」則指仙家、道士。到晚明「山人」一詞，則做爲「戀世之心勝過出世之情」的文人代稱。

〔註 131〕《列朝詩集小傳》丁集上，〈吳山人擴〉。

人間的幸福，仍置身於都城鬧市，往來於縉紳公卿之間，所謂的「市隱」或「吏隱」就是山人最好的自我安頓方式。換言之，只要「內無所營，外無所冀」〔註132〕則山人無往而不可隱。

對於山人，其戀世之心勝過出世之情，愛城市甚於山林。誠如中郎所說：「古之嗜山水者，煙嵐與居，鹿豕與遊，衣女蘿而啖芝朮。今山人之跡，什九市廛，其於名勝，寓目而已，非眞能嗜者也。」〔註133〕像袁景休，讀經史，喜作詩歌，曾遍遊吳越間山川，歸來後「受一廛於吳市，以賣卜終老」；〔註134〕陳昂避倭患率家人從莆田到了豫章，「織草屨爲日，不給，繼之以卜」，後來到達南京，依應天府姚知府，姚知府死後，無所依，「賣卜秦淮，或自榜片紙於扉，爲人傭作詩文，巷中人有小小慶吊，持百錢斗米與之，隨所求以應，無則又賣卜，或雜以織屨。」〔註135〕此等山人，寄住都城，遊走街市，以「賣卜」維生，心中尋求鬧中取靜。

往來於縉紳公卿之間的「大隱」之士則更多。如鄭若庸早年有詩名，趙康王禮聘他至藩地，康王父子與他講賓主之禮，於是海內士爭相前往趙藩做客卿。又呂時臣「歷齊、梁、燕、趙間十年，客食諸王門下」，〔註136〕晚年客於沈宣王藩地。嘉靖後期以後，客於內閣大學士，被稱爲「相門山人」的，有客於嚴嵩的吳擴、客於徐階的沈明臣、客於袁煒的王穉登、客於申時行的陸應陽，這些人在晚明均有詩文名。

山人中名氣最大要數陳繼儒（眉公），二十九歲時，「取儒衣冠焚棄之，隱居昆山之陽。」〔註137〕歸隱之初，曾曰：

> 例請衣巾，以安愚分事。竊惟住世出世，喧寂各別；祿養志養，潛見則同。老親年望七旬，能甘晚節；而某齒將三十，已厭塵氛。生序如流，功名何物？揣摩一世，眞拈對鏡之空花；收拾半生，肯作出山之小草。乃稟命於父母，敢告言於師尊，長笑雞群，永拋蝸角。讀書談道，願附古人；復命歸根，請從今日。形骸既在，天地猶寬；偕我良朋，言邁初服。所慮雄心壯志，或有未隳之時，故於廣眾大

〔註132〕江盈科：《雪濤閣集・小漆園記》。
〔註133〕《袁宏道集箋校》卷五四，〈題陳山人山水卷〉。
〔註134〕《列朝詩集小傳》丁集中，〈袁卜士景休〉。
〔註135〕同前〈白雲先生陳昂〉。
〔註136〕《列朝詩集小傳》丁集中，〈呂山人時臣〉。
〔註137〕《明史》卷二九八，〈陳繼儒傳〉。

庭，預絕進取之路，伏乞轉申。〔註 138〕

時爲萬曆十四年，正當三十歲少壯，即悟功名如鏡中花，自身何必作出山草，而選擇與雞群爲伍，斂蝸角而不露鋒芒，從此讀書談道，復命歸根，消磨「雄心壯志」，誓絕進取之路，也凸顯黨爭的漩渦，促使士人履薄臨深，而生起畏禍自保的心態。

陳眉公既選擇棄絕功名，卻仍游於縉紳公卿而非棲山侶石，曾自述曰：

古隱者多躬耕，余筋骨薄，一不能；多釣弋，余禁殺，二不能；多有二頃田，八百桑，余貧瘠，三不能；多酌水帶索，余不耐苦饑，四不能。乃可能者，唯嘿處淡飯著述而已。然著述家切弗批駁先賢，但當拈己之是，不必證人之非。〔註 139〕

隱者必須有田、能耕、耐苦饑，而眉公樣樣缺乏，只好選擇著述維生，但著述的原則是：「拈己之是，不必證人之非」，此原則可以作爲山人之通性。除此之外，眉公於《晚香堂小品》中〈顏子身諷〉，對顏子形象的詮釋，可視爲晚明山人的人生追求：

顏子居陋巷，一簞食，一瓢飲。孔子賢之，非賢其安貧樂道也。安貧樂道，獨行苦節之士皆能之，何足以難顏子。顏子王佐才也，簞瓢陋巷中，卻深藏一個王佐。當是時，不特仲由、子貢諸儕輩拉他不去，即其師孔子棲棲皇皇，何等急於救世，而顏子只是端居不動，而且有以身諷孔子之意。其後孔子倦於轍環，亦覺得陋巷的無此勞攘；厄於絕糧，亦覺得簞瓢的無此困頓；又其後，居夷浮海，畢竟無聊，原歸宿到蔬水曲肱地位，而後知顏子之早年道眼清澈耳。所以有感而三歎其賢也。古人云：智與師齊，減師半德；智過於師，乃堪傳授。其顏氏之謂耶！故終日不違，不見他如愚，惟於簞瓢陋巷時味之，絕不露王佐伎倆，亦絕不露三十少年圭角，至此方見得顏子如愚氣象。

眉公有自比顏子之意，但此顏子是其自己塑造的顏子，其處亂世而能從容對待，可貴在「樂道」，不在「安貧」，故游揚公卿，取得豐厚生活是合宜的。以顏子具有「王佐」之才，而不露伎倆，比喻自己二十九歲即棄儒者衣冠，不必如孔子，勞碌終生而無所成，有「以身諷孔子之意」，更有以身諷世之意，

〔註 138〕《柳南隨筆》卷三，〈陳眉公告衣巾〉。

〔註 139〕《岩棲幽事》。

其自顧自憐，道出多少士子心聲。

（三）「骨剛情膩」的名士〔註140〕遺風

魏晉名士，以遠離塵世，任運自然爲尚；晚明名士，則常口中出世，心中卻有濃濃的戀世之情。誠如袁中道（小脩）所謂：

> 予謂世間自有一種名流，欲隱不能隱者。非獨謂有挾欲伸，不肯高舉也。大都其骨剛，而其情多膩。骨剛則恒欲逃世，而情膩則又不能無求於世。膩情爲剛骨所持，故恒與世相左，其宦必不達。而剛骨又爲膩情所牽，故復與世相逐，其隱必不成。於是口常言隱，而身常處宦。欲去不能，欲出不遂，以致徘徊不決，而嬰金木，蹈羅網者有之矣。〔註141〕

小脩感受時代壓力，並深入世俗，知世俗之牽絆人，對當時所謂名士，有其獨到見解。人之性格中，同時具骨剛與情膩兩種因素。骨剛成分多，則超越世俗的情懷強，較敢於與時相違。若情膩成分多，則易留戀人間歡樂，常與眾生相逐，而流連世俗。此兩種心情，交替於內心，形體則徘徊於仕隱之間，「口長言隱，身長處宦」可謂名士之標準形貌。如袁宏道（中郎）以京中和家中來比較宦與隱的差異：

> 京中有苦有樂，家中亦有苦有樂。京中之苦在拜客，家中之苦在無客可拜；京中之苦在閉口不得，家中之苦在開口不得；京中之苦以眼目爲佛事，家中之苦以眉毛爲佛事。兩苦相較，未知孰優孰劣。〔註142〕

當其處於是非紛擾之官場，則想念家中的清淨；當其歸隱家中，又難忍獨處之寂寞。兩者又難以區分優劣，只好徘徊其間。他曾作一比喻：「如猴子在樹下，則思量樹頭果；及在樹頭，則又思量樹下飯。往往復復，略無停刻。」〔註143〕此種舉不起、放不下的矛盾的心態，致使爲官時進時退，患得患失，當時名士

〔註140〕《世説新語》載：袁恪之與人談論某人時説：「門庭蕭寂，居然有名士風流。」又載王導關於某人語：「此君風流名士，海内所瞻。」均將名士與「風流」二字連在一起。名士風流，不只是才華才氣的表現，還是人格、道德和精神的體現。所以除了多才多藝而風流倜儻外，還要有高雅的風度和氣質，不慕榮利，清高而有氣骨，始可稱爲名士。

〔註141〕《珂雪齋集》卷十三，〈東遊記〉十。

〔註142〕《袁宏道集箋校》卷二一，〈答王則之檢討〉萬曆二十六年。

〔註143〕《袁宏道集箋校》卷二一，〈蘭澤、雲澤兩叔〉。

之特徵即爲如此。

晚明名士要享有自我，具有個性，不受世俗禮教的約束，與心學末流只爲自我之士風，可謂異曲同工。其熱愛人生，追求自我幸福，「若夫世樂可得，即享世間之樂；世樂必不可得，因尋世外之樂。」〔註 144〕所謂「世外之樂」即指山水之樂，仍未離世間。人世間的一切歡樂，舉凡飲食男女、聲色犬馬、看戲聽曲、養鳥植花、遊山玩水、琴棋書畫，凡可得，人人得而享之。袁宏道（中郎）也說：

> 夫鸚鵡不愛金籠而愛隴山者，桎其體也。鵰鳩之鳥不死於荒榛野草而死於稻粱者，違其性也。異類猶能自適，何以人而桎梏於衣冠，豢養於祿食邪？則亦可嗤之甚矣。異類尤順性而生，逆性而死，人類自不可存活於名位富貴。〔註 145〕

禽鳥追逐山林野草，得自由而活躍。人追求順性而生活順暢，他認爲「名位富貴」是逆性之物，因而，人不能賴「名位富貴」以存活，由此可見其不願受拘束之處世態度。

再觀竟陵派鍾惺，爲譚元春寫詩集序時，曾說：

> 古稱名士風流，必曰門庭蕭寂，坐鮮雜賓，至以青蠅爲弔客，豈非貴心跡之併哉？夫日取不欲聞之語，不欲見之事，不欲與之人，而以孤衷峭性，勉強應酬，使吾耳目形骸爲之用，而欲其性情淵夷，神明恬寂，作比興風雅之言，其趣不已遠乎！且夫性孑而習昵，則違心；意僻而貌就，則謾世；初諧而中疏，則變素；恒親而時乖，則示隙。夫詩，清物也。才士爲之，或近薄而取忌。違心謾世，薄道也。變素示隙，忌媒也。欲以明厚而反薄，欲免於忌而媒之，非計之得者也。索居自全，挫名用晦，虛心直躬，可以適己，可以行世，可以垂文，何必浮沈周旋，而後無失哉！〔註 146〕

鍾惺以爲，名士以門庭蕭寂、遠俗靜守爲特徵；而「孤衷峭性」不適合應酬世俗；勉強爲之，會出現「謾世」之姿態，並「示隙」於人，終招世俗忌恨，而危及自身。因此，「索居自全，挫名用晦，虛心直躬」等封閉靜守之做法，即「可以適已」，「可以行世」以及「可以垂文」。其求在污濁時代中，保持自

〔註 144〕《珂雪齋集》卷二五，〈答錢受之〉。
〔註 145〕《袁宏道集箋校》卷一一，〈馮秀才其盛〉。
〔註 146〕《隱秀軒集》卷十七，〈簡遠堂近詩序〉。

我之獨立與高潔，與中郎「順性而生」之意相類。

總之，名士們往往有強烈的用世之心，但情感有餘而理性不足，用世之心有餘而治世之才不足。其想法和行為常不切實際，遭遇挫折和失敗比常人為多。當其出仕，官職往往不大，又自覺懷才不遇而憤世嫉俗，由憤世嫉俗發展為頹然自放、遊戲人生。因此，名士中很難產生出類拔萃的政治家。像屠隆、湯顯祖、臧懋循等名士都曾出過仕，然於政治並無大作為，最終都因縱情越禮的浪漫氣質而退出官場。如湯顯祖在晚年，曾為自己總結說：

> 弟一生疏脫。然幼得於明德師（指羅近溪），壯得於可上人（指達觀和尚），時一在念，未能守篤以環其中。來去幾合，尚悠悠如是，時自悲怛。〔註 147〕

無論明德師或可上人皆湯顯祖所尊崇，然兩人之勇猛精進非其所能及，而只能「時一在念」而「未能守篤」，蓋其意志不如兩位之堅定也。他曾有強烈的用世之心，故於萬曆十九年上〈論輔臣科臣疏〉，對政局頗多議論，結果被下詔切責，〔註 148〕並降徐聞縣典史。雖其曾樂觀以對，似亦不得已也。萬曆二十七年大計罷官，其被動退出官場，對政治深感失望，但仍熱愛人生，他曾說：「不佞幼志頗巨，後感通材之難，頗事韻語，餘無所如意。」〔註 149〕本欲展現才能遂其恢弘之志，到後來專心從事韻文戲劇創作，這是名士浮游官場，必須有的思考和心理準備。

有些名士雖有用世之心，卻沒有出仕的機會，只好以布衣終身。像顧大章的從弟顧大武，在酒席間，常常「奮袂叉手，談霸王大略，每大言曰：『世有用我，其為姚元之乎？』」天啓年間，顧大章遭受黨禍，入六君子之獄，顧大武挺身入京師，奔走周旋，試圖緩解其獄。六君子死後，顧大武護顧大章喪歸，他說：「天下將亂，吾衰矣，無以自見，生可厭，而死可樂也。」〔註 150〕於是更加自放於酒。當其強烈用世的理想破滅後，也就更加放浪任性，率意而行。

再一種則像袁中郎，當其第三次入仕（萬曆三十五年），記京城生活曰：

> 近日燕中談學者絕少，弟以此益閑。塵車糞馬，弟既不愛追逐，則

〔註 147〕《袁宏道集箋校》卷四七，〈答鄒賓川〉。

〔註 148〕諭云：「湯顯祖以南部（時任南京禮部祠祭司主事）為散局，不遂己志，敢假借國事攻擊元輔。本當重究，姑從輕處了。」

〔註 149〕《湯顯祖詩文集》卷四八，〈答許子洽〉。

〔註 150〕《列朝詩集小傳》丁集下，〈顧仲子大武〉。

> 隨一行雅客，蒔花種竹，賦詩聽曲，評古董眞贗，論山水佳惡，亦自快活度日。但每日一見邸報，必令人憤發裂眥，時事如此，將何底止？因念山中殊樂，不見此光景也。然世有陶、唐，方有巢、許，萬一世界擾擾，山中人豈得高枕？此亦靜退者之憂也。〔註151〕

當時的局勢與處境，可謂「朝中不安，山中不樂」，即在京城已難有作爲，只好以養花作詩度日，眼見時局日益惡化，卻勸朋友且莫靜處深山，此種己欲退而勸人進的矛盾情懷，是名士常有的心態。袁中郎更塑造一種「適世」之人，讓自己嚮往。這種人似儒非儒，似禪非禪，凡事無可無不可，所謂「於世無所忤違」，就是身處末世之名士，容易出現的生存態度。

（四）「不受名教羈絡」的狂禪行徑

「狂禪」指晚明一種獨特的思想潮流，其特徵爲以禪證儒，援儒入禪。黃宗羲指出：「泰州之後，其人多能以赤手搏龍蛇，傳至顏山農、何心隱一派，遂復非名教之所能羈絡矣。」〔註152〕「非名教之所能羈絡」即指「狂禪」行徑，其對名教之衝撞，可謂「掀翻天地，前不見有古人，後不見者來者。」〔註153〕對時代有很大的衝擊。

狂禪之習，陽明開其端，而爲泰州學派所發揚。陽明曾說：

> 我今才做得個「狂者胸次」，使天下人都說我「行不揜言」也罷。〔註154〕

其「狂」的性格，結合「無善無惡」的良知本體，流傳以後，遂啓後世狂禪之風。

所謂「狂禪」，其學術內涵，主儒釋合一，如趙大洲所說的「以儒證佛，以佛證儒。」〔註155〕至於說狂禪的典型，要屬管志道。管志道（東溟）主張三教合一，曾曰：

> 謂乾元無首之旨與華嚴性海渾無差別。唐宋以來，儒者不主孔奴釋，則崇釋卑孔，皆於乾元性海中自起藩籬。故以乾元統天，一案兩破之也。其爲孔子闡幽十事言：孔子任文統不任道統，一也；拘臣道

〔註151〕《袁宏道集箋校》卷五五，〈與黃平倩〉。
〔註152〕《明儒學案》卷三二，〈泰州學案〉一。
〔註153〕同前註。
〔註154〕《王陽明全集》卷三，〈傳習錄〉下。
〔註155〕江藩《國朝漢學師承記》。

不拘師道，二也；刪述六經，從游七十二子，非孔子定局，三也；與夷惠易地則爲夷惠，四也；孔子知天命，不專以理，兼通氣運，五也；一貫尚屬悟門，實之必以行門，六也；敦化通於性海，川流通於行海，七也；孔子曾師老，八也；孔子從先進，是黃帝以上，九也；孔子得位，必用桓文做法，十也。〔註156〕

管志道認爲，儒釋本無差別，是後儒自起藩籬，他把孔子看得很圓活，可以爲夷惠，可以爲黃老，可以爲桓文。道德、刑名、權謀、術數，兼容並包，隨機運用，可算是思想上一大解放，狂禪派的理論具備於此。高攀龍說：

尊崇儒矩，排斥狂禪，亦不過謂世法宜然。而窺先生（指管志道）之意，實以一切聖賢皆是逆流，菩薩本無三教，惟是一乘耳。故攀龍謂先生之學，全體大用總歸佛門而後之。信先生者，必以牟尼之旨；疑先生者，必以仲尼之道。〔註157〕

指出管志道雖闢狂禪，實不離狂禪，其實質用意乃欲以佛禪統馭三教。而四庫館臣說得更爲明確：「蓋志道之學出於羅汝芳，汝芳之學出於顏鈞，本明季狂禪一派耳。」〔註158〕由此可知，狂禪就學術而言，基本是以禪解儒的精神，其內涵正與晚明空疏學風息息相關。顧炎武批評晚明之清談說：

昔之清談談老莊，今之清談談孔孟。未得其精而已遺其粗，未究其本而先辭其末。以明心見性之空言，代修己治人之實學。〔註159〕

狂禪派清談談孔孟與良知的空疏學風，《四庫全書總目》中多有提及：「……然隆慶萬曆以後，士大夫惟尚狂禪，不復以稽古爲事，是編廣徵博引、足備參稽，在爾時猶爲篤實之學矣。」〔註160〕一方面指狂禪存在之事實，另方面則開啓務實之學。

次觀狂禪的具體例證，鄧豁渠從學於趙貞吉。「以爲性命甚重，非拖泥帶水可以成就，遂落髮爲僧。」〔註161〕成爲狂放縱情的典型。爲追求解脫之樂，長期出遊不歸，不顧兒女婚嫁，此已與儒行嚴重衝突。更謂：

堯舜事業，自堯舜視之，如一點浮雲過太虛。堯舜之所輕，眾人之

〔註156〕《明儒學案》卷三二，〈泰州學案〉一。
〔註157〕《高子遺書》卷八上，〈與管東溟〉二。
〔註158〕《四庫全書總目》卷三七，〈孟子訂測〉提要。
〔註159〕《日知錄》卷七，〈夫子之言性與天道〉。
〔註160〕《四庫全書總目》卷一九，〈藝穀三卷穀補三卷提要〉。
〔註161〕《明儒學案》卷三二，〈泰州學案〉〉。

> 所重也。更不去堯舜所重處尋覓，譬如蒼蠅鑽窗，何時得出三界，終須敗壞性命事，謂之向上機緣，非拖泥帶水可得成就。如今就做得君君臣臣，父父子子，兄兄弟弟，夫夫婦婦，如唐虞熙熙皐皐也，只是下的一坪好棋子；桀紂之世也，只是下壞了一坪醜棋子，終須卒也滅，車也滅，將軍亦滅。故曰往古遞成，千覺夢中原都付一坪棋。凡所有相，皆是虛妄，離一切相，即名諸佛。〔註 162〕

以佛家解脫立場評論儒家聖人，視儒者行爲爲凡情俗欲，已非士人所能接受，是以佛亂儒的代表。而李贄稱其「學問是眞實學問，從萬死中得來。」〔註 163〕正突顯其蔑仁義，反對儒家名教的精神。

換言之，陽明後學中，至李贄，狂禪行徑最烈。李贄以後，狂禪遂成風氣。〔註 164〕其作爲已越儒、釋藩籬。其敘述狂禪傳承云：

> 當時陽明先生門徒遍天下，獨有心齋爲最英靈。心齋之後爲徐波石，爲顏山農，山農以布衣講學，雄視一世，而遭橫死。波石以布政使清兵督戰，而死廣南。雲龍風虎，然哉！蓋心齋眞英雄，故其徒亦英雄也。波石之後爲趙大洲，大洲之後爲鄧豁渠；山農之後爲羅近溪，爲何心隱，心隱之後爲錢懷蘇，爲程後臺，一代高似一代。所謂大海不宿死屍，龍門不點破額，豈不信乎！心隱以布衣出頭倡道，而遭橫死。近溪雖得免於難，然亦幸耳，卒以一官不見容於張太岳。蓋英雄之士，不可免於世，而可以進於道。〔註 165〕

由此更窺見李贄「一代高似一代」的豪俠氣概、狂者胸次，走向與儒家傳統名教決裂的歧路。

然而，李贄以其自尊自信，表現置名節於不顧的豪傑氣概，譏切時政，流露一腔熱情，其論張居正和何心隱：

> 何公，布衣之傑也，故有殺身之禍；江陵，宰相之傑也，故有身後之辱。不論其敗而論其成，不追其迹而原其心，不責其過而賞其功，則二老者，皆其師也。非與世之局瑣取容，埋頭顧影，竊取聖人之名，以自蓋其貪位固寵之私者比也。〔註 166〕

〔註 162〕《南詢錄》，頁 387。
〔註 163〕《柞林紀譚》。
〔註 164〕《明儒學案》卷三五，〈泰州學案四〉：「李卓吾鼓倡狂禪，學者靡然從風。」
〔註 165〕《焚書》卷二，〈爲黃安二上人大孝文一首〉。
〔註 166〕《焚書》卷一，〈答鄧明府〉。

可見其不同流俗之態度，就事論事，應譽則譽，應貶則貶，不曲容於世俗。這就是以「直截爲宗」的狂禪性格。袁中郎曾三訪李贄，袁中道（小脩）記曰：

> 先生（中郎）既見龍湖（李贄），始知一向掇拾陳言，株守俗見，死於古人語下，一段精光不得披露。至是浩浩焉如鴻毛之遇順風，巨魚之縱大壑。能爲心師，不師於心；能轉古人，不爲古人轉，發爲語言，一一從胸襟流出，蓋天蓋地。如象截急流，雷開蟄户，浸浸乎其未有涯也。〔註167〕

三袁風度受李贄影響者甚多，如「鴻毛之遇順風，巨魚之縱大壑」之氣勢，「能轉古人，不爲古人轉」的唯我獨尊，尤其主張「從胸襟流出」加上「雷開蟄戶」，則天寬地闊，「未有涯」也。這些對三袁所倡「獨抒性靈」有極大的鼓舞作用。

總之，狂禪士風，就宋明理學之虛僞、因陳格套而發，又受陽明「良知」天機活潑之滋養，繼而至泰州學派汲取禪宗「即心即佛」之概念，任運而爲，使得一味肯定自我之精神境界，取代道德思想義理，終至蔑視綱常倫理，張揚自我，形成晚明擺脫名教束縛，肯定個人價值之風尚。

本節所探討之士人價值、生命態度等面向，實受心學流行、禪風瀰漫、政治文化等多方面因素影響。其中，有些本是心學家，或創立學派建構體系，抑或只能從自身需要出發，汲取心學資源，呈現自在自足，超越名教而張揚本性的不同風貌，進而構成晚明士風精采多元的色彩。

第二節　生活形貌的展現

晚明是一個世態詭譎，政情紛擾，社會奢靡的時代，是所謂：「吏情物態，日巧一日；文網機阱，日深一日。」〔註168〕的時代，對於政治的危疑叵測，士人或選擇講學來抒其理想，以「一登講堂，此心戚戚」〔註169〕地切磋濟窮救世良方；「或陶情於聲伎，或肆意於山水，或學仙談禪，或求田問舍，總之爲排遣不平。」〔註170〕如此生活型態，乃呼應晚明心學「不屑湊泊爲工夫，胸次茫無

〔註167〕《珂雪齋前集》卷一七，〈吏部驗封司郎中中郎行狀〉。
〔註168〕《袁宏道集箋校》卷六，〈與何湘譚〉。
〔註169〕《明儒學案》卷二三，〈江右王門學案〉。
〔註170〕陳宏緒《寒夜錄》卷上。

畔岸，便以不依畔爲胸次，解纜放船，順風張棹，無之非是。」〔註171〕之自然。一來形成任性縱情的的生活形貌；二來則展示理想，或世俗與雅致並行，情趣與藝術結合。據此，本節依序分：一、聞風景附；二、玩物采眞；三、孤雲出岫；四、顚有眞色等四方面，逐一探析。

一、聞風景附——熱衷講學之態

晚明講學風氣興盛，由書院推廣至社會，尤其是陽明後學及東林諸子，東林雖對心學末流頗有微詞，但對講座諸君子，其砥礪志氣則意氣相投。如鄒元標、劉宗周多與東林相呼應，黃宗羲曾爲復社之一員。本段以其講學盛況及講學旨意，突顯清流士風之面貌。

（一）講學盛況

陽明在世時，講學不輟，其後學繼之。〔註172〕當龍溪被首輔夏言指爲僞學，即告病，居「林下四十餘年，無日不講學」，〔註173〕足跡遍東南，八十餘歲猶不肯停止，其「善談說，能動人，所至聽者雲集。每講，雜以禪機，亦不自諱也。」〔註174〕因而影響深遠，「其後，士之浮誕不逞者，率自名龍谿弟子。」〔註175〕此又盛名之累也。

至於王艮（心齋），亦勤於講學，門徒之盛，足以與龍谿相比。其弟子率都爵位有氣勢。心齋以布衣抗其間，聲名反出諸弟子上。其本狂士，持論高遠，出入二氏，論說往往駕師之上。心齋傳林春、徐樾；樾傳顏鈞，鈞傳羅汝芳、梁汝元（即何心隱）；汝芳傳楊起元、周汝登、蔡悉等，亦多勤於講學。〔註176〕

至羅汝芳（近溪），其熱衷講學有甚於其他。〔註177〕擔任太湖知縣時。

〔註171〕《明儒學案》卷三四，〈泰州學案〉三。

〔註172〕如浙中錢德洪（緒山）、王畿（龍溪）季本（彭山）等；江右鄒守益（東廓）、聶豹（雙江）、羅洪先（念庵）、鄒元標（南皐）等；南中唐順之（荊川）、徐階（存齋）等；泰州則自王艮（心齋）、王襞（東崖）、羅汝芳（近溪）、楊起元（復所）、耿定向（天台）、祝世祿（無功）、周汝登（海門），陶望齡（石簣）等均以講學著稱。

〔註173〕《明儒學案》卷一二，〈浙中王門學案〉。

〔註174〕《明史》卷二八三〈儒林傳〉二。

〔註175〕同前註。

〔註176〕同前註。

〔註177〕當羅近溪任東昌知府時，與提學副使鄒善皆宗陽明學。鄒善爲建願學書院，俾六郡士師事焉。近溪亦建見泰書院，時相討論。猶以取友未廣，北走京師，

召諸生論學，公事多決於講座。嘉靖三十九年，任寧國知府，以崇學育才爲功課，日日講學於水西、志學二處。並「創開元會，罪囚亦令聽講。」〔註178〕因此「教化益行，郡堂無鞭樸聲」。〔註179〕此外，他亦勸徐階聚四方計吏講學。時徐階與歐陽德、聶豹、程文德並以宿學顯位。乃「集四方名士於靈濟宮，與論良知之學。赴者五千人。都城講學之會，於斯爲盛。」〔註180〕五年後，徐階再任盟主，盛況雖不如前，對心學的傳播，甚有助益。

值得一提的是，萬曆年間，雖張居正「不許別創書院」，〔註181〕仍禁不住近溪之講學。萬曆五年「(近溪)進表，講學於廣慧寺，朝士多從之者，江陵（指張居正）惡焉，給事中周良寅劾其事畢不行，潛住京師。」〔註182〕遂勒令致仕，此後，往來閩、廣，更致力講學，所至弟子常滿座，足見其講學之遍布與風靡。

餘如楊起元（復所）奉近溪爲聖人，近溪在京時，值江陵不悅學，近溪既歸，復所嘆曰：「吾師且老，今若不盡其傳，終身之恨也。」乃跟隨至姑山房學習，嘗謂鄒元標（南皐）曰：「師未語，予亦未嘗置問，但學會堂長幼畢集，融融魚魚，不啻如春風中也。」〔註183〕足見近溪講學氣氛之濡染。

再觀南中講學盛況，「緒山、龍溪所在講學，〔註184〕於是涇縣有水西會，寧國有同善會，江陰有君山會，貴池有光岳會，太平有九龍會，廣德有復初會，江北有南譙精舍，新安有程氏世廟會，泰州復有心齋講堂，幾乎比戶可封矣。又東廓（鄒守益）、南野（歐陽德）、善山（何廷仁）先後官留都，興起者甚眾。」〔註185〕當陽明在滁州，戚賢（南元）以諸生旅見，集會於平定書院。貢安國（受軒），師龍谿，主水西同善之會，後官山東州守，講學於志學書院。沈寵（古林），在閩建養正書院，在蘄黃建崇正書院，當近溪立開元

南游江左，務以親賢講學爲事，門弟子日益進。(見《明史》卷二八三〈儒林傳〉二)

〔註178〕《明史》卷二八三〈儒林傳〉二。

〔註179〕以上引自《明文海》卷四四四，詹事講〈近溪羅夫子墓誌〉。

〔註180〕《明史》卷二八三〈儒林傳〉二。

〔註181〕《張太嶽集》卷三九，〈請申舊章飭學政以振興人才疏〉。

〔註182〕《明儒學案》卷三四，〈泰州學案〉三。

〔註183〕同前註。

〔註184〕緒山、龍溪皆因不合當道而去官，周遊四方，講良知學。據〈浙中王門學案〉二載：錢緒山在野三十年，王龍溪林下四十餘年，無日不講學。自兩都及吳楚閩越江浙，名區奧地，皆有講舍。

〔註185〕《明儒學案》卷二十五，〈南中王門學案〉。

之會於宣州，沈古林與梅宛溪主其席。當梅宛溪爲紹興太守時，曾重修陽明講堂。蕭良幹（拙齋），師事錢緒山、王龍谿，水西講會之盛，蕭氏出力甚多。張棨（士儀），曾從鄒東廓、錢緒山、王龍谿求學，歸而聚徒講學，以收斂精神爲切要。由講堂遍設，講師踵進，達「幾乎比戶可封」，可知南中講學盛況。〔註 186〕

祝世祿（無功）勤學，終身不離講席。當錢緒山、王龍谿講學江右，祝無功與其同儕，跟隨祝惟敬（以直）、祝眉壽（介卿）參與文麓之會。及耿定向（天臺）倡道東南，海內雲附景從，其最知名者，則新安潘去華、蕪陰王德孺與無功。天臺以「不容已」爲宗，先生從此得力。〔註 187〕

南都舊有講學之會，萬曆二十年前後，名公畢集，會講尤盛。一次，周汝登（海門），拈天泉證道一篇相發明，許敬菴（孚遠）言無善無惡不可爲宗，作九諦以難之，海門作九解以伸其說。〔註 188〕其盛況有類龍溪與德洪對四句教之體悟。

最後以陽明後學爲例，觀其對東林講學的聞風景附。如鄒元標（南皐）於萬曆十八年再被罷官，「建仁文書院，聚徒講學。」〔註 189〕至天啓初，起用爲左都御史，建首善書院，與馮從吾講學其間。兵科朱童蒙表示反對，認爲：「憲臣議開講學之門，國家恐啓門戶之漸，宜安心本分，以東林爲戒。」〔註 190〕當時，魏忠賢掌握朝權，傳旨謂：「宋室之亡，由於講學。」〔註 191〕元標疏曰：

> 本分之外，不加毫末，人生聞道，始知本分內事；不聞道，則所謂本分者，未知果是本分當否也。天下治亂，繫於人心，人心邪正，繫於學術……臣弱冠從諸長者遊，一登講堂，此心戚戚。既罷計偕，獨處深山者三年，嗣入夜郎兀坐深箐者六年，浮沉南北，棲遲田畝又三十餘年，賴有此學，死生患難，未嘗隕志，若只以臣等講學，惟宜放棄斥逐之，日以此澆其磊塊，消其抑鬱無聊之氣，則如切如磋道學之語，端爲濟窮救苦良方，非盡性至命妙理，亦視斯道太輕，

〔註 186〕同前註。
〔註 187〕《明儒學案》卷三五，〈泰州學案〉四。
〔註 188〕同前卷三六，〈泰州學案〉五。
〔註 189〕同前卷二三，〈江右王門學案〉八。
〔註 190〕同前註。
〔註 191〕《明史》卷二四三，〈鄒元標傳〉。

視諸林下臣太淺矣。……前二十年，東林諸臣，有文有守……〔註 192〕

元標以爲，士人能謹守本分，因道在心中，透過講學，以砥礪志行，不致因進退而隳其志氣。

至劉宗周（蕺山），處明末政治腐敗，眾說紛紜之時代，始終抱持學術救國之理念，一生講學不輟。其子伯繩曾述曰：「其退而居於野也，橫經論道，講學淑人。」〔註 193〕萬曆三十八年（32 歲）始教授於大善寺僧舍；先後曾教授於朱氏之解吟軒、陳氏之石家池、韓山草堂；天啓二年佐贊首善書院；五年，會講解吟軒，九年，在京師，閒中講學，始以大學誠意之旨教人，作「獨證篇」。〔註 194〕其始終講學不倦。總之，此類文士，多賢能志士，所體現的是以道自許，以君子自居的清流風貌。

（二）講學要旨

講學盛況如前所述，至於內容要旨爲何，擬作一梗概敘述，以作爲觀察士人態度的一個面向。陽明後學大抵以「良知」爲教，而依各自體悟施爲，唯東林則不認同心學末流。然雖立論不同，互有辯難，皆得相安。陽明兩大及門弟子錢德洪（緒山）與王畿（龍溪），其對「四句教」的體悟即不同，緒山「以爲定本，不可移易」；龍溪則「謂之權法」，〔註 195〕至後世謂：「緒山與龍溪親炙陽明最久，在師門之旨，不能無毫釐之差。龍溪從見在悟其變動不居之體，緒山只於事務上實心磨練。故緒山徹悟不如龍溪，龍溪修持不如緒山，乃龍溪竟入於禪，而緒山不失儒者之矩矱。」〔註 196〕故陽明要兩人互補爲用，「時士大夫率務講學爲名高，而德洪、畿以守仁高第弟子，尤爲人所宗。」〔註 197〕是以陽明良知，其在世時，因兩位入室弟子各有體悟，自其時已分流矣。

當時的心學環境，大抵重工夫者依緒山，重本體者依龍溪。而彼此皆能兼容並蓄，互相尊重，如羅洪先（念庵）之學近於緒山，當其閉關時，龍溪去函勸他：

吾兄素行超卓，眞純粹白，同志素所信向。乃今閉關多年，高臥不出。於一己受用得矣，如世道何？兄見此輩發心不眞，遂生厭離，不如自

〔註 192〕《明史》卷二四三，〈鄒元標傳〉。
〔註 193〕《劉子全書》卷四十，〈年譜〉。
〔註 194〕同前註。
〔註 195〕《明儒學案》卷一二，〈浙中王門學案〉二。
〔註 196〕《明儒學案》卷一一，〈浙中王門學案〉一
〔註 197〕《明史》卷二八三，〈儒林傳〉二。

> 了性命，於計爲得，且見荊川（唐順之）出山，大業未究，遂有所懲，益堅遁世。竊計此亦過矣。大乘禪宗尚不肯作自了漢。況兄平生種下萬物同體眞種子，世間痛癢，素所關心，天機感觸，隨處生發，豈容自已。春秋會時，還望爲眾出關，將身擔當此事，以爲之倡。務各各以實行相觀法，不從知解辯說，滋長虛見。使諸會所煜然修明，有光舊業，庶不枉大丈夫爲此一大因緣出世一番耳。弟雖老矣，不敢不如期趨晤，共效切劘之助，固吾人分內事也。〔註198〕

念庵因眾生「發心不眞」即生怨離，龍溪予以勉勵，並力勸「爲眾出關」，「以實行相觀法」，使「諸會所煜然修明」，以啓悟眾生，念庵之學雖與龍溪有異，但爲啓悟眾生之心意則同。

再觀南中講學之旨，戚賢（南元）論學謂：「千聖之學，不外於心，惟梏於意見，蔽於嗜欲，始有所失，一念自反，即得本心。」在京師會中，有談二氏者，即正色阻之，龍谿偶舉黃蘗止兒啼公案，南元勃然曰：「君是吾黨宗盟，一言假借，便爲害不淺。」〔註199〕龍谿爲之愧謝，以表示對其見解之尊重。

萬曆二十年左右，南都之會，許孚遠（敬庵）與周汝登（海門）的九諦、九解之辯。孚遠篤信良知，而不喜援良知以入佛者，以爲：「文成宗旨原與聖門不異，以性無不善，故知無不良。良知即是未發之中，立論至爲明晰。無善無惡心之體一語，蓋指其未發時，廓然寂然時而言之，止形容得一靜字，合下三語，始爲無病。今以心意知物具無善惡可言者，非文成之正傳也。」〔註200〕而海門解之：「以爲善且無，惡更從何容，無病不須疑病，惡既無，善不必再立，頭上難以安頭，本體著不得纖毫，有著便凝滯而不化。」同一講會，相與爭鋒，使天泉宗旨，益辯益明。〔註201〕其可貴處在於能兼容並蓄。

至如泰州後學講學多富禪意。如趙貞吉（大洲）自道：「僕之爲禪，自弱冠以來，敢欺人哉？」〔註202〕故當時大都有辯論而無爭執。又如楊起元（復所）所至，以學淑人，其大旨謂：「明德本體，人人所同，其氣稟拘他不得，物欲蔽他不得，無工夫可做，只要自識之而已，故與愚夫愚婦同其知能，便

〔註198〕《王龍溪全集》卷五，〈與羅念庵書〉。

〔註199〕以上引自《明儒學案》卷二十五，〈南中王門學案〉

〔註200〕《明史》卷二八三，〈儒林〉二。

〔註201〕九諦、九解詳參《明儒學案》卷三六〈泰州學案〉五。

〔註202〕《明儒學案》卷三三，〈泰州學案〉二。

是聖人之道。」〔註 203〕其清修姱節，學不諱禪。

至鄒元標（南皐）、劉宗周（蕺山），兩人曾同講學於首善書院。當蕺山會講解吟軒，「每會令學者收斂身心，使根柢凝定，爲入道之基，於是有愼獨之說焉。」〔註 205〕時魏忠賢大興黨獄，緹騎四出，削籍滿天下，故其令學者「收斂身心」，良有以也。崇禎四年，舉證人會於陶石簣先生祠。其致詞曰：

> 此學不講久矣，文成指出良知二字，直爲後人拔去自暴自棄病根。今日開口第一義，須信我輩人人是個人，人便是聖人之人，人人可做。於此信得及，方是良知眼孔。因以證人名其社。〔註 206〕

蕺山鼓勵士人致良知即可成聖，一方面對當時士人戒懼心靈的安頓，另方面則強調良知的積極性，以成聖來替代對時代不安的惶恐。

鄒元標與劉宗周又皆聲援東林，雖與東林學術有異，而志節則同。東林書院自萬曆三十二年重修，即以「四要」〔註 207〕爲講學核心，作爲立身處世之根本。「每一集會，士大夫抱道忤時者，率退處林野，聞風響附，學舍至不能容。」〔註 208〕天啓五年，天下書院既毀。太倉張溥、張采及蘇州楊維斗等人組織應社，而後又擴大爲復社，以繼承東林自許，時人稱「小東林」。陸世儀《復社紀略》云：

> 自世教衰，士子不通經術，但剽耳繪目，幾倖戈獲於有司。登明堂不能致君，郡邑不知澤民，人材日下，吏治日偷，皆由於此。溥不度德，不量力，期與四方多士共興復古學，將使異日務爲有用，因名曰復社。〔註 209〕

於是會合了大江南北各地的社集，雲間幾社、浙西聞社、江北南社、江西則社、歷亭社、席社、吳門之羽朋社、匡社、武林之讀書社、山左朋大社等，統稱之爲復社。崇禎五年，復社在虎邱大會，盛況空前：

> 癸酉（崇禎四年）春，（張）溥約社長爲虎邱大會，先期傳單四出，至日，山左、江右、晉、楚、閩、浙以舟車至者數千餘人。大雄寶殿不能容，生公台，千人石，鱗次布席皆滿，往來絲織，游於市者

〔註 203〕同前卷三四，〈泰州學案〉三。
〔註 205〕《劉子全書》卷四〇，〈年譜〉。
〔註 206〕《劉子全書》卷四〇，〈年譜〉。
〔註 207〕《東林書院志・會約》：所謂「四要」即知本、立志、尊經、審幾也。
〔註 208〕《明史》卷二三一，〈顧憲成傳〉。
〔註 209〕《復社紀略》卷一，頁 179。

爭以復社會命名，刻之碑額，觀者甚眾，無不詫歎。以爲三百年來，從未一有此也。〔註 210〕

結社之初，目的有二：一則揣摩舉業時文，以應科考；再則藉集會吟詠，砥礪切磋。萬曆初，社集以文會友，不涉政事；天啓以後，各立門戶，相互標榜，本爲詩文唱和，轉而譏切國事。之後參與者亦漸混雜，如黃宗羲所言：

崇禎間，吳中倡爲復社，已網羅天下之士，高才宿學，多出其間。主之者，張受先、張天如、東浙馮留僊、鄴僊枹鼓相應。皆喜容接後進，標榜聲價，人士奔走，輻輳其門。馮華小生，苟能分句讀，習字義者，夾行卷西棹婁江，東放慈水，則其名成矣。〔註 211〕

復社之初，高才宿學聚集，但普及求眾之後，附會好名者常得倖進，「復社」遂不復當初面目矣。〔註 212〕

總括而言，勢改時移的晚明，上述士人雖不涉政事，但譏刺國政，標榜志節，以文會友，理性辯證的講學態度，確爲晚明士風挹注一股清流風貌。

二、玩物采眞——古雅品味之追求

講學言說可以「知道」；行住坐臥、一飲一食可以「體道」，誠如陽明所說：「目無體，以萬物之色爲體；耳無體，以萬物之聲爲體；鼻無體，以萬物之嗅爲體；口無體，以萬物之味爲體。」〔註 213〕晚明文人深得其精髓，以「讀義理書，學法帖子，澄心靜坐，益友清談，小酌半醺，澆花種竹，聽琴玩鶴，焚香煎茶，登城觀山，寓意弈棋。」〔註 214〕是爲「游道」的生活方式，費元祿進一步指出人的「游道」是「抗志絕俗，玩物采眞」，〔註 215〕亦即一切外事外物，只要認眞體悟，都可以悟道。晚明士人因政治疏離，而在生活中著力，

〔註 210〕同前，頁 207。

〔註 211〕《南雷文定》卷一，〈劉瑞當先生墓誌銘〉。

〔註 212〕陳去病《五石脂》記復社集會盛況云：「松陸士大夫家，咸置一舟，每值集會，輒鼓棹赴之，瞬息百里，不以風波爲苦也。聞復社大集時，四方士子之拏舟相赴者，動以千計，山塘山下，途爲之塞。迨經散會，社中眉目，往往招邀俊侶，經過趙李，或泛扁舟，張樂驩飲，則野芳演外，斟酌橋邊，酒罐花氣，月色波灶，相爲掩映……」

〔註 213〕《王陽明全集》卷三，〈傳習錄〉下。

〔註 214〕明・陶宗儀纂《說郛續》卷二八。

〔註 215〕〈晁采清課〉收在《筆記小說大觀》14 編 4 冊（台北：新興書局，1988 年），卷上，頁 5。

園林樓閣、膳食酒茶、器物珍玩均與藝術結合，形成雅緻則賞心悅目，疵癖則眞實無隱的生活情調。

（一）雅緻為尚

晚明時期，人性解放思潮興起，將精神愉悅藉物質享受來達成，因此舉凡對於園林設計，玩賞項目、室內格局都用心思索，精心設計，其本質是將生活細節藝術化。若從心學角度而言，則是展現「當下渾淪順適」〔註216〕的自然情趣。

晚明士人喜點綴生活，有關的品鑑載錄亦應運而生，《四庫提要・論文震亨長物志》云：

> 凡閒適好玩之事，纖悉畢具，大致遠以趙希鵠《洞天清祿》爲淵源，近以屠隆《考槃餘事》爲參佐。明季山人墨客多以是相誇，所謂清供者是也。

其中，屠隆《考槃餘事》一書，分列書、帖、畫、紙、墨、筆、硯、琴、香、茶、盆玩、魚鶴、山齋、居器服、文房器具、游具等十六箋。各箋下復以事物分目，逐條論辨雅俗，爲個中代表作。「山人墨客以是相誇」，是此類焚香試茶，聽泉看山的閒賞雅事，乃晚明文人的普遍風尙。其他如品茗則有田藝蘅的《泉小品》；鼓琴則有徐時琪《綠綺新聲》；弈橫則有王穉登《弈史》、王思任《弈律》等等，琳瑯滿目，風雅多姿。以袁中郎〈瓶史〉爲例，以述插花藝術和盆景欣賞，分十二目，〔註217〕逐次論及。其引曰：

> 夫幽人韻士，屏絕聲色，其嗜好不得不鍾於山水花竹。夫山水花竹者，名之所不在，奔競之所不至。故幽人韻士得以乘間而據爲一日之有。夫幽人韻士者，處於不爭之地，而以一切讓天下之人者也。惟夫山水花竹，欲以讓人，而人未必樂受，故居之也安，而踞之也無禍。……京師人家所有名卉，一但爲余案頭物。無扦剔澆頓之苦，而有味賞之樂。〔註218〕

直言漫遊山水，欣賞花竹，既是高雅又可遠害全身。另外於《月山房匯鈔》〈瓶史〉二卷，其上卷「瓶花之宜」中，認爲「最忌花瘦於瓶，又忌繁雜，如縛

〔註216〕《明儒學案》卷三四，〈泰州學案〉三。

〔註217〕《袁宏道集箋校》卷二四，〈瓶史〉：即花目、品等、器具、擇水、宜稱、屏俗、花祟、洗沐、使令、好事、清賞、監戒等。

〔註218〕同前〈瓶史〉引。

成把，殊無雅趣。」〔註219〕而雅緻則在「令俯仰高下，疏密斜正，各具意態，得畫家寫生折枝之妙，方有天趣。」〔註220〕將插花以作畫藝術一般處理。

至於飲食雅趣，袁中郎的〈觴政〉，共十六條，專談飲酒藝術。「社中近饒飲徒，而觴容不習，大覺鹵莽。」〔註221〕因酒容不雅而求雅，而尤重其情趣。從酒徒的資格到酒質、酒色、酒味、酒杯乃至於下酒物均有精審品評。此雅趣亦表現在品茗，如陳眉公《茶董小序》嘗云：「余以茶星名館，每與客茗戰，自謂獨飲得茶神，兩三人得茶趣，七八人乃施茶耳。」〔註222〕這是講飲茶的方式，無論獨飲眾飲，均賦予極高的風雅。此風雅之事，即晚明士人的清賞生活內涵，由袁中郎談〈清賞〉進一步了解：

> 茗賞者上也，談賞者次也，酒賞者下也。若夫內酒越茶及一切庸穢凡俗之語，此花神之深惡痛斥者，寧閉口枯坐，勿遭花惱可也。夫賞花有地有時，不得其時而漫然命客，皆爲唐突。若不論風日，不擇佳地，神氣散緩，了不相屬，此與妓舍酒館中花何異哉？〔註223〕

中郎指出，賞花必須時地兼顧，須相應之情境烘托，清賞的目的才會達成。

對於居住品味的講究，則可以先觀陳眉公談家居閒賞的樂趣：

> 香令人幽，酒令人遠，茶令人爽，琴令人寂，棋令人閒，劍令人俠，杖令人輕，麈令人雅，月令人清，竹令人冷，花令人韻，石令人雋，雪令人曠，僧令人談，蒲團令人野，美人令人憐，水令人奇，書史令人博，金石鼎彝令人古。〔註224〕

由此可見，晚明士人營造超塵脫俗的境界，一切事物都具有了情感，舉止言行表現幽人韻士之風味，一切飲食、起居、器用無不講究精緻風雅。誠如眉公在《岩栖幽事》所謂：

> 瓶花置案頭，亦各有相宜者。梅芬傲雪，偏繞吟魂。杏芷嬌春，最憐粧鏡。梨花帶雨，青閨斷腸。荷氣臨風，紅顏露齒。海棠桃李，爭艷綺席。牡丹芍藥，乍迎歌扇。芳桂一枝，足開笑語。幽蘭盈把，堪贈仳漓。以此引類連情，境趣多合。

〔註219〕《袁宏道集箋校》附錄一，《輯佚》。
〔註220〕同前註。
〔註221〕《袁宏道集箋校》卷四八，〈觴政〉。
〔註222〕《媚幽閣文娛》。
〔註223〕《袁宏道集箋校》卷二四，〈清賞〉。
〔註224〕《小窗幽記》卷七，〈集韻〉。

取景設境，不含人間炊煙，充滿花香情濃，幽靜之樂。

此外，對於園林屋舍，務求優雅閑適。如謝肇淛之設境：

> 竹樓數間，負山臨水，疏松修竹，詰曲委蛇，怪石落落，不拘位置，藏書萬卷其中，長几軟榻，一香一茗，同心良友，閒日過從，坐臥笑談，隨意所適。不營衣食，不問米鹽，不敘寒暄，不言朝市。丘壑涯分，於斯極矣。〔註225〕

在日常生活中，松竹、山水、書樓、香茗、良友須一應俱全。其他如王圻去職後，「築室淞江之濱，種梅萬樹，目曰梅花源。」〔註226〕顧雲鴻於山麓間築室，「雙松表門，老槐架屋，疏泉理石。」〔註227〕大略在平靜幽深的環境中，追求富有藝術意味的恬淡、自然的生活情趣。描繪得最爲淋漓盡致的，當屬程羽文的〈小蓬萊〉：

> 門內有徑，徑欲曲。徑轉有屏，屏欲小。屏進有階，階欲平。階畔有花，花欲鮮。花外有墻，墻欲低。墻內有松，松欲古。松底有石，石欲怪。石面有亭，亭欲樸。亭後有竹，竹欲疏。竹盡有室，室欲幽。室傍有路，路欲分。路合有橋，橋欲危。橋邊有樹，樹欲高。樹陰有草，草欲青。草上有渠，渠欲細。渠引有泉，泉欲瀑。泉去有山，山欲深。山下有屋，屋欲方。屋角有圃，圃欲寬。圃中有鶴，鶴欲舞。鶴報有客，客欲不俗。客至有酒，酒欲不卻。酒行有醉，醉欲不歸。〔註228〕

蓬萊之所以是仙境，因爲它雖處俗世，卻隔絕了人世間的囂塵濁土。對於士人而言，心遠地自偏，「即塵土亦自有迴絕之場，正不必侈口白雲鄉也」。空靈清幽，自是人間仙境。針對晚明此類生活藝術，鍾愛優雅清靜之環境，吳從先在《小窗自紀》有所註解：「幽居雖非絕世，而一切使令供具，交游晤對之事，似出世外。」表現晚明的生活品味，亦陶潛的「結廬在人境，而無車馬喧」之嗣響。

簡言之，尋幽訪壑，不必求之深山，庭園景觀足以盡其微妙。如謝肇淛曾記一位庭園造景的巧匠：「每得小石，有峰巒岩穴者，悉置庭中。余謂仙

〔註225〕《五雜組》卷一三，〈事部〉一。
〔註226〕《明史》卷二八六，〈文苑傳〉。
〔註227〕《列朝詩集小傳》丁集下，〈顧先輩雲鴻〉。
〔註228〕程羽文《清閑供》，引自《香艷叢書》三集卷二。

人在雲中，下視武夷，不過如此。以一賤傭，乃能匠心經營，以娛耳目若此。」〔註229〕以小石砌成「峰巒岩穴」，植樹種花，迭山累石，置之庭院，即成一山林縮影，不只「以娛耳目」，更見其「胸中丘壑」。又如陳鶴曾寫百花主人：「性好植百花，百花亦以人爲主」，「主人始闢圃聚花，得名花數百種，遂陳列次第，爲王爲魁者羅之中庭，妖而奴者列焉。因蔓以爲湃，聚卉以爲砌，高而實者爲林，短而群者爲籬，品繁而色異，蝶欣而鳥疑，四時一春，香艷不斷。主人暇則帶書坐花下，瑯然高誦，四顧落落，惟百花與主人傾心相笑，若默解主人意者。」〔註230〕在此情境陶染下，賞玩百花自然有無窮意趣。

總之，雅致之趣對晚明士人而言，具有整體性特徵，包括食衣住行等方面，此種藝術化的生活，張岱謂：「世人一技一藝，皆有登峰造極之理。」〔註231〕可做爲最佳註腳。

（二）疵癖為美

晚明文人常玩物成癖，復以成癖相標榜，「癖」本是一種缺陷，但在晚明小品作者眼中，卻成爲有個性、有風格之代名詞。故袁中郎謂：

> 世人但有殊癖，終身不易，便是名士。如和靖之梅，元章之石，使有一物易其所好，便不成家。縱使易之，亦未必有補於品格也。〔註232〕

因有「殊癖」才有個性、有執著之情。張岱說：「人無癖不可與交，以其無深情也；人無疵不可與交，以其無眞氣也。」〔註233〕蓋有癖才有深情，有疵才有眞氣。並於《陶庵夢憶》載有許多具有癖性的畸人：如金乳生愛種花草，「事必親歷，雖冰龜其手，日焦其額，不顧也」；〔註234〕范與蘭愛作盆景，「建蘭三十餘缸，大如畚箕，早舁而入，夜舁而出者，夏也；早舁而出，夜舁而入者，冬也。長年辛苦，不減農事。」〔註235〕癖性反映人對事物熾熱的追求，人有癖好，則情有所寄，志有所向，才能感到生活的樂趣。

袁中郎要人有殊癖，才有個性；要人有所寄，才能快樂。所謂：

〔註229〕《五雜組》卷三。
〔註230〕陳鶴《百花主人傳》，《明文海》卷四○七。
〔註231〕《石匱書》卷六○，〈妙藝列傳總論〉。
〔註232〕《袁宏道集箋校》卷五五，〈與潘景升〉。
〔註233〕《陶庵夢憶》卷四，〈五異人傳〉。
〔註234〕同前卷一，〈金乳生草花〉。
〔註235〕同前卷八，〈范與蘭〉。

人情必有所寄，然後能樂。故有以弈爲寄，有以色爲寄，有以技爲寄，有以文爲寄。古之達人，高人一層，只是他情有所寄，不肯浮泛虛度光景。每見無寄之人，終日忙忙，如有所失，無事而憂，對景不樂，即自家亦不知是何緣故。這便是一座活地獄，更說什麼鐵床銅柱、刀山劍樹也？〔註236〕

所謂寄，即專注某一對象，且樂此不疲，那是一種寄託也是一種享受。另於〈蘭亭記〉一文云：

古今文士愛念光景，未嘗不感歎於死生之際。故或登高臨水，悲陵谷之不長；花晨月夕，嗟露電之易逝。雖當快心適志之時，常若有一段隱憂埋伏胸中，世間功名富貴不足以消其牢騷不平之氣。於是卑者或縱情曲蘗，極意聲伎；高者或托爲文章聲歌，以求不朽；或究心仙佛與夫飛升坐化之術。其事不同，其貪生畏死之心一也。〔註237〕

功名富貴本足以快意人生，然在明末卻埋藏隱憂，因而把不平之氣，轉到聲伎、文章、仙佛的寄託。但難免有「貪生畏死之心」。至晚年，中郎又有新體悟：

舉世皆以爲無益，而吾惑之，至捐性命以殉，是之謂溺。溺者，通人所戒，然亦通人所蔽也。溺於酒者，至於荷鍤；溺於書者，至於伐塚；溺於禪者，至於斷臂。……有大溺者，必有大忍，今之溺高貴者，汩沒塵沙，受人間摧折，有甚於水者也。抑之而更拜，唾之而更諛，其逆性反情，有甚於笑者也。〔註238〕

溺與寄均爲執著，執著則苦隨之，必欲去之，因無執才是人生的解脫。渴望從世俗之溺中解脫出來，求得自我的心靈快適。從寄到不溺，仍爲中郎一貫的自求解脫，與世和解。茲不論中郎之說是否正確，但的確流露晚明士子一種發自肺腑的感想，即如其在〈瓶史・十・好事〉一文所言：「余觀世上語言無味、面目可憎之人，皆無癖之人也。」〔註239〕可見他對「癖」是情有獨鍾。

晚明，強調個性，把缺陷當作是個性的顯現。只要是眞，缺陷也值得欣賞。張大復有〈病〉一文說：

〔註236〕《袁宏道集箋校》卷五，〈李子髯〉。

〔註237〕《袁宏道集箋校》卷一○。

〔註238〕同前卷五一，《遊蘇門山百泉記》。

〔註239〕同前卷二四。

> 木之有癭，石之有鴝鵒眼，皆病也。然是二物者，卒以此見貴於世。非世人之貴病也，病則奇，奇則至，至則傳。木病而後怪，不怪不能傳形；文病而後奇，不奇不能駭於俗。吾每與圓熟之人處，則膠舌不能言；與鶩時者處，則唾；與迂癖者處則忘；至於歌謔巧捷之長，無所不處，亦無所不忘。蓋小病則小佳，大病則大佳，而世乃以不如己爲予病，果予病乎？亦非吾病，憐彼病也。天下之病者少，而不病者多，多者吾不能與爲友，將從其少者觀之。〔註240〕

「病」所以是美，所以值得欣賞，因其保有個性的「眞」和「奇」。世俗追求圓熟，常淪入進退失據，動則得咎，失去眞情與眞氣。有「病」、「疵」，才顯現個性，有情趣，有鋒芒，即所謂蚌病成珠，亦見情致也。故「小病則小佳，大病則大佳」。這種觀念頗具時代特性，晚明對於情感中的「病」、「癖」、「痴」、「狂」都予以肯定，故抱怨「天下之病者少，而不病者多」，因「病者少」，他朋友就少了。

茲以程羽文在《清閑供》的〈刺約六〉爲例，其中詳細論及文人的六種「病」以及這些「病」在日常生活中的表現，這六種「病」是癖、狂、懶、痴、拙、傲，僅節錄提要，歸結如下：

> 一曰癖：「典衣沽酒，破產營書」者然；二曰狂：「烏帽泥塗，黃金糞壤」者然；三曰懶：「蓬頭對客，跣足爲賓」者然；四曰痴：「春去詩惜，秋來賦悲」者然；五曰拙：「志惟古對，意不俗諧」者然；六曰傲：「偏持腰骨相抗，不爲面皮作緣」者然。

上述這些人，不理生計，不修邊幅，或傲對權貴，蔑視眾生，抑或多愁善感，行爲古怪，其「病」，正是士人的個性和習氣。有病，才有意趣，才有不同尋常之處。似乎，有「病」，生活才有情趣，在這樣的時代，「病」是一個逃避現實極好的方式。

總之，晚明士人藉由小品文，刻劃不同人物的個性、癖好；記錄對不同事物的賞愛，以至於發覺不同的趣味，從晚明心學觀之，不啻發揮「良知只是個天理自然明覺處，只是一個眞誠惻怛。」〔註241〕的精神，疵癖爲美，正是將精神層面的解脫與認知，落實於眞實生活的寫照。

〔註240〕《梅花草堂筆談》卷三。

〔註241〕《王陽明全集》卷二，〈傳習錄中・答聶文蔚〉。

三、孤雲出岫——骨剛情膩之超然

洞府古刹多藏諸靈山，靈山復擁烟嵐神氣、冷泉秀水，尋訪仙佛，亦得以飽賞峰川，心凝而形釋。至於道長高僧，威儀慈祥，言語高妙，常能驅憂解惑，與人寧靜。晚明士人對國家前景與個人機遇，不存希望，從而日益走向內心世界的反省與逃避；或尋求精神慰藉與解脫。上述事物成爲晚明士人安身立命之管道。如與方外僧道切磋密切，復樂游山水並多感發，誠如洪自誠於《菜根譚》所說：「孤雲出岫，去留一無所繫；朗鏡懸空，靜躁兩不相干。」正是晚明部分士人自覺自解的生活樣貌之一。

（一）親近佛道

親近佛道，自陽明已是如此。弘治十一年，「先生（陽明）自念辭章藝能不足以通至道，求師友於天下又不數遇，心持惶惑。……偶聞道士談養生，遂有遺世入山之意。」〔註 242〕弘治十五年歸越養病時，他又一次沉醉於道教。「築室陽明洞中，行導引術。久之，遂先知。」〔註 243〕其親近道術，求養生及心靈的超脫，於經歷龍場橫逆後，更見其超越凡俗的心境，佛道之超脫應有以助之。

晚明士人精神風貌、文化品格受思想界風氣浸染，都有陽明心學的影子。是以求佛參禪問道之宗教行爲，在晚明士人生活中，成爲時髦的風尚。例如徐渭（文長），篤信道術，蓋明世宗篤信道教，上行下效，形成時代氣氛；其兄徐淮頗好神仙長生之術，〔註 244〕終究不得神仙，還疑似服丹藥致死，文長仍好神仙如故，有詩曰：「憶昔兄與弟，相樂和鳴琴，奉君會稽山，回睇香爐岑，兩兩奉清爵，一一聆徽音。如何雙飛鵠，翻爲單鳴禽。」〔註 245〕其長兄去世後，仍獨自在會稽山煉丹，相信羽化之說。

又如羅汝芳，亦頗沉溺仙道，「十有五而定志於張洵水，二十六而正學於顏鈞（山農），三十四而悟易於胡生，四十六而證道於泰山丈人，七十而問心於武夷先生」，或稱其「師事顏鈞，談理學；師事胡清虛，談燒煉，採取飛升，師僧玄覺，談因果，單傳直指。其守寧國，集諸生，會文講學，令論者跏趺公庭，斂目歸心。……每見士大夫輒言三十三天，憑指箕仙，稱呂純陽自終

〔註 242〕《王陽明全集》卷三三，〈年譜〉一。

〔註 243〕同前註。

〔註 244〕徐文長於〈伯兄墓誌銘〉謂：「始兄嗜丹術，性復散宕不內戀。……亦遊遍山嶽，庶幾一遇神僊焉，而卒不得。」

〔註 245〕《徐文長三集》，頁 4，〈講扶溝詩〉第五首。

南寄書。其子從丹師死於廣，乃言日在左右。」〔註 246〕雖傳言妄誕，可見其篤信仙術，生活中亦見其釋道夾雜。

至於三袁，多出入佛道，袁宗道最初因病留意養生，「抱奇病，病幾死。有道人教以數習靜坐有效，始閉門鼻觀，棄去文字障，遍閱養生家言。是時海內有談沖舉之事者，先生欣然信之，謂神仙可坐而得也。」〔註 247〕官翰林時，已一心求道，如袁中道（小脩）所記：

> 先生（伯脩）官翰院，求道愈切。時同年汪儀部可受，同館王公圖、蕭公雲舉、吳公用賓，皆有志於養生之學，得三教林君艮背行庭之旨，〔註 248〕先生勤而行焉。……己丑，焦公竑首制科，瞿公汝稷官京師，先生就之問學，共引以頓悟之旨。而僧深有爲龍潭高足，數以見性之說啓先生，乃遍閱大慧、中峰諸錄，得參求之訣。久之，稍有所豁。先生於是研精性命，不復談長生事矣。心性之說，亦各有省，互相商矣。是年，先生以冊封歸里。仲兄與予皆知向學，先生語以心性之說，亦各有省，互相商証。先生精勤之甚，或終夕不寐。〔註 249〕

無論是林兆恩的道術或是僧深的佛理，都深深影響伯脩的「性命」之學，而伯脩歸里後，三兄弟又一起修禪，並互相參證。當伯脩去世，小脩記其與中郎潛心佛禪情形：「於城南得下窪地，可三百畝，絡以重堤，種柳萬株，號曰柳浪。先生（宏道）偕中道與一二名僧共居焉。潛心道妙，閑適之餘，時有揮灑，皆從慧業流出，新綺絕倫。」〔註 250〕俗僧共參，自覺道妙，各有揮灑。中郎復於萬曆三十二年秋，「偕僧寒灰、雪照、冷雲，諸生張明教，入桃花源。餘暑尚熾，遂憩德山之塔院。櫛沐未畢，則諸公已先坐其下。既絕糅雜，闕號呶，閒言冷語，皆歸第一。」〔註 251〕將眾人的「閒言冷語，揀其近醇者付

〔註 246〕《明儒學案》卷三四，《泰州學案》三。

〔註 247〕《珂雪齋集》卷一七，〈石浦先生傳〉。

〔註 248〕福建莆田人林兆恩創立「三一教」，以「儒爲立本，道爲入門，釋爲極則，然觀其所得」。由於修煉內丹功夫，能以「艮背法」爲人治病，又有奇術，能救人之危急，信奉者甚眾，「自士人及於僧道者，籍爲弟子者不下數千人，皆分地倡教，所過往觀投拜者，傾城罼裏」，當時的名流如袁宗道、蕭雲舉、王圖等，都奉他爲師，鄒元標也竭力爲他的學術作辯護。袁黃稱：「早歲讀書多有未解處，每以三教集中閱之，豁然甚矣。」（以上詳參：黃宗羲《南雷文案》卷九〈林三教傳〉）

〔註 249〕《珂雪齋集》卷一七，〈石浦先生傳〉。

〔註 250〕《袁宏道集箋校》附錄二，〈吏部驗封司郎中中郎先生行狀〉。

〔註 251〕《袁宏道集箋校》卷四四，〈德山塵談〉。

梓，即〈德山塵談〉也。

到了晚明，高僧輩出，其中，袾宏（別號蓮池）、眞可（字達觀，晚號紫柏）、德清（字澄印，別號憨山）、智旭（晚稱藕益老人）被稱爲明代四大高僧。彼等交往士大夫，極力宏揚禪教，將參禪問道視爲生活一大樂事，如紫柏「能於機鋒寵罩群豪」，〔註 252〕憨山、紫柏先後入京，講經說法，交結縉紳，當時兩宮太后和萬曆帝都信奉佛教，兩位高僧都曾受到慈聖太后的禮遇。朝士中，南京國子監祭酒馮夢禎是紫柏的世俗弟子，「蒲團接席，漉囊倚戶，四方學者日進。身執經卷，朱黃甲、乙，禪燈丈室，清歌洞房，海內望之以爲仙眞洞府。」〔註 253〕當時與紫柏等高僧多所交往的黃輝、袁宗道、陶望齡、焦竑等人都曾在翰林院任職，經常聚集以精研佛典，探討禪理。

以深有（號無念）與袁宏道（中郎）、李贄（龍湖）爲例觀之：無念爲麻城龍湖芝佛院住持，服膺李贄之學，執弟子禮。萬曆十二年，耿定理死，李贄離黃安至麻城龍湖，依無念以居有二十年。〔註 254〕中郎〈別無念〉詩八首之三：「辛苦李上人（指李贄），白髮尋知己。謂爾住龍湖，爾胡住於此。」之六：「謂爾眞吾師，謂吾眞爾友。不知歐冶爐，肯鑄頑鐵否？」〔註 255〕見其關係親切，故言語輕快。

再看達觀與湯顯祖之深厚情誼。湯顯祖曾謂：

> 得奉陵祠，多暇豫。如明德先生者，時在吾心眼中矣。見以可（達觀和尚）上人之雄，聽以李百泉（李贄）之傑，尋其吐屬，如獲美劍。方將藉彼永割攀緣，而竟以根隨，生玆口業。〔註 256〕

在萬曆三十年，達觀決意入京阻止礦稅時，湯顯祖勸止。但達觀卻回信說：

> 大抵僕輩披髮入山易，與世浮沈難。公以易者愛僕，不以難者愛僕，此公以姑息愛我，不以大德愛我。昔二祖與世浮沈，或有嘲之者，祖曰:「我有調心，非關汝事。」此等境界，卒難與世法中人道者。……且僕一祝髮後，斷髮如斷頭，豈有斷頭之人，怕人疑忌耶？〔註 257〕

達觀認爲，只有斬斷自我私情之累，方可免去牽纏，達於無我境地，性體明

〔註 252〕《萬曆野獲篇》卷二七，〈釋道〉、〈紫柏禍本〉、〈憨山之譴〉。
〔註 253〕《列朝詩集小傳》丁集下，〈馮祭酒夢禎〉。
〔註 254〕詳參《續焚書》卷二，〈釋子須知序〉。
〔註 255〕《袁宏道集箋校》卷一。
〔註 256〕《湯顯祖詩文集》卷四四，〈答管東溟〉。
〔註 257〕《紫柏老人集》卷二三，〈與湯義仍〉。

靈，通而無礙。然而，湯顯祖卻無法理解此一點，故曰：

> 情有者理必無，理有者情必無。眞是一刀兩斷語，使我奉教以來，神氣頓王。諦視久之，並理亦無。世界身器，且奈之何。……邇來情事，達師（指達觀）應憐我。白太傅、蘇長公終是爲情使耳。〔註258〕

在他看來，既欲入世而又無世情是不可能的；既無世情，則世亦不必入。若是無情，並理亦無；若是有理，則情亦難免。

至於鍾惺於〈善權和尚詩序〉也談及士夫喜與僧道往來，其謂：「金陵吳越間，衲子多稱詩者，今遂以爲風。大要謂僧不詩，則其爲僧不清，士大夫不與詩僧遊，則其爲士大夫不雅。」〔註259〕因此使得禪風盛行。至如陶望齡，師事於周汝登，但「泛濫於方外」，「以爲明道、陽明之於佛氏，陽抑而陰扶，蓋得其彌近理者，而不究夫毫釐之辨也，其時湛然、澄密、雲悟皆先生引而進之，張皇其教，遂使宗風盛於東浙。」〔註260〕佛禪不再以學術角度被視爲異端，而是生活之一環。

總之，政治紛擾，時代不安，心靈惶恐而失意，除了放縱以求瞬間麻醉，更希望精神獲得慰藉。求禪問道成爲當時的途徑。王學異化後，禪風更盛。如謝肇淛所言：「今之釋教，殆遍天下，琳宇梵宮，盛於黌舍，唪誦咒吹，囂於弦歌，上自王公貴人，下至婦人女子，每讀禪拜佛，無不灑然色喜矣。」〔註261〕參禪禮佛，開示心靈，獲得「灑然色喜」。此境界如陳繼儒所說：「明霞可愛，瞬間而輒空；流水堪聽，過耳而不戀。人能以明霞視美色，則業障自輕；人能以流水聽弦歌，則性靈何害。」〔註262〕若此，完全脫俗絕塵，以明霞爲美色，以流水當弦歌，與物無涉，與世無干，以自然爲歸鄉，是一個寧靜空明的境界。當時，諸如袁宏道、袁中道、費元祿、陳繼儒等都自認已「悟道」，對生死、窮達能超然以對。〔註263〕

陽明心學深涉佛道思想，尤其禪宗。隨著心學的逐漸傳播、發展及異化，心學漸與禪宗融合，思想不再侷限於儒家，加上儒道釋三合一之主張盛行，使士大夫的文化心態掙脫現實的桎梏，一如袁小脩所說：「今之學者，儒禪並

〔註258〕《湯顯祖詩文集》卷四五，〈寄達觀〉。

〔註259〕《隱秀軒集》卷一七。

〔註260〕《明儒學案》卷三六，〈泰州學案〉五。

〔註261〕《五雜組》卷八。

〔註262〕《小窗幽記》。

〔註263〕此等士人，口中說絕俗，行爲趨聲色，徒「口悟」而已。

進，若較盛於往時」〔註 264〕故至晚明，談禪成習，儒禪並進的求道方式漸盛，以至於流連山水，結交方外，以釋道之清虛，補世事之不如意，成為晚明士人生活的另一面向。

（二）寄情山水

晚明士人，一方面商證禪理，結交方外，保持超然灑脫之性，一方面則遊山玩水，對自然山水賦予個性化的生活與情趣，如袁中郎曰：「胸中之浩浩與其至氣之突兀，足與山水敵，故相遇則深相得，縱終身不遇，而精神未嘗不往來也。」〔註 265〕三袁的確具有超越世俗的審美追求。「伯脩少有逸興，愛念光景，耽情水石。」〔註 266〕中郎則更是「戀戀煙嵐，如饑渴之於飲食」。〔註 267〕他們確在山水漫遊中，獲取極大的審美愉悅，如中郎觀廬山黃岩瀑布：「一旦見瀑，形開神徹，目增而明，天增而朗，濁慮之縱橫，凡吾與子數年淘汰而不肯淨者，一旦皆逃匿去，是豈文字所得詮也。」〔註 268〕流露在自然山水中，心靈得到淨化，油然而生的美感體悟，難以言詮。又如記杭州飛來峰：

> 湖上諸峰，當以飛來為第一，高數十丈，而蒼翠玉立。渴虎奔猊，不足為其怒也；神呼鬼泣，不足為其怪異也；秋水暮煙，不足為其色也；顛書吳畫，不足為其變幻詰曲也。〔註 269〕

這飛來峰的山石，在袁中郎的筆下活起來，它彷彿有生命、有欲求，能奔跑、呼叫，能喜能怒。儼然不只是山中之石，眼中之石，而是石在心中矣。

至於袁小脩的〈爽籟亭記〉則描繪自己觀泉時心性和感官的微妙變化：

> 玉泉初如濺珠，注為修渠；至此忽有大石橫峙，去地丈餘，垂泉而下，忽落地作大聲，聞數里。予來山中，常愛聽之。泉畔有石，可敷蒲，至則趺坐終日。其初至也，氣浮意囂，耳與泉不深入，風柯穀鳥，猶得而亂之。及瞑而息焉，收吾視，返吾聽，萬緣俱卻，嗒焉喪偶，而後泉之變態百出。初如哀松碎玉，已如鵾弦鐵撥，已如驚雷震霆，搖蕩川嶽。故予神愈靜，泉愈喧也。泉之喧者入吾耳而注吾心；蕭然泠然，浣濯肺腑，疏瀹塵垢，灑乎忘身世而一死生。

〔註 264〕《珂雪齋集》卷二四，〈寄周憲副海門〉。
〔註 265〕《袁宏道集箋校》卷五四，〈題陳山人山水卷〉。
〔註 266〕《珂雪齋集》卷一二，〈白蘇齋記〉。
〔註 267〕同前卷十八，〈中郎先生行狀〉。
〔註 268〕《袁宏道集箋校》卷三七，〈開先寺至黃岩寺觀瀑記〉。
〔註 269〕《袁宏道集箋校》卷一〇，〈飛來峰〉。

故泉愈喧，則吾神愈靜也。〔註270〕

同是一泉，初聞時聲不甚大，甚至壓不過鳥聲、風聲。而終日靜聽，漸漸便淡忘了世俗，這泉水便轟響起來，振撼山岳。心境改變，景物也隨之改變。而景物的反復涵咏，也洗滌了人的心靈，帶來觀念的變化，如此強調自然之趣，山水之韻，至小脩晚年已化爲對山水精神的回歸與任運：「上之究竟性命之理，以心學抒爲作用；其次讀古人之書，撥膚見骨，發爲詩文，另出機軸，垂清光於百代。至於名山勝水，優遊徜徉其間，無非樂境。」〔註271〕以自我性命爲旨歸，讀古人書，以抒寫性靈，優遊山水，以求樂趣，此爲其晚年的理想人生模式。

其次，遊歷與參禪其形式有異，而其求心曠神怡則同。必須時機悠閒，心無罣礙，才能深賞山水之情致。如王叔承縱遊於吳越名山秀水，作〈吳越遊〉；後來赴閩，作〈荔子編〉；訪楚，作〈楚遊編〉；至塞上，作有〈岳遊編〉。〔註272〕潘一桂卜居京口，覽江山之勝，作有〈東征〉、〈昌言〉諸賦，東遊泰山、謁孔林，作有東遊詩，後至南陽，歸來時取道襄陽，禮玄嶽，經黃鶴樓，浩然東歸。〔註273〕當時不僅隱士喜遊歷山水，爲官的士人也有山水之思。如王士性，〔註274〕喜歡遊歷，馮夢禎稱其「諸名山，自五嶽外，探陟最廣，賦詠亦多，無論名山，即一巖洞之異，無勿搜也；一草木物產之奇，無勿晰也。」〔註275〕宋登春「年三十，一年間，妻子女五人皆死，遂棄家室，囊書遠遊，留博陵，之京城，遊齊、魯，浮淮、渡江、涉吳會，復走徐、青，出居庸，循太行山而西，窮關、陜、澤、潞諸邊塞，敝衣苴履，瓶無儲粟，所至逆旅，人厭賤之。……由棧道入四川，遊峨眉，溯巫、巴，下荊、鄂，迂雲夢而北走大樑。……至江陵，買田天鵝池，家焉。」〔註276〕在當時，遊歷山水，成爲時興。

〔註270〕《珂雪齋集》卷一四。

〔註271〕《珂雪齋集》卷二四，〈寄錢太史受之〉。

〔註272〕《列朝詩集小傳》丁集中，〈昆崙山人王叔承〉。

〔註273〕同前丁集下，〈潘秀才一桂〉。

〔註274〕王士性，萬曆五年進士，喜歡遊歷，足跡遍及大半個中國，他遊遍了五嶽，又到過峨眉、太和、白嶽、點蒼、鷄足諸名山，所到之處，他必繪圖作詩，寫有遊記，著有《五嶽遊草》十卷、《廣遊志》二卷，晚年又追繹舊聞，著《廣志繹》五卷。

〔註275〕《廣志繹》卷首，〈王恆叔廣志繹序〉。

〔註276〕《列朝詩集小傳》丁集中，〈鵝池生宋登春〉。

此外，張岱、王思任、徐霞客、譚元春等也都寫了大量山水游記，以體味哲理人生。首先，遊歷名山大川、追求山水之樂，需有錢、有閒、有心境。潘耒序《徐霞客遊記》云：「文人達士，多喜言遊。遊，未易言也。無出塵之胸襟，不能賞會山水；無濟勝之肢體，不能搜剔幽秘；無閒曠之歲月，不能稱性逍遙。近遊不廣，淺遊不奇，便遊不暢，群遊不久，自非置身物外，棄絕百事，而孤行其意，雖遊猶弗。」可見當時遊歷，不只足跡踏遍，更要心神融入，稱性逍遙。

晚明時期出遊時間最久、範圍最廣、經歷最爲奇險，非徐霞客莫屬。〔註277〕其遊記被錢謙益稱「千古奇書」。每出遊，「從一奴，或一僧，一杖，一襆被，不治裝，不裹糧，能忍飢數日，能遇食即飽，能徒步走數百里，淩絕壁，冒叢菁，攀援下上，懸度綆汲，捷如青猿，健如黃犢，以崟岩爲床席，以溪澗爲飲沐，以山魅、木客、王孫、玃父爲伴侶，儚儚粥粥，口不能道。」〔註278〕五十一歲時，作長達四年的西南行。潘耒云：

> 霞客之遊，在中州者，無大過人；其奇絕者，閩、粵、楚、蜀、滇、黔，百蠻荒徼之區，皆往返再四。其行不從官道，但有名勝，輒迂回屈曲以尋之；先審視山脈如何去來，水脈如何分合，既得大勢，然後一丘一壑，支搜節討，登不必有徑，荒榛密箐，無不窮也；涉不必有津，衝湍惡瀧，無不絕也。峰極危者，必躍而踞其巔，洞極邃者，必猿掛蛇行，窮其旁出之竇。途窮不憂，行誤不悔。瞑則寢樹石之間，飢則啖草木之實，不避風雨，不憚虎狼，不計行程，不求伴侶。以性靈遊，以軀命遊。亙古以來，一人而已。〔註279〕

其遊歷途中，對山川地貌、自然景物均仔細觀察，並詳以記錄。徐霞客爲求知而探險，緣情自適的態度，使得山水成爲其精神家園。

綜言之，晚明士人寄情山水，或戀戀自然，或崇尚淡泊，抑或遠遊探險，在在流露任自然之氣韻，率個性之瀟灑。此文士情懷，與晚明重視心性主體

〔註277〕徐霞客名弘祖，霞客是其別號，南直隸江陰（今江蘇）人，萬曆十四年（1586）生。無意仕進，對世事「視之如白雲蒼狗，逾復厭棄塵俗，欲問奇於名山大川」，並得母親鼓勵：「志在四方，男子事也」，爲他製作了遠遊冠，「以壯其行色」從二十二歲時起到五十六歲逝世前的三十四年時間裡。在五十一歲前，他每年常常有三個季節出遊在外，秋冬時節則回家省母探親，遍遊東南江浙一帶的山水美景。

〔註278〕《徐俠客遊記》卷一0下附編，〈徐俠客墓誌銘〉。

〔註279〕同前，〈潘誄序〉。

的理論一致，也與陽明心學主張心物同體呼應。儒家的推己及人被推向了山水自然，晚明文人成了山水自然眞正的朋友。從基本條件時間之「閒」開展，重新建構寄託山水之「雅」，並以此自我標榜，對抗壯志未伸的人生！

四、癲有眞色——聲色犬馬之逐

晚明士人的生活風貌，強調眞實無隱，抒發性情，從享樂主義而言，如同袁中郎從文學上「不效顰於漢魏，不學步於盛唐，任性而發，尙能通於人之喜怒哀樂嗜好情欲，是可喜也。」〔註 280〕認爲擁有快樂的心情，乃天經地義之事，文學如此，生活亦如此。此享樂態度，與前小節欣賞人間佳趣之樂，是完全不同的類型，晚明這種生活態度的極致，在華叔《癖顚小史・跋》有所說明：「癖有至性，不受人損；癲有眞色，不被世法。癲其古之狂歟，癖其古之狷矣！不狂不狷，吾誰與歸，寧癖癲也歟！」茲分兩點，概述如下：

（一）傲睨優伊的頹廢恣肆

萬曆二十年以後，政爭激烈，時代病亟，士人亦多作病態，好追逐聲色犬馬。袁中道（小脩）認爲這是士人不得志的轉化，他說：「丈夫心力強盛時，既無所短長於世，不得已逃之游冶，以消磊塊不平之氣。」〔註 281〕而袁中郎則把行樂之事，歸結爲五種「眞樂」：

> 眞樂有五，不可不知。目極世間之色，耳極世間之聲，身極世間之鮮，口極世間之譚，一快活也。堂前列鼎，堂後度曲，賓客滿席，男女交舃，燭氣薰天，珠翠委地，皓魄入帷，花影流衣，繼以田土，二快活也。篋中藏萬卷書，書皆珍異。宅畔置一館，館中約眞正同心友十餘人，人中立一識見極高，如司馬遷、羅貫中、關漢卿者爲主，分曹部署，各成一書，遠文唐、宋酸儒之陋，近完一代未竟之篇，三快活也。千金買一舟，舟中置鼓吹一部，妓妾數人，遊閑數人，泛家浮宅，不知老之將至，四快活也。然人生受用至此，不及十年，家資田地蕩盡矣。然後一身狼狽，朝不謀夕，托缽歌妓之院，分餐孤老之盤，往來鄉親，恬不知恥，五快活也。士有此一者，生可無愧，死可不朽矣。〔註 282〕

〔註 280〕《袁宏道集箋校》卷四，〈序小脩詩〉。
〔註 281〕《珂雪齋集》卷十，《殷生當歌集小序》。
〔註 282〕《袁宏道集箋校》卷五，〈龔惟長先生〉。

極口福、耽聲色、遊狹邪、當酸儒等行爲，於傳統認爲「恬不知耻」之事，至晚明士人眼中，卻變成一種雅興，可以津津樂道，且受用後「生可無愧，死可不朽」。此爲中郎爲頹廢士人所訂定之人生價值和生活方式，也表現晚明士人與世俗風尚、市井情趣相仿的生活態度。而此「窮歡極樂」與當時社會風氣是契合的。誠如張大復所謂：

> 一卷書，一麈尾，一壺茶，一盆果，一重裘，一單綺，一奚奴，一駿馬，一溪雲，一潭水，一庭花，一林雪，一曲房，一竹榻，一枕夢，一愛妾，一片石，一輪月。逍遙三十年，然後一芒鞋，一斗笠，一竹杖，一破衲，到處名山，隨緣福地。也不枉了眼耳鼻舌身意隨我一場也。〔註 283〕

既有書、茶、雲、月的自然，也要奚奴、愛妾的相隨，與袁宏道的五種「眞樂」的心理意識相較，雖屬淡雅閒情，仍可窺其擺脫世俗牽絆的意圖。

至於湯顯祖，雖受學羅近溪，仍難去其放蕩不羈之本性。二十一歲中舉到三十七歲在南京爲官時：

> 不佞亦且從明德先生（指近溪）遊。後稍流浪，戲逐詩賦歌舞遊俠如沈君典（懋學）輩，相與傲睨優伊。（萬曆十一年）成進士，觀政長安，見時俗所號賢人長者，其屈伸進退，大略可知。而嘿數以前交游，俊趣之士，亦復遊衍判渙，無有根柢。不如掩門自貞。〔註 284〕

於南京國子監爲監生時，與沈懋學、梅鼎祚等一起賦詩作文，並流連青樓舞榭而「相與傲倪優伊」。日後追憶，多有留戀感傷之情，如其〈遙和諸郎夜過桃葉渡〉詩曰：「諸公紛紛去何所？隔岸熒熒高燭舉。若非去挾秦家姝，定是將偷邛市女。……如今兩鬢籠紗帽，輕煙澹粉何曾到。眼看諸公淹夜遊，心知此事從誰道。衙齋獨宿清漢斜，燈影籠窗半落花。拼不風流長睡去，卻持殘夢到他家。」〔註 285〕詩中「如今兩鬢籠紗帽」之句，可知此時已在南京爲官，行爲有所收斂，但見他人或「挾秦家姝」，或「偷邛市女」，難免回憶當時放浪形骸，唯「輕煙澹粉」已成過去，只能衙齋獨宿，與孤燈落花爲伴。

湯顯祖任官後，雖放蕩行爲有所收斂，但並未將志趣轉向現實政治，從其選擇官位可知。鄒迪光〈湯顯祖傳〉云：「以樂留都山川，乞得南太常博士。

〔註 283〕張大復《聞雁齋筆談》卷五，〈泗上戲書〉。
〔註 284〕《湯顯祖詩文集》卷四四，〈答管東溟〉。
〔註 285〕同前，卷一○。

閒策蹇驢，探雨花木末，烏榜燕磯，莫愁秦淮，平陂長干之勝，而舒之毫楮。都人士展相傳誦，至令紙貴。」〔註 286〕任官時選擇閒差，以詩文遊樂爲事，仍未改其風流性情。復與臧懋循、屠隆、唐伯元、魏允貞、李化龍、李三才等往來，而臧、屠、唐諸人均以風流著稱。錢謙益曾記臧懋循說：

> 風流任誕，官南國子博士，每出必以棋局、蹴毬，繫於車後。又與所歡小史衣紅衣，並馬出風台門。〔註 287〕

懋循曾狎妓，寵幸男色之事，在士人中廣爲流傳。而屠隆，也是一派名士，爲青浦令時，「延接吳越間名士沈嘉則、馮開之之流，泛舟置酒，青簾白舫，縱浪泖浦間，以仙令自許。在郎署，益放詩酒，西寧宋小侯少年好聲詩，相得歡甚，兩家肆筵曲宴，男女雜坐，絕纓滅燭之語，喧傳都下。」〔註 288〕臧、屠兩人之放浪行爲，後來遭到彈劾罷官。

晚明士人不僅貪戀女色，還寵幸男色，見諸文史，有：「今天下言男色者，動以閩、廣爲口實，然從吳、越至燕、雲，未有不知此好者也。」〔註 289〕明前期，「京師自宣德顧佐疏後，嚴禁官妓，縉紳無以爲娛，於是小唱盛行，至今日幾如西晉太康矣。」〔註 290〕禁官妓，只好轉而寵幸男色。「今京師有小唱，專供縉紳酒席，蓋官妓既禁，不得不用之耳。」〔註 291〕可見當時男色之風已相當風行。

至張岱，愛好種類繁多，愈出愈奇，爲文記曰：

> 少爲紈絝子弟，極好繁華，好精舍，好美婢，好孌童，好鮮衣，好美食，好駿馬，好華燈，好煙火，好梨園，好鼓吹，好古董，好花鳥，兼以茶淫桔虐，書蠹詩魔，勞碌半生，皆成夢幻。〔註 292〕

其出身官宦世家，養尊處優，早年即絕意仕進，特以縱情聲色、放浪形骸爲風雅。其弟伯凝是一位盲醫，愛好也多，「有一隙之暇，則甚玩古董，葺園亭，種花木，講論書畫，更甚養鵓鴿，養黃頭，養畫眉，養驢馬，鬥骨牌，著象棋，制服飾，畜傒僮，知無不爲，興無不盡。」〔註 293〕其表白眞率放達，極

〔註 286〕同前，附錄。
〔註 287〕《列朝詩集小傳》丁集上，〈臧博士懋循〉。
〔註 288〕《列朝詩集小傳》丁集上，〈屠儀部隆〉。
〔註 289〕《五雜組》卷八，〈人部〉。
〔註 290〕《萬曆野獲編》卷二四，〈風俗‧小唱〉。
〔註 291〕《五雜組》卷八，〈人部〉。
〔註 292〕《瑯嬛文集》卷五，〈自爲墓誌銘〉。
〔註 293〕同前，卷四。

盡富有之奢樂。

從袁中郎兄弟的所謂「恬不知恥」，湯顯祖等名士的「傲倪優伊」，以至張岱兄弟等的「知無不爲，興無不盡」，構成一幅晚明窮奢極慾的畫面。其實，晚明士人學佛參禪悟道而又不絕情欲，乃是其時三教合一思潮影響下的生活形貌，湯氏如此，公安派文士亦復如此。只不過在小脩的晚年，至於身心兩病的境地，他曾總結致病原因說：

> 弟之病，實由少年談無忌憚學問，縱酒迷花所致。年來血氣漸衰，有觸即發。兼之屢遭失意，中外多忤心之境。知己骨肉，一朝永別。〔註294〕

如其所述，早年放蕩形骸而身體耗損，後來屢遭失意的環境壓迫，失去親人知己的孤單寂寞，使得小脩的人格心態在其晚年變得相當收斂。

可見，即將易代的晚明士人，既有清心寡慾，獨享清閒的雅興，卻又難以忘情聲色犬馬、驕奢淫逸之事，其多重不平無奈之情調，得以縱情於其詩文中，將其生活面貌表現無餘。

（二）滑稽排調的譏諷解嘲

萬曆以來，名士大都好謔。李贄「滑稽排調，衝口而出，既能解頤，亦可刺骨」。〔註295〕徐渭「詼諧謔浪，大類坡公。」〔註296〕袁中郎「少年工諧謔，頗溺《滑稽傳》。」〔註297〕王思任（季重）好謔成性，自號「謔庵」。湯顯祖、陳繼儒、馮夢龍、江盈科、張岱等，皆尙雅謔。張岱叔父葆生在北京與漏仲容、沈虎臣、韓求仲等，組織了一個「噱社」，專門講笑話，尋開心，「接喋數言，必絕纓噴飯。」〔註298〕馮夢龍組織的「韻社」，也屬同類，社員相聚，「爭以笑尙。」〔註299〕在世運如網，有志難伸的環境裡，戲謔爲情緒發抒留一道出口。

袁中郎在蘇州吳縣任知縣時，致丘長孺書云：

> 弟作令備極醜態，不可名狀。大約遇上官則奴，候過客則妓，治錢穀則倉老人，諭百姓則保山婆。一日之間，百暖百寒，乍陰乍陽，

〔註294〕《珂雪齋集》卷二四，《答王章甫》。
〔註295〕《珂雪齋集》卷十六，〈李溫陵傳〉。
〔註296〕《徐渭集》附編，〈刻徐文長佚草序〉。
〔註297〕《袁宏道集箋校》卷九。
〔註298〕《陶庵夢憶》卷六。
〔註299〕《古今笑・題詞》。

人間惡趣，令一身嘗盡矣。苦哉，毒哉！〔註300〕

中郎言下之意，似乎作官是百無聊賴之事，渾身感到不自在，經常叫苦不迭，卻又老是安於其位，捨不得離去，此爲中郎欲卻還迎、欲迎還卻之矛盾個性也。中郎所作比喻，無論奴、妓、倉老人、保山婆都是做知縣應有的作爲，中郎自我污名化，以強調其俗氣難耐。江盈科在蘇州府做過知縣，連任兩屆，頗有政績，升官未成，得個閒差。親友爲之惋惜，盈科卻自我安慰道：

看破名場是戲場，悲來喜去爲誰忙。六年苦海長洲令，五日浮漚吏部郎。爲蚓爲龍誰小大？乍夷乍蹠任蒼黃。無心更與時賢競，散法聊便臥上皇。〔註301〕

在缺乏規則的官場，有官無官，升官罷官，都應淡然視之，免得自傷。因爲人生的價値，應該超越官場之外。

馮夢龍嘲笑那些逢富貴就變臉者，也算妙語：

即如富貴一節，錦褥飄花，本非實在。而每見世俗輩，平心自反，庸碌猶人，才頂進賢冠，便爾面目頓改，肺腸俱變，瞯夫媚子又從而逢其不德。此無他，彼自以眞富貴，而旁觀者亦遂以彼爲眞富貴，孰知螢光石火，不足當高人之一笑也。〔註302〕

夢龍把富貴比作「錦褥飄花」，虛幻不實，所以不能太認眞，具有高度警悟性。但是現實世界，俗人追逐富貴，往往奮不顧身，賭上名節性命亦所不惜，獲得富貴後，不旋踵，立即裝模作樣以驕人傲人，雖高人當之不足一笑，富貴之俗人何嘗不笑高人之自高。

袁宏道在致龔惟學信中說：

某近日始知損事之樂。所謂損事者，非獨人事，田宅子女皆是也。小窮則小樂，大窮則大樂。衣食僅充，餘則施之，是爲損事要法。蓋有一分餘，則有一分興作圖度。小餘則造房治產，大餘則爲孫子計，無所不至。宅則欲柏欲楠，田則欲膏欲沃，又或謀之不可知之枯骨，以倖其長且久。此無他，資有餘而心爲之驅使顚倒也。宗少文云：「吾已知富不如貧，貴不如賤。」始以爲矯談，今乃信之。〔註303〕

〔註300〕《袁宏道集箋校》卷五。

〔註301〕《雪濤閣集》卷四，〈聞報改官〉。

〔註302〕《古今笑・自序》。

〔註303〕《袁宏道集箋校》卷四二。

俗人多愛相比，華屋沃田，問金秤兩，相爭相競，漫無涯際，故煩心掛念就隨之遞增，世人也都懂此理，卻偏執迷於此。因此，若能體悟道理，人生自有樂趣，卸下牽掛，樂趣就增多，此即所謂「損事之樂」。此種對人生的徹悟，鼓舞俊傑，看透功名富貴，才能心胸灑落，超脫自得，放聲大笑。

袁宏道（中郎）承泰州學派與李贄的精神，自我意識高張，也常以豪傑自居，言語狂妄：「除卻袁中郎，天下盡兒戲」。〔註 304〕其行止也顯得簡傲：「因拙而辭世，因傲而辭官。」〔註 305〕確有一肚子不合時宜，化作名士的超世自適。在中郎的眼中：

> 世人眼如豆，見如盲，一切是非議論，如甕中語日月，塚中語天，糞擔上語中書堂裏事。便勝得他，也只如勝得個促織；就輸些便宜與他，也只當撇塊骨頭與蟻子而已。焉有堂堂丈夫，與之計較長短哉？〔註 306〕

可謂罵盡官場，罵盡世俗，但諷世則有，救世則無，倡其憤世嫉俗之慨而已，慷慨之後，「只見得淨不妨穢，魔不礙佛，若合則活將個袁中郎抛入東洋大海，大家渾淪作一團去。」〔註 307〕因此，可以辭官，可以漫遊，可以論詩談禪，可以飲酒御色，可以隱居山中，隨順世俗，墮落士風。

當「狂禪」風潮盛行，狂人行徑特異，語求驚人。如山人王叔承，母子兩人都信佛教，卻未能戒酒，受母親責備，就誑騙母親說：酒就是佛所說的「米汁」；〔註 308〕唐時升酒酣耳熱之時，往往捋鬚大言：「當世有用我者，決勝千里之外，吾其爲李文饒乎？」至晚年，閉門止酒，讀道書以養生盡年。〔註 309〕魏沖因自覺貌美，曾經攬鏡自笑，「有美如陳平而長貧賤者乎？」到了三十多歲，才考上舉人，但他「藐視里中兒，以爲糞土狗馬，惟不得踐而踏之。早夜呼憤，思射策甲科，以發舒志意」，參加會試，均落榜，於是引鏡自嘆：「如此人戴老廣文紗帽，他時何面目復對此鏡乎？」傷心至極，發病死去。〔註 310〕

袁中郎曾贈給張幼于一首詩：

〔註 304〕同前卷九，〈別石簣十首〉其五。

〔註 305〕同前，〈嚴子陵灘限韻，同陶石簣、方子公賦四首〉其四。

〔註 306〕同前卷十一，《管東溟》。

〔註 307〕《袁宏道集箋校》卷一一，《與朱司理》。

〔註 308〕《列朝詩集小傳》丁集中，〈崑崙山人王叔承〉。

〔註 309〕《列朝詩集小傳》丁集下，〈唐處士時升〉。

〔註 310〕同前，〈魏叔子沖〉。

僕往贈幼于詩有「譽起爲顛狂」句。顛狂二字甚好，不知幼于亦以爲病。…信筆鋪敘，不覺滿紙，不肖近於顛矣。幼于既不受顛，請予自贈如何？〔註 311〕

張幼于對「顛狂」二字不滿，中郎一再解釋「顛狂」是讚詞：「狂爲仲丘所思，狂無論矣。……求之儒，有米顛焉。」實際上，孔子推崇的是「中行」，「狂」是其次，貴能進取。〔註 312〕中郎自解孔子之「狂」爲「顛狂」，卻不爲幼于認同，只好把顛狂送給自己，並加以推崇，是亦時代習氣使然。

晚明士人較能眞情流露，發乎情而不必止乎禮義。如袁中道（小脩）在〈心律〉自我剖析：「追思我自嬰世網以來，只除睡著不作夢時，或忘卻功名了也。」亦即除了睡著不作夢外，其他時間都會想到功名。因對功名利祿的追求，曾是士人的目標與責任。一般人都喜自鳴清高，小脩則坦率以對。此外，於〈答錢受之〉信中也說：「自念生平無一事不被酒誤，學道無成，讀書不多，名行不立，皆此物爲之祟也。甚者乘興大飲後，兼之縱欲，因而發病，幾不保軀命。」〔註 313〕小脩喝酒誤事，以自我解嘲來寬解自己，可見晚明士人對「眞」情之奉行。然其文中，也道出晚明士人欲擺脫虛名道德的辛苦，及追求放蕩不羈的習氣，多少反映出晚明文人心態。肯定人生、人情、人欲，卻徘徊於風流得意與惆悵懺悔的矛盾心態。

世人每謂晚明士風佻薄，蓋時代有不可言喻的沉痛。士人善詼謔，其應對機警、揶揄辛辣，如非看透人生世相，何能及此？馮夢龍於〈古今笑自敘〉曾說：「古今來，原無眞可認也，無眞可認，吾但有笑而已矣；無眞可認，而強欲認眞，吾益有笑而已矣。」世事皆假卻強要說眞，唯可笑而已。又說：「碗大一片赤縣神州，眾生塞滿，原屬假合，若復件件認眞，爭競何已？」〔註 314〕世界既是虛假，何處可認眞？而清正與放誕、名教與禪悅、詼諧與沉痛皆矛盾而具體的存在。因此，其苦悶與無聊將長隨左右，揮之不去。

如謂袁宏道爲明末士人之代表，則虞淳熙爲袁中郎《解脫集》所作序言，足以見微：

大地一梨園也，曰生、曰旦、曰外、曰末、曰丑、曰淨。古今六詞

〔註 311〕《袁宏道集箋校》卷十一，〈張幼于〉。

〔註 312〕《論語・子路》：「不得中行而與之，必也狂捐乎！」

〔註 313〕《珂雪齋集》卷二十四。

〔註 314〕《古今譚概》卷三，〈痴絕部序〉。

> 客也。壤父而下，不施粉墨，舉如末；陳王作淨丑面，然與六朝、初唐之人，俱是貼旦：浣花叟要似外，李青蓮其生乎？任華、盧仝諸家，半丑半淨；而樂天、東坡，教化廣大，色色皆演；王維、張籍、韓子蒼，所謂「按樂多詼氣」，率歌工也。袁中郎自詭插身淨丑場，演作天魔戲，每出新聲，輒佀〈主客圖〉首席，人人唱〈渭城〉，聽之那得不駭？至扺掌學寒山佛、長吉鬼、無功醉士，並謂爲眞乃中郎，且哂好音不好曲矣。頭脫烏紗，足脫舄舄，口脫《回波詞》，身脫倀子之像，魔女魔民，惟其所扮，直不喜扮法聰。若活法聰，則唱落花人是顧，閻羅老無如予何，中郎畏閻老哉？波波吒吒聲，幾許解脫，中郎定不入畏。〔註 315〕

中郎之所以自詭插身淨丑場，正是因爲其看透人生，超越生死。故能不畏閻老，並採取解脫與無畏的態度，笑看人生。又如江盈科爲《解脫集》作序言：「中郎以病解官，官解而病亦解。」官場擾人，人亦自擾，因此，「官病」常驅之不去。

綜言之，晚明士人的生活形貌，從其清言小品，觀其人生理想與實際作爲，不難發現其中多所矛盾，是文人傲骨與閒情；絕塵去俗與醉臥風月；清心寡慾與侈靡相高，難以兼得的尷尬情況。袁中道（小脩）的一則小品遊記說：

> 是故目解玩山色，然又未能忘粉黛也；耳解聽碧流，然又未能忘絲竹也。必如安石之載攜聲妓，盤餐百金，康樂之伐木開山，子瞻之鳴金會食，乃慊於心而勢復不能，則雖有山石洞壑之奇，往往以寂寞難堪委之去矣。〔註 316〕

小脩所指：雖感官投向自然，內心卻充滿聲色，似超脫卻又溺俗情的情形，頗能道出，晚明士人內心與行爲之間的矛盾。

第三節　小品文的異端色彩

晚明小品文之於士風，可以說是當時文人心態的眞實寫照，加以陽明主張「心者，天地萬物之主。」〔註 317〕以及「我的靈明，便是天地鬼神的主宰。」〔註 318〕故陽明後學都以「我」立說，以反傳統的姿態出現。發於文學，便是

〔註 315〕《袁宏道集箋校》附錄三，虞淳熙〈題解脫集詞〉。
〔註 316〕《珂雪齋集》卷十一，〈西山十記〉記十。
〔註 317〕《王陽明全集》卷二，〈傳習錄〉中。
〔註 318〕《王陽明全集》卷三，〈傳習錄〉下。

主張「本色」、「童心」，到了公安時代，則無不談「性靈」。凡文必出於性靈為佳，且出於性靈必有趣，「趣」成為文章之靈魂。尤其，當時政治險峻，動輒得咎，如陳繼儒所說：

> 往丁卯前，璫網告密，余謂董思翁云：「吾與公此時，不願為文昌，但願為天聾地啞，庶幾免於今之世矣。」鄭超宗聞而笑曰：「閉門謝客，但以文自娛，庸何傷？」〔註 319〕

由此可知，「以文自娛」，是當時士人避禍的心態之一，也因而促使小品文蓬勃興盛。

針對此種思潮影響文化、士風的現象，《四庫全書總目》總結說：「正（德）、嘉（靖）以上，淳樸未漓。隆（慶）、萬（曆）以後，運趨末造，風氣日偷。道學多侈談卓老（李贄），務講禪宗；山人競述眉公（陳繼儒），矯言幽尚。或清談誕放，學晉、宋而不成；或綺語浮華，沿齊、梁而加甚。著書既易，人競操觚。小品日增，危言疊煽。」〔註 320〕其中所謂「小品日增，危言叠煽」的文學現象，正是晚明「王綱解紐的時代」〔註 321〕之產物。

小品的興起，一方面是因時代焦躁不安；另方面則是文學思潮的演變。而至公安三袁，性靈之說昌明，強調心靈發抒，更與小品的簡潔精練相結合，成為時代的特色。

性靈之說，是針對復古而發。明初，衣冠如唐制，詩文亦沿習唐宋。大抵而言，永樂至成化八十餘年，開國文臣中，如宋濂之文雍容渾穆；劉基之文有唐宋風致；方孝儒變宋濂的醇雅而為豪放清雄，至三楊、李東陽等皆然，此即所謂「台閣體」。〔註 322〕行久而漸變，「成化以後，安享太平，多台閣雍容之作，愈久愈弊，陳陳相因，遂至嘽緩冗遝，千篇一律。」〔註 323〕遂有復古運動的產生。弘治間，李夢陽、何景明等前七子起而反對，〔註 324〕標舉「文

〔註 319〕《媚幽閣文娛・序》。

〔註 320〕《四庫全書總目》卷一三二，〈雜家類〉存目。

〔註 321〕周作人《近代散文抄・序》。

〔註 322〕所謂台閣體，如王世貞謂：「楊尚法，源於歐陽公，以簡淡和易為主，而乏充拓之功，至今貴之曰台閣體。」（見《藝苑卮言》五）楊指三楊：楊士奇、楊榮、楊溥等。集大成者為李東陽。

〔註 323〕《四庫全書總目》卷一七一。

〔註 324〕前七子，見第二章第二節註 137。李夢陽批評宋儒說：「宋人主理，作理語，於是厭薄風雲月露，一切鏟去不為。」（《空同集・缶音集序》）何景明也指出：「宋之大儒，知乎道而嗇乎文，故長於循轍守訓，而不能比事聯類，開其未

必先秦，詩必盛唐」。歷經弘治、正德、嘉靖三朝。嘉靖中葉至萬曆，又有李攀龍、王世貞等後七子，承繼此一模擬風氣，〔註325〕也加深李、何的弊病。與後七子同時，先是王愼中，繼有唐順之、歸有光、茅坤等唐宋派，起而反對復古，對晚明小品起了承先啓後之作用。一方面強調本色，直抒胸臆，不事雕琢；二方面主張學古不必捨近就遠，因唐宋名家頗有可學之處，尤其歐陽脩與曾鞏，最能得古人神髓。他們掌握散文直抒胸臆而文從字順的精神，以眞實之世俗生活、常人情感來更新文章內容，對矯正李夢陽等艱深僻澀的文風，起了震聾發聵之作用。

其後，徐渭、李贄、湯顯祖及公安派等新文學家繼起，指出復古主義的弊病。袁宗道（伯脩）說：

> 今之文士，浮浮泛泛，原不曾的然做一項學問；叩其胸中，亦茫然不曾具一絲意見。徒見古人有立言不朽之說，又見前輩有能詩能文之名，亦欲搦管伸紙，入此行市，連篇累牘，圖人稱揚。夫以茫昧之胸，而妄意鴻鉅之裁，自非行乞左、馬之側，募緣殘溺，盜竊遺矢，安能寫滿卷帙乎？〔註326〕

指出擬古學者，胸中無識，又愛附庸風雅，只好行乞古人，是「募緣殘溺，盜竊遺矢」者流，亦專事模仿而已。袁宏道（中郎）則說：

> 然至以勦襲爲復古，句比字擬，務爲牽合，棄目前之景，摭腐濫之辭，有才者詘於法，而不敢自伸其才；無之者，拾一二浮泛之語，幫湊成詩。智者牽於習，而愚者樂其易，一唱億和，優人騶子，皆談雅道。吁！詩至此，亦可羞哉！夫即詩而文之爲弊，蓋可知矣。〔註327〕

指出等而下之文，以勦襲爲能事，有才者被法度所限，無才者拾他人唾沫，剪接成章，猶顧盼自得，正所謂「智者牽於習，而愚者樂其易」，同歸於庸俗而已。

總之，模仿本是學習的過程，最終要走出自己的格調，晚明士子，服膺本色，力倡童心，多率性爲眞，如張岱早年喜愛文長，被稱文長「後身」，之

發。」（《何大復集・述歸賦序》）厭薄「風雲月露」，「知乎道而嗇乎文」，正是道學家的文藝觀。

〔註325〕所謂後七子，即李攀龍、王世貞、謝榛、宗臣、梁有譽、徐中行、吳國倫等。李攀龍認爲：「吾摭其華而裁其衷，琢字成辭，屬辭成篇，求當於古之作者而已。」《弇州山人四部稿》卷八三〈李于鱗先生傳〉尊古卑今，是一切復古主義者共有的思想特徵。

〔註326〕《白蘇齋類集》卷二〇，〈論文〉下。

〔註327〕《袁宏道集箋校》卷一八，〈雪濤閣集序〉。

後，捨文長扮演自己，仿魏晉「我與我周旋久，則寧學我」的創作精神，提出「物性自遂」〔註 328〕說。這批文士，爲文將自身的知性、感性結合並發揮至極，使得晚明小品文風，展現其自我風流格調，流露享受世俗，浸淫風雅之氣質，一如當時士風，充滿異端自信之色彩。本節擬從一、創作心態的轉折；二、多元化的審美追求，以展現其特色。

一、創作心態的轉折——「脫棄陳骸，自標靈采」

嘉靖末期，復古潮流流弊愈深，社會新思潮漸起，至萬曆，更趨洶湧。在新思潮的激盪中，文采彪炳之士，如李贄、湯顯祖、焦竑、公安三袁等崛起文壇。就創作的歷程看，以能推陳出新爲佳，如焦竑所謂：

> 如花在蜜，糵在酒，始也不能不藉二物以胎之，而脫棄陳骸，自標靈采，實者虛之，死者活之，臭腐者神奇之。〔註 329〕

在釀蜜過程中，必須採集大量花粉，製酒也必須借助酒麴發酵，同理，文藝創作必須借鑒豐富的前人作品。當花釀成蜜，蜜已非花；當糵釀成酒，酒已非糵，作品亦然，當其完成，不得爲前人之翻版，因其已脫胎質變。所謂「脫棄陳骸，自標靈采」八字，生動而精闢地說明學習與創造、繼承與革新的辯證關系。誠如袁中郎對學習的看法：「法李唐者，豈謂其機格與字句哉？法其不爲漢、不爲魏、不爲六朝之心而已，是眞法者也。」〔註 330〕學習其不模仿別人之精神，才是眞正的學習。對復古模仿之習，中郎批判最烈，他說：「余與進之（江盈科）遊吳以來，每會必以詩文相勵，務矯今代蹈襲之風。」〔註 331〕中郎等士人自覺地擔負起反對復古模仿的歷史責任。

（一）理論傳承

陽明心學尚個性、貴獨見，表現在求知上，便是「學問須求自得」，〔註

〔註 328〕「我與我周旋久，則寧學我」見《世說新語·品藻》。此精神之運用發揮，可觀張岱《西湖夢尋》卷三〈放生池〉一文，作者藉所見禽獸共牢，遊魚幽閉，「其苦萬狀」情景，主張做到「物性自遂」，唯有「撤禁」、「開樊」，方能使禽獸、遊魚「聽其所之」。此「物性自遂」說，正是張岱強調個性解放、自由，具有自我意識和主體精神之藝術創作主張。

〔註 329〕《焦氏澹園集》卷一二，〈與友人論文〉。

〔註 330〕《袁宏道集箋校》卷一八，〈序竹林集校〉。

〔註 331〕同前，〈雪濤閣集序〉。

〔註 332〕《明儒學案》卷二十一，〈江右王門學案〉六。

332〕「就論立言，亦須從圓明竅中流出」，〔註333〕「從自己胸中闢取一片乾坤」。〔註334〕由是延伸至文學創作，便多以主觀代替客觀，重內容而輕形式，性靈說取代感物說。申言之，陽明將「良知」稱爲造化的精靈，並強調其生天生地、成鬼成帝的功能。王門後學便在心與物的關係中，日益重視主體之心而將物置於次要地位。陽明於遊南鎮時云：

> 一友指岩間花樹問（陽明）曰：「天下無心外之物，爲此花樹在深山中自開自落，於我心亦何相關？」先生（陽明）曰：「你未看此花，此花與汝心同歸於寂。你來看此花時，則此花顏色一時明白起來，便知此花不在你心外。」〔註335〕

陽明以爲，外物之所以存在，因有我心之燭照，若我心不在外物，外物雖有如無也。王時槐（塘南）進一步說：

> 陽明以意之所在爲物，此義最精。蓋一念未萌，則萬境俱寂，念之所涉，境則隨生。且如念不注於目前，則雖泰山覿面而不睹；念苟注於世外，則雖蓬壺遙隔而成象矣。故意之所在爲物，此物非內非外，是本心之影也。〔註336〕

於此，王塘南提出意念創生外境的概念，而此境乃心物合一之結果，此種觀念是晚明性靈說的哲學基礎。此基礎至公安派先驅徐渭、李贄身上，轉爲自然率眞，其爲文活潑，眞情流露，發乎情而不必止乎禮義，一如湯顯祖所說：「凡文以意、趣、神、色爲主。」〔註337〕是以高逸曠達之胸襟，狂放耿直之性格，強烈之纏綿情慾，無不自然訴之筆端。

再就心學的狂狷傳統而觀，自陽明開始，狂者精神便已成爲心學的一大特色，陽明的「鏗然舍瑟春風裏，點也雖狂得我情」〔註338〕詩句，表現豪邁氣概。陽明之後，得王畿（龍溪）及王艮（心齋）充分發揮，尤其心齋所創泰州學派，狂者輩出，如趙大洲、顏山農、何心隱、羅汝芳輩，均爲出名的狂士，而龍溪與心齋二派又孕育出一位以狂放出名的李贄。〔註339〕且龍

〔註333〕同前卷十二，〈浙中王門學案〉二。

〔註334〕焦竑說：「學道者當盡掃古人芻狗，從自己胸中闢取一片乾坤，方成眞受用，何至甘心死人脚下。」出自焦竑《續集》卷2，見焦竑《焦氏筆乘》。

〔註335〕《王文成公全書》卷三，〈傳習錄〉下。

〔註336〕《明儒學案》卷二十，〈江右王門學案〉五。

〔註337〕《湯顯祖詩文集》卷四七，〈答呂姜山〉。

〔註338〕《王陽明全集》卷二十，〈月夜二首〉其一。

〔註339〕《焚書》卷三，〈王龍溪先生告文〉中，曾自述其對龍溪的孺慕之情，其謂：

溪之「學當致知見性而已，應試有小過不足累。」〔註 340〕之觀點，對徐渭（文長）之人生態度產生深刻影響。〔註 341〕文長〈自爲墓志銘〉中嘗言：

> 山陰徐渭者，少知慕古文詞，及長益力。既而有慕於道，往從長沙公究王氏宗，謂道類禪，又去扣於禪，久之，人稍許之，然文與道終兩無得也。賤而懶且直，故憚貴交似傲，與眾處不免袒裼似玩，人多病之，然傲與玩，亦終兩不得其情也。〔註 342〕

他在窮苦中多哀怨不恭之情緒，不但於道與文「兩無得」，且由此「兩無得」導致「傲與玩」的人生態度。從經歷看，先學古文詞，再接觸王學，再由王學而轉入禪學，其成學過程與晚明士人相仿，如李贄、焦竑、湯顯祖、公安三袁等等。其傲與玩，由於高視自我的個性與對現實的絕望的自我嘲謔，使其內心深處仍不能忘懷對現實的關懷，因而產生傲與玩的「兩不得其情」。

易言之，從陽明之狂的精神，強調學以「自得」，由此也開啓心學重個體自我的傳統。於文學理論上，最能體現作家主體思想的應屬唐順之（荊川）的「本色論」，對於「本色」，他說：

> 秦漢以前，儒家者有儒家之本色，至如老莊家有老莊家本色，縱橫家有縱橫本色，名家墨家陰陽家皆有本色，雖其爲術也駁，而莫不皆有一段千古不可磨滅之見，是以老家必不肯勦儒家之說，縱橫家必不肯借墨家之談，各自其本色而鳴之爲言，其所言者其本色也，是以精光注焉，而其言遂不泯於世。唐宋而下，文人莫不語性命，談治道，滿紙炫然，一切自托於儒家，然非其涵養畜聚之素，非眞有一段千古不可磨滅之見，而影響勦說，蓋頭竊尾，如貧人借富人之衣，莊農作大賈之飾，極力裝作，醜態盡露，是以精光枵焉，而其言遂不久湮廢。〔註 343〕

「余一面先生而遂信其爲非常人也。雖生也晚，居非近，其所爲凝眸而注神，傾心而悚聽者，獨先生爾矣。」

〔註 340〕《明史》卷二八三，〈儒林傳〉二〈王畿〉。

〔註 341〕徐文長於自撰的《畸譜》中〈師類〉共列五人：王畿、蕭鳴鳳、季本、錢楩、唐順之。王畿爲文長表親，常因便問學；唐順之出王畿門下，與文長心學及文學有授受關係，對文長才華頗多讚賞，文長曾於「紀知（己）」類載唐順之對其「稱不容口」之類。季本爲文長業師，王畿、季本復同爲唐順之之論學對象，由此亦可見其爲文取向及人生態度受影響之網絡。

〔註 342〕《徐文長文集》卷二七。

〔註 343〕《荊川先生文集》卷四，〈答茅鹿門書〉。

荊川文論可分兩階段：前段爲唐宋派時期，其文學思想以追求道與文、意與法的平衡爲旨歸。〔註 344〕後期爲體悟陽明心學之後，其文學思想中，變成重自我心靈，強調自我本色，將文與法諸形式置於外，更凸顯主觀的自我心靈。

至嘉靖末期，徐渭（文長）出，不但貴「眞我」，主「天成」，重「本色」，且其詩與文能自寫意興，獨闢蹊徑。並與唐順之（荊川）關係密切，完全接受荊川本色論，他在〈西廂記序〉說：

> 世事莫不有本色，有相色。本色猶俗言正身也。相色替身也。替身者，即書評中婢作夫人，終覺羞澀之謂也。婢作夫人者，欲塗抹成主母，而多插帶，反掩其素之謂也。故余於此本中賤相色，貴本色。眾人所忽余獨詳，眾人所旨余獨唾，嗟哉，吾誰與語！〔註 345〕

其中婢塗抹成主母，而多插帶之醜態，與唐順之所譏宋儒「影響剿說，蓋頭竊尾，如貧人借富人之衣，莊農作大賈之飾，極力裝作，醜態盡露。」頗爲相近。至於，其在〈葉子肅詩序〉裡更直陳本色的創作態度，故言：

> 人有學爲鳥言者，其音則鳥也，而性則人也；鳥有學人言者，其音則人言也，而性則鳥也；此可以定人與鳥之衡哉？今之爲詩者，何以異於是！不出於己之所得，而徒竊於人之所嘗言，曰：某篇是某體！某篇則否！某句似某人！某句則否！此雖極工，逼肖而已，不免於鳥之爲言矣。〔註 346〕

文長認爲鳥學人語之舉，前後七子如此，即唐宋派亦然。故嘲笑復古仿眞之作，「不出於己之所自得，而徒竊人之所嘗言」，無論如何逼眞，終究「不免於鳥之爲人言矣」。徐文長從自己之人格特點出發，承繼唐順之本色說眞實爲己之內涵，不僅減少道學的色彩，更使自我表現、自我宣洩成爲文學獨樹一幟的特徵。

因此，《四庫全書總目提要》評徐渭云：

> 蓋渭本俊才，又受業於季本，傳姚江縱恣之派。不幸而學問未充，聲名太早，一爲權貴所知，遂侈然不復檢束。及乎時移世易，侘傺窮愁，自知絕不見用於時，益憤激無聊，放言高論，不復問古人法

〔註 344〕唐順之《文編・序》指出「文不能無法」，而茅坤於《八大家文鈔》之評點中，亦多從文章法度規矩立論。因此從文章表現手法來說，唐宋派諸人，仍受古文傳統規範所束縛。

〔註 345〕《徐文長佚草》卷六

〔註 346〕《徐文長文集》卷二〇，〈葉子肅詩序〉

度爲何物？故其詩遂爲公安一派之先鞭。〔註347〕

對文長人生態度雖有貶抑，然仍肯定其才情，而點出其爲公安文學先驅的地位，實屬知人之言。若進一步從文長逝世四年後，袁中郎遊越，在陶望齡宅發現徐渭文集，披而讀之，驚喜若狂，如逢千古知己，稱讚說：「殆我朝第一詩人，王、李爲之短氣」又說：「先生詩文崛起，一掃近代蕪穢之習，百世而下，自有定論」〔註348〕而觀，更可見其對公安之影響，由於徐文長的思想與創作深得中郎之心，故中郎爲其名氣不揚作解釋：「文長既雅不與時調合，當時所謂騷壇主盟者，文長皆叱而奴之，故其名不出越。」〔註349〕其二者之間之承襲關係，可見一斑，公安派正是繼承了心學的此一傳統，提出其重性靈、重個體的文學思想。而袁宗道（伯脩）尚留有本色論的影響，他在〈論文下〉一文中，提出「有一派學問，則釀出一種意見；有一種意見，則創出一般言語」的觀點，並具體論述曰：

無論《典》、《謨》、《語》、《孟》，即諸子百氏，誰非談理者？道家則明清淨之理，法家則明賞罰之理，陰陽家則述鬼神之理，墨家則揭儉慈之理，農家則敘耕桑之理，兵家則列奇正變化之理。漢、唐、宋諸名家，如董、賈、韓、柳、歐、蘇、曾、王諸公，及國朝陽明、荊川，皆理充於腹而文隨之。〔註350〕

因而他最後得出結論說，復古派七子「其病源則不在模擬，而在無識。」〔註351〕無論是就其認同的陽明、荊川的學源上，或強調諸子百家各有其識上，以及爲文重「識」的觀點上，伯脩的文學理論都有明顯的心學傾向，並直接與唐順之本色論有淵源關係。

公安三袁除了受「本色論」影響外，受李贄「童心說」影響則更直接。因爲強調心性自然本是王學的傳統，王門學者如王畿、羅汝芳等，將此心性自然衍爲赤子之心，羅汝芳（近溪）曾說：

赤子孩提欣欣長是歡笑，蓋其時，身心猶自凝聚。及少長成，心思雜亂，便愁苦難當。世人於此，隨俗習非，往往馳求外物，以圖安樂。不思外求愈多，中懷愈苦，老死不肯回頭。〔註352〕

〔註347〕《四庫全書總目提要》卷一七八《別集類存目五》《徐文長集》

〔註348〕《袁宏道集箋校》卷一九，〈徐文長傳〉。

〔註349〕同前註。

〔註350〕《白蘇齋類集》卷二十。

〔註351〕同前註。

〔註352〕廣理學備考本《羅近溪先生集》，頁14。

以不學不慮的「赤子之心」凝聚身心，對治世人「隨俗習非，馳求外物」之習性，作爲世道人心敗壞的針砭。此赤子之心雖出於本性自然，是人的眞性情所在，但人對天命之性漫然莫解。因此，李贄從「天生一人自有一人之用」的角度，提出更注重個體價值的「童心說」：

> 夫童心者，眞心也，絕假純眞，最初一念之本心。……天下之至文，未有不出於童心焉者也。苟童心常存，則道理不行，聞見不立，無時不文，無人不文，無一樣創制體格而非文者。〔註353〕

李贄以爲天下最好的文章，皆由童心創造出來。他繼承了龍溪心性現成與心性自然的說法，而捨棄了良知的倫理屬性，以本體之空與自然童心取而代之，並將其引入文學理論的領域。因此其童心說的核心乃是眞實自然，並以重視自我價值爲其根本前提。公安派對李贄的童心說可謂全然接受，且於創作實踐中全面展開，從而形成其自然灑脫的審美風格。

公安三袁時，已是性靈天下，如袁中郎在〈敘小脩詩〉曰：

> 大都獨抒性靈，不拘格套，非從自己胸臆流出，不肯下筆。有時情與境會，頃刻千言，如水東注，令人奪魄。其間有佳處，亦有疵處，佳處自不必言，即疵處亦多本色獨造語。然予則極喜其疵處；而所謂佳者，尚不能不以粉飾蹈襲爲恨，以爲未能盡脫近代文人氣習故也。〔註354〕

在此，仍有心學色彩與本色說思路，且「獨抒性靈，不拘格套」的主張，也與唐荊川以內容取向相同。然而「予極喜其疵處」的表述，是袁中郎與唐荊川之不同處，因爲唐荊川肯定各家各有本色，卻不認同各家「爲術也駁」的缺陷，依然以儒家的純正善美爲依歸。可知唐荊川判別文章之價値標準乃在其善與不善。而袁中郎所看重者，乃是否從自我胸臆流出，那些「佳處」雖美，難免有仿眞蹈襲的「假病」之嫌；而疵處似有不足，卻是作者眞實情感的流露，故「多本色獨造語」，自然呈現不可替代的價値。可知公安派判別文章的價値標準在於其眞與不眞。以疵爲美，即以眞爲美，此顯然已歧出陽明、荊川的審美觀，而使明代性靈論發生根本的轉向。此一轉向是從李贄開始，至公安派時已基本完成。

「獨抒性靈，不拘格套」的創作主張，明顯與陽明心學的良知靈明具有

〔註353〕《焚書》卷三，〈童心說〉。
〔註354〕《袁宏道集箋校》卷四。

密切的關係。在晚明時期，以性靈論文者比比皆是。焦竑說：「詩非他，人之性靈之所寄也。」〔註 355〕又如湯顯祖說：「天下大致十人中三四有性靈，能爲伎巧文章。」〔註 356〕又說：「天下文章所以有生氣者，全在奇士。士奇則心靈，心靈則能飛動，能飛動則下上天地，來去古今，可以屈伸長短生滅如意，如意則可以無所不如。」〔註 363〕此顯然在強調靈感。至屠隆，其言：「夫文者，華也；有根焉，則性靈是也。士務養性靈，而爲文有不巨麗者，否也。是根固華茂者也。」〔註 358〕至此，讓各種不同的性靈展現獨特風格與鮮明個性，成爲晚明文藝主體之軸心。至此，將本色論和性靈說結合起來，是陽明心學對晚明文壇最大的貢獻。

公安性靈之說，追求自然的韻趣，強調「獨抒」，其末流趨於纖巧淺率。至竟陵派起遂發生轉折，如鍾惺認爲創作者在表現性靈的同時，應保持性靈的澄澈空明，並應飽覽群籍，與古人精神相通，而後返照於心，內省自勵，作品才能蘊發深厚的美感。他說：

> 近時君子有教人反古者又有笑人泥古者，皆不求諸己，而皆捨所學以從之。庚戌以後，乃始平氣精心，虛懷獨往，外不敢用先入之言，而內自廢其中拒之私，務求古人精神所在。〔註 359〕

竟陵派強調學習「古人之精神」，其要旨乃要求創作中，要苦心孤詣，尋求一種獨一無二的幽深意境。因而又說：「眞詩者，精神之所爲也。察其幽情單緒，孤行靜寄於喧染之中，而乃以其虛懷定力，獨往冥遊於寥廓之外。如訪者之幾於一逢，求者之幸於一獲，入者之欣於一至。」〔註 360〕鍾惺於此摹寫詩人創作之心理活動，以其「幽情單緒」、「虛懷定力」，排除外部之喧染，神遊「寥廓之外」，去尋求眾所未至之「一逢」、「一獲」、「一至」，其追求意境之獨特性，顯與公安爲文純由胸臆流出不同，即公安以疵爲美，竟陵則要避疵而留美。可見，鍾惺在擬古與公安派的反擬古兩大思潮交相互衝擊下，秉執調和圓融的理念而創作，並以「幽深孤峭」之風矯之。此即其所謂古人之眞精神，亦竟陵派之審美準則。

〔註 355〕《焦氏澹園集》卷一五，〈雅娛閣集序〉。
〔註 356〕《湯顯祖詩文集》卷三二，〈張元長嘘雲軒文字序〉。
〔註 363〕同前，〈序丘毛伯稿〉。
〔註 358〕《鴻苞集》卷一七，〈文章〉。
〔註 359〕《隱秀軒集》卷一七，〈隱秀軒集自序〉。
〔註 360〕《隱秀軒集》卷一六，〈詩歸序〉。

質言之，從公安到竟陵，是晚明士人由開放到收斂的心態轉換，從萬曆十年張居正病逝到黨爭加劇，大約有十五年。是晚明士人最爲活躍、文風最爲放任的時期，從袁宗道（伯脩）於萬曆十四年中進士，登上文壇，到萬曆二十八年病逝，是公安派最爲輝煌的階段。隨著伯脩的病逝，李贄、達觀和尚於萬曆三十年死於獄中，以及黨爭的日益加劇，公安派狂放的精神逐漸收斂。其實，早在袁宏道時，此種轉變便已開始，如中道指出宏道的變化云：

> 況學以年變，筆隨歲老，故自《破硯》（萬曆三十四年）以後，無一字無來歷，無一語不生動，無一篇不警策，健若沒石之羽，秀若出水之花，其中有摩詰，有杜陵，有昌黎，有長吉，有元、白，而又自有中郎。〔註 361〕

中郎文格之轉變可謂導因於時代氣氛和作者性格，當中郎退居柳浪，一則其兄去世之哀傷，一則爲時代更趨詭譎紛擾之憂懼，〔註 362〕其滿腔熱血即時轉爲蘊藉無聞，此即其「與善共榮，與惡共存」之適世性格的展現。袁小脩則由早年追求禪悟放達，轉向晚年的淨土修行，並撰寫〈心律〉一文，重新申說佛家十戒。在心學上，也由早年的傾慕泰州學派與李贄的狂放之學，而轉向重視自我修練的江右王學，〔註 363〕其人格也從早年的狂放轉變爲晚年的狷介，此生命情調即竟陵之人格心態。察袁小脩與鍾惺，〔註 364〕應屬同時人物，〔註 365〕因此，他們有相近的境遇，也具有相似的人格心態。至於鍾惺的人格，如譚元春所說：

> 性深靖如一泓定水，披其帷，如含冰霜。不與世俗人交接，或對面同坐起若無睹者，仕宦邀飲，無酬酢主賓，如不相屬，人以是多忌之。〔註 366〕

〔註 361〕《袁宏道集箋校》附錄三，袁中道〈袁中郎先生全集序〉。

〔註 362〕同前卷二二，〈答黃無淨祠部〉：「今時作官，遭橫口橫事者甚多，安知獨不到我等也？」時爲萬曆二十七年。

〔註 363〕袁中道（小脩）自述其接觸王學的經過說：「東越良知之學，大行於江以西，而廬陵尤得其精華。蓋東越之學，以悟入之，以修守之。近世一二大儒，於本體若揭日星，而其行事之跡，未免落人疑似。惟塘南先生（王時槐），廣大綿密，庶幾兼之。予未得親炙其人，而幸讀其書以私淑。……塘南之儒，能賅禪而不事禪，有合陽明先生不肯逗漏之旨。故此後奉塘南先生爲繩尺，無異議。」

〔註 364〕鍾惺（1574～1625），字伯敬，號退谷，湖北竟陵人，萬曆三十八年進士，授行人。先後任南京禮部祠祭主事、儀制郎中、福建提學僉事等職。

〔註 365〕小脩比鍾惺大四歲，而早兩年去世，小脩成名早，中進士卻比鍾氏晚六年。

〔註 366〕《譚有夏合集》卷二五，〈退谷先生墓誌銘〉。

在變幻詭譎，危疑難測的環境中，鍾惺剛介冷峻的性格，不與人交接的表現，與這火焰般的時代保持適當的距離，也是明哲保身的方式之一。

綜前所述，從文學演進過程看，由早期的感物說轉向晚期的性靈說，實爲一不可逆轉的趨勢。自陽明提出「良知說」後，經過了王畿的「求樂說」，再到唐順之、徐渭「本色說」，李贄的「童心說」，終發展爲公安派的「性靈說」。當然，這是一個逐漸演變的過程，陽明曾創作豐富而具美感的詩文作品，但其士人的思想啓迪遠超過文學理論。到李贄時，提出「童心說」，作爲創作之依據，並影響公安派，但由於其入世觀念強烈，大部分時間在於評人論事。至公安派，承繼陽明哲學上的良知虛明，又吸取了李贄自我求樂的觀念，因此，在生活中表現瀟灑自足的態度，在理論上提出性靈主張，並以豐富的創作，代表明代性靈文學思想的最高成就。惟性靈走到盡頭，變得末微支節，最後以竟陵學派的「幽深孤峭」爲結。

總括而言，晚明小品在形式表現、思想情趣皆迥異於傳統古文。其轉折變化，從復古、摹古，轉向師心自運，以悠然自得的筆調，伸展自我情韻，展露晚明士人對社會人生之體味。

（二）創作態度與地位

陽明心學在晚明已深入到文學內部，強調的是作家主體素質對於創作的重要性，進而以性靈而論詩文，如袁宏道稱眞詩之創作說：

> 詩何必唐，又何必初與盛？要以出自性靈者爲眞詩爾。夫性靈竅於心，寓於境。境所偶觸，心能攝之；心所欲吐，腕能運之。心能攝境，即螻蟻蜂蠆皆足寄興，不必〈雎鳩〉、〈騶虞〉矣；腕能運心，即諧詞謔語皆是觀感，不必法言莊什矣。以心攝境，以腕運心，則性靈無不畢達，是之謂眞詩。〔註 367〕

中郎在此標舉性靈的重要，性靈在心，使心能攝境，使腕能運心，性靈的靈動，使詩文創作成爲可能，故稱「出自性靈者爲眞詩」，而與對象的優劣美醜，語言的諧謔莊重無關，其存在的本身就是價值。亦即，晚明主性靈的文學觀，標舉一種「貴我尊己」的獨立精神，爲晚明文壇注入了蓬勃生機，形成隆慶、萬曆以後「芽甲一新，精彩八面」的小品文創作盛況。晚明小品文也突破傳統「文以載道」的限制，引向表現個人意識的「性靈」，專注於作者自己的思

〔註 367〕《袁宏道集箋校》附錄，引江盈科〈敝篋集序〉。

想感悟與生活情趣。

此感悟和情趣，就山水小品而觀，公安三袁則發揮孔子自然美與精神品質互相輝映的特質，將自然山水注入審美主體的心靈想像，如袁中郎曾說：

> 善琴者不弦，善飲者不醉，善知山水者不巖棲而谷飲。孔子曰：「知者樂水。」必溪澗而後知，是魚鼈皆哲士也。又曰：「仁者樂山。」必巒壑而後仁，是猿猱皆至德也。唯於胸中之浩浩，與其至氣之突兀，足與山水敵，故相遇則深相得。縱終身不遇，而精神未嘗不往來也，是之謂眞嗜也。〔註368〕

魚鼈猿猱雖終身居於山水之間，卻未可以哲士至德相稱，蓋因其心性無法與山水相接，而「知」者、「仁」者具此浩浩闊大之心胸，方可主客相融，構成審美之境界。即使終身不遇山水，而只要具此審美胸懷，亦可達胸中有山水，處處皆風景之境地。在此，可見公安派審美觀念中，明顯繼承陽明心學重主體心性的傾向，即在心與物的關係中，以心作爲第一要素，沒有審美心胸，便無創造與欣賞之可能。

換言之，性靈說重視作家所獨具的靈心慧性，如中郎在萬曆二十四年稱許小脩「非從自己胸臆流出，不肯下筆。有時情與境會，頃刻千言，如水東注，令人奪魄。」〔註369〕的創作靈感，在萬曆二十七年又說：「文章新奇，無定格式，只要發人所不能發，句法字法調法，一一從自己胸中流出，此眞新奇也。」〔註370〕中郎一再用「流」字來形容文學的表現，足見其特重爲文的自發與流暢。而小脩也曾論趣之產生時說：

> 凡慧則流，流極而趣生焉。天下之趣，未有不自慧生也。山之玲瓏而多態，水之漣漪而多姿，花之生動而多致，此皆天地間一種慧黠之氣所成，故倍爲人所珍玩。至於人，別有一種俊爽機穎之類，同耳目而異心靈，故隨其口所出，手所揮，莫不灑灑然後成趣，其可寶爲何如者？〔註371〕

小脩這裏所說的「慧」即個體性靈的眞心。「慧則流」，一個「流」字，即顯得生意盎然，使山顯得多態，水顯得多姿，花顯得多致，故稱其爲「慧黠之

〔註368〕《袁宏道集箋校》卷五四，〈題陳山人山水卷〉。
〔註369〕同前卷四，〈敍小脩詩〉。
〔註370〕同前卷二二，〈答李元善〉。
〔註371〕《珂雪齋集》卷一〇，〈劉玄度集句詩序〉。

氣所生」。而人有「俊爽機穎」的心靈，形成獨特的生命氣質，其口說手寫均自然成趣。又如小脩讀其好友馬遠之文，覺其「靈潮汩汩自生，始知天地之名理，與人心之靈慧，搜而愈出，取之不盡」。〔註 372〕小脩認爲馬氏之文所以會靈潮汩汩而生，因其心中有搜之不盡的靈慧之性。

除此之外，性靈說也隱含著存異的價值觀。如袁小脩在稱讚袁中郎轉變文壇風氣的功勞時說：

> 至於今，天下之慧人才士，始知心靈無涯，搜之愈出；相與各呈其奇，而互窮其變，然後人人有一段眞面目溢露於楮墨之間。即方圓黑白相反，純疵錯出，而皆各有所長，以垂之不朽，則先生之功於斯爲大矣。」〔註 373〕

小脩強調心靈的作用無窮，每位作者聯想創發，「各呈其奇」，將自我的「一段眞面目溢露於楮墨之間」。從此處所言的「方圓黑白相反，純疵錯出，而皆各有所長」，見其多彩繽紛，不在於趨同，而在存異。

如再由考察湯顯祖之文學創作態度，亦可見其同中求異之成就與地位，湯顯祖由其師羅近溪的赤子之心，轉化爲生生之仁的人生觀與文學觀念，並以言情爲核心。他曾說：

> 世總爲情，情生詩歌，而行於神。天下之聲音笑貌大小生死，不出乎是。因以憺蕩人意，歡樂舞蹈，悲壯哀感鬼神風雨鳥獸，搖動草木，洞裂金石。其詩之傳者，神情合至，或一至焉；一無所至，而必曰傳者，亦世所不許也。〔註 374〕

既然這個世界是由情構成的，則詩歌之發生、效果與價値，也都由情來決定，若得「神」助，則流傳將更廣更遠。從文學演進的角度觀之，情是作家創作的第一原動力，所謂「情致所極，可以事道，可以忘言。而終有所不可忘者，存乎詩歌戲劇詞辯之間。固聖賢之所不能遺，而英雄之所不能晦也。」〔註 375〕從文藝的功能上講，只有蘊含豐富的情意之作品與表演，才能感染讀者與觀眾。「人生而有情。思歡怒愁，感於幽微，流於嘯歌，形諸動搖。或一往而盡，或積日而不能自休。使天下之人無故而喜，無故而悲。」〔註 376〕因爲有情，將其喜怒

〔註 372〕《珂雪齋集》卷一〇，〈馬遠之碧雲篇序〉。
〔註 373〕《袁宏道集箋校》附錄三，袁中道〈中郎先生全集序〉。
〔註 374〕《湯顯祖詩文集》卷三一，〈耳伯麻姑游詩序〉。
〔註 375〕同前卷三十，〈調象庵集序〉。
〔註 376〕同前卷三四，〈宜黃縣戲神清源師廟記〉。

哀樂之情，發於嘯歌舞蹈，以戲劇的方式感染群眾，引起「無故而喜，無故而悲」的情感。此即興、觀、群、怨之社會功用。其最終目標，「以人情之大竇，爲名教之至樂」，便是要以激發情性之方式，而達到教化天下的結果。

湯顯祖的言情說又與公安派不同，在公安派認爲性靈是文學發生的第一要素。湯顯祖雖也重性靈，亦含自我愉悅傾向，但整體言，更重視文學的感化功能，他曾說：「昔人常因其情之卓絕而爲此。固足以傳。通之以才而潤之以學，則其傳滋甚。」〔註377〕在此，情是決定詩文之能否傳之久遠的首要因素，當然如果再「通之以才而潤之以學」，便更值得傳世，將情加上才、學，即其所謂「神情合至」〔註378〕也。湯氏無疑是更重視情，在他的文學思想體系中，情乃是文學發生的首要因素。

明代的文學價值觀，已從重倫理之同，轉爲重個性之異。此重個性之異的特色，就創作態度來說，如中郎所說：「絕不肯從人腳跟轉，以故寧今寧俗，不肯拾人一字」〔註379〕此爲中郎一再宣示的獨立創作態度。再如袁小脩所說：「詩莫盛於唐，顧唐之所以稱盛者，正以異調同工，而究竟不害其爲可傳耳。杜工部之沉著，李青蓮之俊快，兩者其勢若相反，而其實各從所入，以極其才，至於今光焰不磨。」〔註380〕著重個人特質的發揮，性靈各自不同，沈著、俊快各自發展，其調固異，動人則同。

就其取材言，則天地萬物，無論新舊，皆爲材料。或以爲「家常日用之事已被前人做盡」，再難翻新，其實不然，李漁認爲：

> 即前人已見之事，盡有摹寫未盡之情，描畫不全之態。若能設身處地，伐隱攻微，彼泉下之人自能效靈於我，授以生花之筆，假以蘊秀之腸，制爲雜劇，使人但賞極新極艷之詞，而竟忘其爲極腐極陳之事者。〔註381〕

家常日用之事，變化不盡，人情「愈出愈奇」，即使相同之事，也能產生「極新極艷之詞」，在於作者要能「設身處地，伐隱攻微」，另起門庭，推陳出新，見人所未見，就是創作之價值。

若從創作動力而言，則是一種不容自已的情緒。蓋中國文學素以「溫柔

〔註377〕《湯顯祖詩文集》卷三一，〈學餘園初集序〉。
〔註378〕同前，〈耳伯麻游姑詩序〉。
〔註379〕《袁宏道集箋校》卷二二，〈馮琢庵師〉。
〔註380〕《珂雪齋集選・序》
〔註381〕《閒情偶寄》卷一，〈詞曲部〉

敦厚」爲宗。晚明士人則竭力推揚抒發悲憤，因生存於壓抑苦悶卻又自我意識覺醒的時代，其對傳統價值發生牴牾的內心交戰，必定鬱結胸中，伺機而發，若至觸景傷情，一洩將如堤之潰決。如李贄所言：

且夫世之眞能文者，比其初皆非有意於爲文也。其胸中有如許無狀可怪之事，其喉間有如許欲吐而不敢吐之物，其口頭又時時有許多欲語而莫可所以告語之處，蓄極積久，勢不能遏。一旦見景生情，觸目興嘆，奪他人之酒杯，澆自己之壘塊，訴心中之不平，感數奇於千載。既已噴玉唾珠，昭回雲漢，爲章於天矣！遂亦自負，發狂大叫，流涕慟哭，不能自止。寧使見者聞者切齒咬牙，欲殺欲割，而終忍藏於名山，投之水火。〔註 382〕

眞爲文不是「有意爲文」，而是被生活中許多「無狀可怪之事」塡塞於胸，意欲傾吐訴說，爲環境所迫，「欲吐而不敢吐」，「欲語而莫可所以告語」，於是感到忿忿不平，此情「蓄極積久，勢不可遏」，一旦被情景引發，便如決堤的洪水傾瀉而下，形諸筆墨，「噴玉唾珠」，便能成爲震撼人心的不朽之作。

到公安三袁，袁宗道（伯脩）提出爲文須有不能自已之情，他說：「大喜者必絕倒，大哀者必號痛，大怒者必叫吼動地，髮上指冠。」〔註 383〕此說與李贄上述的創作動機論相呼應。到了中郎、小脩，其性靈說的內涵，才有以抒發感憤爲審美旨歸。袁中郎認爲徐渭的詩：「其胸中又有勃然不可磨滅之氣，英雄失路，托足無門之悲，故其爲詩，如嗔如笑，如水鳴峽，如種出土，如寡婦之夜哭，羈人之寒起。」〔註 384〕至如繼承公安、竟陵派之後，提倡任情適性文學之張岱也充滿悲憤：「其一肚皮怨天尤人、磊砢不平之氣，時時陡發，不禁其性火上騰，爐河中決。詩則昌谷之《惱公》，文則韓愈之《孤憤》，賦則屈原之《離騷》，如笑如嗔，如嘲如詈，如斷岩之猿咽，如絕壑之悲泉。」〔註 385〕要言之，文章必出於有感而發。

總之，敢言人之不敢言，願寫人之不願寫，能表人之不能表，是晚明士人理想人格與現實生活相互衝突羈絆下，焦灼與困惑的靈魂出口，是以造就其小品文學。捨「任重道遠」的經國事業，而關注自我心靈之發揚，強調個

〔註 382〕《焚書》卷三，〈雜說〉

〔註 383〕《白蘇齋類集》卷二○，〈論文〉下。

〔註 384〕《袁宏道集箋校》卷一九，〈徐文長傳〉。

〔註 385〕《瑯嬛文集》卷五。

人化的審美感受，如中郎曾以蘇南、浙東一帶的自然風光爲題材，寫下多篇自稱滿意的山水游記小品：「越行諸記，描寫得甚好。謔語居十之七，莊語十之三，然無一字不眞。」〔註 386〕他在山水間所獲得的是超出功利羈絆的樂趣，返歸自然的欣慰，所謂「乍拋牛馬，暫友麋鹿，樂何可言！」換言之，晚明異端之於小品文學，可以雅俗共呈、內容多樣，風格可以解嘲、可以閑適、可以空靈、可以凝重。要之，以作品坦率自然，流露眞性靈爲旨歸，誠如唐顯悅在《媚幽閣文娛・序》中所言：「小品一派，盛於昭代，幅短而神遙，墨稀而旨永。」對晚明小品之歷史地位和特點之評定，可謂公允客觀。

二、多元化的審美追求——「各極其變，各窮其趣」

晚明心學流行，禪風鼎盛，給予重視個性張揚之文學一個極佳的成長土壤。活躍於晚明文壇的小品文，從李贄「童心說」開展眞實無欺之情，自發無礙之流露，此文藝表現，從審美角度而觀，由袁中郎敘陳正甫《會心集》時，所強調的「趣」，是小品共同的追求，他說：

> 世人所難得者惟趣。趣如山上之色，水中之味，花中之光，女中之態，雖善說者不能下一語，唯會心者知之。〔註 387〕

所謂大有取於趣者，因性靈使作品顯現神韻飄舉，趣味盎然，此爲中郎所最注重，可見中郎之趣，其根本精神即是任自然，乃對李贄「童心說」的繼承，換言之，現實中志業之綑綁，只好在詩文中求解放，如「小脩稱中郎詩文曰率眞。率眞則性靈現，性靈現則趣生。」〔註 388〕針對率眞則趣生的審美追求，袁中郎在《癖嗜錄・序》中曾說：「於文無所不嗜，而尤啥乎文之趣。趣不足而取致。致不足而取興，均非順生之不得已也。」〔註 389〕至鍾惺則認爲趣如生命：「夫文之於趣，譬之人，趣其所以生也，趣死則死。人之能知覺運動以生者，趣所爲也。能知覺運動以生，而爲聖賢爲豪傑者，非盡趣所爲也。故趣者，止於其足以生而已。」〔註 390〕亦即，趣之於文如生命之於軀體，是一種自然而然的存在，不負載任何成賢成聖之價值或目的。

其後，筆調詼諧的王思任（季重）也推崇趣，他說：「弇州（王世貞）論

〔註 386〕《袁宏道集箋校》卷一一，〈江進之〉。
〔註 387〕《袁宏道集箋校》附錄三，陸雲龍〈序袁中郎先生小品〉。
〔註 388〕同前註。
〔註 389〕見《歷代性靈小品》致新編，崇文書社，2004。。
〔註 390〕《隱秀軒集》卷十六，〈東坡文選序〉。

詩，曰才、曰格，曰法、曰品。吾獨曰一趣可以盡詩。」〔註391〕其詩重自然，趣則由自然生。至於湯顯祖所謂的「弟少年無識。嘗與友人論文，以爲漢、宋文章，各極其趣者，非可易而學也。」〔註392〕則說明趣並非從學問中來。可見，中郎等晚明文士所崇尚的是赤子、童心般的眞情之趣，是純任自然的天然之趣。其眼光投向自己的內心與生活，「面對四時風景，巡目烟霞空谷，手摹金石字畫，游心禪意道旨。」〔註393〕其搖筆爲文，「各極其變，各窮其趣」。〔註394〕在養花蒔草，品茗賞玩，讀書交友中享受生活，信手成文，不再困於世用，而以文章自身的審美趣味爲主，生活有閑趣；癖好有雅趣；山水有逸趣；世態有諧趣；機鋒有禪趣。因而這些小品文展現了一個風雅清純、趣味橫生的世界，炙人口而快人目。以下分就自然、諧奇、禪逸等三方面，觀察晚明士人任性而發，欲求情至之人文情趣。

（一）自然之趣

從徐渭的「眞我」、到李贄的「童心」、湯顯祖的「靈性」，最後至袁中郎的「性靈」，一致強調本色、自然的狀態。中郎說：

> 夫趣得之自然者深，得之學問者淺。當其爲童子也，不知有趣，然無往而非趣也。面無端容，目無定睛，口喃喃而欲語，足跳躍而不定，人生之至樂，眞無逾於此時者。孟子所謂不失赤子，老子所謂能嬰兒，蓋指此也。趣之正等正覺最上乘也。山林之人，無拘無縛，得自在度日，故雖不求其趣而趣近之。愚不肖之近趣也，以無品也，品愈卑故所求愈下，或爲酒肉，或爲聲伎，率心而行，無所忌憚，自以爲絕望於世，故舉世非笑之不顧也，此又一趣也。迨夫年漸長，官漸高，品漸大，有身如梏，有心如棘，毛孔骨節俱爲聞見知識所縛，入理愈深，然其去趣愈遠矣。〔註395〕

文中倡言「趣」，重在「自然」二字，陸雲龍評中郎上述文字曰：「自然二字，趣之根荄。」中郎又曰：「性之所安，殆不可強。率性而行，是謂眞人。」〔註396〕「率性」爲「自然」之前提。於此，中郎的自然之趣，汲取了老子

〔註391〕《王季重十種・袁臨侯先生詩字》。
〔註392〕《湯顯祖詩文集》卷四四，〈答王澹生〉。
〔註393〕黃卓越《閑雅小品集觀・小敘》。
〔註394〕《袁宏道集箋校》卷四，〈敘小脩詩〉。
〔註395〕同前卷十，〈敘陳正甫會心集〉。
〔註396〕同前卷四，〈識張幼于箴銘後〉。

的嬰兒與孟子的赤子思想，也與羅近溪的赤子之心相近，其率性而行，更與李贄童心說的旨趣相同。是以，童趣之自然天成，山林隱士之優遊自在，愚不肖之率性而行，乃至於高官顯宦，若不被聞見知識所縛，皆得自然之趣矣！

自然則眞，眞則得趣，而眞由我生。狂放耿直的性格，風流放誕的欲望，一種心境，一股牢騷，都可以如實地展現，當徹底放下道貌岸然的身段，認眞追求感性的生活，趣自然會呈現。江盈科序袁中郎《解脫集》稱其「情眞而境實，揭肺肝示人」。〔註 397〕中郎稱其越中諸遊記「無一字不眞」，〔註 398〕並以爲得意。馮夢龍也自賞其作散曲「絕無文采，然有一字過人，曰眞」〔註 399〕又如張岱在〈自爲墓志銘〉中，即毫無忌諱地表現放達任情的眞率，於當下流露左右逢源的趣味。就文藝創作言，必須表現性靈、個性、唯眞才能顯示個性，才有存在的價值，才能傳之久遠。

因此，情眞成爲自然之趣的必然。由是，晚明小品文中熱烈謳歌各種至性至情的感情，把愛情、友情、親情視爲人類最有意義的天然眞性。徐渭所說：「摹情彌眞，則動人彌易，傳世亦彌遠。」〔註 400〕袁中郎亦說：「大抵物眞則貴，眞則我面不能同君面，而況古人之面貌乎？」〔註 401〕追求眞與自然，儼然成爲時代行文之風氣。

其次，以兩位言情大師爲例，以論情之興起與功能。馮夢龍於《情史類略》稱：「情，能造就世間奇人奇事，使人爲情犯難，爲情露巧，爲情發憤。」指情之發動，出於不得不然，一但發動，有不可扼抑的氣勢。而眞情必能化人意誠，故說：「使人知情之可久，於是乎，無情化有，私情化公，庶鄉國天下，藹然以情相與，於澆俗有更焉。」〔註 402〕再以湯顯祖的《牡丹亭》的題詞爲例，其云：

> 如麗娘者，乃可謂之有情人耳。情不知所起，一往而深，生者可以死，死者可以生。生而不可與死，死而不可復生者，皆非情之至也。夢中之情，何必非眞。天下豈少夢中人耶。必因薦枕而成親，待掛冠而爲密者，皆形骸之論也。……嗟夫，人世之事，非人世所可盡。自非通人，恆以理相格耳。第云理之所必無，安知情之所必有耶？

〔註 397〕《袁宏道集箋校》附錄三。
〔註 398〕同前卷一一，〈江進之〉。
〔註 399〕《馮夢龍全集》第一四冊，《太霞新奏・序》。
〔註 400〕《徐渭集・補編・選古今南北劇序》。
〔註 401〕《袁宏道集箋校》卷六。
〔註 402〕《馮夢龍全集》第七冊，《情史・龍子猶序》。

〔註 403〕

若眞情至性，必能生死以之，無論眞境、夢境，眞情均可不滅，故非「薦枕而成親」所可比擬，如只有婚姻之形式而無情感之實質；只論責任之得遂而視無趣爲當然，則心靈世界亦死寂一片而已。世界萬象，非一理所能涵蓋，強以理格情，亦至埋怨壓抑而已。故曰：「第云理之所必無，安知情之所必有耶？」《牡丹亭》「四夢」中，情節人物都是假，但夢中生活細節，人物的情感、性格、音容笑貌卻都如眞。王思任稱《牡丹亭》中的人物，「笑者眞笑，笑即有聲；啼者眞啼，啼即有淚；嘆者眞嘆，嘆即有氣。」〔註 404〕屬中肯之言也。

晚明文士觀照自然，探究人情，注重本色，尤重性情眞趣，這種自然眞趣，在公安三袁身上，其反映在個性上之本色：「宗道落落寡合，淳樸自守，表現爲處士氣；宏道機鋒橫溢，慧眼過人，寓諷刺於調侃，表現爲狂士氣；中道感慨蒼涼……表現爲俠士氣。」〔註 405〕這就形成了他們獨特的觀照自然山水、人事、景物的審美觀點。而於人情諸事，要達到主體之眞，必須講眞話，抒眞情，並非易事。在「滿場是假」的環境下，禮法的箝制，傳統觀念的束縛，爲了舒暢心情，避免困擾，常以委婉轉折，嘻笑怒罵之方式行之。以下試觀晚明士子諧趣之表現。

（二）諧奇之趣

人生歷程如果可以選擇，都會選擇富裕順利，但現實人生往往不如人意，苦難在所難免，因此，每個人必須去處理或承受這些苦難或不幸，自我消遣成爲解脫方式之一。喜讀老子、莊周、列禦寇等諸家言的小脩，即常有此機鋒，其曾說：「吾輩聚首，開口即是浪謔調笑，藉以消永日，亦謂世上難可莊語，不得不出是耳。」〔註 406〕指出笑容背後，尚有許多難忍的苦澀。又如王思任說：「歷經寒暑，勘破玄黃。……欲歎則氣短，欲罵則惡聲有限，欲哭則近於婦人，於是破涕爲笑。」〔註 407〕欲歎、欲哭、欲罵皆無濟於事，乃破涕爲笑，分明一副無可奈何的神態。江盈科說：「迂散閑曠、幽憂抑鬱之夫，取而讀焉，亦自不覺其眉之伸、頤之解，發狂大叫而不能自已。」〔註 408〕讀諧

〔註 403〕《湯顯祖詩文集》卷三三，〈牡丹亭記題詞〉。
〔註 404〕《湯顯祖詩文集》附錄〈批點玉茗堂牡丹亭詞敘〉。
〔註 405〕見吳調公〈公安三袁美學觀之異同〉，《文學評論》，頁 35，1987 年。
〔註 406〕《珂雪齋集》卷二一，〈心律〉
〔註 407〕《文飯小品》，王思任〈笑詞序〉
〔註 408〕《江盈科集》，〈笑林引〉

笑之文，而悶爲破，愁爲消，甚至想大聲呼叫，以對書中相應之對象。面對敗壞的政局，眼看無法收拾的世界，卻又難於有所作爲，加上莊語容易得禍，故出之以諧語，藉以嘲諷在世俗泥坑裏打滾的政客，聊以自慰無奈無力之胸懷，此乃士人典型之末世心態。

首先，在晚明小品中，有許多善於描摹神態，把人事物情寫得饒有諧趣的作品。如袁中郎一次因病欲往西湖養病，分別寫信給兩個朋友，其一言：「弟以病得休，掛帆歸矣。每聞西湖之勝，欲於燈節前後，杖藜一來。湖水可以當藥，青山可以健脾。逍遙林莽，倚枕岩壑，便不知省卻多少參苓丸子矣。但不識關門令尹，能辨青牛氣色否？」〔註409〕另一封曰：「欲於燈節前後，過西湖養病，借山水之奇觀，發耳目之昏聵；假河海之渺淪，驅腸胃之塵土。咄咄，袁生不復事人間事，亦不復人世間人矣。」〔註410〕借山水景物以爲療方，報不安仍不忘自我消遣，慰朋友也慰自己，似乎把病痛淡化了，以博好友會心而已。如竟陵派之王思任（季重），以其善觀能言，在〈游慧錫兩山記〉寫道：

> 越人自北歸，望見錫山，如見眷屬。…又慧泉首妙。居人皆蔣姓，市泉酒獨佳，有婦折閱，意態閑遠，予樂過之。買泥人，買紙雞，買木虎，買蘭陵面具，買小刀戟，以貽兒輩。至其酒，出淨瓷，許先嘗論値，予丐洌者清者，渠言燥點擇奉，吃甜酒尚可做人乎？冤家，直得一死。

季重在此主要寫買酒之趣味，而游記戛然而止，不符格套，文中帶有市井之氣，讀來俏皮可喜，挑而不佻，令人顧笑燦然，洋溢著由慧心靈氣而製造的諧趣。又如張岱之寫〈西湖七月半〉：

> 西湖七月半，一無可看，只可看看七月半之人。看七月半之人，以五類看之：……名爲看月而實不見月者，看之；……身在月下而實不看月者，看之；……亦在月下，亦看月而欲人看其看月者，看之；……月亦看，看月者亦看，不看月者亦看，而實無一看者，看之；……看月而人不見其看月之態，亦不作意看月者，看之。〔註411〕

描繪一幅情味獨特的西湖風情畫，寫月下人潮，以調侃、揶揄之筆調，刻畫出栩栩如生的眾生相，戲而不謔，洋溢著冷眼看人生的諧趣。

〔註409〕《袁宏道集箋校》卷六，〈湯郎陸〉

〔註410〕《袁宏道集箋校》卷六，〈陶石簣〉

〔註411〕《陶庵夢憶》卷七，〈西湖七月半〉。

莊言刺耳，以諧語行之，說者無罪，聽者則隨意體會，自然橫生諧趣。如陳繼儒說：

> 天以筆與舌付之文人，二者不愼，皆足以取愆垢、招悔尤。而又不能悶悶焉如無口之瓠，則姑且遊戲諧史中以爲樂。蓋綺語之因緣，差勝於筆鉞舌劍之果報也。〔註412〕

文人雖具筆與舌，但嚴肅尖銳的批評，容易觸犯忌諱，人既難以接受，自己易招致誤會後悔，不如以戲言諧語進行諷諭，效果倒不見得差。

如鍾惺冷眼觀世，語帶機峰：

> 居亂世之末流，待朋友不可不恕。所謂「交情」二字，只可於作秀才及退居林下時以之責人。若士宦得失之際，賣友得官，此亦理勢之常。一一責而怨之，非惟待人不勝其刻，即居心亦苦矣。〔註413〕

其平靜中流露出憤激，冷淡中顯出孤傲，「賣友得官，此亦理勢之常」一句，可謂罵盡官場中政客，其語輕意重，既政客亦不免一笑。另外，如哭無益，不如反笑，以笑來揭露陳腐與盲目。如馮夢龍說：「一笑而富貴假，而驕吝忮求之路絕；一笑而功名假，而貪妒毀譽之路絕；一笑而道德亦假，而標榜猖狂之路絕。」〔註414〕「眼孔小者，吾將笑之使大；心孔塞者，吾將笑之使達。」〔註415〕對一些醜陋現象，有時不便於或不值得用正色莊言來批判它，卻適合用「冷」笑的方式來諷刺它，此皆末世末路之技倆而已。

又如湯顯祖曾以東方朔、馬融、李白爲例，指出賢人高士未廢諧謔。他反駁腐儒的謬論說：「之三子，曷嘗以調笑損氣節，奢樂墮儒行，任誕妨賢達哉？」「遊戲墨花，又奚害於涵養性情耶？」〔註416〕調笑與氣節、奢樂與儒行、遊戲與性情，並非水火不能相容。高明之士善於寓莊於諧，寓教於樂，寓諷諭勸戒於笑談之中。

其次，晚明是一個精神困頓，道德失衡的時代，士人作品中，「異人」形象層出不窮。瘋、呆、痴、怪皆有之：如袁中郎〈醉叟傳〉，饒富奇人意趣：

> 醉叟者，不知何地人，不穀食，惟啖蜈蚣、蜘蛛、癩蝦蟆及一切蟲蟻之類，問食之有何益，曰：「無益，直戲耳。」……二舅某年曾登

〔註412〕《陳眉公集》卷六，〈廣諧史序〉。

〔註413〕《隱秀軒集》卷二八，〈與熊極峰〉。

〔註414〕《古今笑・自序》。

〔註415〕《題古今笑》。

〔註416〕《湯顯祖詩文集》卷五〇〈點校虞初志序〉。

金山，叟笑曰：「得非某參戎置酒，某幕客相從乎？」二舅驚愕，詰其故，不答。或云曾爲彼中萬户，理亦有之。……口中常提「萬法歸一，一歸何處」，凡行住坐眠及對談之時，皆呼此二語，有詢其故者，叟終不對。石公曰：「因嘆山林巖壑，異人之所窟宅，見於市肆者，十一耳。至於史冊所記，稗官所書，又不過市肆之十一。其人既無自見之心，所與遊又皆屠沽市販遊僧乞食之輩，賢士大夫知而傳之者幾何？〔註417〕

醉叟好食異物，以「直戲耳」回應詢問者；他似乎知道許多官場應酬事，卻以不答爲應；口中常唸「萬法歸一，一歸何處」，似對世有所感，卻又無須詳解；或云「彼中萬戶」，卻不願承認，或反應處亂世戒懼之心態。

再觀袁小脩之〈回君傳〉：

回君者，邑人，於予爲表兄弟，深目大鼻，繁鬚髯，大類俳場上所演回回狀。予友丘長孺見而呼之謂回邑人，遂回之焉。回聰慧，躭娛樂，嗜酒喜伎入骨，家有廬舍田畝，蕩盡，遂赤貧。……方其欲酒之時，而酒忽至，如病得藥，如猿得果，如久餓之馬，望水涯之芳草，蹄足驕嘶，奔騰而往也。耳目一心志專，自酒以外更無所知，于于焉，嘻嘻焉，語言重複，形容顚倒，笑口不收，四肢百骸，皆有喜氣，與之飲大能助人歡暢，予是以日願與之飲也，人又曰此蕩子不顧家，烏足取？予曰：回爲一身，蕩去田產；君有田千頃，終日焦勞，未及四十，鬚鬢已白。回不顧家，君不顧身，身與家孰親，回宜笑子，乃反笑回耶？其人無以應。……而小弟有書來，乃云，於二十少年皆散去，獨回家日貧，好飲日益，甚予，乃歎曰：人不堪其憂，回也不改其樂，賢哉！回也。〔註418〕

小脩所記回君，「聰慧，躭娛樂，嗜酒喜伎」，與其年少一般，散去家產，而以「回不顧家，君不顧身，身與家孰親，回宜笑子，乃反笑回」來自我解嘲，最後以「眞（顏）回」的讚語頒給「假回」，豈非小脩之自述？中郎〈敘小脩詩〉謂：

弟（小脩）少也慧，……其視妻子之相聚，如鹿豕之與羣，而不相屬也；其視鄉里小兒，如牛馬之尾行，而不可與一日居也。蓋弟既

〔註417〕《袁宏道集箋校》卷一九。
〔註418〕《珂雪齋集》卷一六，〈回君傳〉。

> 不得志於時，多感慨；又性喜豪華，不安貧窘；愛念光景，不受寂寞。百金到手，頃刻都盡，故嘗貧；而沈湎嬉戲，不知樽節，故嘗病；貧復不任貧，病復不任病，故多愁。〔註419〕

中郎所見之小脩，與小脩所見之回君，何其神似也。

晚明形成一種以疵爲美、以癖爲美的審美思想，許多作家爲異人、畸人、癖人立傳，華叔說：

> 舉世皆鄉愿也，集癖集顛，不幾誕矣？非也。癖有至性，不受人損；顛有眞色，不被世法，顛其古之狂歟？癖其古之狷矣！不狂不狷，吾誰與歸？寧癖顛也歟！〔註420〕

對顛狂諸癖，小脩曾有過很好的說明：

> 凡古來醉後弄風作顛者，固有至性，其中亦有以爲豪爽而欲作如是態者。若阮籍之醉，王無功之飲，天性也。米元章之顛，有欲避之而不能者。故世傳米老〈辨顛帖〉，乃以其顛爲美，如欲效之，則過矣！雲林之癖潔，正爲癖潔所苦，彼亦不樂有之。今以癖潔爲美而效之，可嘔也。〔註421〕

癖之所以可貴全在一眞字，若米老之癖潔，乃是其眞性之外現，故顯其美；而欲效之者則是虛僞作假，適見其醜。

總之，晚明士人對史冊所記、稗官所書之外的民間人物立傳，無論是名不見經傳的酒徒，身分低賤的市井，負囊四方的商販……儘管情態不一，卻眞情至性如一，從追「趣」的意義言，不啻是對其內心感情的側寫，與對率眞本色之追求。

（三）禪逸之趣

晚明士人將禪學思想貫注於生活，其特徵乃以性情自適爲主，流露淡泊的文士情懷。形諸文章，則超逸灑脫，安心適意。此情懷與狂禪所主張之快適放任，亦有相通之處，即從「性靈」而發，從不同側面反映之名士風采。以中郎〈答陶石簣編修〉爲例，其云：

> 得來札，知兩兄在家參禪。世豈有參得明白的禪？若禪可參得明白，則現今目視耳聽髮豎眉橫，皆可參得明白矣。須知髮不以不參而不

〔註419〕《袁宏道集箋校》卷四，〈敘小脩詩〉。
〔註420〕《癖顛小史跋》，見該書卷首。
〔註421〕《珂雪齋集》卷二一，〈書遊山豪爽語〉。

豎，眉不以不參而不橫，則禪不以不參而不明，明矣。〔註 422〕

參禪爲求一悟，若參禪可悟，則天下無迷途之人；若悟不必經由參禪，則參禪可廢，偏偏參禪之士滿天下，迷途之士亦滿天下，蓋亦有以不參禪爲參禪，視參禪爲不參禪也。於〈廣莊〉則云：

> 夢中之榮瘁，醒時不相續，醒中之悲喜，夢時亦不相續，孰眞孰幻？空中之花，可以道無，亦可以道有，故聖人不見天高地下，亦不言天卑地高。波中之像，可以言我，亦可以言彼，故聖人不見萬物非我，亦不言萬物是我。物本自齊，非吾能齊，若有可齊，終非齊物。聖如可悟，不離是非；愚如可迷，是非是實。〔註 423〕

從有無、高下、彼我、齊與不齊，兩兩相對的比較，消解來自社會、官場、家庭、文化等層層束縛，其終不離「無可無不可」之原則也。關於禪趣的生成，常以禪悟爲終究，如袁中郎於萬曆三十二年，著〈德山麈譚〉以闡發禪義，試舉兩則爲例：

> 問：根與塵分明是兩物，如何經言各各不相知，各各不相到？
>
> 答：有兩箇則彼此相到，今只是一心，寧有心知心，心到心者乎？如耳不到眼，以眼耳雖兩形，同是一頭；指不到掌，以指掌雖兩形，同是一手。
>
> 問：如何說看公案不要求明？
>
> 答：有箇喻子極妙。往往沙市舟中，有僧暗中自剃頭，一僧燃燈見之，驚云：「你自家剃頭，又不用燈！」舟人皆笑。〔註 424〕

禪悟重在簡潔直接，讓人容易心領意會，其喜悅可如神遊畫中、可如晨霧迎面然。而陳繼儒（眉公）在《岩棲幽事》有一則也富禪趣：「一字不識而多詩意，一偈不參而多禪意，一勺不濡而多酒意，一石不曉而多畫意，淡宕故也。」此信手拈來之意境，常能打開心靈之窗，忘卻現世的憂慮煩惱，獲得精神自由。至於小脩，一則〈禪門本草補〉更具禪趣，其云：

> 慧日禪師作《禪門本草》云：禪味甘，性涼。安心臟，祛邪氣，辟壅滯，通血脈。清神益志，駐顏色，除熱惱，如縛發解，其功若神，令人長壽。故佛祖以此藥療一切眾生病，號大藥王，若世明燈，破

〔註 422〕《袁宏道集箋校》卷二十一。

〔註 423〕《袁宏道集箋校》卷二十三。

〔註 424〕《袁宏道集箋校》卷四四。

> 諸執暗。所慮迷亂，幽蔽不信，病在膏肓，妄染神鬼，流浪生死者，不可救焉。〔註 425〕

眾生易患執著迷亂之病，非草藥能治，必依禪門，從心體悟，始能破執驅迷。其他從隻言片語、一情一境中，獲得人生感悟者尚多，如眉公所謂：

> 明霞可愛，瞬眼而輒空；流水堪聽，過耳而不戀。人能以明霞視美色，則業障自輕；人能以流水聽弦歌，則性靈何害。〔註 426〕

明霞與美色對立，明霞易賞，美色易溺，若美色能止於欣賞而不陷溺，自不生煩惱。食色本是最形而下的，但晚明人也一樣可以從中悟出哲理：「濃肥辛甘非眞味，眞味只是淡；神奇卓異非至人，至人只是常。」〔註 427〕其語至近，其味至遠，此哲理應用於日常，便如華淑在《閑情小品・序》中所寫道：

> 晨推窗，紅雨亂飛，閑花笑也；綠樹有聲，閑鳥啼也；煙嵐明滅，閑雲度也；藻薦可數，閑池靜也；風細簾清，林空月印，閑庭悄也……。

此謂我心寬宏則萬物親切，心生善念則能感知周遭之善意也。故身心閑適，則景物亦隨之閑適，此即所謂天人合一，情景融和的境界，可謂逸趣盎然。

袁中郎於〈晚游六橋待月記〉，品賞「花態柳情，山容水意」的雅興，追逐一種耐人尋味的逸趣。另於記〈天池〉云：

> 逾嶺而西，平疇廣野，與青巒紫蘿相映發。時方春仲，晚梅未盡謝，花片沾衣，香霧霏霏，彌滿十餘里，一望皓白，若殘雪在枝。奇石艷卉，間一點綴，青篁翠柏，參差而出，種種奪目，無暇記憶。〔註 428〕

幾筆素描，即勾勒出一幅清新撲面的畫卷，旋即燦然入目，梅瓣殘雪、翠柏奇石充滿畫意。他的〈由水溪至水心崖記〉寫新湘溪景色：

> 眾山束水，如不欲去，山容殊閑雅，無刻露態。水至此亦斂怒、波澄黛蓄、遞相親媚，似與游人娛。〔註 429〕

以一「束」字，綁住了山水的情意，欲去還留的水流洋溢紙上，水的多情，總依賴山的閒適，將自然景物人格化，賦自然以神情意態，頗饒野趣。又如陳眉公，於〈集峭篇〉寫道：

〔註 425〕《珂雪齋集》卷二〇。
〔註 426〕《小窗幽記》卷一，〈集醒篇〉。
〔註 427〕洪應明《菜根譚》。
〔註 428〕《袁宏道集箋校》卷四。
〔註 429〕同前卷三七。

> 著履登山，翠微中獨逢老衲；乘桴浮海，雪浪裏群傍閑鷗。才士不妨泛駕，轅下駒吾弗願也；諍臣豈合模棱，殿上虎君無尤焉。
>
> 竹外窺鳥，樹外窺山，峰外窺雲，難道我有意無意；鶴來窺人，月來窺酒，雪來窺書，卻看他有情無情。〔註430〕

又於〈集韻篇〉寫道：

> 清齋幽閉，時時暮雨打梨花；冷句忽來，字字秋風吹木葉；多方分別，是非之竇易開；一味圓融，人我之見不立。〔註431〕

又於〈集素篇〉寫道：

> 山中有三樂：薜荔可衣，不羨繡裳；蕨薇可食，不羨粱肉；箕踞散髮，可以消遙。〔註432〕

這些格言體，字字珠璣，立言精深，具詩意、禪意、畫意，如清翠透窗，沁人心靈，於晚明澆薄士風中，流露益人心智之冷雋。

總之，晚明時的自然、人文、山水之游，成爲士人普遍之愛好。袁中郎、陶望齡之游吳越；陳繼儒結草堂於山間、雲遊諸峰；王思任之游浙東；徐霞客之游滇、黔、粵、楚等，皆爲一時雅舉，趣味所在，使各種小品如江潮湧現。並在山水小品中賦予靈心慧性、禪機逸趣。到了張岱，曾記錄其清賞皚皚白雪的奇情曰：

> 霧淞沆碭，天與雲、與山、與水，上下一白，湖上影子，惟長堤一痕、湖心亭一點、與余舟一芥、舟中人兩三粒而已。到亭上，有兩人鋪氈對坐，一童子燒酒爐正沸。見余大喜曰：「湖中焉得更有此人！」拉余同飲。及下船，舟子喃喃曰：「莫説相公癡，更有癡似相公者。」〔註433〕

於夜深更定之時，發揮其恬淡逸趣，痴游湖心亭，在描寫西湖雪景的同時，尤其嘆賞寒天雪地間有「兩人鋪氈對坐」、煮酒消閑的情景。在他看來，這種異於常人的行爲，自然是一種能夠與自然溶爲一體的審美人格的體現。

晚明士人常遠離塵世而親近自然，自然可以作隱遁之所，也可以是鍾愛的對象，蘊藏著無窮的靈感和了悟的契機。因此，若能與平靜淡遠的自然風

〔註430〕《小窗幽記》卷三，〈集峭篇〉。
〔註431〕同前卷七，〈集韻篇〉。
〔註432〕同前卷三，〈集素篇〉。
〔註433〕《陶庵憶夢》卷三，〈湖心亭看雪〉。

光融合，內心的思想感情放達於山巔水涯，於狀物寫景時，自然富有花容柳貌、山情水意，其旨蘊淡遠，天然野趣，是可期也。

晚明小品的思想內涵，在於反映晚明士人自我意識的覺醒，及對個人生活方式的重視和對個性的追求，以率性為眞，表現從容豁達的態度，寫出天眞又成熟的作品。但在其發展過程亦有其侷限，如「眞」，本是晚明小品的特色，但不少作家筆下的「眞」，是唯恐他人不知其「眞」。如「雅」亦然，若過分的清高自賞，以致「雅」極而俗，誠如《四庫全書總目》所謂「矯言雅尚，反增俗態」。〔註 434〕如「抒發性靈」本為晚明小品之宗旨，但若「獨」抒性靈而不及其他，會流於窄化；如小品文在建構閑適之趣時，常如世外桃源般的空靈，與「天崩地陷」時代的氣氛不相對應，正如劉勰所謂「世極迍邅，而辭意夷泰」。〔註 435〕如此種種，自當視為文學表達過程中的一種必然現象，他將孕育著另一個變遷的開端。

晚明小品之於異端士風，可謂集覺醒叛逆於一身；融人生感悟、獨抒性靈、奇人異士於一爐。將晚明士人豐富多采的內心世界，映照於後世讀者心田中，取得「率眞則性靈現，性靈現則趣生……然趣近於諧，諧則韻欲其遠，致欲其逸，意欲其妍，語不欲其拖沓，故予更有取於小品。」〔註 436〕之遠韻、逸致、妍意、簡潔的美感特點。正由於晚明士人對「眞」的追求，使得晚明小品出自靈竅，吐於慧舌，任性而發，充滿對生命的熱愛。至於將生活藝術化，人生享受化的種種思考與怡情態度，相較於現實環境中的桎梏，反倒展示出超越時空，足以滌塵洗俗的人間至情，與令後世驚喜不已的賞心樂事。

〔註 434〕《四庫全書總目》卷一二三，《長物志》提要。

〔註 435〕劉勰《文心雕龍・時序》。

〔註 436〕《袁宏道集箋校》附錄三，陸雲龍〈序袁中郎小品〉。

第五章　晚明心學與士風變異之反思

早在正德十三年，王陽明所寫給黃宗賢的信中，認爲當時官場險惡，所謂「仕途如爛泥坑，勿入其中」，對當時士風表達不滿，所謂「士風日偷，素所目爲善類者亦皆雷同附和，以學爲諱」，遂油然發出「人生動多牽滯，反不若他流外道之脫然」的感嘆。〔註1〕以至晚明，積弊愈深，局勢愈不可挽，是故，本章主要從心學角度，觀察「士風日偷」之由，聯繫政治、學術、文化等背景，分三節進行思辨。

第一節　正統與異端的辯證——美惡不掩，各從其實

自宋明理學興起以來，理學家幾乎無不以佛老爲異端。隨著陽明心學的興起和發展，儒家學者正統與異端的觀念發生了很大的改變。誠如焦竑所指出，王學一出，「聞者豁然，如撥雲見霧而睹青天也。」〔註2〕爲晚明學術得以掙脫傳統束縛奠定基礎。本節擬先從陽明之前，對「異端」作一考察，並闡述陽明以後，異端之變異與原因。

一、學術異端的衍化

王畿（龍溪）曾說：「異端之說，見於孔子之書。」〔註3〕唯並未指明所謂異端爲何。而南宋陸九淵（象山）曾指出，孔子之世，「雖同師堯舜，所學

〔註1〕以上見《王陽明全集》卷四，〈與黃宗賢〉七。
〔註2〕《焦氏淡園集》卷二〇，〈國朝理學名公祠記〉。
〔註3〕《王龍溪全集》卷一，〈三山麗澤錄〉。

之端緒與堯舜不同，即是異端。」〔註4〕以此原則考察，見於孔子之書《論語》，則長沮、桀溺等避世之士，其志向與孔子不同；〔註5〕又宰我居喪之期，其見解亦與孔子相異，〔註6〕皆可視爲異端，其要義不啻爲孔子所謂：「惡紫之奪朱也。惡鄭聲之亂雅樂也。惡利口之覆邦家者」〔註7〕之精神的印證。

至孟子，以楊、墨爲異端，並以「邪說」名之，〔註8〕其內容帶有強烈的價值判斷。秦之後，則以政治規定所謂正統，與正統異者則爲異端。如秦始皇依李斯之意，將非秦記者焚而偶語者棄市，史稱「焚書坑儒」；〔註9〕漢武帝依董仲舒之意，「罷黜百家，獨尊儒術」，〔註10〕儒家遂成爲政教上的正統，而後，凡與儒學爲敵論者即爲異端。

唐宋以降，最大的異端是佛老。韓愈指出孔子之後，「言道德仁義者，不入於楊，則入於墨；不入於老，則入於佛。」〔註11〕而漢世以來，「唱釋老於其間，鼓天下之眾而從之。……釋老之害，甚於楊墨。」〔註12〕蓋「佛本夷狄之人，與中國言語不通，衣服殊製。口不言先王之法言，身不服先王之法服，不知君

〔註4〕《陸九淵集》卷三四，〈語錄上〉。

〔註5〕《論語・微子》載：孔子遣子路問津於長沮、桀溺，桀溺謂子路曰：「滔滔者天下皆是也，而誰以易之，且而與其從辟人之士也，豈若從辟世之士哉？」子路告知孔子，孔子憮然曰：「鳥獸不可與同群，吾非斯人之徒與而誰與？天下有道，丘不與易也。」

〔註6〕《論語・陽貨》載：宰我問：「三年之喪期已久矣！君子三年不爲禮，禮必壞；三年不爲樂，樂必崩。舊穀既沒，新穀既升；鑽燧改火，期可已矣。」子曰：「食夫稻，衣夫錦，於女安乎？」曰：「安！」「女安，則爲之！夫君子之居喪，食旨不甘，聞樂不樂，居處不安，故不爲也。今女安，則爲之！」宰我出。子曰：「予之不仁也！子生三年，然後免於父母之懷。夫三年之喪，天下之通喪也；予也，有三年之愛於其父母乎？」

〔註7〕《論語・陽貨》，孔子對學問、道德、修養提出對似是而非觀念的針砭。

〔註8〕《孟子・滕文公下》載：「世衰道微，邪說暴行有作。」「楊朱、墨翟之言盈天下。天下之言，不歸楊則歸墨。楊氏爲我，是無君也；墨氏兼愛，是無父也。無父無君，是禽獸也！楊墨之道不息，孔子之道不著，是邪說誣民，充塞仁義也。……吾爲此懼，閑先聖之道，拒楊墨，放淫辭，邪說者不得作。」

〔註9〕《史記》卷六，〈秦始皇本紀〉：「臣請史官非秦記皆燒之。非博士官所職，天下敢有藏詩、書、百家語者，悉詣守、尉雜燒之。有敢偶語詩書者棄市，以古非今者族。」

〔註10〕《漢書》卷五六，董仲舒〈天人三策〉：「臣（李斯）愚以爲諸不在六藝之科，孔子之術者，皆絕其道，勿使並進。邪辟之說滅熄，然後統紀可一，而法度可明，民知所從矣。」

〔註11〕《昌黎先生集》卷一一，〈原道〉。

〔註12〕《昌黎先生集》卷一八，〈與孟尚書書〉。

臣之義，父子之情。」〔註13〕他所謂的道，是儒家之仁義道德，〔註14〕「非向所謂老與佛之道也。」而且此道是「堯以是傳之舜，舜以傳之禹，禹以傳之湯，湯以傳之文、武、周公，文、武、周公傳之孔子，孔子傳之孟軻。」〔註15〕此即所謂道統也。

洎至宋蘇軾，稱許韓愈「文起八代之衰，道濟天下之溺」。〔註16〕蓋「自東漢以來，道喪文弊，異端並起，歷唐貞觀、開元之盛，輔以房、杜、姚、宋而不能救。獨韓文公起布衣，談笑而麾之，天下靡然從公，復歸於正，蓋三百年於此矣。」〔註17〕其將文統與道統並轡而談，而韓愈雙雙舉起。

至北宋，理學興起，儒學與佛道之間的正統與異端之辨，也互有變異。首先，儒學在維持用世精神的原則下，吸收佛道理論系統，進行哲理化。蓋儒家之哲理性不如佛道；道家以宇宙論見長；佛學則概念謹嚴思辯精密，故儒學欲在理論上抑制佛老之鋒銳，必須援佛老之宇宙論與思辯方法以增其聲勢，實屬必要。其次，儒學在互動的過程中也體察佛老之宗旨，其悲天憫人的胸懷，殊有可取者，遂逐漸產生包容尊重之態度。至南宋，陸象山從儒學內部檢討：

> 近日學者無師法，往往被邪說所惑。異端能惑人，自吾儒敗績，故能入。使在唐虞之時，道在天下，愚夫愚婦亦皆有渾厚氣象，是時便使活佛、活老子、莊、列出來，也開口不得。惟陋儒不能行道，如人家子孫敗壞父祖家風，故釋、老卻倒來點檢你。如莊子云：「以智治國，國之賊。」惟是陋儒，不能行所無事，故被他如此說。若知者行其所無事，如何是國之賊？今之攻異端者，但以其名攻之，初不知自家被他點檢，在他下面，如何得他服。你須是先理會了我底是，得有以使之服，方可。〔註18〕

這裏，陸象山坦率地承認，佛、道之所以盛行，是因爲儒家自己不爭氣。蓋儒者之道不夠圓融，給予佛、道發展的空間。他認爲，佛、道不及於聖人之

〔註13〕《昌黎先生集》卷三九，〈論佛骨表〉。

〔註14〕〈原道〉云：「夫所謂先王之教者，何也？博愛之謂仁，行而宜之之謂義，由是而之焉之謂道，足乎已無待於外之謂德。其文《詩》《書》《易》《春秋》，其法禮樂刑政。」

〔註15〕《昌黎先生集》卷一一，〈原道〉。

〔註16〕蘇軾〈潮州韓文公廟碑〉。

〔註17〕同前註。

〔註18〕《陸九淵集》卷三十五，〈語錄〉下。

道，應該批評，但批評不能只是因爲其立場與儒家不同，就簡單地斥其爲異端，仍需究其內涵爲何？故進一步指出：

> 天下之理，但當論是非，豈當論同異？況異端之說，出於孔子。今人鹵莽，專指佛老爲異端，不知孔子時固不見佛老，雖有老子，其說亦未甚彰著。夫子之惡鄉愿論，孟子中皆見之，獨未見其排老氏。則所謂異端者，非指佛老明矣。〔註 19〕

象山強調，道理應評論其對與錯，不是同與異。也就是說，異端應指不合理的論點，孔子、孟子並未排斥道家，遑論佛家，因此，佛老在當時不是異端，只是主張與儒家不同罷了。誠如「楊、朱、墨翟、老、莊、申、韓，其道雖不正，其說自分明。若是自分明，雖不是，亦可商榷理會。」〔註 20〕從這個觀點出發，陸九淵看到，道家、佛教的主張並非一無可取。

明初，理學諸子大多深排佛老。如薛瑄（敬軒）曾說：「如佛老之教，分明非正理，而舉世趨之。雖先儒開示精切，而猶不能袪其惑。」〔註 21〕胡居仁（敬齋）也說：「楊、墨、老、佛、莊、列，皆名異端，皆能害聖人之道。爲害尤甚者，禪也。」〔註 22〕蓋「禪學絕滅物理，屏除思慮，以謂心存，是空其心，絕其理。內未嘗有主，何以具天下之理哉？」〔註 23〕丘浚（瓊山）指出：「秦漢以來異端之大者，在佛老。必欲天下之風俗皆同，而道德無不一，非絕去異端之教不可也。」〔註 24〕至於曹端（月川）「朝夕以聖賢崇正辟邪之論」，認爲「立基於敬，體驗於無欲，是入孔門之大路」，反對奉行佛老，包括「勤行佛老之善」的父親。〔註 25〕

自陽明心學興起以來，雖仍以儒學爲正統的基調，但將最初異端所指之佛道兩家，轉向儒學功利化、世俗化部份，尤其是朱學末流，從而使傳統的正統與異端之辯，在中晚明產生新的動向。

〔註 19〕《陸九淵集》卷一三，〈與薛象先〉。

〔註 20〕《陸九淵集》卷四，〈與諸葛誠之〉。

〔註 21〕《讀書錄》卷七。

〔註 22〕《胡敬齋集》卷二，〈歸儒峰記〉。

〔註 23〕《居業錄》卷七。

〔註 24〕《大學衍義補》卷七十八。

〔註 25〕以上詳參《明儒學案》卷四十四，〈諸儒學案上〉二：曹端之同僚盡拜梓潼神，以爲諂，僚曰：斯文宗主也。端曰：梓潼主斯文，孔子更主何事。有欲用浮屠者，先生曰：浮屠之教，拯其父母出於地獄，是不以親爲君子，而爲積惡有罪之小人也，其待親不亦刻薄乎？

首先，晚明學術之「異端」，大抵出自左派王學，自王艮歷何心隱、李贄等推波助瀾，掀起一陣軼蕩名教之狂瀾。下至市井小民之生活，上至朝廷士大夫、官僚體系，無不受其影響。

其次，明代前期儒者對佛老的排斥，恰恰反映出佛老，尤其佛教對儒家知識分子中的深廣影響。隨著中晚明三教融合的日益深入，儒家學者對佛老的態度也日漸開放。以佛老爲異端的看法，在陽明學興起與發展的過程中，發生了明確的消長。當然，這種思想史的變化不可能突如其來，有淵源可尋。做爲陽明心學的先聲，陸象山曾經表達過他對「異端」的看法，所謂：

> 今世類指佛老爲異端。孔子時，佛教未入中國，雖有老子，其說未著，卻指那個爲異端？蓋異與同對，雖同師堯舜，而所學之端緒與堯舜不同，即是異端，何止佛老哉？有人問吾異端者，吾對曰：子先理會得同底一端，則凡異此者，皆異端。〔註26〕

象山雖未推翻以佛老爲異端這一觀點，但對異端的理解，「與同相異即爲異端」，減輕價值意識的分量，重點在事理之本質。

最後，在正統與異端問題上的特定取向，陽明繼承並發揚了象山的精神內涵，茲分兩方面敘述：

其一，王學通禪，從陽明創立心學之時就已經開始。其「心即理」說和「良知」說等，都帶有禪宗的思想。而其四句教，錢德洪與王龍溪有不同理解，而陽明以相互爲用來調和：「二君之見正好相資爲用，不可各執一邊。」〔註 27〕一種宗旨，兩種教法，陽明用調和的態度，使彼此並存，而非異端。而強調「利根之人一悟本體，即是工夫，人己內外，一齊俱透」已類禪家之法門。

其二，陽明不再將佛老視爲首要的異端，這一點，在〈別湛甘泉序〉中有明確的表達：

> 今世學者，皆知宗孔、孟，賤楊、墨，擯釋、老，聖人之道，若大明於世。然吾從而求之，聖人不得而見之矣。其能有若墨氏之兼愛者乎？其能有若楊氏之爲我者乎？其能有若老氏之清淨自守、釋氏之究心性命者乎？吾何以楊、墨、老、釋之思哉？彼於聖人之道異，然猶有自得也。而世之學者，章繪句琢以誇俗，詭心色取，相飾以

〔註26〕《陸九淵集》卷三十四，〈語錄〉上。
〔註27〕《王陽明全集》卷三，〈傳習錄〉下。

> 僞，謂聖人之道勞苦無功，非復人之所可爲，而徒取辯於言辭之間；古之人有終身不能究者，今吾皆能言其略，自以爲若是亦足矣，而聖人之學遂廢。則今之所大患者，豈非記誦辭章之習！而弊之所從來，無亦言之太詳、析之太精者之過歟？夫楊、墨、老、釋，學仁義，求性命，不得其道而偏焉，固非若今之學者，以仁義爲不可學，性命之爲無益也。居今之時，而有學仁義，求性命，外記誦辭章而不爲者，雖其陷於楊、墨、老、釋之偏，吾猶且以爲賢，彼其心猶求以自得也。夫求以自得，而後可與之言學聖人之道。〔註28〕

雖然此文作於正德七年（1512），其中對佛道兩家表示肯定與包容，對儒學的批判，明顯指向程朱的「章繪句琢以誇俗」，其「言之太詳、析之太精」反而落入枝節陳套，反不如佛道尚能自得，其於〈拔本塞源論〉更加以深究：

> 身從事於無用之虛文，莫自知其所謂，間有覺其空疏謬妄，支離牽滯，而卓然自奮，欲以見諸行事之實者，極其所抵，亦不過爲富強功利五霸之事業而止，聖人之學，日遠日晦，而功利之習，愈趨愈下，期間雖嘗瞽惑於佛老，而佛老之說，卒亦未能有以勝其功利之心，雖又嘗折衷於群儒，而群儒之論，終亦未能有以破其功利之見，蓋至於今，功利之毒，淪浹於人心髓，而習以成性也，幾千年矣。〔註29〕

陽明曾斥異端邪說的橫行天下。其中雖也提到佛老，但是異端邪說的矛頭所指，顯然不是佛老，而是世間的功利之學。陽明並認爲與「良知」異者即爲異端，正德十六年，在〈與楊仕鳴〉的信中說：

> 區區所論致知二字，乃是孔門正眼法藏，於此見得眞的，直是建諸天地而不悖，質諸鬼神而無疑，考諸三王而不謬，百世以俟聖人而不惑！知此者，方謂之知道；得此者，方謂之有德。異此而學，即謂之異端；離此而說，即謂之邪說；迷此而行，即謂之冥行。雖千魔萬怪，眩瞀變幻於前，自當觸之而碎，迎之而解，如太陽一出，而鬼魅魍魎自無所逃其形矣。尚何疑慮之有，而何異同之足惑乎？所謂「此學如立在空中，四面皆無倚靠，萬事不容染著，色色信他本來，不容一毫增減。若涉些安排，著些意思，便不是合一功夫。」

〔註28〕《王陽明全集》卷七，〈別湛甘泉序〉。
〔註29〕同前卷二，〈傳習錄中〉〈答顧東橋書〉。

〔註30〕

陽明在此不僅更爲堅定地指出了「致知」(指致良知)在其心學中地位的重要，而且凸顯心學「如立在空中，四面皆無倚靠，萬事不容染著」的超越特徵，也就是說，江右時期的陽明心學，便具有了「無」的境界，更不必等到歸越後方才產生。因此，當有人直接問異端時，陽明回答說：「與愚夫愚婦同的，是謂同德；與愚夫愚婦異的，是謂異端。」〔註31〕由此可見，正統與異端的區分，已不再是簡單地等同於儒學與佛道立場之間的區分，而是有一個更爲根本的標準，儒釋道三家都要在這個標準下受到檢驗。合乎標準者爲正統，不合者爲異端。

當然，陽明並沒有放棄以佛道兩家爲異端的基本立場。譬如陽明在〈重修山陰縣學記〉中曾說：

> 蓋聖人之學，無人己，無內外，一天地萬物以爲心；而禪之學，起於自私自利，而未免於內外之分。斯其所以爲異也。今之爲心性之學者，而果外人倫，遺事物，則誠所謂禪矣；使其未嘗外人倫，遺事物，而專以存心養性爲事，則固聖門精一之學也，而可謂之禪乎哉？〔註32〕

於此，陽明認爲聖學以天地萬物爲心，至大至公；禪學則爲完成自我，是自私自利的。其實，儒與禪都是致力於心性之學，如有「外人倫，遺事物」之情事，雖在儒門，亦謂之禪；如及於人倫、事物，並以「存心養性」爲事，雖在禪門，必謂之儒。在此，是儒是禪非從學派立場論，而從實際作爲論。也與〈別湛甘泉序〉中的意思相呼應。對於正統與異端的問題，後來的陽明學者，沿著陽明所開闢的方向而有了進一步的思考。

至王畿(龍溪)，其思考路線亦沿象山、陽明而下，且更進一步展開。其曰：

> 異端之說，見於孔氏之書。〔註33〕當時佛氏未入中國，其於老氏，尚往問禮，而有猶龍之嘆。莊子宗老而任狂，非可以異端名也。吾

〔註30〕同前卷五，〈與楊仕鳴〉。

〔註31〕《王陽明全集》卷三，〈傳習錄下〉。

〔註32〕同前卷七，〈重修山陰縣學記〉。

〔註33〕《論語・爲政篇》子曰：「攻乎異端，斯害也已。」其「異端」有兩種完全相反的解法：宋孫奕於《履齋示兒編》：「攻，如攻人惡之攻；已，止也。謂攻其異端，使吾道明，則異端之害人者自止。」另《朱熹集注》：「專治而欲精之，爲害甚矣。」故於此僅存其說，不論其意旨。

儒之學，自有異端。至於佛氏之家，遺棄物理，究心虛寂，始失於誕。然今日所病，卻不在此，惟在俗耳。世之儒者，不此之病，顧切切焉，惟彼之憂，亦見其過計也已。良知者，千聖之絕學，道德性命之靈樞也。致知之學，原本虛寂，而未嘗離於倫物之感應，外者有節，而內者不誘，則固聖學之宗也，何偏之足病？故曰：致知在格物。言格物，所以致吾之知也，吾儒與二氏毫厘之辨，正在於此，惟其徇於物感之迹，揣摹假借不本於良知，以求自得，始不免於俗學之支離，不可不察也。〔註 34〕

龍溪以「俗學」爲異端，而非佛老，其所謂「世之高者，溺於意識；其卑者，緇於欲染，能心習見，縱恣謬幽，反爲二氏所嗤。有能宅心虛寂、不流於俗者，雖其蹈於老釋之偏，猶將以爲賢，蓋其心求以自得也。」〔註 35〕此顯然指異化了的朱學，由於朱學與科舉制的結合，研習朱學是爲了通過科舉考試以謀求功名富貴。此即「緇於欲染」，固然是「俗學」。若將對朱子學的研究僅僅作爲一種單純理智的活動，不是「求以自得」，這在龍溪看來也同樣是「溺於意識」、出於「能心習見」的俗學。因此，正統與異端的對立，非針對佛老，而是儒學內部的「眞與僞」、「純與雜」之間。龍溪進一步發揮「吾儒自有異端」的說法，明確將異端由佛道兩家轉向了世儒俗學。龍溪強調：

三教之說，其來尚矣。老氏曰虛，聖人之學亦曰虛；佛氏曰寂，聖人之學亦曰寂，孰從而辨之，世之儒者，不揣其本，類以二氏爲異端，亦未爲通論也。春秋之時佛氏未入中國，老氏見周末文勝，思反其本；以禮爲忠信之薄，亦孔子從先進之意。孔子且適周而問之，曰吾聞諸老聃云，未嘗以爲異也。象山云：吾儒自有異端。凡不循本緒，求藉於外者，皆異端也。……學佛老者，苟能以復性爲宗，不淪於幻妄，是即道釋之儒也；爲吾儒者，自私用智，不能普物而明宗，則亦儒之異端而已。〔註 36〕

龍溪認爲正統與異端之辨，並不限於儒學與佛道二教之間，而視其實際作爲而定，「以復性爲宗」則爲儒；以「自私用智」則爲異端。亦即儒學異化爲功利俗學，即爲「儒之異端」，此乃由龍溪的儒家身份和自我認同所決定的。將

〔註 34〕《王龍溪全集》卷一，〈三山麗澤錄〉。
〔註 35〕《龍溪會語》卷三，〈別見台曾子漫語〉。
〔註 36〕《王龍溪全集》卷一七，〈三教堂記〉。

批評異端的重點，轉移到世儒的功利俗學，既有陽明學對抗僵化、異化了的朱學，也吸收佛道兩家在心靈境界上的超越智慧。龍溪與羅念庵的信中，亦談到類似問題：

> 嘗憶荊川子（唐順之）與兄（羅念庵）書，〔註37〕有云偶會方外一二人，其用心甚專，用力甚苦，以求脫離欲海，祛除欲根，益有慨於吾道之衰，蓋禪宗期於作佛，不坐化超脫，則無功，道人期於成仙，不留形住世，則無功，此二人者，皆不可以僞爲，聖賢與人同而異，皆可假托混帳，誤己誑人，以其世間功利之習心，而高談性命，傲然自以爲知學，不亦遠乎，甚矣，荊川子之苦心，有類於兄也。〔註38〕

由此，儒者一邊高談性命，卻不自覺落入世間功利之習心，反不如佛道者流。比較而言，陽明以功利爲異端，龍溪以俗學爲異端，稱不上從根本上推翻以佛老爲異端的大前提。異端並非只能有一種，在龍溪看來，佛老與俗學顯然都是異端，只是，俗學對聖人之道的危害要超過佛老，因此，俗學是首先需要加以對治的異端。

呂坤對「異端」也有其獨到的看法，曾說：

> 人皆知異端之害道，而不知儒者之言亦害道也。見理不明，似是而非，或騁浮詞以亂眞，或執偏見以奪正，或狃目前而昧萬事之常經，或徇小道而潰天下之大防，而其聞望又足以行其學術，爲天下後世人心害，良亦不細。故有異端之異端，有吾儒之異端。〔註39〕

對於異端，會知所防範，所害可以預見；對於那些「見理不明，似是而非」，足以亂眞奪正，尤其出於社會有聞望之人，常爲人所不察，其害更甚於異端。故與儒者相異，是一般所謂異端；另一種自稱儒者，卻似儒而非儒，以致害道，這是儒者之異端，此種異端更需要加以辨明。

〔註37〕《明儒學案》卷二六，〈南中王門學案〉二〈荊川論學語〉：「近會一二方外人，見其用心甚專，用工最苦。慨然有嘆於吾道之衰，蓋禪家必欲作佛，不坐化超脫則無功。道人必欲成仙，不留形住世則無功。兩者皆假不得，惟聖賢與人同而與人異，故爲其道者，皆可假托混賬，自誤誤人。竊意當時聖賢用心專而用工苦者，豈獨百倍方外人之修煉而已，必有啞子吃苦瓜，與你說不得者。而世人乃欲安坐而得之，以其世間功名富貴之習心，而高談性命之舉，不亦遠乎。」（與念庵）。

〔註38〕《王龍溪全集》卷二，〈松原晤語〉。

〔註39〕《呻吟語》卷一，〈談道〉。

然而，隨著三教融合的深化，晚明的一些學者，對儒學本身進行反省，對佛老採取包容的態度。焦竑（弱侯）〔註 40〕便是其中的代表人物。他是當時會通三教的思想領袖。弱侯在給其師耿定向的信中曾經說：

> 士龍遞至手書，知拳拳以人惑於異學爲憂。某竊謂非惑於異學之憂，無眞爲性命之志之憂也。學者誠知性命之爲切，則直求知性而後已，佛雖晚出，其旨與堯、舜、周、孔無以異者，其大都儒書具之矣。〔註 41〕

從立教宗旨而言，佛、儒皆以性命爲憂，一般儒者常就其立論有異，就指爲異端，並非恰當。對道家亦然：

> 老子，古史官也，文先聖之遺言，閔其廢墜，著五千言以存之，古謂之道家。道也者，清虛而不毀萬物，上古南面臨民之術也，而豈異端者哉！古道不傳，而世儒顧以老子爲異，多詘其書而不講，至爲方士所用。於是黃白男女之說，皆以傳著之，蓋學者之不幸，而亦道之辱也。〔註 42〕

弱侯認爲，老子五千言爲南面臨民之術，然此道不傳，世儒反以異端視之，甚至被方士所利用。在此基礎上，弱侯明確指出：「學者誠有志於道，竊以爲儒釋之短長可置勿論，而第反諸我之心性。苟得其性，謂之梵學可也，謂之孔孟之學可也。即謂非梵學、非孔孟學，而自爲一家之學可也。」〔註 43〕不以門派論異端，平等看待儒釋道三教的立場，若得其性，謂之梵學、孔孟之學或一家自得之學均可。如果說從陽明到龍溪，雖然日益顯示出對佛老的吸收與容納，但難免以儒家爲依歸，而弱侯則超越儒家本位的趨向。他又指出世儒對待佛氏之態度：

> 伯子（程顥）言佛窮神知化而不足以開物成務，如何？曰：學不能開物成務，則神化何爲乎？伯子嘗見寺僧趨進甚恭，歎曰：三代威儀，盡在是矣。又曰：灑掃應對，與佛家默然處合。則非不知此理，

〔註 40〕焦竑（弱侯）師從耿定向、王襞、羅汝芳。並曾於嘉靖四十四年（1565）在南京親聆過龍溪的講席，且「博極群書，自經史至稗官、雜說，無不淹貫」。（《明史》卷二八八）精通佛老，著《老子翼》、《莊子翼》、《楞嚴經精解評林》、《楞伽經精解評林》、《圓覺經精解評林》以及《法華經精解評林》等書。

〔註 41〕《焦氏澹園集》卷十二，〈又答耿師〉。

〔註 42〕同前卷十六，〈盤山語錄序〉。

〔註 43〕同前卷十二，〈答耿師〉。

> 而必爲分異如是，皆慕攻異端之名而失之者也，不知天下一家，而顧過羅曲防，自處於偏狹固執之習，蓋世儒牽於名而不造其實，往往然矣，乃以自私自利譏釋氏，何其不自反也。〔註44〕

大程以爲儒佛之生活常行相同，世儒並非不知，只因其名爲佛即攻擊之。焦竑認爲這是世儒「牽於名而不造其實」，若以此譏佛爲「自私自利」，世儒何嘗不然？楊起元（復所）則以爲儒學與佛道兩家「其教雖異，其道實同」，學習佛道兩家之說乃是良知本心的內在要求，排斥佛老者不過是執著於名稱而已，所謂「學之者，本心之良；而辟之者，名義之束也。」〔註45〕進而指出「二氏在往代則爲異端，在我朝則爲正道」。〔註46〕眞實面對三教融合的社會現實，及大部分陽明學者不以佛老爲異端的心聲。

至李贄，奉孔子於芝佛院並題曰：

> 人皆以孔子爲大聖，吾亦以爲大聖；皆以老、佛爲異端，吾亦以爲異端。人人非眞知大聖與異端也，以所聞於父師之教者熟也；父師非眞知大聖與異端也，以所聞於儒先之教者熟也；儒先亦非眞知大聖與異端也，以孔子有言也。其曰「聖則吾不能」，是居謙也。其曰「攻乎異端」，是必爲老與佛也。〔註47〕

儒之所以把孔子當大聖，是因孔子自稱「聖則吾不能」，之所以知有異端，是因孔子曾說「攻乎異端」，當時孔子未明指異端之對象，現時則指向佛老，而此乃出於儒先之臆度，此後，「父師沿襲而誦之，小子矇聾而聽之，萬口一詞，不可破也；千篇一律，不自知也。」因此，李贄「既從眾而聖之，亦從眾而事之，是故，吾從眾，事孔子於芝佛之院。」他以反諷的方式，把孔子放在佛院，來表達三聖平等的看法。

總之，儒釋道三教的深入互動與高度融合，是中晚明陽明學將正統與異端之辨，從名號立場的不同，轉至儒學內部的變異；其對待佛道的態度，也由斥爲異端轉爲包容，甚至肯定。誠如前述龍溪不在儒學與佛道兩家之間論同辨異，而以能否自得於心、有所受用，作爲取捨的標準。又如周汝登（海門）在回答「象山陽明之學是否雜禪？」時說：「子還體認見之？抑隨聲和

〔註44〕《明儒學案》卷三五，〈泰州學案〉四〈文端焦澹園先生竑〉。

〔註45〕《太史楊復所先生證學編》卷一。

〔註46〕同前註。

〔註47〕《續焚書》卷四，〈雜著彙〉，〈題孔子像於芝佛院〉。

之者？夫禪與儒名言耳。一碗飯在前，可以充饑，可以養生，只管吃便了，又要問是和尚家煮的？百姓家煮的？」〔註 48〕禪儒皆以啓發性命爲宗旨，其路徑或有不同，其用心則一，故不宜因儒而接受，因禪而拒絕，否則即落入立場之偏狹。如趙貞吉（大洲）對佛道態度顯得光明正大，並辨析二者之異同：

> 凡諸靈覺明悟，通解妙達之論，盡以委於禪，目爲異端，而懼其一言之污也。顧日看案上《六經》、《論》、《孟》及程氏文字，於一切事物理會，以爲極致，至太極、無極，陰陽、仁義，動靜、神化之訓，必破碎支離之爲善，稍涉易簡疏暢，則動色不忍言，恐墮異端矣。夫如此學道，烏得不陋？謂靈覺明妙，禪者所有，而儒者所無，非靈覺明妙，則滯窒昏愚，豈謂儒者必滯窒昏愚，而後爲正學耶？〔註 49〕

可見大州借助佛道經典，而對儒家經典有所頓悟。此外，大州亦不諱言習禪，更指禪不足以害人。〔註 50〕而焦竑在解釋自己爲何主張三教本一時也說：

> 宋儒如周元公（敦頤）、程伯子（顥）邵堯夫（雍）陸子靜（象山）諸公皆於道有得，僕所深服。至伊川、晦庵之學，不從性宗悟入，而以依仿形似爲工，則未得孔孟爲之依歸故耳。藉令學者不知學之宗趣，而以此爲法，竊恐其入於鄉愿而不自知也。儒釋之辯，尤今日一大公案，僕非左袒釋氏者，但以學者不究明己事，日棼棼二氏之辨，所謂如人數他寶，自無半錢分，故一爲曉之耳。〔註 51〕

由此可見，焦竑承周、程、象山一脉，以爲得「性命」之道，而伊川、晦庵則失之「依仿形似」，故與其辯駁佛道，不如反求儒學內部之變異。換言之，這些學者，所以對佛道兩家持較爲開放的態度，因爲他們比過去的儒者，對佛道兩家有著更爲深廣的涉入。再者，龍溪之後，許多陽明後學與佛道兩家的關係則更爲密切，如周海門、陶望齡（石簣）與禪僧的交往，焦竑對佛道兩家經典的研究等，在在說明晚明正統與異端觀念變化的消長，有迹可尋。

〔註 48〕《東越證學錄》卷一，〈南都會語〉。

〔註 49〕《明儒學案》卷三三，〈泰州學案〉二〈大州雜著〉。

〔註 50〕同前〈答友人書〉說：「夫僕之爲禪，自弱冠以來矣，感欺人哉？公試觀僕之行事立身，於名教有背謬者乎？則禪之不足以害人明矣。僕蓋以身證之，非世儒徒以口說諍論比也。」

〔註 51〕《焦氏淡園集》卷一二，〈答錢侍禦〉。

至三袁，則將三教經典相互發揮，袁宗道（伯脩）說：

> 三教聖人，門庭各異，本領是同。所謂學禪而後知儒，非虛語也。先輩謂儒門澹泊，收拾不住，皆歸釋氏。故今之高明有志向者，腐朽吾魯、鄒之書，而以諸宗語錄爲珍奇，率終身濡首其中，而不知返。不知彼之所有，森然具吾牘中，特吾儒渾含不洩盡耳，眞所謂淡而不厭者也。閑來與諸弟及數友講論，稍稍借禪以詮儒，始欣然舍竺典，而尋求本業之妙義。予謂之曰：「此我所行同事攝也。」既知此理之同，則其毫髮之異，久之自明矣。〔註52〕

伯修仍有以儒爲主的意思，故謂佛門本領不出儒門，因世儒排拒後，反以佛典爲珍奇，故其以禪詮儒之後，反能見「本業之妙義」，及其所謂「學禪而後知儒」之義也。他也實際從作學問中印證。如其論「良知」時曰：「伯安所揭良知，正所謂『了了常知』之知，『眞心自體』之知，非屬能知所知也。」〔註53〕

在此，伯修藉用了禪佛理論，將良知說成是超越善惡的眞心自體，它既非一般感覺之能知，亦非外界之所知，而是眞常之體。同時，伯脩又稱此爲「自然靈知」，故曰：

> 情念不孤起，必緣物而起，故名情念爲物也。初入道人，如何用功，須是窮自己情念起處。窮之又窮，至於窮不得處，自然靈知顯現，迥然朗然，貫通今古，包羅宇宙，則知致矣。故曰致知在格物，此是初學下手吃緊工夫，千聖入門之的决也。〔註54〕

此「迥然朗然，貫通古今，包羅宇宙」之自然靈知，與陽明之良知實爲一物。在以虛明爲良知本體這一點上，三袁基本上是共同的。此種以禪釋儒的思路，陽明已初露端倪，至王畿、李贄則進一步發展，三袁顯然是從後二人接受啓示，而更顯自然。

對於晚明思想界的這種變化，馮從吾（少墟）曾經指出：「蓋異端可駁也，而以駁異端者駁時事，則爲越俎。異端可闢也，而以闢異端者闢宋儒，則爲操戈。此尤人情之異流、學術之隱痛，不可不亟辨也。」〔註 55〕顯然，傾向於朱學的馮少墟已經敏銳地感受到，隨著中晚明陽明學的展開，陽明學

〔註52〕《白蘇齋類集》卷一七，〈說書類〉。
〔註53〕同前，〈讀大學〉。
〔註54〕《白蘇齋類集》卷一七，〈讀大學〉。
〔註55〕《少墟集》卷一，〈辨學錄跋〉。

者已經開始入室操戈，排斥異端的鋒芒，由佛老轉向朱學。這種異端是學術上一個重大的改變，所謂「人情之異流、學術之隱痛，不可不亟辨」，是少墟對這一思想動向的重視與焦慮。

而王學在與佛道相融，尤其通禪之後也起了根本的變化，「陽明亡後，學者承襲口吻，浸失其眞，以揣摩爲妙悟，縱恣爲樂地，情愛爲仁體，因循爲自然，混同爲歸一。」〔註56〕此即王門後學禪宗化後，發展到後來日漸空疏，並失去了王學以及泰州學派的那種反理學、反傳統的精神，其末流更是陷入了空寂、游談之中。此亦可謂陽明學自身產生之異端也。如顧炎武批評說：「以無本之人而講空虛之學，吾見其日從事於聖人，而去之彌遠也。」〔註57〕他看到的是末流之弊病。

異端之論，實起於差別心，我心容不得彼，彼即爲異端；若由彼端視我，我亦異端也。誠如晚明呂坤（簡叔）〔註58〕於《呻吟語》〔註59〕所言：

> 人皆知異端之害道，而不知儒者之言亦害道也。見理不明，似是而非，或騁浮詞以亂眞，或執偏見以奪正，或狃目前而昧萬世之常經，或徇小道而潰天下之大防，而其聞望又足以行其學術，爲天下後世人心害，良亦不細。是故，有異端之異端，有吾儒之異端。異端之異端，眞非也！其害小。吾儒之異端，似是也！其害大。有衛道之心者，如之何而不辨哉？〔註60〕

此段體現中肯的識見，也流露其對「異端」的權變態度。因此，呂坤進一步指出：

> 異端者，本無不同，而端緒異也。千古以來，惟堯、舜、禹、湯、文、武、孔、孟一脉是正端，千古不異。無論佛、老、莊、列、申、韓、管、商，即伯夷、伊尹、柳下惠，都是異端。子貢、子夏之徒，都流而異端。蓋端之初分也，如路之有岐，未分之初，都是一處發脚，既出門後，一股向西南走，一股向東南走，走到極處，末路梢

〔註56〕《明儒學案》卷一九，《江右王門學案》四〈同知劉師泉先生邦采〉。

〔註57〕《顧亭林詩文集・與友人論學書》。

〔註58〕呂坤（1536～1618）字簡叔，一字心吾或新吾，爲李贄晚輩，與焦竑同輩。其思想綜采百家然基本以儒家爲立足，但仍帶有明顯晚明色彩，即目睹社會亂象，有用世之心，也具深沈憂患意識。

〔註59〕成書於萬曆二十一年。

〔註60〕《呻吟語》卷二，〈談道〉。

頭，相去不知幾千萬里。其始何嘗不一本哉？故學問要析同異於毫釐，非是好辨，懼末流之可哀也。〔註61〕

呂坤之見，反覆玩味，可窺其推勘研辨之功，不啻替晚明之「異端」，下一砭骨之神針。若以泰州學派掀天揭地、驚駭世俗，令人咋舌之論為異端，那麼，傍人情、依物理之見是另一異端。再則，若以為異端就相斥相角，並無助於現況；反之，若從其長處視之，彼則成我族類，補我不足，故可相得而益彰。要言之，傳統的正統與異端之辨，由傳統的儒家與佛道之間，進而走向眞儒與俗儒、心性之學與口耳之學之間的辯證。在整個中晚明的陽明學中，可以看出其變異的過程，「異端」已在三教融合之下不再是異端了。

二、文學異端之變革

晚明學術思想對文學變革的重要精神內涵，即由陽明心學所演化而來的泰州諸儒，自覺地擔負衝擊儒學，反對擬古文風的歷史責任，其中以「無忌憚而敢於叛聖」之李贄為主要代表人物，並引來反對者以「異端之尤」、「惑亂人心」貶抑之。而繼起之公安三袁，則以批評摹古文風，追求內省與領悟為要。於此，擬從文學思潮之激化與革新，宏觀晚明文學異端之發展取向及意義。

（一）寧為狂狷，反對邯鄲學步

文學往往是哲學思想的載體。晚明在文學領域，強調表現自我，追求個性，此文藝變化與傳統「文以載道」之文藝觀迥然不同。追根溯源與晚明「異端」思想有直接關聯。異端之於晚明文學領域而言，有其統攝概念，即晚明心學所主張之本我、眞吾等。其中以羅汝芳、李贄等人影響最大。羅氏在前賢基礎上，提出「赤子之心」，主張率性、天趣之自然；而李贄繼之主張一切率性而行，高喊「千萬人之心者，各遂其千萬人之欲。」〔註62〕表現於文學創作便是「絕假純眞」、「最初一念之本心」〔註63〕的眞心眞情，影響所至，有提倡性靈的袁宏道；有專寫情夢的湯顯祖等。

就陽明心學對文學的影響而論，其「狂者胸次」的標舉，使得士風、文苑流露高揚個性，倡導自由的傾向。據《傳習錄》載：

我在南都以前，尚有些子鄉愿的意思在。我今信得這良知眞是眞非，

〔註61〕同前註。

〔註62〕《明燈道古錄》卷上。

〔註63〕《焚書》卷三，〈童心說〉。

> 信手行去，更不著些覆藏。我今才做得個狂者的胸次，使天下之人都說我行不掩言也罷。〔註 64〕

此論之重點，說明王陽明憑藉對「良知眞是眞非」的自信，方能擺脫「些子鄉愿的意思」，進而臻至「狂者的胸次」境地。晚明儒林文苑，從王艮、顏鈞、何心隱以下，無不體現狂豪膽識。

從內容功能言，文學可以是載道，也可以是抒發本色。自孔子以「思無邪」〔註 65〕談詩，起始本爲眞情流露，後儒卻與教化結合，使自然的詩歌，穿起厚重的道德外衣，因此自秦漢以下，以儒相稱者，無不以載道作爲文則也。以唐宋爲例：「文者，貫道之器也。……秦漢以前，其氣渾然，迨乎司馬遷、相如、董生、楊雄、劉向之徒，尤所謂杰然者也。」〔註 66〕柳宗元謂：「始吾幼且少，爲文章以辭爲工。及長乃知，文者以明道，是固不苟爲炳炳烺烺，務采色、誇聲音而以爲能也。」〔註 67〕而歐陽脩也說：「學者當師經，師經必先求其意，意得則心定，心定則道純，道純則充於中者實，中充實則發爲文者輝光。」〔註 68〕可見唐宋之世，文道合一是當時士人所共遵的原則。

但在時世的遷移，政治權力與士風人心的詭變，一者論道之文足以惹禍，一則眞性情必須抒發，遂逐漸褪去道德的外衣，至晚明完全回到以個人爲主體，以抒發性靈爲內涵的小品文學。申言之，晚明文壇首先對宋儒重道輕文的觀念進行撻伐，大力鼓吹文學的審美特徵和本體價值。如李夢陽批評宋儒說：「宋人主理，作理語，於是薄風雲月露，一切剷去不爲。」〔註 69〕而何景明也指出：「宋之大儒，知乎道而嗇乎文，故長於循轍守訓，而不能比事聯類，開其未發。」〔註 70〕厭薄「風雲月露」，「知乎道而嗇乎文」，正是道學家文藝觀的病症所在。李、何等「前七子」特別注重對文學本體的研究，深入探討

〔註 64〕《王陽明全集》卷三，〈傳習錄〉下。

〔註 65〕關於「思無邪」之注疏，歷來都帶有教化之意義，如邢昺《論語注疏》曰：「詩之爲體，論功頌德，止僻防邪，大抵皆歸於正，故此一句可以當之也。」至朱熹曰：「思無邪，乃是要使讀詩人思無邪耳。讀三百篇詩，善爲可法，惡爲可戒。」(《朱子語類》) 蓋：「凡詩之言，善者可以感發人之善心，惡者可以懲創人之逸志，其用歸於使人得其情性之正而已。」(《論語集注》)

〔註 66〕李漢《唐吏部侍郎昌黎先生韓愈文集序》。

〔註 67〕柳宗元〈答韋中立論師道書〉。

〔註 68〕歐陽修〈答祖擇之書〉。

〔註 69〕《空同集・缶音序》。

〔註 70〕《何大復集・述歸賦序》。

創作方法的諸多問題，推動了古典文論和美學思想的發展。「前七子」之一的王廷相的美學思想尤其精深。王廷相評論李夢陽的創作成就說：

> 以恢宏統辯之才，成沈博偉麗之文，厥思超玄，厥調寡和，游精於秦漢，割正於六朝，執符於《雅》、《謨》，參變於諸子，以柔淡爲上乘，以沈著爲三昧，以雄渾爲神樞，以蘊藉爲堂奧，會詮往古之典，用成一家之言。巨者日融，小者星列，長者江流，闊者海受，洋洋岩岩，冥冥耀耀，無所不及。〔註71〕

這段話雖是對李夢陽個人的寫照，也是當時復古派在整個文壇活躍的情形。創作具有包容百家，博奧恢宏，雄奇詭麗的氣象，而且才士輩出，南北競響，文風大振，結束了永樂以來疲軟沈寂的局面。

由於復古派把古代作品視爲文學創作之樣板，故造成一成不變的摹擬，如檻欄框架，不敢逾越，後有譏夢陽詩文爲「模擬剽竊，得史遷、少陵之似，而失其眞。」〔註72〕至嘉靖萬曆間，後七子出，繼續鼓吹「文必秦漢，詩必盛唐」，否定中唐以後詩歌，宋元詩被排除於外，認爲「秦漢以後無文」。〔註73〕於此同時，以唐順之、王愼中、茅坤、歸有光爲代表的唐宋派，起而反對前七子的跳過唐宋直入秦漢，而主張由唐宋而上窺西漢，以建立千古一脉之文統，並講究「法寓於無法之中」，〔註74〕師法自然，爲文要有「千古不可磨滅之精光」。〔註75〕易言之，唐宋派主張學古應該學唐宋名家，特別要學歐陽修與曾鞏，因爲唐宋名家最能得古人神髓。王愼中（遵岩）說：「學《六經》、《史》、《漢》，最得旨趣根領者，莫如韓、歐、曾、蘇諸名家。」〔註76〕其認爲學習古人做到明白曉暢，使語言文字接近時代。從內容之實質內涵言，唐順之（荊川）認爲「詩文一事，只是直寫胸臆，如諺語所謂開口見喉嚨者，使後人讀之，如見其面目，瑜瑕俱不容掩，所謂本色，此爲上乘文字。」〔註77〕錢謙益曾把明中葉「唐宋派」的創作特徵歸結爲兩句話：「以經經緯史爲根柢，以文從字順爲體要。」〔註78〕以爲在主張復古這點

〔註71〕《王氏家藏集》卷二三，〈李空同集序〉。
〔註72〕《明史》卷二八六，〈李夢陽傳〉。
〔註73〕《滄溟先生全集》卷二六，〈報劉子威〉。
〔註74〕《荊川先生文集》卷一○，〈董中峰侍郎文集序〉。
〔註75〕同前卷七，〈答茅鹿門知縣〉二。
〔註76〕《王遵岩集》卷四一，〈記道原弟書〉。
〔註77〕《荊川先生文集》卷七，〈與洪方洲書〉。
〔註78〕《初學集》卷三一，《嘉定四君集序》。

上，秦漢派與唐宋派並沒有本質的不同。在唐宋派的衝擊下，後七子漸有所修正，如王世貞反對「無取於性情之眞」〔註 79〕的作品，認爲「痕迹宛露」的剽竊模擬是「詩之大病」。〔註 80〕

唐宋派之後，對復古批判，還有徐渭和李贄，徐渭生當後七子熾熱之時，反對作品「不出於己之所得，而徒竊於人之所嘗言」〔註 81〕而李贄〈童心說〉認爲「至文」不拘文體，所謂：

> 童心者，眞心也……天下之至文，未有不出於童心焉者也。……詩何必古選，文何必先秦，降而爲六朝，變而爲近體，又變而爲傳奇，變而爲院本、爲雜劇，爲《西廂記》、爲《水滸傳》，爲今之舉子業，大賢言聖人之道，皆古今至文，不可得而時勢先後論也。〔註 82〕

其提倡情眞和個性，衍爲小品，多爲隨筆，表現對傳統思想的反叛，議論往往有驚世駭俗之筆。

如在〈題孔子像於芝佛院〉中，李贄通過層層解說，對當時社會上尊孔和排斥異端的現象進行嘲諷和批判，指出陳陳相因，「萬口一詞」、「千年一律」，相沿成習，更顯得儒先的愚昧，文章幽默詼諧，對於晚明的思想啓蒙，具有深刻的意義。又如〈別劉肖川書〉中，也對傳統習性進行批評，他說：

> 今之人皆受庇於人者也，初不知有庇人事也。居家則庇蔭於父母，居官則庇蔭於官長，立朝則求庇蔭於宰臣，爲邊帥則求庇蔭於中官，爲聖賢則求庇蔭於孔、孟，爲文章則求庇蔭於班、馬。種種自視，莫不皆自以爲男兒，而其實則皆孩子而不知也。〔註 83〕

其正切反諷，分析解剖，文字雖嫌刻薄，卻也條理分明，頭頭是道。故焦竑在〈李氏焚書序〉說他「快口直腸，目空一世，憤激過甚，不顧人有忤者。」〔註 84〕這也正是李贄的眞實面目。

與李贄同一時代的徐渭和屠隆，小品頗爲出色。如徐渭〈葉子肅詩序〉爲反模擬的一篇宣言，寫得有理有趣：

> 若吾友子肅之詩，則不然。其情坦以直，故語無晦；其情散以博，

〔註 79〕《弇州山人四部稿》卷六九，〈章給事詩集序〉。

〔註 80〕同前註。

〔註 81〕《徐文長三集》卷一九，〈葉子肅詩序〉。

〔註 82〕《焚書》卷三，〈童心說〉。

〔註 83〕同前卷二，(別劉肖川書)。

〔註 84〕同前卷首。

故語無拘；其情多喜而少憂，故語雖苦而能遣；其情好高而恥下，故語雖簡而實豐。蓋所謂出於己之所自得，而不竊於人之所嘗言者也。就其所自得，以論其所自鳴，規其微疵，而約於至純，此則渭之所獻於子肅者也。若曰某篇不似某體，某句不似某人，是烏知子肅者哉！

四次「其情」，兩次轉折，顯得委婉練達；由自得而自鳴，從微疵求至純，要言不繁，意像清晰，最終要義則在「不竊於人之所嘗言」。其寫遊記〈豁然堂記〉：

其西有堂，當湖山環會處。語其似，大約缭青縈白，髻峙帶澄。而近俯雉堞，遠問村落。其間林莽田隰之布錯，人禽宮室之虧蔽，稻黍菱蒲蓮芡之產，耕魚犁楫之具，紛披於坻窪；烟雲雪月之變，倏忽於昏旦。數十百里間，巨麗纖華，無不畢集人衿帶上。或至游舫冶尊，歌笑互答，若當時龜齡所稱「蓮女」、「魚郎」者，時亦點綴其中。於是登斯堂，不問其人，即有外感中攻，抑鬱無聊之事，每一流矚，煩慮頓消。

「豁然堂」在湖山相會處，山青水秀，林樹農稼錯落有致，「烟雲雪月」之美景，「歌笑互答」之樂境，賞心悅目，洗滌乾坤，流目所及，令人陶醉。

而屠隆〈在京與友人〉記燕京與江南漁村相較：

燕市帶面衣，騎黃馬，風起飛塵滿衢陌。歸來下馬，兩鼻孔黑如煙突，人、馬、矢和沙土。雨過淖濘沒鞍膝，百姓競策蹇驢，與官人肩相摩。大官傳呼來，則疾竄避委巷不及，狂奔盡氣，流汗至踵。此中況味如此。遙想江村夕陽，漁舟投浦，返照入林，掩映垂柳，老翁挈魚提甕出柴門。此時偕三五良朋，散步沙上，絕勝長安騎馬衝泥也。

在京城人馬雜遝，大官所到之處，「百姓狂奔盡氣，流汗至踵」，逼眞地描繪了都市小民的不自在，因此，「散步沙上，絕勝長安騎馬衝泥也」，見其對江南山水的熱愛，也可能是屠隆官場失意後，選擇終老江南的原因。

在徐渭和李贄的影響下，焦竑提出詩歌是「人之性靈之所寄」，〔註85〕反對模擬剽竊，而應「脫棄陳骸，自標靈采」。〔註86〕而屠隆也提出「詩之變隨世遞遷」，「不必以古繩今」〔註87〕這些都從不同角度批判了復古主義。隨著，

〔註85〕《焦氏淡園集》卷十五，〈雅娛閣集序〉。

〔註86〕同前卷十二，〈與友人論文〉。

〔註87〕《鴻苞》卷一七，〈論詩文〉。

袁宏道（中郎）明確提出「世道既變，文亦因之」〔註 88〕的文學發展觀，指出「代有升降，而法不相沿，各極其變，各窮其趣，所以可貴，原不可以優劣論也。」〔註 89〕反對「以剿襲爲復古」，〔註 90〕但仍肯定七子派復古以救宋詩之弊，而法古的原則爲「法其不爲漢，不爲魏，不爲六朝之心而已，是眞法者也。」〔註 91〕即法其「不法」之精神，而非法其形式而已。繼而從李贄的「童心說」引出「性靈說」，要「獨抒性靈，不拘格套」，表現眞情和個性。具有文學和思想解放運動的意義，其文學理論和主張，壓制了復古派，開創了文學創作的新途徑。其功績，如錢謙益所說：「中郎之論出，王、李之雲霧一掃，天下之文人才士，始知疏瀹心靈，搜剔慧性，以蕩滌摹擬塗澤之病，其功偉矣。」〔註 92〕把文學創作完全歸於主觀之「性靈」，脫離社會現實生活，其末流遺漏「性靈」，而以摹仿中郎爲事，流於「狂瞽交扇，鄙俚公行，雅故滅烈，風華掃地。」〔註 93〕雖後來小修有所修正，卻也難挽趨勢。

同期之湯顯祖以情反道學之理，一出發就是異端姿態，其作品或人生一以貫之，如〈牡丹亭記題詞〉重情言情，杜麗娘爲情而生，爲情而死，與「餓死事小，失節事大」之傳統價値大相違背，對衝擊傳統對人的鉗制，有石破天驚的作用。繼之而起的是鍾惺與譚元春的竟陵派，竟陵派既反對七子派的復古擬古，也反對公安末流的摹仿剿襲，他又站在七子派和公安派之異端，提出「法不前定，以筆所至爲法；趣不強括，以詣所安爲趣；詞不準古，以情所迫爲詞；才不由天，以念所冥爲才。」〔註 94〕進一步闡發公安派的「獨抒性靈，不拘格套」，倡導應從古人詩中「幽情單緒，孤行靜寄」去尋找古人眞詩，樹「幽深孤峭」之幟，以矯時弊。但是，竟陵的「幽深孤峭」或「性靈」依然脫離現實生活，從而走上更狹窄、空虛、艱澀的道路。錢謙益評論其如「冥語」、「鬼國」，似有過甚，〔註 95〕但言其「以俚率爲清眞，以僻澀爲

〔註 88〕《袁宏道集箋校》卷一一，〈與江進之〉。

〔註 89〕同前卷四，〈序小修詩〉。

〔註 90〕同前卷一八，〈雪濤齋集序〉。

〔註 91〕同前，〈敘竹林集〉。

〔註 92〕《列朝詩集小傳》丁集中，〈袁稽勳宏道〉。

〔註 93〕同前註。

〔註 94〕《譚友夏合集》卷八，〈詩歸序〉。

〔註 95〕錢謙益謂：「其（鍾惺）所謂幽深孤峭者，如暮客之清吟，如幽獨君之冥語，如夢之入鼠穴，如幻而之鬼國。」謂譚元春之詩：「其識之墮於魔，而其趣之沈於鬼也。」（參見《列朝詩集小傳》丁集中〈鍾提學惺〉及〈譚解元元春〉）

幽峭」，「求深而彌淺」，「求新而轉陳」〔註 96〕確能道出其缺陷。

要言之，晚明文學從公安三袁，以至湯顯祖臨川派，乃至竟陵派，無不自覺或不自覺受到李贄薰陶，李贄雖不以文學著名，但他的散文，擺脫傳統古文格局，思想大膽解放，筆鋒犀利深刻，給後來的「公安派」以很大的啓發。三袁都一致承認李贄的啓導：

既見龍湖，始知一向掇拾陳言，株守俗見，死於古人語下，一段精光，不得披露；至是浩浩焉，如鴻毛之遇順風，巨魚之縱大壑，能爲心師，不師於心，能轉古人，不爲古轉，發爲語言一一從胸襟流出。〔註 97〕

三袁成就主要在文學方面。表現爲文學理論，提倡「獨抒性靈，不拘格套」，主張從通俗文學和民間文學吸取養料。這些主張對擬古復古派是最有力的打擊。「公安派」的散文寫作清新俊逸，生氣流轉。特別是有關傳狀、書簡、游記、讀書筆記體的散文，都寫得眞情暢達、個性顯露，語言也流利潔淨、活潑生動，對晚明和以後的小品散文，產生支配性的影響。

可見晚明文壇的共同傾向仍強調率性而行，任性而發，寧爲狂狷，反對邯鄲學步，誠如袁宏道所言：「性之所安，殆不可強，率性而行，是謂眞人。」〔註 98〕一方面印證李贄「眞心眞識」的內在意涵，二方面表現別於傳統「以孔子之是非爲是非」，其一反流俗之見，各窮其趣，貼近俗情，又與人眞性情與眞趣味，使得異端士風的文學反叛性與時代性，充滿離經叛道又有補於世道人心的魅力。

（二）文學「時」與「變」的演進觀念

晚明學術與文學，對傳統名教予以嶄新風貌，並發展出各具影響力的文學流派。其中，以李贄「童心說」的學術基礎，脫胎於陽明心學，成爲泰州學派的中流砥柱。並從而衍爲直抒胸臆，自出機杼，反對剽襲類比之公安三袁的文學理論特色。此特色可從三袁主張之「變」，窺其與「時」俱進的革新精神。此趨勢，在袁中道（小脩）所寫之〈花雪賦引〉，言之甚詳：

天下無百年不變之文章。有作始，自有末流；有末流，還有作始。其變也，皆若有氣行乎其間，創爲變者與受變者，皆不及知。是故性情之發，無所不吐，其勢必互異而趨俚。趨於俚，又將變矣。作

〔註 96〕《列朝詩集小傳》丁集中，〈譚解元元春〉。
〔註 97〕《袁宏道集校箋》附錄二，袁中道撰〈吏部驗封司郎中中郎先生形狀〉。
〔註 98〕同前卷四，〈識張幼于箋銘後〉。

者始不得不以法律救性情之窮；法律之持，無所不束，其勢必互同而趨浮。趨於浮，又將變矣。作者始不得不以性情救法律之窮。夫昔之繁蕪，有持法律者救之；今之剽竊又將主性情者救之矣。此必變之勢也。〔註99〕

袁中道從「作始」與「末流」的循環運動，說明文學發展的規律性、必然性。事物的發展是一種過程，是過程必然有始有末。舊過程結束了，又產生新過程，舊過程之末便是新過程之始，始而為末，末而為始，周流往復，無窮無盡。就詩歌創作重「法律」與重「性情」的兩種予盾傾向而言，「主性情者」，「無所不吐」，容易產生「繁蕪之病」，作者便以「法律」救之；「主法律者」，「無所不束」，又容易產生「剽竊」之病，作者又以「性情」濟之。「性情」與「法律」互為因果，互為始末，互救互濟。當崇尚一種傾向的時候，往往忽視另一種傾向，到後來一種傾向被強調得太過分，就會產生流弊，於是便有變革，一種傾向便為另一種傾向取代。這種矛盾轉化運動，周而復始，不斷推動文學的進步。即所謂：「有作始，自宜有末流，有末流，自宜有鼎革。此千古詩人之脉所以相禪於無窮者也。」〔註100〕此乃晚明公安派自「變」的角度，審視文學創作的價值。

進一步言之，公安立足於創新變異，而厭薄雷同，與其尚眞精神及標榜「性靈說」實無二致，從袁中道言其兄袁宏道（中郎）之「矯」正之功，可一窺梗概，其謂：

國朝有功於風雅者，莫如歷下，其意以氣格高華為主。……及其後也，學之者浸成格套，以浮響虛聲相高，凡胸中所欲言者，皆鬱而不能言，而詩道病矣。先兄中郎矯之，其意以發抒性靈為主，始大暢其意所欲言，極其韵致，窮其變化，謝華啓秀，耳目為之一新，及其後也，學之者稍入俚易，境無不收，情無不寫，未免銜口而發，不復檢括，而詩道又將病矣。由此觀之，凡學之者，害之者也；變之者，功之者也，中郎已不忍世之害歷下也，而力變之，為歷下功臣，後之君子，其可不以中郎之功歷下者功中郎也哉。〔註101〕

又曰：

〔註99〕《珂雪齋集》卷一○，〈花雪賦引〉。
〔註100〕同前，〈阮集之詩序〉。
〔註101〕《珂雪齋集》卷一○，〈阮集之詩序〉。

（阮）集之束髮爲詩，亦屢變矣，至是雖不爲法縛，而亦不爲才使，奇而不囂，新而不纖，是力變近日濫觴之波，而大有功於學中郎之詩者也。夫昔之功歷下者，學其氣格高華，而力塞後來浮泛之病。今之功中郎者，學其發抒性靈，而力塞後來俚易之習，有作始，自宜有末流，有末流自宜有鼎革，此千古詩人之脉，所以相禪於無窮者也。〔註 102〕

由上可知，三袁所主張之「變」，是爲「矯枉」、「相禪於無窮」，一來爲符合時代與文學發展規律；二來可調整文論偏差，從而綻放文學本身之生命力。

由是而觀，針對復古主義者對宋代詩文一筆抹殺，袁宏道便指出：宋人詩「實有超秦漢而絕盛唐者。」〔註 103〕他舉歐陽脩與蘇軾爲例：

歐公文之佳無論。其詩如傾江倒海，直欲伯仲少陵，宇宙間自有此一種奇觀，但恨今人爲先人惡詩所障難，不能虛心盡讀耳。蘇公詩高古不如老杜，而超脫變怪過之，有天地來一人而已。比爲宋不如唐者，觀場之見耳，豈直眞知詩爲何物哉？〔註 104〕

宋人另闢天地，把精神、才情專注於詞曲方面，「使唐人降格爲之，未必能過」。〔註 105〕其可貴之處，就在於，「處窮而必變之地，寧各出手眼，各爲機局，以達其意所欲言，終不肯雷同剿襲，拾他人殘唾，死前人語下。」〔註 106〕此即宋元詩歌的特色與成就，「即不得與唐爭勝，而其精彩不可磨滅之處，自當與唐並存於天地之間。」〔註 107〕公安派諸家論文，總是著眼於性靈、個性、創新，具此精神，文學作品便有不可磨滅的價値。

除此之外，公安派及其他晚明新文學家，反對尊古卑今思想，主張對古今作品都要作具體分析，不可妄加軒輊，以時代論高下。如江盈科說：

代各有文，文各有至，可互存，不可偏廢。人心之精，泄而爲文，無代無之。彼嘐嘐然尊古卑今者，有所獨推，有所獨抑，亦未達於四時之節與草木之變之理矣，烏可與論詩文？〔註 108〕

〔註 102〕同前註。

〔註 103〕《袁宏道集箋校》卷二一，〈答陶石簣〉。

〔註 104〕同前，〈與李龍湖〉。

〔註 105〕《珂雪齋集》卷一一，〈宋元詩序〉。

〔註 106〕同前註。

〔註 107〕同前註。

〔註 108〕《雪濤閣集》卷八，〈重刻唐文粹引〉。

文學是精神的閃光，是感情的流露，如四時疊易、草木榮枯之與時變化，「雲霞之麗於天也，是日日生焉者也，非以昔日斷雲殘霞而布之今日也。草木之麗於地也，是歲歲生焉者也，非以今歲之萎葉枯株而布之來歲也。人性之有文也，是時時生焉者也，非以他人之陳言庸語而借之於我也。」〔註 109〕每個時代的人都會創造自己的文學，有自身的特點、價值，不應該揚此抑彼。據此，印證於三袁之創作，如萬曆二十七年，袁宏道〈滿井遊記〉寫京郊初春，意態神情躍然於前：

> 高柳夾堤，土膏微潤，一望空闊，若脫籠之鵠。於時冰皮始解，波色乍明，鱗浪層層，清澈見底，晶晶然如鏡之新開，而冷光之乍出於匣也。山巒爲晴雪所洗，娟然如拭，鮮妍明媚，如倩女之靧面，而髻鬟之始掠也。柳條將舒未舒，柔梢披風。麥田淺露寸許。游人雖未盛，泉而茗者，罍而歌者，紅裝而蹇者，亦時時有。風力雖尚勁，然徒步則汗出浹背。凡曝沙之鳥，呷浪之鱗，悠然自得，毛羽鱗鬣之，皆有喜氣。始知郊田之外，未始無春，而城居者未之知也。〔註 110〕

細緻的描寫，恰切的比喻，突出京郊初春的特徵。其中「毛羽鱗鬣」的喜氣，曲折、巧妙而韵味十足地表達了作者對春景的欣慕喜悅之情。

再觀袁宗道山水小品，一如其人，質實平易。如〈岳陽記行〉中的描繪，體現了作者的風格：

> 從石首至岳陽，水如明鏡，山似青螺，蓬窗下飽看不足。最奇者墨山僅三十里，舟行二日，凡二百餘里，猶盤旋山下。日朝出於斯，夜沒於斯，旭光落照，皆共一處。蓋江水縈迴山中，故帆檣繞其腹背，雖行甚駛，只覺濡遲耳。〔註 111〕

山青水清，入目皆景，「旭光落照，皆共一處」，是景觀之奇；「雖行甚駛，只覺濡遲」，是感覺之奇，其描寫筆簡文暢，就如順水行船，心情寧靜怡然。

針對公安派之創作特點，陸雲龍在〈敘袁中郎先生小品〉中多所讚譽，他說：

> 夫人無事不欲行其胸臆，至文字動思摹古，曰如是方合某格，如是

〔註 109〕宗臣《宗子相集》卷一三，〈總約・談藝〉。
〔註 110〕《袁宏道集箋校》卷一七，〈滿井遊記〉。
〔註 111〕《白蘇齋類集》卷一四，〈記類・岳陽記行〉。

方合某人，句程字仿，日變月移以就之。……生旦丑淨日受世轉不解有我，良可痛矣。不知文章亦自抒其性靈而已。……衝口信手，俱寫其中郎，中郎遂自成一中郎矣。……語不欲其沓拖，故予更有取於小品。〔註112〕

陸雲龍認爲文章只求摹古，將失去自我，因此肯定中郎「自抒其性靈」之創作風格，下筆爲文，「俱寫其中郎」；而於形式上，則求簡潔精練，「語不欲其沓拖」。至於袁中道（小脩），其小品「多本色獨造語」，並於拙處見工。如〈遊西山十記〉之四：

從香山俯石磴，行柳路，不里許，碧雲在焉。刹後有泉，從山根石罅中出，噴吐冰雪，幽韵涵淡。有老樹，中空火出。導泉於寺，周於廊下；激聒石渠，下見文礫金沙。引入殿前爲池，界以石梁，下深丈許，了若徑寸。朱魚萬尾，匝池紅酣，爍人目睛。日射清流，寫影潭底，清慧可憐。或投餅於左，群赴於左；右亦如之，咀呷有聲。然其跳達刺潑，游戲水上者，皆數寸魚，其長尺許者，潛泳潭下，見食不赴，安閑寧寂。毋乃靜躁關其老少耶？水脈隱見，至門左，奮然作鐵馬水車之聲，迸入於溪。其刹宇宏麗，不書，書泉，志勝也。〔註113〕

可見小修山水小品玲瓏晶瑩，短句短韵，層次分明，層層累進，貫如串珠，比喻具體，意向鮮明，讀之如歷其境，此亦小品之神髓也。

至竟陵，小品多山水，亦多閒適。譚元春（友夏）的〈三遊烏龍潭記〉：

殘陽接月，晚霞四起，朱光下射，水地霞天，始游紅洲邊，已而潭左方紅，已而紅在蓮葉下起；已而盡潭皆赬，明霞作底。五色忽複雜之。下崗尋筏，月已待我半潭，乃回篙泊新亭柳下，看月浮波際，金光數十道，如七夕電影，柳絲垂垂拜月，無論明宵，諸君試思前番風雨乎？

寫入暮時分的景色，有清淡、有亮麗，景物有限，變化無窮，如潑墨畫布，似眞猶幻。而王思任之小品深受公安派影響，但其筆意詼諧放縱則在公安之上，如〈剡溪〉記山水：「浮曹娥江上，鐵面橫波，終不快意。將至三界址，江色狎人，漁火村燈，與白月相上下，沙明山靜，犬吠聲若豹，不自知身在

〔註112〕《袁宏道集箋校》附錄三，陸雲龍撰〈敘袁中郎先生小品〉。

〔註113〕《珂雪齋集》卷一一。

板桐也。」運筆輕勾，境在眼前，聲影靈現，身與境合。

要之，閑適小品出現在晚明，並非偶然，晚明士人心緒困頓，他們一方面受縛於封建禮教的羅網；二方面又要追求個性解放，主張求眞求實，是以李贄的「童心」說，公安、竟陵諸人的「獨抒性靈」，應運而生。易言之，追求閒適是晚明士子逃避現實的方式之一，尤其李贄慘死獄中，對士人的打擊甚大，憤怒與壓抑糾結，只好選擇脫離現實，放縱詩酒、寄情山水以尋求解脫。

總之，正統與異端之辨，均自儒家之立場出發。學術上，以儒之經世濟民爲正統，而以獨善其身及釋道之說爲異端，唯經發展演變，獨善其身並無礙於經國大計，釋道之說多有助心性，故至晚明朝野均倡三教合一，人人願居異端。若論佛道常給予窮愁之士心靈之療慰，亦常處卑下包容，何愧於儒？何況他山之石，可以攻錯，又何須以異端相敵視。

表現在文學，則是哲學的戲劇化，是生命的思考與反應，流露內心的困惑與感發。晚明士人有感於小我的卑微，難於高攀大我的境界，認眞地把小我活得精采，透過小品文的方式，眞誠自得的情感，充分地表達性靈本色。一如晚明小品集大成者張岱，其兼有各派之長，獨樹一幟。描畫山水外，創作大量的反映社會生活的作品。晚年抱亡國之痛，作品意境更爲深刻、蒼勁，鄉土之思和故國之戀常常流於筆端，頗能激發人民的愛國感情。現在流傳下來的《陶庵夢憶》、《西湖夢尋》、《琅嬛文集》及《石匱書後集》數種，其中不乏山水小品，如〈西湖七月半〉、〈湖心亭看雪〉、〈西湖香市〉、〈紹興燈景〉等，別具心裁，文筆清麗；並包括回顧往事、追撫遺迹的小品散文，寄寓感慨，情味更加悠長。如此，把生命哲學轉爲文學深度，將時代的壓迫和個人的壓抑，藉由小品抒發鬱積胸中的苦悶，相對於儒家把文章當作經世濟民之工具，使得晚明文學不再是道的載體，而成爲異端。但異端文藝之表現，恰恰展露其對內在生命思辨之領悟，與對外在環境不滿之內省，由於充滿自然之眞性，不見剽襲類比之陋習，既符合人性之本然，也與陽明心學之潮流，相得益彰。

第二節　勢與道的對峙——思想徬徨，士風轉折

晚明陽明心學汲取傳統儒教倫理思想，藉由「致良知」、「心即理」學說，擺落朱子「居敬窮理」之形式主義和嚴肅愼言的求學態度，凸顯儒士的道德

自覺力，並闡揚「良知」的發現，必須捨棄本性私慾，調和自我與他物的差異，方能實現「萬物一體是仁」〔註 114〕然而隨著晚明的動亂，其否定束縛自然眞實面目的一切倫理道德，強調自我爲擔當一切責任的主體，遂引發士風一股自發性的力量，並隨著陽明弟子之分流，而衍爲放任自我，即發現良知的本體現成論，此一心學逆流的影響層面，就廟堂而言，便是勢與道的對峙。

道與勢是支配中國傳統政治兩股重要的力量。所謂道（道統），指士人藉道德與知識參與政治，並負起匡正時局的責任，而「士」是道的護衛者；〔註 115〕所謂勢（政統），則指國君治理國政與任才決策的權勢，而「皇帝」爲勢的代表。倘以政治的層級節制而言，「勢」算是廣泛政統的一股力量。

周代官師合一、政教合一，政統與道統一體。春秋以後，諸侯分裂，禮崩樂壞，士成爲文化的傳承者，諸子都想以自身之「道」來匡時濟世，而儒家以道自任的精神最爲強烈。孔子首先提出「士」是「道」的承擔者，即所謂「士志於道」〔註 116〕、「謀道不謀食」〔註 117〕的志向。至於所謂道則指以「仁」爲本的道德內涵；主張「以道事君」；〔註 118〕採「天下有道則見，無道則隱」〔註 119〕以對應時局，甚至出現「道不行，乘桴浮於海」〔註 120〕的消極態度。至孟子則認爲「天下有道，以道殉身；天下無道，以身殉道。」〔註 121〕的衛道主張，對於賢王，則鼓勵「好善而忘勢。」〔註 122〕如梁襄王的「望之不似人君」，則加以斥責。並以「富貴不能淫，貧賤不能移，威武不能屈。」

〔註 114〕詳文參見《王陽明全集》卷二，〈傳習錄〉中〈答聶文蔚〉：「夫人者，天地之心。天地萬物本吾一體者也。……是非之心，不慮而知，不學而能，所謂『良知』也。良知之在人心，無關於聖愚，天下古今之所同也。」及〈拔本塞源論〉：「賴天之靈，偶有見於良知之學，以爲必由此而後天下可得而治……吾方疾痛之切體，而暇計人之非笑乎？」。

〔註 115〕在儒家的生存理念中，與「仕」是互爲表裏，即如《論語・子張》所言：「仕而優則學，學而優則仕。」於是，「以道事君」《論語・先進》成爲儒者求仕的典型理想，並冀以內在自我修養來鍛煉士人「天下有道，以道殉身；天下無道，以身殉道。」《孟子・盡心》的人格精神。

〔註 116〕《論語・述而》：「志於道，據於德，依於仁，游於藝。」點出儒家對士人成德之進序內涵。

〔註 117〕《論語・衛靈公》。

〔註 118〕《論語・先進》。

〔註 119〕《論語・泰伯》。

〔註 120〕《論語・公冶長》。

〔註 121〕《孟子・盡心上》。

〔註 122〕《孟子・盡心上》。

做爲士人立身準則。至荀子，主張「從道不從君」〔註 123〕的君臣關係，強調道尊於勢。及至韓非子，認爲「權勢不可以借人」，〔註 124〕「無威嚴之勢，賞罰之法，雖堯、舜不能以爲治。」〔註 125〕強調權勢對國君統治的重要性。

進一步言之，道與勢之間既相互依存，亦相互衝突。春秋戰國時代，士階層以道自任，與國君分庭抗禮、成爲帝師，此爲士階層的黃金時代。當時，國君禮賢下士，藉由人才輔政，期在列強中脫穎而出。此時國君接受「道」尊於「勢」的現況，史載著名之例，如魏文侯尊禮卜子夏、田子方、段干木，此三人與魏君保持師友關係，卻不居官、不受祿。此外，齊國的稷下學風，最能表現「道尊於勢」的關係。〔註 126〕至秦始皇時期，道消勢長，當霸局既定，即下「逐客」令；帝國統一後，則以「勢」（政統）來統一「道」（道統），如焚書坑儒，禁止私學等措施，從此「師」從於「吏」，且「教」出於「政」。皇帝的地位（勢）變得至高無上，不容許士階層（道）的挑戰。

西漢初，接續秦代道消勢長的趨勢，視政治的尊卑秩序爲絕對，於是士人大多屈服於政統，形成「枉道以從勢」的趨勢。武帝時，採用董仲舒的建議「罷黜百家，獨尊儒術」，遂使儒術成爲專制統治思想。從此，孔子的地位不是帝師而是漢臣；孔子的「道」成了政統的「術」，也成爲士人求取功名的階梯。至此，「道」的地位難與「勢」相頡抗，「勢」統「道」遂成定局。

道與勢第一次大規模的相抗是在東漢末年。東漢光武帝，偃武修文、表彰氣節，使得士人競尚名節，形成一種對國家社會的責任感，並勇於批判時政，甚至不惜以身殉道，兩次黨錮之禍，〔註 127〕太學生多以衛道爲己任，其「論政」足以媲美稷下學風，然不同的是，稷下先生受尊重，但清議士人則受到重重的摧折，致當時士人採取各種不同的應變方式，如桓譚、張衡批評朝廷迷於圖讖之說；王符、仲長統等著書批評東漢末年綱紀之廢弛；如李固、

〔註 123〕《荀子．臣道》。

〔註 124〕《韓非子》卷一四，〈奸劫弒臣〉。

〔註 125〕《韓非子》卷三一，〈內儲說〉。

〔註 126〕稷下先生：不任職、不治事，僅以君主師友身分，各持其「道」議論國是；代表先秦士階層發展的最高峰，更象徵「尊賢重道」風氣的制度化。

〔註 127〕桓靈二帝，幼年即位，太后臨朝，外戚與宦官乘機弄權，造成田野空、朝廷空、倉庫空的「三空之厄」。太學生以道自任，支援朝中反對宦官的正直人士，形成品議朝政公卿的「清議」力量；宦官挾「政統」力量，形成兩次黨錮（終身不許任官）之禍，大事摧殘清議黨人。結果，朝中善類一空，「道統」橫遭摧折，宦官把持國政，國事日非。

陳蕃、李膺等不惜以生命反對宦官專政；也有如嚴光、梁鴻等潔身隱逸，以全其道，形成東漢末年的特殊士風。

自唐以下，士人仍奉儒家爲主流，與君王之勢常相抗於廟堂之上，展現士人衛道之傳統，貶官放逐亦常見於大儒志士。東漢之後，士人再有大規模的傷亡，則在晚明時期。本節擬從明世宗繼位的「大禮議」談起，「大禮議」過程中，道與勢的交鋒，對道的壓制，影響明代士風轉折至巨：首先，如本論文第二章所提及，至萬曆初，張居正以輔臣攝政十年，結果政治有成，道卻挫敗。其次，爲天啓時，委政宦官，形成無道之道、非勢之勢的局面，致勢與道一起崩解。最後，至崇禎，雖思有所作爲，但土崩瓦解，氣虛力盡，君臣遂一同爲社稷而殉道。以下依序臚列爲四小節，扼要歸結以凸顯晚明士風轉折。

一、世宗：道之起落及轉折

明代君王一向輕慢士人，太祖已然，當其好佛老，爲其設官職，並高其品秩，李仕魯疏言勸諫，〔註128〕太祖不聽並怒而命武士搏殺之。這是明開國之君以勢屈道的作風，往後君主也大抵如此。而道與勢的對抗致影響士風轉變較巨者，應屬世宗繼位時之「大禮議」。

（一）大禮議事，道勢對峙

武宗崩卒，無嗣，遵奉《祖訓》「兄終弟及」之制，由孝宗親弟興獻王長子繼承帝位，即世宗。當其成爲武宗的繼承人，隨即面臨如何爲先君定位的問題。〔註129〕世宗本人堅持繼統不繼嗣，即繼承帝位，但不做孝宗後代。朝中眾臣則分爲兩派，以楊廷和爲首的大部分臣僚，都主張繼統也繼嗣，爲此，至少爭執了八年。自世宗進京受位，已處處與朝官扞格：他四月至京師，暫停留城外，禮官提議比照皇太子即位之儀式。世宗不從，因「遺詔以我嗣皇帝位，非皇子也。」〔註130〕大學士楊廷和等請如禮臣所具儀，由東安門入居文華殿，擇日登極。世宗一律不從。當天中午，就自大明門入，並告宗廟社稷，謁大行皇帝幾

〔註128〕李仕魯疏曰：「陛下方創業，凡意旨所向，即示子孫晚世法程，奈何舍聖學而崇異端乎？」太祖不聽。遽請於帝前曰：「陛下深溺其教，無惑乎臣言之不入也。還陛下笏，乞賜骸骨，歸田裏。」遂置笏於地。

〔註129〕所謂大禮之議，即世宗承統之外是否繼嗣，稱孝宗爲皇考還是皇伯考，與獻王和王妃的尊號是否去掉「本生」二字，對興獻帝是建世廟還是祔太廟。在「左順門事件」之前，雙方的辯難都引用大量的古禮古訓，各有各的道理。

〔註130〕《明史》卷一七，〈世宗本紀〉一。

筵，朝覲皇太后，出御奉天殿，即皇帝位，由此可見世宗自行其是的基本態度。

繼而，世宗命禮官議其生父興獻王稱號。尚書毛澄說：「宜尊孝宗曰皇考，稱獻王爲皇叔考興國大王，母妃爲皇叔母興國太妃，自稱侄皇帝名，別立益王次子崇仁王爲興王，奉獻王祀。有異議者即奸邪，當斬。」〔註 131〕這是大部分朝臣的主張，也希望藉此壓制世宗氣勢，避免紛擾。但世宗不能接受，他說：「父母可移易乎？」〔註 132〕因爲他也不想得罪大批舊官僚，溫言賜茶以待廷和，希望朝臣有所更異，廷和始終不肯聽從，乃下廷臣再議。廷和偕蔣冕、毛紀奏言：「前代入繼之君，追崇所生者，皆不合典禮。惟宋儒程頤《濮議》最得義理之正，可爲萬世法。至興獻王祀，雖崇仁王主之，他日皇嗣繁衍，仍以第二子爲興獻王後，而改封崇仁王爲親王，則天理人情，兩全無失。」〔註 133〕世宗非常不悅，下令博考典禮，務求至當。廷和、冕、紀復言：「三代以前，聖莫如舜，未聞追崇其所生父瞽瞍也。三代以後，賢莫如漢光武，未聞追崇其所生父南頓君也。惟皇上取法二君，則聖德無累，聖孝有光矣。」〔註 134〕以顧命大臣楊廷和爲代表的文官集團一再堅持，世宗則由求情、講理，至奏疏留中不下。

至七月，與楊廷和持不同意見的張璁（秉用），〔註 135〕上疏謂當繼統不繼嗣曰：

> 孝子之至，莫大乎尊親。尊親之至，莫大乎以天下養。陛下嗣登大寶，即議追尊聖考以正其號，奉迎聖母以致其養，誠大孝也。廷議執漢定陶、宋濮王故事，謂爲人後者爲之子，不得顧私親。夫天下豈有無父母之國哉？《記》曰：「禮非天降，非地出，人情而已。」漢哀帝、宋英宗固定陶、濮王子，然成帝、仁宗皆預立爲嗣，養之宮中，其爲人後之義甚明。故師丹、司馬光之論行於彼一時則可。今武宗無嗣，大臣遵祖訓，以陛下倫序當立而迎立之。遺詔直曰「興獻王長子」，未嘗著爲人後之義。則陛下之興，實所以承祖宗之統，

〔註 131〕《明史》卷一九○，〈楊廷和傳〉。
〔註 132〕《明史記事本末》卷五○。
〔註 133〕《明史》卷一九○，〈楊廷和傳〉。
〔註 134〕同前註。
〔註 135〕張璁，永嘉人。舉於鄉，七試不第。將謁選，御史蕭鳴鳳善星術，語之曰：「從此三載成進士，又三載當驟貴。」璁乃歸。正德十六年登第，年四十七矣。

與預立爲嗣，養之宮中者較然不同。〔註 136〕

張璁立論情理具足，兼顧世宗感受。並指出，楊廷和等人引用漢、宋之典故，與世宗之處境不同。漢哀帝、宋英宗先前已過繼於成帝、仁宗而預立爲嗣，故須繼統與繼嗣。而世宗乃依祖訓兄終弟及，繼兄之統而不繼兄之嗣，此本合乎人情，亦指出廷和等人引喻不妥之處。此論一出，深合帝意，世宗喜曰：「此論出，吾父子獲全矣。」乃遣司禮太監持示廷和，言此議遵祖訓，據古禮，宜從。不久，世宗至文華殿召廷和、冕、紀，授以手敕，欲尊父母爲帝、后。廷和退回手敕，而上奏曰：「《禮》謂所後者爲父母，而以其所生者爲伯叔父母，蓋不惟降其服而又異其名也。臣不敢阿諛順旨。」〔註 137〕群臣仍執前議。世宗仍不接受。至九月，母妃至京，世宗指示由中門入，謁見太廟，復申諭欲加稱興獻帝、后爲「皇」。廷和言：

漢宣帝繼孝昭後，謚史皇孫、王夫人曰悼考、悼后，光武上繼元帝，巨鹿、南頓君以上立廟章陵，皆未嘗追尊。今若加皇字，與孝廟、慈壽並，是忘所後而重本生，任私恩而棄大義，臣等不得辭其責。〔註 138〕

廷和只好自請罷斥。廷臣諍者百餘人。因世宗以外藩入朝，勢力尚單薄，雖心有不甘，並不希望與廷和等一班舊臣決裂，不得已，乃於嘉靖元年正月，「命稱孝宗『皇考』，慈壽皇太后『聖母』，興獻帝、后爲本生父母。」〔註 139〕其實，廷和等人只是暫居上風。因世宗不繼嗣之意甚明，註定爭議將繼續延燒。

當時，廷和先後封還御批四次，奏疏將近三十次，希望早日定案。但世宗堅持改易，且張璁之論確有見地。廷和等心中亦明白，世宗爲人子之感受，只是對於既定主張，復得百官呼應，突然更易，恐增紛擾。故當世宗一再示好，無論封爵、添祿、加蔭、超拜太傅等，廷和皆固辭不受，其不敢居功，明其因公而堅持之志向。處此境地，也只有引退一途，故累疏乞休，至三年二月致仕。

嘉靖二年十一月，楊廷和致仕前，與張璁相同主張的桂萼，上疏曰：

臣聞帝王事父孝，故事天明；事母孝，故事地察。未聞廢父子之倫，而能事天地主百神者也。今禮官失考典章，遏絕陛下純孝之心，納

〔註 136〕《明史》卷一九六，〈張璁傳〉。
〔註 137〕《明史》卷一九○〈楊廷和傳〉。
〔註 138〕同前註。
〔註 139〕《明史》卷一七，〈世宗本紀〉一。

陛下於與爲人後之非，而滅武宗之統，奪獻帝之宗，且使興國太后壓於慈壽太后，禮莫之盡，三綱頓廢，非常之變也。乃自張璁、霍韜獻議，論者指爲干進，逆箝人口，致達禮者不敢駁議。切念陛下侍興國太后，慨興獻帝弗祀，已三年矣，拊心出涕，不知其幾。願速發明詔，稱孝宗曰「皇伯考」，興獻帝「皇考」，別立廟大內，正興國太后之禮，定稱聖母，庶協事天事地之道。〔註 140〕

桂萼另將持相同意見的方獻夫、席書之疏一起奏上。〔註 141〕世宗得數人之疏，甚是歡喜，再次下廷議。到了嘉靖三年正月，張璁復上疏曰：「陛下遵兄終弟及之訓，倫序當立。禮官不思陛下實入繼大統之君，而強比與爲人後之例，絕獻帝天性之恩，蔑武宗相傳之統，致陛下父子、伯侄、兄弟名實俱紊。甯負天子，不敢忤權臣，此何心也？」〔註 142〕張璁避開「權臣」，指向「禮官」，實以禮官責權臣。至於所謂「名實俱紊」，乃指：「稱孝宗爲皇考，稱興獻帝爲本生父。父子之名既更，推崇之義安在？乃遽詔告天下，乘陛下不覺，陷以不孝。」換言之，世宗之生養都屬於興獻帝，於孝宗並無過繼之實，「故今日之禮不在皇與不皇，惟在考與不考。若徒爭一皇字，則執政必姑以是塞今日之議，陛下亦姑以是滿今日之心，臣恐天下知禮者，必將非笑無已也。」〔註 143〕張璁指如接受帝位而不顧親人稱號，將因貪位而留給天下人非笑。對一個十幾歲的小皇帝，環繞於各懷心計的大人之間，確實難爲。此疏一進，世宗大喜，立刻召張璁、桂萼入京。

楊廷和去位，蔣冕（敬之）〔註 144〕爲首輔，世宗繼續爭取尊崇其生身父

〔註 140〕《明史》卷一九六，〈桂萼傳〉。

〔註 141〕方獻夫（叔賢）疏曰：「先王制禮，本緣人情。君子論事，當究名實。竊見近日禮官所議，有未合乎人情，未當乎名實者。……今興獻帝只生陛下一人，別無支庶，乃使絕其後而後孝宗，豈人情哉！且爲人後者，父嘗立之爲子，子嘗事之爲父，故卒而服其服。今孝宗嘗有武宗矣，未嘗以陛下爲子。陛下於孝宗未嘗服三年之服，是實未嘗後孝宗也，而強稱之爲考，豈名實哉！」（《明史》卷一九六，〈方獻夫傳〉）席書（文同）揣帝向，獻議言：「爲今日議，宜定號曰『皇考興獻帝』。別立廟大內，歲時祀太廟畢，仍祭以天子之禮，似或一道也。蓋別以廟祀則大統正而昭穆不紊，隆以殊稱則至愛篤而本支不淪，尊尊親親，並行不悖。至慈聖宜稱皇母某後，不可以興獻加之。」（《明史》卷一九七，〈席書傳〉）

〔註 142〕《明史》卷一九六，〈張璁傳〉。

〔註 143〕同前註。

〔註 144〕蔣冕，全州人。兄昇，南京戶部尚書，以謹厚稱。冕舉成化二十三年進士，

母。並用席書取代禮部尚書汪俊，以對蔣冕示警，且召張璁、桂萼進京。物情甚沸，蔣冕乃抗疏極諫，曰：

> 陛下嗣承丕基，固因倫序素定。然非聖母昭聖皇太后懿旨與武宗皇帝遺詔，則將無所受命。今既受命於武宗，自當爲武宗之後。特兄弟之名不容紊，故但兄武宗，考孝宗，母昭聖。而於孝廟、武廟皆稱嗣皇帝，稱臣，稱御名，以示繼統承嗣之義。今乃欲爲本生父母立廟奉先殿側，臣雖至愚，斷斷知其不可。自古人君嗣位謂之承祧踐阼，皆指宗祀而言。《禮》爲人後者惟大宗，以大宗尊之統也，亦主宗廟祭祀而言。自漢至今，未有爲本生父母立廟大內者。漢宣帝爲叔祖昭帝後，只立所生父廟於葬所。光武中興，本非承統平帝，而只立四親廟於章陵。宋英宗父濮安懿王，亦只即園立廟。陛下先年有旨，立廟安陸，與前代適同，得其當矣。豈可既奉大宗之祀，又兼奉小宗之祀？夫情既重於所生，義必不專於所後，將孝、武二廟之靈安所托乎！竊恐獻帝之靈亦將不能安，雖聖心亦自不能安也。邇者復允汪俊之去，趣張璁、桂萼之來，人心益駭。是日廷議建廟，天本晴明，忽變陰晦，至暮風雷大作。天意如此，陛下可不思變計哉？〔註 145〕

蔣冕以繼統之大義，引《禮》之規定及前代故事爲證，並以朝臣公議及天意相勸，但他也知皇帝舊事重提之心意，因力求去。五月，蔣冕致仕。

楊廷和、蔣冕相繼去國。毛紀（維之）〔註 146〕爲首輔，執意如初。世宗欲去「本生」之稱，毛紀與石珤合疏爭之。世宗於平臺召見兩人，委曲諭意，紀終不從。朝臣伏闕哭爭者，都予逮捕，紀具疏請求原諒。世宗傳旨責紀要結朋奸，背君報私。紀乃上言曰：

> 曩蒙聖諭，國家政事商榷可否，然後施行，此誠內閣職業也。臣愚不能仰副明命。邇者大禮之議，平臺召對，司禮傳諭，不知其幾似乎商

選庶起士，授編修。弘治十三年，太子出閣，兼司經局校書。正德中，累官吏部左侍郎，改掌詹事府，典誥敕，進禮部尚書，仍掌府事。

〔註 145〕《明史》卷一九〇，〈蔣冕傳〉。

〔註 146〕毛紀，字維之，掖縣人。成化末，舉鄉試第一，登進士，選庶起士。弘治初，授檢討，進修撰，充經筵講官，簡侍東宮講讀。《會典》成，遷侍讀。武宗立，改左諭德。坐《會典》小誤，降侍讀。《孝宗實錄》成，擢侍講學士，爲講官。正德五年進學士，遷户部右侍郎。

權矣。而皆斷自聖心，不蒙允納，何可否之有。至於笞罰廷臣，動至數百，乃祖宗來所未有者，亦皆出自中旨，臣等不得與聞。宣召徒勤，扞格如故。慰留雖切，詰責隨加。臣雖有體國之心，不能自盡。宋司馬光告神宗曰：「陛下所以用臣，蓋察其狂直，庶有補於國家，若徒以祿位榮之而不取其言，是以官私非其人也。臣以祿位自榮，而不能救正，是徒盜竊名器以私其身也。」臣於陛下，敢舉以爲告。夫要結朋奸，背君報私，正臣平日所痛憤而深疾者。有一於此，罪何止罷黜！今陛下以之疑臣，尚可一日靦顏朝寧間哉。〔註147〕

可見毛紀不卑不亢，直道而言的態度，無奈情理與君相左，只好乞歸鄉里，以全終始。世宗雖不悅，憫其亢直，同意離去，其代蔣冕只有三個月。爾後，針對類似事件，總是「群情益洶洶」，〔註148〕世宗的堅持還是最後的勝利者，此後，只要皇帝震怒，無論有理無理，「道」皆匍伏於地。至嘉靖三年九月，集廷臣合議，席書（文同）〔註149〕上奏曰：

《祖訓》曰「朝廷無皇子，必兄終弟及。」則嗣位者實繼統，非繼嗣也。伯自宜稱皇伯考，父自宜稱皇考，兄自宜稱皇兄。今陛下於獻帝、章聖已去本生之稱，復下臣等大議。臣書、臣璁、臣萼、臣獻夫及文武諸臣皆議曰：世無二首，人無二本。孝宗皇帝，伯也，宜稱皇伯考。昭聖皇太后，伯母也，宜稱皇伯母。獻皇帝，父也，宜稱皇考。章聖皇太后，母也，宜稱聖母。武宗仍稱皇兄，莊肅皇后宜稱皇嫂。尤願陛下仰遵孝宗仁聖之德，念昭聖擁翊之功，孝敬益隆，始終無間，大倫大統兩有歸矣。〔註150〕

至此，尊稱遂定，詔告天下，「稱孝宗爲皇伯考，昭聖皇太后爲皇伯母；獻皇帝爲皇考，章聖皇太后爲聖母。」世宗因此益眷倚璁、萼，其勢大張，恃寵而仇視廷臣，舉朝士大夫都痛恨這幾人。此後，比照兩人得寵途徑，中外獻諛希恩者紛然沓至。

由上所述，可知「大禮議」可視爲國君之「勢」與儒者之「道」的拉鋸

〔註147〕《明史》卷一九〇，〈毛紀傳〉。

〔註148〕《明史》卷一九一，〈何孟春傳〉。

〔註149〕席書，遂寧人。弘治三年進士。授郯城知縣。入爲工部主事，移户部，進員外郎。武宗時，曆河南僉事、貴州提學副使。時王守仁謫龍場驛丞，書擇州縣子弟，延守仁教之，士始知學。

〔註150〕《明史》卷一九七，〈席書傳〉。

戰，從道而言，當修撰楊慎曰：「國家養士百五十年，仗節死義，正在今日。」〔註 151〕其心中何其悲壯崇高。至大禮議定案，世宗對楊廷和的感覺是複雜的，一方面，楊廷和「以定策國老自居，門生天子視朕。」〔註 152〕且於大禮議時，執意堅硬如石，此種高傲態度，是國君所不能容忍的。但是，若無楊廷和的推舉，世宗絕不能以外藩的身分登大位，因此，他予楊廷和最大的寬容是：「法當僇市，姑削職爲民」。〔註 153〕衛道的下場竟如此卑微，可見「勢」之威力，「道」之委屈。

質言之，「大禮議」是明史上規模最大以「道」抗「勢」的活動，也是士道受挫極爲慘烈的一次。楊廷和等人之忠於朝廷、堅守道義的氣節，固然毋庸懷疑，歷史也公允的給予評價。〔註 154〕唯其影響，卻不可小覷，誠如史載所言「自（石）珤及楊廷和、蔣冕、毛紀以強諫罷政，迄嘉靖季，密勿大臣無進逆耳之言者矣。」〔註 155〕而此次士人集團挫敗的原因之一，其實是士人集團內部對於禮制的固著，且雙方立論明確，各自堅持，毫無轉圜。

首先，當嘉靖三年，張璁、桂萼、方獻夫等人爲世宗找到堅實的理論依據，並受重用，楊慎（用修）偕同列三十六人上言：「臣等與萼輩學術不同，議論亦異。臣等所執者，程頤、朱熹之說也。〔註 156〕萼等所執者，冷褒、段猶之餘也。今陛下既超擢萼輩，不以臣等言爲是，臣等不能與同列，願賜罷斥。」〔註 157〕總原則在於明正統而棄私恩。而支援世宗稱生父爲「考」的則從父子親情出發，張璁說：「《記》曰：『禮非天降，非地出，人情而已。』」〔註 158〕此觀點與陽明心學的「自我主體」精神是一致的，其中支援世宗立場，如方獻夫、霍韜、席

〔註 151〕《明史》卷一九一，〈何孟春傳〉。

〔註 152〕《明史記事本末》卷五〇。

〔註 153〕《明史》卷一九〇，〈楊廷和傳〉。

〔註 154〕同前，〈贊曰〉：武宗之季，君德日荒，嬖幸盤結左右。廷和爲相，雖無能改於其德，然流賊熾而無土崩之虞，宗藩叛而無瓦解之患者，固賴廟堂有經濟之遠略也。至其誅大奸，決大策，扶危定傾，功在社稷，即周勃、韓琦殆無以過。儲雖蒙物議，而大節無玷。蔣冕、毛紀、石珤，清忠鯁亮，皆卓然有古大臣風。自時厥後，政府日以權勢相傾。或脂韋淟涊，持祿自固。求如諸人，豈可多得哉。

〔註 155〕同前，〈石珤傳〉。

〔註 156〕楊廷和說：「惟宋儒程頤《濮議》最得義理之正。」蓋程頤曾說：「爲人後者，謂所後爲父母，而謂所生爲伯、叔父母，此生人之大倫也。」

〔註 157〕《明史》卷一九二，〈楊慎傳〉。

〔註 158〕《明史》卷一九六，〈張璁傳〉。

書、黃宗賢、黃宗明都是陽明弟子。但陽明後學中，也有認同楊廷和等人之主張的，如江右王門的鄒守益（東廓）。〔註 159〕由此更可見，心學自由自主之性質。

其次，嘉靖三年八月，大禮議爭執正激烈，陽明表面上保持沈默，即其弟子亦多不解，故「霍兀厓（韜）、席元山（書）、黃宗賢、黃宗明先後皆以大禮問，竟不答。」〔註 160〕早在嘉靖二年二月，〈年譜〉載：「鄒守益、薛侃、黃宗明、馬明衡、王艮等侍，因言謗議日熾。先生曰：『諸君且言其故』，『有言先生勢位隆盛，是以忌嫉謗；有言先生學日明，爲宋儒爭異同，則以學術謗；有言天下從遊者眾，與其進不保其往，又以身謗。』先生曰：『三言者誠皆有之』……」〔註 161〕陽明自己正處於謗議叢生之中，因此有不便言之苦衷。但於嘉靖六年給霍韜的信中就說得明白：

> 往歲曾辱《大禮議》見示，時方在哀疚，心善其說而不敢奉復。既而元山（席書）亦有示，使者必求復書，草草作答。意以所論良是，而典禮已成，當事者未必能改，言之徒益紛爭，不若姑相與講明於下，俟信從者眾，然後圖之。其後議論既興，身居有言不信之地，不敢公言於朝。然士夫之問及者，亦時時爲之辯析，期在委曲調停，漸求挽復，卒亦不能有益也。後來賴諸公明目張膽，已伸其義，然如倒倉滌胃，積淤宿痰，雖亦快然一去，而病勢亦甚危矣。今日急務，惟在扶養元氣，諸公必有回陽奪化之妙矣。〔註 162〕

可見陽明從心學的立場出發，對世宗的處境深表同情。針對君臣雙方堅持不改，陽明以爲「言之徒益紛爭」，故認爲需要「委曲調停」，以避免事態擴大，造成更大傷害。故最後也只有期待有能力者，「扶養元氣」，使災情盡快「回陽奪化」。

再次，對於支援世宗者，無論情理厚薄，往往被認爲迎合帝王以圖幸近，其處境實有其困難處。是以張璁、桂萼受到朝臣的排擠，方獻夫、霍韜被視爲奸邪，至不與往還，方獻夫、席書疏成不敢上，至其在位，用心自明於天下，故史論：「璁、萼、獻夫議尊興獻帝，本人子至情，故其說易入。原其初

〔註 159〕《明儒學案》卷一六，〈江右王門學案〉一：「大禮議起，（鄒守益）上疏忤旨，下詔獄，謫判廣德州。」

〔註 160〕《王陽明全集》卷三五，〈年譜〉三。

〔註 161〕同前註。

〔註 162〕同前卷二一，〈與霍兀厓宮端〉

議未嘗不準情禮之中，乃至遭時得君，動引議禮自固，務快恩仇。於是知其建議之心，非有惓惓忠愛之實」〔註 163〕如桂萼，「性猜狠，好排異己，以故不爲物論所容。」〔註 164〕既得志，日以報復爲事。廷臣莫不畏其凶威。如他曾薦舉陽明，後因陽明不依附於他，力齮齕。及陽明卒，極言醜詆，奪其世封，諸恤典皆不予。八年，因其家人行賄事，被奪官，以尙書致仕。時璁亦罷政。世宗復列二人罪狀詔廷臣：「其自用自恣，負君負國，所爲事端昭然眾見，而萼尤甚。法當置刑典，特寬貸之。」〔註 165〕萼乘帝勢而成就功名，亦因己之私心，導致帝勢之相奪。至獻夫見帝恩威不測，居職二歲，三疏引疾。〔註 166〕

最後，大禮之議難以定是非，如李贄認爲：

> 肇於永嘉（張璁），而席（書）、桂（萼）諸君子和之，自無可疑。廷和上畏昭聖，下畏人言，力主濮議，諸卿佐復畏廷和之排擊，附和雷同，莫敢抵牾，其伏闕諸少年，尚氣好名，以附廷和者爲守正，以附永嘉者爲干進，互相標榜，毒盈縉紳，皆當國者不善通融耳。
>
> 〔註 167〕

李贄認爲大禮之議，雙方各具道理，於此指出，廷和有傳統之壓力，故主張繼統有其必然性，敗於勢非敗於理；而張、席、桂之主張「倫序昭然，名義甚正」，因與當權者的皇帝站在同一邊，難免負干進之嫌，但其敢於力排眾議，以小搏大亦屬難得。在一場沒人理虧的競爭中，最後卻「毒盈縉紳」，這是當國者不能好好折衝調停所致。故李贄進一步評曰：

> 大禮議起，人皆是張（璁）、桂（萼）而非公（廷和），余謂公只是未脫見聞窠臼耳，若其一念唯恐陷主於非禮，則精忠貫日可掬也。……然公之議大禮也，可以許其忠，未敢以許其妙。〔註 168〕

李贄認爲，大多數官員的上疏勸諫、跪伏請願，是從維護道統出發，其固執先儒成說，不能多爲世宗設身處地，斟酌情理，致失時失勢，顯得愚忠迂腐。因此「爭之愈力，失之愈深。」〔註 169〕一時才俊在相爭中耗損，殊是不值，

〔註 163〕《明史》卷一九六，〈贊曰〉。
〔註 164〕《明史》卷一九六，〈桂萼傳〉。
〔註 165〕同前註。
〔註 166〕《明史》卷一九六，〈方獻夫傳〉。
〔註 167〕《續藏書》卷一二，〈楊廷和〉。
〔註 168〕同前註。
〔註 169〕《明史》卷一九一，〈贊曰〉。

其識見堪稱公允。

除此之外，勢與道的消長，在世宗處理完「大禮議」，也表現在「以製作禮樂自任」〔註170〕方面。世宗接著對孔子的禮遇提出質疑。孔子素被士人視爲道之代表，世宗巧妙運用孔子之見解來修正孔子。孔子曰：「天下有道，則禮樂征伐自天子出；天下無道，則禮樂征伐自諸侯出。」〔註171〕世宗當然自認是有道之世，他說：「夫禮樂制度自天子出，此淳古之道也，故孔子作此言以告萬世。」〔註172〕因此，由天子來製作禮樂，是理所當然。

嘉靖九年，張璁提議：「先師祀典，有當更正者。」帝因言：「聖人尊天與尊親同。今籩豆十二，牲用犢，全用祀天儀，亦非正禮。其謚號、章服悉宜改正。」張璁配合世宗說：「孔子宜稱先聖先師，不稱王。祀宇宜稱廟，不稱殿。祀宜用木主，其塑像宜毀。籩豆用十，樂用六佾。」〔註173〕世宗遂御制《正孔子祀典說》，大略謂孔子以魯僭王爲非，寧肯自僭天子之禮？張璁又配合製作《正孔子廟祀典或問》，與帝意相合，世宗以爲議論詳正。餘或有不合帝意，均遭斥責，如編修徐階疏陳易號毀像之不可，遭謫官；黎貫疏言：「莫尊於天地，亦莫尊於父師。陛下敬天尊親，不應獨疑孔子王號爲僭。」〔註174〕世宗因此大怒，認爲黎貫借此諷刺其追尊皇考之非，下法司會訊，褫其職。給事中王汝梅等亦極言不宜去王號，世宗皆斥爲謬論。天下無不是之皇帝，就成定例。

於是禮部與諸臣，概依世宗之本意議定，史載：

> 人以聖人爲至，聖人以孔子爲至。宋眞宗稱孔子爲至聖，其意已備。今宜於孔子神位題至聖先師孔子，去其王號及大成、文宣之稱。改大成殿爲先師廟，大成門爲廟門。〔註175〕

禮儀之事本可議論，唯對孔子禮儀之更易，實對士人尊重程度有貶抑之指標作用。蓋孔子爲士倫之表率，爲歷代所共尊，壓制孔子不只壓制群臣，亦展現帝王無上之威勢。如沈德符所說：「孔廟易像爲主，易王爲師，尙爲有說。至改八佾爲六、籩豆盡減，蓋上素不樂師道與君並尊。」〔註176〕在此，明世

〔註170〕《明史》卷一九六，〈張璁傳〉。
〔註171〕《論語・季氏》。
〔註172〕《明世宗實錄》卷一○九。
〔註173〕《明史》卷五○，〈禮志〉四。
〔註174〕同前註。
〔註175〕同前註。
〔註176〕《萬曆野獲編》卷一四，〈祀典〉。

宗雖獲得以勢凌道的優勢，然於法理上，似欠道統依據，遂使士人屈伸無所措，士風因此有所轉折。

（二）枉道附勢，士風趨軟

當皇帝之「勢」過度強大，士人屈伸無所措，甚至枉道附勢，促使部份士人乾脆放棄守道的責任。就大禮議的影響而觀，如嘉靖四年，余珊〔註177〕疏曰：

> 乃自大禮議起，凡偶失聖意者，譴謫之，鞭笞之，流竄之，必一網盡焉而後已。由是小人窺伺，巧發奇中，以投主好，以弋功名。陛下既用先入爲主，順之無不合，逆之無不怒。由是大臣顧望，小臣畏懼，上下乖戾，浸成睽孤，而泰交之風息矣。〔註178〕

從疏中可知，凡順帝則相合，逆則相斥，造成順者留，逆者離的情形，留則必柔媚。如費宏，「大禮之議，諸臣力與帝爭，帝不能堪。宏頗揣知帝旨，第署名公疏，未嘗特諫，以是帝心善之。」〔註179〕因此，當楊廷和等去位，費宏接續爲首輔。

再觀，以陰柔得寵最著者嚴嵩，其與世宗共事二十年（嘉靖21至41年）。嘉靖十二年，嚴嵩爲禮部尚書，以賀節至京，世宗於明堂祭祀獻皇帝，以配上帝。又欲稱宗入太廟。嚴嵩與群臣不支援，世宗不悅，著《明堂或問》示廷臣，皇威之勢，遂使「嵩惶恐，盡改前說，條畫禮儀甚備。禮成，賜金幣。」〔註180〕從此，嚴嵩更爲佞悅，世宗也信任有加。自嘉靖二十年以後，世宗即不視朝，大臣難得謁見，「惟嵩獨承顧問，御札一日或數下，雖同列不獲聞，以故嵩得逞志。」〔註181〕甚至，嚴嵩被群臣指爲貪污，世宗均加以袒護而無事。何以至此，蓋「嵩父子獨得帝竅要，欲有所救解，嵩必順帝意詆之，而婉曲解釋以中帝所不忍。以是移帝喜怒，往往不失。」〔註182〕嚴嵩如此善解人意，而深獲寵愛，誠如谷應泰所說：

> 況嵩又眞能事帝者：帝以剛，嵩以柔；帝以驕，嵩以謹；帝以英察，嵩以樸誠；帝以獨斷，嵩以孤立；贓紊累累，嵩即自服帝前；人言藉藉，嵩以狼狽求歸。帝且謂嵩能附我，我自當憐嵩。方且謂嵩之

〔註177〕余珊，字德輝，桐城人。正德三年進士。授行人，擢御史。
〔註178〕《明史》卷二〇八，〈余珊傳〉
〔註179〕《明史》卷一九三，〈費宏傳〉。
〔註180〕《明史》卷三〇八，〈奸臣・嚴嵩〉。
〔註181〕同前註。
〔註182〕同前註。

曲謹有如飛鳥依人。即其好貨，不過駑馬戀棧。〔註 183〕

世宗與嚴嵩君臣互補的個性與做法，一個寧把逢迎當忠誠，一個貌似忠而內實奸，一狼一狽，爲枉道附勢之君臣關係下了最經典之注腳。

申言之，縱然君威高聳，但君心難測，嚴嵩以無才略之姿，一意媚上，竊權罔利。影響所及，凡曾奏劾嚴嵩父子者皆被譴，張經、沈煉被藉故置於死地，凡所不悅，假遷除考察以斥之，皆不露形迹。進而遍引親信居要地，「帝亦寖厭之」。〔註 184〕嘉靖四十一年五月，「世蕃及其子錦衣鵠、鴻，客羅龍文，戍邊遠。」但是「世蕃得罪後，與龍文日誹謗時政。道路皆言兩人通倭，變且不測。」兩人伏誅，嚴嵩及諸孫被罷黜爲民，這是嚴嵩家族的下場及歷史紀錄。

嚴嵩罹禍，非因柔媚，而在其貪念私運。嘉靖四十一年，嚴嵩致仕，徐階（子升）〔註 185〕遂代嚴嵩爲首輔。徐階曾於議尊孔禮儀，與張璁相左，盛氣以對；〔註 186〕其於女后入廟事，觸世宗意，世宗大怒，〔註 187〕徐階「皇恐謝罪，不能守前議。」〔註 188〕比之與張璁相抗，自不相同，而順風轉舵，如嚴嵩一般，唯其與嚴嵩不同處，在其用心，蓋立朝時，侃侃守正，維護善類。其接首輔，主張：「以威福還主上，以政務還諸司，以用舍刑賞還公論。」〔註 189〕於是朝士嚮往，得行其意。徐階見張孚敬（張璁）及嚴嵩引導世宗猜刻，務以寬大開導世宗。世宗欲懲處抨擊過當之給事、御史，徐階委曲調劑，得從輕處理。世宗問徐階爲何知人難。階對曰：「大奸似忠，大詐似信。惟廣聽納，則窮兇極惡，人爲我攖之；深情隱慝，人爲我發之。故聖帝明王，有言必察。即不實，小者置之，大則薄責而容之，以鼓來者。」〔註 190〕世

〔註 183〕《明史紀事本末》卷五四。

〔註 184〕《明史》卷三〇八，〈奸臣・嚴嵩〉。

〔註 185〕徐階，字子升，嘉靖二年進士。屬南中王門，讀書爲古文辭，從王守仁門人游，有聲士大夫間。

〔註 186〕嘉靖九年，世宗用張孚敬（張璁）議，欲去孔子王號，易像爲木主，籩豆禮樂皆有所損抑。下儒臣議，階獨持不可。孚敬召階盛氣詰之，階抗辯不屈。孚敬怒曰：「若叛我。」階正色曰：「叛生於附。階未嘗附公，何得言叛？」長揖出。斥爲延平府推官。

〔註 187〕當孝烈皇后崩，帝欲祔之廟，念壓於先孝潔皇后，又睿宗入廟非公議，恐後世議祧，遂欲當己世預祧仁宗，以孝烈先祔廟，自爲一世，下禮部議。階抗言女后無先入廟者，請祀之奉先殿，禮科都給事中楊思忠亦以爲然。

〔註 188〕《明史》卷二百十三，〈徐階傳〉。

〔註 189〕同前註。

〔註 190〕同前註。

宗表示贊許，言路因而更加激進。

當徐階獨當國，任事恭謹，帝或有所委任，通夕不假寐，務如期達成任務。故深得世宗信任，慰問病痛如家人，並依徐階建議增加閣臣。故自徐階當國後，緹騎省減，詔獄漸虛，任事者亦得以功名終。於是論者推其爲名相。而其謙恭奉主，沈穩內斂，論事中肯婉轉，是其得以順勢行道者。故史稱：「徐階以恭勤結主知，器量深沈。」〔註191〕「立朝有相度，保全善類。嘉、隆之政多所匡救。」〔註192〕他與嚴嵩之柔而有私不同，也與憤激搏擊以要名者有異。

二、神宗：以道事君之潰敗

神宗十歲繼位，張居正爲首輔。〔註193〕當時，神宗及兩宮對張居正尊禮有加，張居正亦「慨然以天下爲己任。」〔註194〕此階段爲道與勢相合時期。以居正之才幹，借皇帝之勢以發號司令，績效彰著。但其強勢施政，整飭群臣，排除異己，異議者多，如御史傅應禎，本居正門生，於萬曆三年曾疏言：

> 陛下登極初，召用直臣石星、李己，臣工無不慶幸。近則趙參魯糾中涓而謫爲典史，余懋學陳時政而錮之終身；他如胡執禮、裴應章、侯于趙、趙煥等，封事累上，一切置之，如初政何！陳請擢參魯京職，還懋學故官，爲人臣進言者勸。〔註195〕

當時批評朝政就是批評張居正，傅應禎被謫戍定海。給事中徐貞明等入獄探望，同遭貶謫。御史劉台，亦居正門生，抗章論居正專恣僭越，引來居正辭官以對：「（劉）台爲臣所取士，二百年來，無門生劾師長者，計惟一去謝之。」〔註196〕神宗慰留居正，並逮劉台下詔獄，廷杖百、遠戍、削籍，眾臣心生畏

〔註191〕《明史》卷二一三，〈贊曰〉。
〔註192〕《明史》卷二百十三，〈徐階傳〉。
〔註193〕徐階自嘉靖四十一年爲首輔，世宗崩，由階草遺詔，「比之楊廷和所擬登極詔書，爲世宗始終盛事」。隆慶初因諫帝不從，復受劾，遂請歸，由李春芳爲首輔（見徐階傳），高拱亦受劾不安，於元年五月乞歸（高拱傳）。隆慶三年，高拱再出，專報復徐階，徐階諸子都坐罪。至神宗即位，高拱以主上幼沖，懲中官專政，條奏請詘司禮權，還之內閣。又命給事中雒道、程文合疏攻馮保，而己從中擬旨逐之。馮保知道後，訴於太后，謂高拱擅權，不可容。太后於次日召群臣入，宣兩宮及帝詔，數高拱罪而逐之。
〔註194〕《明史》卷二一三，〈張居正傳〉。
〔註195〕《明通鑒》卷六六。
〔註196〕《明通鑒》卷六六。

懼而多不平。蓋居正終究是臣不是君，又內閣在設計上是諮詢單位，不是實權單位，故其作爲常陷於角色的矛盾。縱然施政有益國計民生，也難免謗議叢生。由此，可見晚明「道」與「勢」間的矛盾。以下分兩方面，進一步申明之。

（一）奪情案：道統之於政統的窘境

萬曆五年發生「奪情案」，〔註 197〕使居正處於進退兩難的境地。而朝廷也分爲兩派，一派以朝政應延續，倡奪情；一派以親情爲重，倡奔喪。當時，皇帝及三公對居正皆深致慰問之意，但並「無意留之。」倒是「居正自以握權久，恐一旦去，他人且謀己。」〔註 198〕恰巧同年好友戶部侍郎李幼孜，有意討好居正，首倡奪情議，馮保繼之，朝臣亦多呼應。

另一方面，反對奪情也有很大的勢力，首先，吏部尚書張瀚未配合挽留居正而去職，〔註 199〕其他如「諸翰林王錫爵、張位、趙志皋、吳中行、趙用賢、習孔教、沈懋學輩皆以爲不可，弗聽。中行、用賢及員外郎艾穆、主事沈思孝、進士鄒元標相繼爭之，皆坐廷杖，謫斥有差。」〔註 200〕一時之間，輿情洶洶，皆針對居正，甚至在交通要道張貼謗書，顯然奪情一事已落入情緒的紛爭，直至皇帝下詔：「再及者誅無赦」，才使謗議停止。萬曆八年，居正政治績效漸顯，神宗依賴益重，「賜札稱『元輔』、或稱『張少師』、或稱『先生』，待以師禮。」〔註 201〕至此，居正儼然已自負爲帝者師。

先前，慈聖教導神宗，甚爲嚴謹，常曰：「使張先生聞，奈何！」因而，神宗甚畏懼居正。及漸長，則心生抱怨。當萬曆十八歲，乾清宮小太監孫海、

〔註 197〕據《明通鑒》卷六六載：萬曆五年九月，張居正遭父喪，「上手諭宣慰，然亦無意留之。」而張居正「自以握權久，恐一旦去，他人且謀己。會同年户部侍郎李幼滋，欲媚居正，首倡奪情議；而馮保亦不欲居正去，乃傳中旨諭吏部尚書張瀚留之。張瀚佯爲不喻。」張瀚以附居正得掌吏部，見非於世，此次未配合，遭居正藉故勒令致仕。針對此事，朝中分成兩派，各執己見，聚訟盈庭。

〔註 198〕《明通鑒》卷六六。

〔註 199〕萬曆初年，時廷推吏部尚書，居正特拔瀚。瀚資望淺，忽見擢，舉朝益趨事居正，而瀚進退大臣率奉居正指。比居正遭喪，謀奪情，瀚心非之。中旨令瀚諭留居正，居正又自爲牘，風瀚屬吏，以覆旨請。瀚佯不喻，謂「政府奔喪，宜予殊典，禮部事也，何關吏部。」居正復令客說之，不爲動，乃傳旨責「瀚久不奉詔，無人臣禮」，勒致仕歸。

〔註 200〕《明史》卷二一三，〈張居正傳〉。

〔註 201〕《明通鑒》卷六七。

客用等導引皇上遊樂，慈聖杖而逐之。居正奏曰：

> 自聖上臨御以來，講學勤政，聖德日新。乃數月之間，仰窺聖意所向，稍不如前。微聞宮中起居，頗失常度；但臣等身隔外庭，未敢輕信，而朝廷庶政未見有缺，故不敢妄有所言。……臣等待罪輔弼，宮中之事，皆宜與聞。此後不敢以外臣自限，凡皇上起居與宮壺內事，但有所聞，即竭忠敷奏；即左右近習有奸佞不忠者，亦不避嫌怨，必舉祖宗之法，奏請處治。皇上亦宜戒游宴以重起居，專精神以廣聖嗣，節賞賚以省浮費，卻珍玩以端好尚，親萬几以明庶政，講學以資治理。〔註 202〕

張居正所述，如以父執教導子弟，皆無不當，指其「宮中起居，頗失常度」，並過問「宮壺內事」；且舉「祖宗之法」處治左右，毫不顧及主人顏面；並要皇帝「戒遊宴以重起居，專精神以廣聖嗣」，對一個擁有世間最大權威，且血氣方剛的皇帝，那堪被人如此頤指氣使。唯迫於太后，表面順從，內心則懷恨至深。

其次，從張居正的處境言，亦爲兩難，在君王前，不能表現擅威作福的模樣，以免皇帝疑慮；另方面，要駕馭臣屬，必須宣示各項措施之宗旨及策略，澄清眾臣種種指控，期獲得信服。故經奪情後，作爲益趨偏恣，用人多由愛憎，且賄賂通行左右。舉如徐爵被擢用至錦衣衛指揮同知；居正三子皆登上第；蒼頭遊七以入貲爲官。至此，由於張居正以愛憎品評才幹，以賄賂可得職位，遂不得世人諒解，而「得君」之勢，與士人以「行道」自詡，於此分歧而矛盾益顯。

至萬曆十年三月，張居正生病。神宗尚頻頻問候，百官爲他齋醮祈禱。至六月病逝，神宗因此停止朝晉，諭祭九壇，視爲國公兼師傅，至此，張居正一生功業威望，崇隆已極。但是君心難測，神宗隨即展開對居正及馮保的清算，〔註 203〕盡奪居正榮耀，尚指居正本當剖棺戮屍而「姑免之」。終究，不只個人受辱，親人亦遭殃。其一切功過，不敵皇帝之威勢，正如《明通鑒》所論：

〔註 202〕同前註。

〔註 203〕萬曆十年十二月，馮保謫奉槳，籍其家。十一年三月，追奪張居正榮耀，「盡削居正官秩，奪前所賜璽書、四代誥命。」十二年四月，籍居正家，「得黃金萬兩，白金十餘萬兩。其長子禮部主事敬修自縊死。詔留空宅一所、田十頃，贍其母。」八月，榜張居正罪於天下，並指張居正本「當剖棺戮屍而姑免之。」其親人則「弟都指揮居易，子編修、嗣修，俱發戍烟瘴地。」

> 居正性深沈機警，多智數。爲吏官時，長潛求國家典故及時務之切要者剖析之，遇人多所諮詢。及攬大政，登首輔，務尊主權，課吏職，信賞罰，一號令，上亦悉心聽納。用李成梁、戚繼光，委以邊事，南蠻累世負固者，次第遣將削平之。故神宗初政，起衰振隳，綱紀修明，海內殷阜，居正之力也。然其褊衷多忌，剛愎自用。初入政府，即以私憾廢遼王。奸諛成風，六曹之長，咸唯唯聽命。至章疏不敢斥名，第稱「元輔」。士大夫始譽以伊、周，漸進以五臣，繼竟擬之舜、禹，〔註 204〕居正亦恬然居之。居正卒，餘威尚在，言官奏事尚稱「先太師」。方奪情時，威權震主，上雖虛己以聽，而內顧不堪。身死未幾，遂遭削奪，子孫並致禍敗。〔註 205〕

文中指出，居正誠能任事者，亂世重典，有爲者之必然；惟其過激不止，不知收斂鋒芒，至時遷位移，有功亦不足以避罪，更突顯道、勢對峙之必然。

自張居正去世，終萬曆世，無敢爲居正辯白者。熹宗時，廷臣稍稍追述之。如曾諫奪情而被貶謫都勻衛的鄒元標，時爲都御史，對居正之政績即表示稱揚。此後逐漸恢復其舊有榮銜。〔註 206〕崇禎年間，尚書李日宣等言：「故輔居正，受遺輔政，事皇祖者十年，肩勞任怨，舉廢飭弛，弼成萬曆初年之治。其時中外乂安，海內殷阜，紀綱法度，莫不修明。功在社稷，日久論定，人益追思。」〔註 207〕對居正之評議，漸能持平而論。

（二）違道干譽，循默避事

與世宗朝一樣，由於張居正被整肅，爲臣之道更加疲弱不振。自張居正而後，輔臣大多順帝旨而已，雖有王家屏「性忠讜，好直諫。」〔註 208〕任首輔僅半年（萬曆十九年下半年）就去職。其他如申時行任內，廢除皇帝講筵，

〔註 204〕御史丁此呂曾追論科場事，謂高啓愚以舜、禹命題，爲居正策禪受。雖尚書楊巍等與相駁，致此呂出外，啓愚削籍。爾後，言者復攻居正不已。

〔註 205〕《明通鑒》卷六七。

〔註 206〕至崇禎三年，禮部侍郎羅喻義等訟居正冤。復二蔭及誥命。十三年，敬修孫同敞請復武蔭，並復敬修官。帝授同敞中書舍人。

〔註 207〕《明史》卷二一三，〈張居正傳〉。

〔註 208〕《明史》卷二一七〈王家屏傳〉載：王家屏十九年爲首輔，二十年，上疏言「乃今數月間，請朝講，請廟饗，請元旦受賀，請大計臨朝，悉寢不報。臣犬馬微誠，不克感回天意，已可見矣。至豫教皇儲，自宜早計，奈何厭聞直言，概加貶謫。……若依違保祿，泄沓苟容，汲黯所謂『陷主不義』者，臣死不敢出此。」帝責家屏希名，家屏遂杜門去國。

及奏疏開始留中；王錫爵任內則有「三王並封」；〔註 209〕沈一貫則有廢礦稅於功敗垂成；至方從哲，情勢愈下，其「獨秉國成，卒無所匡救」，〔註 210〕遂讓「梃擊」、「紅丸」、「移宮」諸案糾纏不止。所以如此，亦順帝旨而已，故史稱諸人「彌諧無聞，循默避事。」〔註 211〕良有以也。於此再舉「有裁斷，善處大事。」〔註 212〕的葉向高，以探討道與勢互動中，雖無重大建樹，至少得以避免扞格斫傷。

葉向高，字進卿，舉萬曆十一年進士，一再疏陳礦稅之害，又請罷遼東稅監高淮，語皆切至。雖不合帝意，不但未貶官，二十六年擔任皇長子侍班官，旋擢升南京禮部右侍郎。反而是妖書獄興時，不合同僚沈一貫意，被湅滯南京九年。至萬曆三十五年入閣，三十六年遂獨相。當是時，神宗倦勤，百事廢弛，〔註 213〕向高憂國奉公，每事皆爭效忠藎。得神宗高度信賴尊重，但建言則大多擱置不用，故救正有限。

當萬曆四十年，福王（皇三子）府第完成，廷臣交章奏請福王之國，神宗一再藉詞拖延。後又傳旨：「莊田非四萬頃不行」，向高因進曰：「田四萬頃，必不能足，之國且無日，明旨又不信於天下矣。且王疏引祖制，而祖制無有是事。」神宗稱：「莊田自有成例，且今大分已定。」向高因疏謝，認為是神宗拖延之計，說：「今東宮輟講八年，且不奉天顏久，而福王一日兩見，以故不能無疑。惟堅守明春期，而無以莊田藉口，天下疑自釋。」神宗又稱福王無一日兩見之事，但其袒護之意則至明顯。後因王曰乾案，神宗手足無措，向高一則安撫相關人等，一則藉本案牽制神宗，〔註 214〕最後神宗不得已才答應，福王於萬曆四十二

〔註 209〕詳參《明史》卷二一八，〈王錫爵傳〉。

〔註 210〕同前，〈方從哲傳〉。

〔註 211〕同前，〈贊曰〉。

〔註 212〕同前卷二四〇，〈葉向高傳〉。

〔註 213〕當時，大僚空署，士大夫任用升遷之命往往不下，上下乖隔。廷臣部黨交結對峙，而中官榷稅、開礦，大為民害。神宗又寵鄭貴妃，致福王不肯之國。

〔註 214〕錦衣百戶王曰乾者，訐奏鄭妃內侍姜嚴山與學等及妖人王三詔用厭勝術詛咒皇太后、皇太子死，擁立福王。帝震怒，向高奏言：「此事大類往年妖書，然妖書匿名難詰，今兩造具在，一訊即情得。陛下當靜處之，稍張皇，則中外大擾。至其詞牽引貴妃、福王，尤可痛恨。臣與九卿所見皆同，敢以聞。」明日，向高又言：「曰乾疏不宜發。發則上驚聖母，下驚東宮，貴妃、福王皆不安。宜留中，而別諭法司治諸奸人罪，且速定明春之國期，以息群喙，則天下帖然無事。」帝盡用其言，太子、福王得相安。貴妃終不欲福王之國，向高留上諭弗宣，因言：「外廷喧傳陛下欲假賀壽名留福王，約千人伏闕請。

年二月到封地。向高終於在百般難纏之中完成一件懸案。

葉向高建言不被采行，屢屢求去，輒蒙神宗諭留，向高還是疏言：

> 臣不在一身去留，而在國家治亂。今天下所在災傷死亡，畿輔、中州、齊、魯流移載道，加中外空虛，人才俱盡。罪不在他人，臣何可不去。且陛下用臣，則當行其言。今章奏不發，大僚不補，起廢不行，臣微誠不能上達，留何益。誠用臣言，不徒縻臣身，臣溘先朝露，有餘幸矣。〔註215〕

文中可見，向高所論亦多切中時弊，神宗卻一無聽從，其建言態度謙卑誠懇，以自責代替責人，不致讓皇帝惱羞成怒而已。故志不行，只好求去。帝輒優旨勉留。向高復言：

> 進退可置不問，而百僚必不可盡空，臺諫必不可盡廢，諸方巡按必不可不代。中外離心，輦轂肘腋間，怨聲憤盈，禍機不測，而陛下務與臣下隔絕。帷幄不得關其忠，六曹不得舉其職，舉天下無一可信之人，而自以爲神明之妙用，臣恐自古聖帝明王無此法也。〔註216〕

向高雖得神宗充分信任，但於公，大僚不補，科道不用，章奏悉留中，故向高堅辭者再，乃於四十二年八月獲准離職。

由上所述，晚明士人基於「道」而服膺於「勢」，卻又困惑於「清節」與「附俗」的抉擇，而勢、道之爭議在晚明的官場中，更加深化了士人對傳統儒士價值理念的懷疑，至晚明，終從「匡濟天下」之道，游離而出，跌入士人生存發展的另一深淵。

三、熹宗：道的徹底摧毀

熹宗初政，群賢滿朝，天下欣欣望治。然帝時十六歲，對乳母客氏頗多依賴，封爲奉聖夫人。復生性機巧，好引繩削墨，不成大器，不能辨忠佞，故寵信客氏及魏忠賢，致權炳旁落，〔註217〕魏忠賢遂得以閱章奏，並藉機矯

今果有此諭，人情益疑駭，將信王曰乾妖言，朝端必不靜。聖母聞之，亦必不樂。」因封還手諭。

〔註215〕《明史》卷二四〇，〈葉向高傳〉。

〔註216〕同前註。

〔註217〕《明通鑒》卷七七載：魏忠賢不知書，頗強記，猜忍陰毒，好諛。上深信任之，命閱章奏。以司禮監王體乾及李永貞、石元雅、塗文輔等爲腹心。凡章奏，永貞等先閱，視鈐識款要白忠賢，議可否然後行。上性機巧，好親斧鋸

旨，作威作福。是以，晚明又陷入道之淪喪，勢之累害的困境。

（一）勢尊道喪

當葉向高於天啓元年十月還朝，任首輔時，即上言：

> 臣事皇祖八年，章奏必發臣擬。即上意所欲行，亦遣中使傳諭。事有不可，臣力爭，皇祖多曲聽，不欲中出一旨。陛下虛懷恭己，信任輔臣，然間有宣傳滋疑議。宜愼重綸音，凡事令臣等擬上。〔註218〕

向高入朝即已看出魏忠賢等之居心，故以皇祖（神宗）之名，請求章奏、擬議、傳旨等均應透過輔臣處理，不宜中旨直下廷臣，不僅破壞體制且讓中官有機可乘。熹宗雖「優旨報聞」，魏忠賢仍操控皇帝旨意，並藉機整肅異議者，如構殺太監王安，以次逐吏部尚書周嘉謨及言官倪思輝等。〔註219〕天啓二年三月，大學士劉一燝亦力求去。向高言：「客氏出復入，而（劉）一燝顧命大臣不得比保姆，致使人揣摩於奧突不可知之地，其漸當防。」〔註220〕忠賢見向高上疏刺己，恨甚。既而刑部尚書削籍，禮部尚書孫愼行、都御史鄒元標先後被攻而致仕離去。

葉向高再入相，事沖主，不能謇直如神宗時，然猶數有匡救。〔註221〕其時朝士與忠賢抗者率倚向高。忠賢乃時毛舉細故，責向高以困之。向高數求去。天啓四年四月，給事中傅櫆劾左光斗、魏大中交通汪文言，招權納賄，命下文言詔獄。向高言：「文言內閣辦事，實臣具題。光斗等交文言事曖昧，臣用文言顯然。乞陛下只罪臣，而稍寬其他，以消縉紳之禍。」〔註222〕因力求速罷。當是時，眾正盈朝，得櫆疏喜甚，欲藉故羅織東林，向高等舊臣勢

椎鑿髹漆之事。每引繩削墨，忠賢輒奏事，上怨之，謬曰：「朕已悉矣，若輩好爲之。」自此忠賢遂擅威福焉。

〔註218〕《明史》卷二四〇，〈葉向高傳〉。

〔註219〕天啓元年十月，御史周宗建請出客氏於外，不聽。給事中倪思輝、朱欽相等相繼言，皆謫外任。

〔註220〕《明史》卷二四〇，〈葉向高傳〉。

〔註221〕同前註：「如給事中章允儒請減上供袍服。閹人激帝怒，命廷杖。向高論救者再，乃奪俸一年。御史帥眾指斥宮禁，閹人請帝出之外，以向高救免。給事中傅櫆救王紀，將貶謫，亦以向高言，僅奪俸。紀既罷去，御史吳甡、王祚昌薦之，部議以故官召。忠賢怒，將重譴文選郎，向高亦救免。給事中陳良訓疏譏權閹，忠賢摘其疏中「國運將終」語，命下詔獄，窮治主使，向高以去就爭，乃奪俸而止。熊廷弼、王化貞論死，言官勸帝速決。向高請俟法司覆奏，帝從之。」

〔註222〕《明史》卷二四〇，〈葉向高傳〉。

大，故光斗等不罪，只罪文言。

天啓四年六月，楊漣上疏劾魏忠賢二十四大罪。奏疏末尾說：

> 凡此逆跡，昭然在人耳目。乃內廷畏禍而不敢言，外廷結舌而莫敢奏。間或奸狀敗露，又有奉聖夫人爲之彌縫，更相表裏，疊爲呼應。伏望陛下大奮雷霆，集文武勛戚，敕刑部嚴訊，以正國法，並出奉聖夫人於外，用消隱憂，臣死且不朽。〔註 223〕

魏忠賢聞疏大懼。求解於韓爌，爌不應，遂至熹宗前泣訴，且辭東廠。熹宗懵然不辨，尚溫諭留忠賢，令魏廣微調旨切責楊漣。楊漣之後，「繼之者七十餘人。」〔註 224〕聲勢浩大，可謂朝議洶洶，頗有對決之勢，而首輔葉向高一向老成持重，不希望至於決裂。乃奏請解除忠賢事權，讓他回老家，保全終始。但忠賢不僅抗拒，更矯旨敘己功勤。並設法使熹宗不上朝，而熹宗所至，群閹數百人圍繞，使百官不得奏事。此時熹宗形同被閹黨所挾持。

（二）道一蹶不振

承上而言，此時之魏忠賢，一如世宗時之嚴嵩，凡是爲惡而事蹟敗露，即哀憐佞主以求得免。魏忠賢見朝臣來勢洶洶，忌恨更深，行事更爲極端。此時，工部郎中萬燝論劾魏忠賢，〔註 225〕魏忠賢思藉以立威，乃矯旨廷杖一百，向高雖力救，仍死杖下。御史黃尊素不畏強勢而上疏言：「以批肝瀝膽之忠臣，竟殞於磨牙利齒之凶豎，千載而下，史筆書之，豈不上累聖德！」〔註 226〕無奈熹宗置之不理。不久，御史林汝翥亦以忤魏忠賢遭到廷杖，而丁乾學、夏之令、吳裕中、劉鐸、吳懷賢、蘇繼歐、張汶諸人，亦因忤忠賢致死。〔註 227〕諸閹又以爲汝翥是向高之甥，而包圍向高官邸鼓噪。向高以時事不可爲，上疏言：「國家兩百年來，無中臣圍閣臣第者，臣今不去，何面目見士大夫！」〔註 228〕堅持乞歸，至七月罷去。韓爌繼爲首輔，每事持正，爲善類所倚。而同官魏廣微又與魏忠賢結合，並假會推機會逐退趙南星、高攀龍，韓爌與朱國禎等上言：

> 陛下一日去兩大臣，臣民失望。且中旨徑宣，不復到閣，而攀龍一

〔註 223〕《明通鑒》卷七九。

〔註 224〕《明史》卷三〇六，〈魏忠賢傳〉。

〔註 225〕萬燝謂：「忠賢已竊陛下權，致內廷外朝只知有忠賢，不知有陛下，尚可一日留左右耶？」（《明史》卷二四五）。

〔註 226〕《明通鑒》卷七九。

〔註 227〕諸人之死詳參《明史》卷二四五。

〔註 228〕《明通鑒》卷七九。

疏，經臣等擬上者，又復更易，大駭聽聞，有傷國體。〔註229〕

魏忠賢對韓爌之上疏甚感不悅，傳旨切責。未幾，又逐楊漣、左光斗、陳于廷，朝政大變，忠賢勢益張，士人之道愈沮。韓爌抗疏乞休，十一月去位，朱國禎繼爲首輔，李蕃攻之，十二月去位，〔註230〕顧秉謙代其位，自此，公卿庶僚皆魏忠賢私人，居政府者皆小人，清流無所依倚。魏忠賢繼辱戮六君子，七君子等，並貶削朝士之異己者，善類爲一空。直至天啓七年八月，熹宗崩卒（年二十三），情況才有改觀。

質言之，魏忠賢不只視內閣爲烏有，且中旨可以越過內閣，直接下達。此外，更架空熹宗，可以更易擬旨，凡此種種，自天啓以來屢見不鮮。國家至此，淪於無道之道，非勢之勢，朝臣以勢枉道之情形更甚於眞皇帝。易言之，魏忠賢「口銜天憲，手握王爵」，操控本屬於皇帝的「一切生殺予奪之權」，〔註231〕而禍亂所向，「士君子恒先被其毒」，〔註232〕即史稱「魏忠賢之殺諸人也，揚毒焰以快其私，肆無忌憚。蓋主荒政粃之餘，公道淪亡，人心敗壞，兇氣參會，群邪翕謀，故縉紳之禍烈於前古。」〔註233〕熹宗縱容魏忠賢，使之得以仗勢爲惡，荼毒賢良，遍用親私，主因則在於「帝之庸懦，婦寺竊柄，濫賞淫刑，忠良慘禍。」〔註234〕忠烈死於無辜，億兆人心無所屬，亡國自無日矣。

四、思宗：勢、道同殉社稷

思宗，明朝最後一位皇帝，十八歲即位，努力挽救瀕臨滅亡之王朝命運，素知魏忠賢罪惡深重。適嘉興貢生錢嘉徵劾忠賢十大罪，皇帝乃召魏忠賢，使內侍讀之，魏忠賢震恐魄喪。遂榜示忠賢罪於天下，並諭曰：「逆惡魏忠賢擅竊國柄，誣陷忠良，罪當死，姑從輕發鳳陽。乃不失自懲，素蓄亡命之徒，環擁隨護，勢若叛然，令錦衣衛逮治。」〔註235〕魏忠賢與同黨李朝欽得知，

〔註229〕《明史》卷二四〇，〈韓爌傳〉。

〔註230〕同前，〈朱國禎傳〉載：「國禎爲首輔，廣微與忠賢表裏爲奸，視國禎蔑如。其冬爲逆黨李番所劾，三疏引疾。忠賢謂其黨曰：『此老亦邪人，但不做惡，可令善去。』」

〔註231〕同前卷二四五，〈萬燝傳〉。

〔註232〕同前卷二四四，〈贊曰〉。

〔註233〕同前卷二四五，〈贊曰〉。

〔註234〕《明史》卷二二，〈熹宗本紀〉。

〔註235〕《明通鑒》卷八〇。

具自縊而死。客氏及子、弟與魏良卿皆伏誅。家屬無論少長皆斬，其中嬰孩赴市，有酕睡未醒者，時人以爲慘毒之報應，莫不稱快。皇帝復詔：「天下所建忠賢逆祠，悉行拆毀變價。」魏忠賢與崔呈秀雖死，仍戮其屍。〔註 236〕由此可知，權力使人腐化，更使人瘋狂，獲罪者與無辜家屬皆死於非命，豈勢之擁護者當初所能逆料。

（一）大勢已傾，積習難挽

思宗雖有心振作，但國勢已疲甚，亂勢已燎原，史稱：「（莊烈）帝承神、熹之後，慨然有爲。即位之初，沈機獨斷，刈除奸逆，天下想望治平。惜乎大勢已傾，積習難挽。在廷則門戶糾紛。疆埸則將驕卒惰。兵荒四告，流寇蔓延。遂至潰爛而莫可救。」〔註 237〕崇禎十七年三月，流賊李自成犯京師，思宗窮極無救援，決意：「國君死社稷」，並書衣襟曰：「朕涼德藐躬，上干天咎，然皆諸臣誤朕。朕死無面目見祖宗，自去冠冕，以髮覆面。任賊分裂，無傷百姓一人。」〔註 238〕遂崩於萬歲山，自大學士范景文而下，死者數十人。

相較熹宗在位七年，屍位而已，權炳威勢全在魏忠賢。魏忠賢又藉以擴張私欲，摧折異己，雖以身敗名裂告終，而人才士氣亦消磨殆盡。反觀思宗，在位十七年，「不邇聲色，憂勤惕勵，殫心治理。臨朝浩歎，慨然思得非常之材。」〔註 239〕雖思宗君臣有以勢助道之心，然大勢萎靡，振作無方，亦無補江山易幟之命運，徒留正氣於人間，可視爲思宗君臣予明代勢道對峙的慘痛贊禮。

先說范景文（夢章），〔註 240〕與魏忠賢同鄉，未曾依附，亦不附東林，好孤立獨行。曾說：「天地人才，當爲天地惜之。朝廷名器，當爲朝廷守之。天下萬世是非公論，當與天下萬世共之。」〔註 241〕守道自善，爲其志之所在。崇禎十七年三月，都城淪陷，書曰：「身爲大臣，不能滅賊雪恥，死有餘恨。」遂投古井而死。次觀倪元璐，書曰：「死，吾分也，勿以衣衾斂。暴我尸，聊志吾痛。」〔註 242〕遂南向坐，取絲帛自縊而死。再如李邦華，當外城陷，走

〔註 236〕以上參《明通鑒》卷八〇～八一。

〔註 237〕《明史》卷二四，〈莊烈帝本紀〉二。

〔註 238〕同前註。

〔註 239〕《明史》卷二四，〈贊曰〉。

〔註 240〕范景文，字夢章，吳橋人。父永年，南寧知府。景文幼負器識，登萬曆四十一年進士，授東昌推官。以名節自勵，苞苴無敢及其門。

〔註 241〕《明史》卷二六五，〈范景文傳〉。

〔註 242〕同前，〈倪元璐傳〉。

宿文天祥（信國）祠。次日，內城亦陷，乃三揖信國曰：「邦華死國難，請從先生於九京矣。」並爲詩曰：「堂堂丈夫兮聖賢爲徒，忠孝大節兮誓死靡渝，臨危授命兮吾無愧吾。」〔註243〕遂投繯而死。

當崇禎以身殉國，諸臣以身殉道，雖勢與道合，均無助於救生靈於塗炭，其一點不圖苟活之率性，亦足以與天地長存，豈可以「臨難一死報君王」之戲語論之。其間自有失節圖存者，史書自有定奪：

> 范景文、倪元璐等皆莊烈帝腹心大臣，所共圖社稷者，國亡與亡，正也。當時墳顏屈節，僥幸以偷生者，多被刑掠以死，身名俱裂，貽詬無窮。而景文等樹義烈於千秋，荷褒揚於興代，名與日月爭光。以彼絜此，其相去得失何如也。〔註244〕

儒士以天下爲己任，亦與天下共存亡，身殉社稷，義烈千秋，是亦標明典型所在。

簡言之，國家托付於君主，君主任賢使能，而治國利民，則道存而勢在。世宗自嘉靖二十年，蟄居深宮，嚴嵩得幸二十年。神宗初年，本藉張居正惕勵有爲，自萬曆十四年，爲立國本而不聞國事，派中官徵礦稅，剝削天下。世宗、神宗合計近一世紀，大部分歲月都在腐蝕國本，不圖振作。至天啓，幼稚昏昧，輔佐非人，亦神宗荒廢教導之貽害也，至思宗之滅亡，亦承受祖宗惡果而已。至此可知，勢不由道，勢亦不足恃也。

（二）以道抗勢，以身殉道

道與勢的設計是分工而合作的，因爲兩者都是以治理天下爲目的，君之勢必須藉臣之道而運行，道可以適度的約制勢的運行方向，「道」尊於「勢」是一種理想狀態，儒士成爲君之師，君之友也是可能的。但是，在道與勢演變的過程中，皇帝代表的勢脫離了道的約束而成爲無上的權威，且對道可以絕對的指揮，至後來科舉制的實行，又使「養士」制度化，士要飛黃騰達或有所作爲，就必須依附於皇權。從此，「以道抗勢」成爲不得已，也是最危險的事情。而士在培養的過程被灌輸以「道」作爲內在價值，故「天下有道，以道殉身；天下無道，以身殉道」成爲士的生存準則。準此，逢有道之君，道與勢自然是和諧的，如逢無道之君或君放棄衛道，就會產生對峙，而在對峙衝突的過程中，士人以傷痛或生命來換取所謂的「骨氣名節」，並證明道的存在及價值。

〔註243〕同前，〈李邦華傳〉。
〔註244〕同前，〈贊曰〉。

回溯「皇帝」有權無責，有功無罪的體制，本身就是最大的不義，他有絕對的權威判定是非，也有絕對的權力執行懲罰。如嘉靖四十五年二月，世宗享國日久，不視朝，深居西苑，專意齋醮。海瑞（字汝賢，號剛峰）上疏指百事廢弛〔註245〕、用人失當，〔註246〕最後稱：「今大臣持祿而好諛，小臣畏罪而結舌，臣不勝憤恨。是以冒死，願盡區區，惟陛下垂聽焉。」〔註247〕帝得疏大怒，即命左右逮捕，宦官黃錦在側曰：「此人素有癡名。聞其上疏時，自知觸忤當死，市一棺，訣妻子，待罪於朝，僮僕亦奔散無留者，是不遁也。」世宗冷靜後讀之再三，爲之感動而嘆息曰：「此人可方比干，第朕非紂耳。」後有病，召徐階議內禪，但海瑞言猶在耳，竟惱羞成怒，逮海瑞下獄，尋移刑部論死罪，卻不忍執行。他對海瑞又愛又恨的心情是複雜而矛盾的，海瑞的忠心值得肯定，但批評不留顏面，是可惡的。不過，可惡可愛不是決定於事情的是非，而決定於世宗的好惡。

其次，皇帝還可以決定一種道理對與錯的時機。世宗「大禮議」時，心學弟子如席書、霍韜均大力支持，當其事成，不旋踵，即以陽明「詆毀先儒」、「壞人心術」〔註248〕而加以禁絕。王學乃是一種追求自我實現的學問，大禮議時，世宗追求自我心願之達成，王學是一大支援。大禮議成，朝廷需要的是政治的穩定和思想的統一，士人的個性不再被強調，王學被禁也就不足爲奇了。

皇帝擁無上威勢及權柄，當其無道，臣下卻以道逆鱗，更以死悔君，餘無他法。所有衛道之士，喪生於此體制之下，歷史縱然給他們「正義」的名

〔註245〕《明史》卷二二六，〈海瑞傳〉載：「至謂遐舉可得，一意修眞，竭民脂膏，濫興土木，二十餘年不視朝，法紀弛矣。數年推廣事例，名器濫矣。二王不相見，人以爲薄於父子。以猜疑誹謗戮辱臣下，人以爲薄於君臣。樂西苑而不返，人以爲薄於夫婦。吏貪官横，民不聊生，水旱無時，盜賊滋熾。陛下試思今日天下，爲何如乎？」

〔註246〕同前：「用人而必欲其唯言莫違，此陛下之計左也。既觀嚴嵩，有一不順陛下者乎？昔爲同心，今爲戮首矣。梁材守道守官，陛下以爲逆者也，歷任有聲，官戶部者至今首稱之。然諸臣寧爲嵩之順，不爲材之逆，得非有以窺陛下之微，而潛爲趨避乎？即陛下亦何利於是。」

〔註247〕《明史》卷二二六，〈海瑞傳〉。

〔註248〕嘉靖七年六月「大禮議」成，十一月陽明卒，八年二月禁王學：「吏部會廷臣議故新建伯王守仁功罪，言『守仁事不師古，言不稱師，欲立異以爲名，則非朱熹格物致知之論；知眾論之不與，則著朱熹晚年定論之書。號召門徒，相與唱和。才美者樂其任意，或流於清談；庸鄙者借其虛聲，遂敢於放肆。……申禁邪說，以正天下之人心。』上曰：『卿等議是。守仁放言自肆，詆毀先儒；號召門徒，聲附虛和；用詐任情，壞人心術。近年士子傳習邪說，皆其倡導。』」

號，卻無法還他們公道。弔詭的是，此體制又是由自稱以「道」自任的「士」所塑造出來。另外，許多忠臣義士，死於另一批依附朝廷的「忠臣」，如張問達疏劾李贄「邪說惑眾」，〔註 249〕導致李贄慘死詔獄。而天啓五年（1625），魏忠賢擅國，張問達又被御史周維持彈劾「植黨亂政」。〔註 250〕儒者設計一套讓士人與士人互相殘殺，一批被歷史讚揚，一批被咒罵，歷史就如此遞嬗著。

最後，道與勢相抗的結果，大儒賢臣大多被閑置不用，如鄒元標（南皐）〔註 251〕素以耿直敢諫著稱，諫張居正奪情致謫居六年，居正死，召拜吏科給事中。尋即劾罷禮部尚書徐學謨〔註 252〕、南京戶部尚書張士佩。十一年十二月，慈甯宮災，元標復上時政六事，〔註 253〕觸怒沈迷聲色游宴的神宗，被降旨譙責，謫南京刑部照磨。此後，雖多疏薦，神宗皆不納，遂居家垂三十年。另如行人高攀龍上疏批評王錫爵被謫歸，家居垂三十年，言者屢薦，神宗悉不省。〔註 254〕因此，凡議論不合當道，縱有高才忠心，終不得任用。

由歷史考察，崢嶸之士，常挫於昏昧之君。聖道能伸張，因帝勢能容忍，道與勢抗，大多慘烈收場。茲舉晚明心學人物之看法爲說明，如陳繼儒（眉公）說：「智者不與命鬥，不與法鬥，不與理鬥，不與勢鬥。」〔註 255〕正是時代無奈之呼聲。但是，自士人與道相結合，士人只有不斷的提倡道的重要性，強化自身的責任感，並不斷的提升角色的地位。即使以狂自居之李贄亦謂：「天子三公不足尊，所尊者此道也；拱璧駟馬不足寶，所寶者此道也。」〔註 256〕指出位尊不如道尊，物寶不如道寶。而強調愚夫愚婦能致良知，致力抗權衛

〔註 249〕《明史》卷二四一，〈張問達傳〉。

〔註 250〕同前註。

〔註 251〕鄒元標，字爾瞻，吉水人。九歲通《五經》。泰和胡直，嘉靖中進士，官至福建按察使，師歐陽德、羅洪先，得王守仁之傳。元標弱冠從直游，即有志爲學。舉萬曆五年進士。觀政刑部。

〔註 252〕徐學謨，爲荊州知府。素與居正厚。萬曆中，累遷右副都御史，後擢禮部尚書，廷臣以居正故，莫敢言。居正卒，學謨急締姻於大學士申時行以自固。及奉命擇壽宮，通政參議梁子琦劾其始結居正，繼附時行，詔爲奪子琦俸。元標復劾之，遂令致仕歸。

〔註 253〕疏中嘗言：「臣曩進無欲之訓，陛下試自省，果無欲耶？寡欲耶？語云：『欲人勿聞，莫若勿爲。』陛下誠宜翻然自省，加意培養。」（《明史》卷二四三〈鄒元標〉）。

〔註 254〕參《明通鑒》卷七七。

〔註 255〕《小窗幽記》卷一，〈集醒篇〉。

〔註 256〕《老子解》下編，頁 15。

道之王艮，更強調士人「出必爲帝者師，處必爲天下萬世師。」〔註 257〕亦即在政統中，君主與士人是君臣關係；在道統中，師儒與君主是師友的關係。末觀呂坤在其《呻吟語》中說：

> 公卿爭議於朝，曰天子有命，則屏然不敢曲直矣。師儒相辨於學，曰孔子有言，則寂然不敢異同矣。固天地間爲理與勢爲最尊。雖然，理又尊之尊也。廟堂之上言理，則天子不能以勢相奪。即相奪焉，而理則常伸於天下萬世。故勢者，帝王之權也，理者，聖人之權也。帝王無聖人之理，則其權有時而屈。然則理也者，又勢之所恃以爲存亡者也。〔註 258〕

此種以聖人之道抗帝王之勢的行爲，無論如何艱難，始終被士人所奉行著，蓋誠如呂坤所說「理則常伸於天下萬世」，而爲「勢之所恃以爲存亡者」。

由上可知，晚明勢道之對峙，守道之士常屈於皇帝之勢及毀於枉道之士，此時，陽明「良知學」已不足以喚醒士人之「良知」，而其重自我主體的觀點也爲守道及枉道者找到理論依據，致使士人之相搏相爭，只問立場，不問是非；只問勝負，不計後果，至於逃離政治現場之士人，往往以談玄論空以避禍，此士風變異之必然，也使晚明加速走向衰亡。

第三節　立場與是非的混淆——黨同伐異，因於好惡

「敢倡亂道，惑世誣民」〔註 259〕之李贄，以心學逆流之泰州學派，縱橫晚明，一生以反道學著稱，對於史學亦多涉獵，且見解獨到。正如其說明讀史冊之目的，在彰顯「眞正聖賢，或以浮名傳世，而其實索然，自古及今多少冤屈，誰與辨雪？」〔註 260〕於是其著作多力圖去僞存眞，辯明史實。爲此，針對晚明紛紜社會，無耻廷臣，腐敗官場，猖獗道學，李贄公開否定儒家之歷史地位，並對儒學奉爲圭臬之人物形態，認爲大多依傍門戶，抱殘守缺而已。尤其以儒士自詡之仕宦，在其眼中，多虛僞而無創新，缺乏與時俱進之精神。他說：

> 儒者終無透徹之日，況鄙儒無識，俗儒無實，迂儒未死而臭，名儒

〔註 257〕《老子解》下編，頁 15。
〔註 258〕《呻吟語》卷一，〈談道〉。
〔註 259〕《明神宗萬曆實錄》。
〔註 260〕《續焚書》。

> 死節狥名者乎！最高之儒，狥名而已，心齋老先生是也。一爲名累，自入名網，絕難得脫，以是知學儒之可畏也。〔註261〕

可見，李贄對晚明儒士之評價不高，即便最高等之名儒如王艮，也只知「殉節而死」，其立論頗具狂者之創新精神。據此，本節擬從此一角度進行反思，並承前節所論，士人之道，常屈服於皇帝之勢，故使士人常屈伸無措，而士人之道施展於政務，雖自認理充氣足，卻也常遭扞隔難行。本論文嘗於第二章第一節，對於晚明政治環境，如國本之爭、三大案及政爭黨爭做了背景的論述。於本節中，將從官職制度層面、士大夫參與政爭時的心態轉變和對士林風氣的影響作一探討，並綰合心學「良知」說與第二章之背景資料，以見官場運作情形。

一、忿戾之氣，黨比之習

在學而優則仕的傳統環境裡，學術思想常和政治作爲交互影響。自陽明以良知爲教，並以良知爲至善，提出所謂：「良知只是個是非之心，是非只是個好惡，只好惡就盡了是非，只是非就盡了萬事萬變。」〔註262〕他認爲個人好惡，如從良知出發，所好必爲是，所惡必爲非，但這必須在人人皆善、事事皆公的情況下始有可能。如昧了良知，個人好惡就未必「盡了是非」。至李贄則主張「不以孔子之是非爲是非」，強調不依傍聖人，應因時因事制宜，以獨立自主的思考爲貴。陽明與李贄的思想予人自主與自信，然過度強調主體良知，而忽略道德價值，使得晚明士風流於恣肆與傲慢，甚至以意氣爲是非，衍成以立場爲是非，正如呂坤所說：

> 今古紛紛辨口，聚訟盈庭，積書充棟，皆起於世教之不明，而聰明才辨者各執意見以求勝。故爭輕重者至衡而息，爭短長者至度而息，爭多寡者至量而息，爭是非者至聖人而息。中道者，聖人之權衡度量也。聖人往矣，而中道自在，安用是嘵嘵強口而逞辨以自是哉？〔註263〕

呂坤點出「中道」是士人追求的理想境界，也是評斷是非的準繩，但當世教不明，良知不清，使得聚訟雙方都堅持自己才是合乎中道，那麼，聖人之權衡度量亦無法定小人之是非，紛爭就難息矣。

換言之，廟堂論政，期能取精用宏，以振百事也；糾察百官，而行陟賢罰

〔註261〕《續焚書》卷一，〈與焦漪園太史〉。
〔註262〕《王陽明全集》卷二。
〔註263〕《呻吟集》卷一，〈談道〉。

昏，以正官箴也。乃自古儒士參政的最高期許，即孔子所謂君子「矜而不爭，群而不黨」。〔註 264〕若理能出於公論，而伸以天下，則政治必然清明，但前提是，要遭逢有道之君。若君主昧於尊道而以勢逼人，臣下或守道以傳操持慧命，或枉道求苟全性命，甚至衛道以犧牲生命，形成士人各自對道之體悟也。當所謂道出於私情私心，甚至結黨以爭，唯利益是視，則是非淆亂矣。參照晚明如李植、江東之諸人，雖「風節自許，矯首抗俗，意氣橫厲」，〔註 265〕但論史者認爲：「質之矜而不爭、群而不黨之義，不能無疚心焉。」〔註 266〕亦即晚明士風多充斥忿戾之氣及黨比之習。

明代黨爭趨於興盛始自神宗親政，爲整肅張居正，援引朝臣爲媒介，萬曆十四年以後，神宗潛居深宮，怠荒政事，致使閣臣、部臣、言官聚朋爲黨，以立場決定是非，以好惡決定善惡，黨同伐異，只求勝出。正如南京尚寶卿余懋學（行之）〔註 267〕所言：

> 近中外臣僚或大臣交攻，或言官相訐，始以自用之私，終之好勝之習。好勝不已，必致忿爭，忿爭不已，必致黨比。唐之牛、李，宋之洛、蜀，其初豈不由一言之相失哉？〔註 268〕

余懋學所言好勝之弊，必成朋黨，觀察萬曆十四年以後朋黨之發展軌跡，果如其言。至於閣臣的依阿自守、循默避事，言官諫臣的肆意抨擊，黨派門戶紛爭，都是士人偏離理想、甘同流俗的現象。至天啓年間，魏忠賢閹黨專政，更見體制之荒謬及士人們人格幻滅。究其緣由，茲從二方面析論之。

（一）官職制度之矛盾

明太祖洪武十三年，丞相胡惟庸因謀逆被誅，官制多所更易，如《職官制》所載：

> 明官制，沿漢、唐之舊而損益之。自洪武十三年罷丞相不設，〔註 269〕

〔註 264〕《論語，衛靈公》。

〔註 265〕《明史》卷二三六，〈贊曰〉。

〔註 266〕同前註。

〔註 267〕余懋學，字行之，婺源人。隆慶二年進士。授撫州推官，擢南京户科給事中。萬曆初，張居正當國，進《白燕白蓮頌》。懋學抗疏論之。久之，陳崇惇大、親謇諤、慎名器、戒紛更、防佞諛五事。時居正方務綜核，而懋學疏與之忤，斥爲民，永不敘錄。居正死，起懋學故官，尋擢南京尚寶卿。

〔註 268〕《明史》卷二三五，〈余懋學傳〉。

〔註 269〕據《明通鑒》卷七載：洪武十三年，宰相胡惟庸謀反伏誅，太祖遂不置丞相，仿古六卿制，以政歸六部，並著之《祖訓》。二十八年敕諭群臣：「今我朝罷丞

> 析中書省之政歸六部，以尚書任天下事，侍郎貳之。而殿閣大學士只備顧問，帝方自操威柄，學士鮮所參決。其糾劾則責之都察院，章奏則達之通政司，平反則參之大理寺，是亦漢九卿之遺意也。分大都督府爲五，而徵調隸於兵部。〔註270〕

太祖爲避免宰相專權，乃分權於六部，而行政大權歸屬吏部；內閣輔臣職備諮詢而已；糾劾百官委之督察院與六科；以上三者，加上內監，後來都成爲權力鬥爭的重要角色。

首先，觀察內閣權力之更叠。廢相之後，皇帝獨攬大權，但政事繁複，非皇帝一人所能負荷，不得不依賴內閣，內閣權力又逐漸擴增。成祖即位，特簡解縉、胡廣、楊榮等任職文淵閣，參預機務。閣臣之預務自此始。至宣宗時，特別倚重大學士楊士奇等，事無大小，都請議論可否，「自是內閣權日重。」〔註271〕本爲諮詢性質變成實權單位，當時，即使是握重權的吏、兵二部，也難與抗衡。至世宗中葉，夏言、嚴嵩用事，世宗避居深宮，內閣「遂赫然爲眞宰相，壓制六卿。」〔註272〕嘉靖以後，閣臣之「朝位班次，俱列六部之上。」〔註273〕至神宗，張居正攝政，閣權再度提升，居正「偃然以相自居」，〔註274〕致有「擅威福」之譏，如御史劉台疏言：

> 祖宗朝，一切政事，台省奏陳，部院題覆，撫按奉行，未聞閣臣有舉劾也。居正定令，撫按考成章奏，每具二冊，一送內閣，一送六科。撫按延遲，則部臣糾之。六部隱蔽，則科臣糾之。六科隱蔽，則內閣糾之。夫部院分理國事，科臣封駁奏章，舉劾，其職也。閣臣銜列翰林，只備顧問，從容論思而已。居正創爲是說，欲脅制科臣，拱手聽令。〔註275〕

相，設五府、六部、都察院、通政司、大理寺等署，分理天下庶務，大權一歸朝廷，立法至爲良善，以後嗣君毋得議置宰相，臣下敢以此請者，置之重典。」

〔註270〕《明史》卷七二，〈職官志〉一。

〔註271〕同前註。

〔註272〕《明史》卷七二，〈職官志〉一。

〔註273〕同前註載：永樂初，選翰林官入內閣。其後大學士楊士奇等加至三孤，兼尚書銜，然品敍列尚書蹇義、夏原吉下。景泰中，左都御史王文升吏部尚書，兼學士，入內閣，其班位猶以原銜爲序次。自弘治六年二月，內宴，大學士丘濬遂以太子太保、禮部尚書，居太子太保、吏部尚書王恕之上。其後由侍郎、詹事入閣者，班皆列六部上矣。

〔註274〕《明史》卷二二九，〈劉臺傳〉。

〔註275〕同前註

國家政事委諸六部三院，官吏失責由科臣糾舉，此體制也。居正爲閣臣擴權，雖助其威勢卻與體制相違，故諫者大肆批評。

做爲六部首席的吏部尚書，是一「表率百僚，進退庶官，銓衡重地，其禮數殊異，無與並者」〔註 276〕的官位，掌天下官吏選授、封勛、考課之政令，以甄別人才，輔助天子治理天下，地位崇隆，責任重大，這是當初設計的原意。但當內閣擴權，就直接衝擊到吏部，吏部不服，彼此爭端就無法避免。依官制，「六部分莅天下事，內閣不得侵。至嚴嵩，始陰撓部權。迨張居正時，部權盡歸內閣，逡巡請事如屬吏，祖制由此變。」〔註 277〕可見閣權節節提升而部權節節敗退。如萬曆九年京察，張居正令吏部盡除異己者。〔註 278〕當居正初敗，內閣大臣們無爲自守，言路漸得以舒張。神宗亦認爲諸大臣有朋比情形，欲言官摘發之。諸大臣心懼被攻，「政府與銓部陰相倚以制言路。」〔註 279〕如萬曆十一年，當御史丁此呂論張居正三子科場事，因事關申時行等內閣輔臣，時申時行當國，楊巍掌吏部尚書，「多聽其指揮。」〔註 280〕遂論謫丁此呂，爲此楊巍被御史江東之、李植等所攻，只好與申時行俱乞罷。但神宗仍慰留楊巍而戒諭言官。從此，言事者益裁量執政，雙方勢如水火。萬曆十五年，楊巍復當大計，都御史辛自修欲大有所澄汰，楊巍復順從內閣旨意。貶黜人員中，出身進士者僅三十三人，而翰林、吏部、給事、御史等大官無一人在內。導致「賢否混淆，群情失望。」〔註 281〕這是吏部順從內閣的情況。至二十年代起，吏部思有所作爲，內閣、吏部對立的情形趨於激化。

另外，隸屬吏部的文選司和考功司，掌管官吏任用、考核、升遷等事宜，與後來黨爭也甚有關係。

文選司設郎中及員外郎各一人，協助尚書，「掌官吏班秩、遷升、改調之事。」〔註282〕凡品級較高的官位出缺必須經由廷推，「三品以上，九卿及僉都御史、祭

〔註276〕同前卷七二，〈職官志〉一。

〔註277〕同前卷二二五，〈楊巍傳〉。

〔註278〕同前，〈王國光傳〉載：萬曆九年，王國光爲吏部尚書，主持大計京朝官，「徇張居正意，置中行五人於察籍。」五人指因議奪情被杖之五人：即吳中行、趙用賢、艾穆、沈思孝、鄒元標。

〔註279〕《明史》卷二二五，〈王國光傳〉。

〔註280〕同前註。

〔註281〕同前註。

〔註282〕《明史》卷七二，〈職官志〉一。

酒，廷推上二人或三人。內閣，吏、兵二部尚書，廷推上二人。」〔註283〕張居正輔政時，即「私薦用張四維、張瀚。」〔註284〕而不經廷推程序，蓋當時居正專權恣意，再則四維及瀚是爭議性人物，〔註285〕廷推恐不順利。至申時行時，曾密薦趙志皐、張位，神宗特旨用之。〔註286〕而沈一貫之入閣，則「爲（王）錫爵、（趙）志皐所薦」。〔註287〕因此，對於廷推一事，《明通鑒》認爲是有明一代弊政：「始則以宰輔之任，而言論持其是非；甚且因結納之私，而閹黨司其黜陟。（孫）如游既罷，而顧秉謙、魏廣微之相繼擢用者，皆魏閹私人也。」〔註288〕天啓朝，有魏忠賢之惡，必先有張居正等人開其端，故廷推舉才之制度，當初立意良善，但當被逾越操弄，其弊遂不可解。所謂「徒法不足以自行」，法因人而行，亦常因人而毀。毀之者必然是特權也。

而考功司設郎中和員外郎各一人，也是協助尚書，「掌官吏考課、黜陟之事。」對於官吏考課、黜陟詳有規定：

> 凡內外官給由，三年初考，六年再考，並引請；九年通考，奏請綜其稱職、平常、不稱職而陟黜之。陟無過二等，降無過三等，其甚者黜之、罷之。京官六年一察，察以巳、亥年。外官三年一朝，朝以辰、戌、丑、未年。前期移撫、按官，各綜其屬三年內功過狀注考，匯送覆核以定黜陟。〔註289〕

無論京官、外官，均定期考核，作爲升降之依據，唯在考察過程中，內閣、吏部甚至言官均各有所庇護，又起爭執。

明代的監察機關，是御史和六科給事中，御史隸屬於都察院，設都御史、副都御史、僉都御史及十三道監察御史等。〔註290〕都御史的職責爲：

〔註283〕同前註。

〔註284〕《明史》卷二二九，〈劉臺傳〉。

〔註285〕〈劉臺傳〉載：張四維在翰林，被論者數矣。其始去也，不任教習庶起士也。四維之爲人也，居正知之熟矣。知之而顧用之，夫亦以四維善機權，多憑藉，自念親老，旦暮不測，二三年間謀起復，任四維，其身後托乎？張瀚生平無善狀。巡撫陝西，贓穢狼籍。及驟躋銓衡，唯諾若簿吏，官缺必請命居正。

〔註286〕《明史》卷二二四，〈陸光祖傳〉：時爲萬曆十五年，陸光祖爲吏部尚書，盡力爭回被內閣所奪取之權力，故對此舉進言：「輔臣當廷推，不當內降」。神宗命令「不爲後例」。

〔註287〕《明史》卷二一八，〈沈一貫傳〉。

〔註288〕《明通鑒》卷七七。

〔註289〕《明史》卷七二，〈職官志〉一。

〔註290〕《明史》卷七三，〈職官志〉二載：「都察院。左、右都御史；左、右副都御史；

專糾劾百司，辯明冤枉，提督各道，爲天子耳目風紀之司。凡大臣奸邪、小人構黨、作威福亂政者，劾；凡百官猥茸貪冒壞官紀者，劾；凡學術不正、上書陳言變亂成憲、希進用者，劾。遇朝覲、考察，同吏部司賢否陟黜。大獄重囚會鞫於外朝，偕刑部、大理讞平之。〔註 291〕

而十三道監察御史的職責爲：

察糾內外百司之官邪，或露章面劾，或封章奏劾。無論存恤孤老，巡視倉庫，查算錢糧，勉勵學校，表揚善類，剪除豪蠹，以正風俗，振綱紀；凡朝會糾儀，祭祀監禮；凡政事得失，軍民利病，皆得直言無避；有大政，集闕廷預議焉。〔註 292〕

依明代官制，六部職責重大，而都察院總憲綱，凡所見聞得糾察。諸御史糾劾，「務明著實迹，開寫年月，毋虛文泛詆，訐拾細瑣。」〔註 293〕十三道監察御史出按復命，都御史覆劾其稱職、不稱職以聞。凡御史犯罪，加三等，有贓從重論。御史之清譽節操最受重視。

六科〔註 294〕給事中的官職及其職權：

六科，掌侍從、規諫、補闕、拾遺、稽察六部百司之事。凡制敕宣行，大事覆奏，小事署而頒之；有失，封還執奏。凡內外所上章疏下，分類抄出，參署付部，駁正其違誤。〔註 295〕

另外，內監也是一個重要單位，爲皇帝近侍機要，〔註 296〕掌出納章奏、傳達聖旨，權炳甚大，如《明史・職官志序》所說：

左、右僉都御史。其屬，經歷司，經歷一人，都事一人。司務廳，司務二人。初設四人，後革二人。照磨所，照磨，檢校，司獄司，司獄。初設六人，後革五人。各一人。十三道監察御史一百十人，浙江、江西、河南、山東各十人，福建、廣東、廣西、四川、貴州各七人，陝西、湖廣、山西各八人，雲南十一人。其在外加都御史或副、僉都御史銜者，有總督，有提督，有巡撫，有總督兼巡撫，提督兼巡撫，及經略、總理、贊理、巡視、撫治等員。」

〔註 291〕《明史》卷七三，〈職官志〉二。

〔註 292〕同前註。

〔註 293〕同前註。

〔註 294〕吏、户、禮、兵、刑、工六科。各都給事中一人，左、右給事中各一人。給事中，吏科四人，户科八人，禮科六人，兵科十人，刑科八人，工科四人。

〔註 295〕《明史》卷七四，〈職官志〉三。

〔註 296〕《明史》卷七四載：「司禮監」中，「掌印太監」掌理內外章奏及御前勘合。「秉筆太監」及「隨堂太監」掌章奏文書，照閣票批硃。

> 內閣之擬票，不得不決於內監之批紅，而相權轉歸之寺人。於是朝廷之紀綱，賢士大夫之進退，悉顛倒於其手。伴食者承意旨之不暇，間有賢輔卒蒿目而不能救。〔註297〕

內監隨侍皇帝左右，最有機會影響皇帝耳目，若欲作威作福，更有趁勢之便。如天啓時，魏忠賢能時時矯旨罪臣，因其就近之便，雖首輔葉向高奏請「宜慎重綸音，凡事令臣等擬上」，〔註298〕但熹宗庸懦，魏忠賢矯旨如故，終無所救治。

自來皇帝或士大夫對宦官多帶有輕蔑態度，太祖嘗謂侍臣曰：「此曹只可供灑掃，給使令，非別有委任，毋令過多。」〔註299〕他認爲太監多非善類，「此曹善者千百中不一二，惡者常千百。若用爲耳目，即耳目蔽；用爲心腹，即心腹病。」故必須嚴加管理，「馭之之道，在使之畏法，不可使有功。畏法則檢束，有功則驕恣。」〔註300〕因此，最好讓太監無知無識，而不許其識字。太監既然僅供內宮差遣，也禁止其與外廷交通。故洪武十七年鑄鐵牌規定：「內臣不得干預政事，犯者斬」，〔註301〕置宮門中。而諸司也不得與內監文移往來。但破壞規則的正是太祖本人，洪武二十五年命聶慶童往河州敕諭茶馬，中官奉使行事自此始。至成祖，宣誓遵守太祖遺訓，亦嘗云：「無御寶文書，即一軍一民，中官不得擅調發。」〔註302〕但中官四出，也是從永樂起。永樂元年，李興等齎敕勞暹羅國王，此奉使外國之始也。永樂三年，命鄭和等率兵二萬，行賞西洋古里、滿剌諸國，此將兵之始也。永樂八年，敕王安等監都督譚青等軍，馬靖巡視甘肅，此監軍、巡視之始也。至仁宗洪熙元年，以鄭和領下番官軍守備南京，遂相沿不改。敕王安鎮守甘肅，而各省鎮皆設鎮守矣。至英宗宣德四年，特設內書堂，命大學士陳山專授小內使書，而太祖不許識字讀書之制，由此而廢。而宦官之作惡者亦累朝不斷，如英宗之王振，憲宗之汪直，武宗之劉瑾，熹宗之魏忠賢，太阿倒握，威福下移。神宗礦稅之使，無一方不罹厥害。其他怙勢薰灼，不可勝紀。而蔭弟、蔭侄、封伯、封公，則撓官制之大者。思宗初翦魏閹，中外頌聖。既而鎮守、出征、督餉、坐營

〔註297〕《明史》卷七二，〈職官志〉一。
〔註298〕《明史》卷二四〇，〈葉向高傳〉。
〔註299〕《明史》卷七四，〈職官志〉三。
〔註300〕同前註。
〔註301〕同前註。
〔註302〕同前註。

等事，無一不命中官爲之。〔註 303〕

綜上所述，可知明代的官制，行政機關是吏部，內閣備皇帝諮詢；監督之責有二：中央由御史監督，六部由六科給事中監督；而官位銓敘升降的方式：大臣由會推，小臣由考察，吏部的考察由考功司主導。堪稱制度完備，但中葉以後逐漸發生變化。閣權提升了，部權反受命於閣部；銓敘連帶受影響。因此，內閣與吏部存在著矛盾，御史大夫對兩者的失職進行彈劾，而科道官本身亦因各有關係不同、見解有差，結合成各種集團。尤其自張居正死後，皇帝威柄自操，內閣大都庸弱，如申時行、王錫爵、沈一貫等，只知道順從皇帝，拉籠同好，鞏固地位。另外，內監擁有傳旨批紅之權力，當外廷結黨互鬥的時候，趁機攫奪相權，至魏忠賢，外臣失意者復加以依附，御史大夫和六科給事中又和內監對敵。晚明就在這樣複雜的儒宦鬥爭中，突顯李贄所謂鄙儒、俗儒之行徑，終由衰微以至滅亡。

（二）論政過程之黨爭

對於晚明二十年代以後之黨爭，謝國禎曾有詳實之敘述，並概略把黨爭過程做分期：

> 內閣、銓部、言官分成了三派，各不相謀，所以就造成了齊楚浙三黨，和東林兩大派。在萬曆二十年至三十年（1592～1602）是東林當政的時期。三十年（1603）以後，是兩黨互持的時期。四十五年（1617）以後，是三黨專政的時期。天啓初年（1621）東林又得到政權。……因此魏忠賢專了權，那三黨不得志的人們，全都加入了運動，把萬曆泰昌兩代的糾紛，全都加在東林黨頭上，天啓三年（1623）的京察，趙南星未免做的太辣，但魏閹的殘戮又未免太毒了。〔註 304〕

對於內閣、銓部（即吏部）、言官（即科道官）三者之間，並非全不相謀，基於利害關係仍相結合，而兩大派（東林和對立的黨派）之間則全以立場相對峙。本小節主要聚焦於政爭、黨爭逐漸演變成意氣之爭、立場之爭，以致窒息了晚明的正常政治運作。而論述政治事件的爭議，從張居正攝政已經開始，朋比也已存在。居正任事專斷奮勵，任用私人，僭越體制，言路已攻擊不斷。蓄積至萬曆五年「奪情案」，終於爆發更激烈衝突。御史曾士楚、吏科都給事中陳三謨倡疏奏留中，舉朝有和之者；而吳中行、趙用賢、艾穆、沈思孝、

〔註 303〕同前註。

〔註 304〕《明清之際黨社運動考》，頁 45。

鄒元標等五人反對最烈。〔註305〕中行首上疏曰：

> 居正父子異地分暌，音容不接者十有九年。一旦長棄數千里外，陛下不使匍匐星奔，憑棺一慟，必欲其違心抑情，銜哀茹痛於廟堂之上，而責以訏謨遠猷，調元熙載，豈情也哉！居正每自言謹守聖賢義理，祖宗法度。宰我欲短喪，子曰：「予有三年之愛於其父母乎？」王子請數月之喪，孟子曰：「雖加一日愈於已。」聖賢之訓何如也？事繫萬古綱常，四方視聽，惟今日無過舉，然後後世無遺議。〔註306〕

吳中行大略以常情常禮起論，並以風行草偃之大義期居正。至於趙用賢則從御史請留輔臣，有違職司之角度立論：「背公議而循私情，蔑至性而創異論。」〔註307〕餘如艾穆、沈思孝謂居正身爲元輔，應以身爲天下示範，不應權宜從事，蓋「事偶一爲之者，例也；而萬世不易者，先王之制也。今棄先王之制，而從近代之例，如之何其可也。」〔註308〕隨後鄒元標表態更尖銳，其謂「輔翼聖志者，未可謂在廷無人也。且幸而居正丁艱，猶可挽留；脫不幸遂捐館舍，陛下之學將終不成，志將終不定耶？」〔註309〕從孝親的角度起論，其理固在；然從攝理國家政務的角度，也有改革不能停之事實，以及人離政廢之憂慮，故當反對奪情之疏入時，居正心情難免複雜糾結。而爲了遏止譏諷跟進，其處置確有失之過激。〔註310〕也因而使五人之直聲震天下。

張居正去世後，神宗對張居正的整肅已如上文。而環繞張居正所衍生的問題，接踵而至，使得閣臣與御史之間，衝突再起。首先，御史丁此呂舉發張居正兩件事，一件是三子皆中進士的疑義；另一件則是禮部侍郎高啓愚以

〔註305〕對於奪情案，同爲心學弟子，鄒元標嚴詞反對。如耿定向則表支援，曾寓書友人，譽爲伊尹而貶反對者，因此時議對他有微言。蓋彼此所持之角度不同故也。而元標對於居正之整體政績，曾於天啓朝時表示肯定，亦其就事論事故也。

〔註306〕《明史》卷二二九，〈吳中行傳〉。

〔註307〕同前，〈趙用賢傳〉，另艾穆與沈思孝之疏中亦謂：「言官曾士楚、陳三謨甘犯清議，率先請留，人心頓死，舉國如狂。」〈見艾穆傳〉

〔註308〕同前，〈艾穆傳〉。

〔註309〕《明史》卷二四三，〈鄒元標傳〉。

〔註310〕張居正謀於馮保，欲廷杖反對者。翰林院侍講趙志皋、張位、于愼行、張一桂、田一俊、李長春，修撰習孔教、沈懋學俱具疏救，不得法。學士王錫爵乃會詞臣數十人，求解於居正，弗納。遂杖中行等四人。明日，進士鄒元標疏爭，亦廷杖。時吳中行、趙用賢請令居正奔喪，葬畢還朝，杖六十；而穆、思孝直請令終制，故居正尤怒，八十加梏堣，置之詔獄。越三日，以門扉舁出城，穆創重不省人事，既而復蘇，遂詣戍所涼州。

「舜亦以命禹」爲命題，含有勸進張居正之意。前者，御史江東之、李植、羊可立等支援丁此呂，三人又賴趙用賢、沈思孝等人爲重；後者乃指張居正之子登科案，輔臣申時行、余有丁、許國是會試的主考官，實無法置身事外，兩項指控都與內閣有關，故而工部主事饒伸又爲此抨擊內閣：

> 張居正三子連佔高科，而輔臣子弟遂成故事。洪憲更謂一舉不足重，居然置之選首。子不與試，則錄其婿，〔註311〕其他私弊不乏聞……錫爵柄用三年，放逐賢士，援引憸人；今又巧護己私，欺罔主上，勢將爲居正之續。〔註312〕

饒伸認爲輔臣位高權重，竟以特權護私營利，且代代相傳，實不足取。爲此，王錫爵和申時行同時杜門乞休。結果神宗慰留申時行，饒伸則下詔獄。針對此事，朝臣又分兩邊爭論，饒伸被斥後，朝臣又歸咎王錫爵，王錫爵只好一再奏請起用饒伸。另，勸進受禪一事，事態嚴竣，申時行認爲丁此呂指控過當：「此呂以曖昧陷人大辟，恐讒言接踵至，非清明之朝所宜有。」〔註313〕當時吏部尙書楊巍順從內閣旨意，因請調丁此呂於外，神宗依楊巍所提議。而給事御史王士性、李植等交章劾楊巍奉承申時行，蔽塞言路。不久神宗後悔，改罷高啓愚而留丁此呂。申時行、楊巍又不滿求去。余有丁、許國言：「大臣國體所繫，今以群言留此呂，恐無以安時行、巍心。」〔註314〕許國尤不勝憤，遂力詆李植、江一東之，而陰斥趙用賢、吳中行，指責他們專恣用權，顚倒是非，自負不世之節，號召浮薄喜事之人，史載「黨同伐異，罔上行私，其風不可長。」〔註315〕神宗又改變主意，乃出此丁呂於外，而慰留申時行、許國，言路因而群起攻國。用賢也抗辨求去，認爲許國朋黨之說，是小人藉以去君子之說詞，詞甚激憤。既而李植、江東之因論大峪山壽宮事被貶去，更心生不滿。

神宗對張居正有恨，張居正對申時行有恩，試題一案，並無勸進之充分證據，借題發揮之意濃。唯丁此呂之控訴過度，吏部主張懲罰言官。言官認爲吏部做法奉承閣部，且處罰言官會閉塞言路。皇帝改判，處罰高啓愚，放

〔註311〕指黃洪憲點順天試，大學士王錫爵之子爲舉首，申時行婿亦預選。時王錫爵和申時行均爲輔臣。

〔註312〕《明史》卷二三〇，〈饒伸傳〉。

〔註313〕同前卷二一八〈申時行傳〉。

〔註314〕同前註。

〔註315〕同前卷二二九〈趙用賢傳〉。

了丁此呂。閣臣認爲言官群攻就改判，等同縱容言路，對大臣不公，皇帝再恢復原判，言路又群起攻擊許國，言官再受懲處。言官心不甘，再借「壽宮」一事攻申時行，獲貶，從此閣臣與言路漸不相容，最後，神宗只好「詔諸司嚴約所屬，勿出位沽名。」〔註316〕蓋諸臣所論，只見立場，不見是非。結果內閣全勝，言官全敗，閣臣與言路日相水火矣，此爲晚明朋黨之雛型。

其次，論晚明紛爭，神宗對立儲之猶豫，所衍生國本之論、妖書之議及三案之爭，似乎舉朝一直處於危疑惶恐之中，而在歷次的京察中，相互傾軋，愈演愈烈。自十四年朝臣請立國本，至二十九年立太子，至四十二年福王之國，至四十三年發生「梃擊案」，至光宗即位不到一個月，發生「紅丸案」、「移宮案」，似乎「國本」一案是撼動「國本」的主軸，京察是雙方鬥爭的手段。如《職官志》載：「京官六年一察，外官三年一朝，匯送覆核以定黜陟。」本爲藉由考核，對於內外官員獎罰升降之依據。但自萬曆二十年代，鬥爭趨於白熱化。萬曆二十一年（1593年）癸巳京察。負責京察的吏部尚書孫鑨、考功郎中趙南星等秉公執法，力杜請謁。因與內閣王錫爵、趙志皐旨意不合，〔註317〕遂被責「吏部專權結黨」，趙南星遭貶官、孫鑨被奪俸，兩人皆上疏求去，左都御史李世達、陳泰來等人交章論救，陳泰來並指「內璫與閣臣表裏，箝勒部臣，而陛下未之察也。」〔註318〕激怒神宗，懲處加重，導致孫鑨去職，趙南星、虞淳熙、楊于廷、袁黃等人被削籍，上章論救的官員也受到了處分。史稱該次京察「秉公執法」，但執法者卻全被重懲，原因在執法雖公，卻有違內閣立場。從此，內閣與吏部之間門戶之爭日益激化。

孫鑨之後，孫丕揚任吏部尚書，孫丕揚爲秦人，與東林顧憲成、趙南星相善，二十三年（1595年）主持乙未大計外吏，考功郎中蔣時馨爲輔佐。浙江參政丁此呂因爲貪贓被罷黜。前述，丁此呂因舉發張居正三子之科場案，與沈思孝、江東之等關係密切。大計後，御史趙文炳劾蔣時馨受賄，時馨疑文炳受思孝主使，遂抨擊思孝先庇此呂，後求吏部不得，以此二事懷恨，故唆使文炳發

〔註316〕同前卷二三〇〈饒伸傳〉。

〔註317〕《明史》卷二二四〈孫鑨傳〉：「文選員外郎呂胤昌，鑨甥也，首斥之。考功郎中趙南星亦自斥其姻。一時公論所不予者貶黜殆盡，大學士趙志皐弟預焉。由是執政皆不悅。王錫爵方以首輔還朝，欲有所庇。比至而察疏已上，庇者在黜中，亦不能無憾。會言官論劾稽勛員外郎虞淳熙、職方郎中楊于廷、主事袁黃。鑨議謫黃，留淳熙、于廷。詔黃方贊軍務，亦留之。給事中劉道隆遂言淳熙、于廷不當議留，乃下嚴旨責部臣專權結黨。」

〔註318〕《明史》卷二二四，〈孫鑨傳〉。

難。神宗護此呂，罷時馨官。丕揚言時馨無罪，此呂受贓有證據，〔註319〕思孝不當包庇。因上此呂訪單〔註320〕並乞歸。最後神宗降詔慰留丕揚，逮此呂，責備思孝。思孝於「奪情案」時，不畏強權，直聲滿天下；而孫丕揚爲人「挺勁不撓」，〔註321〕任事以無私著稱，卻分別支援有爭議的丁此呂與蔣時馨，蓋兩人所爭在立場同一而已。〔註322〕於此案中，事在時馨與此呂，而因此去位者卻是丕揚和思孝。這是立場凌駕是非的政治環境，只問立場，不問是非，藉考察以澄清吏治之初衷已被模糊，考察徒具形式而已。

至萬曆三十年代，沈一貫爲首輔（案：萬曆二十九年至三十四年），黨爭更趨激烈。沈一貫是浙江鄞縣人，依附於他的朝官很多，其中不少是浙江人，這樣就形成了一個黨派系統，而反對沈一貫的朝官則形成了另一個黨派系統。這兩黨的成員，圍繞楚宗案〔註323〕、妖書案〔註324〕和乙巳京察等事件展開激烈的鬥爭。

萬曆三十三年（1605 年）乙巳大計京朝官，吏部左侍郎楊時喬（代理部

〔註319〕丁此呂因考察論黜，大學士趙志皋等再疏乞宥，且言此呂有氣節，未必果貪污。

〔註320〕訪單者，吏部當察時，咨公論以定賢否，廷臣因得書所聞以投掌察者。事率核實，然間有因以中所惡者。

〔註321〕《明史》卷二二四，〈孫丕楊傳〉。

〔註322〕《明史》卷二二九，〈沈思孝傳〉：爲此，御史俞價、強思、馮從吾，給事中黃運泰、祝世祿，皆爲蔣時馨訟冤，抨擊沈思孝、江東之。大抵言趙文炳之疏由沈思孝主使，藉以搖動孫丕揚也。沈思孝屢乞罷，並詆孫丕揚負國。員外郎岳元聲言雙方應停止攻擊，實暗助沈思孝，而攻擊蔣時馨以及孫丕揚。

〔註323〕楚宗案是由楚恭王繼承人事件引起的黨爭。萬曆八年，華奎繼任楚恭王位，華壁受封宣化王。楚宗人華越與楚王不睦，取得二十九位宗人連署上告朝廷。華奎也對宗人彈劾。當時沈一貫袒護楚王。郭正域右宗人，大學士沈鯉右正域。尚書趙世卿、謝傑，祭酒黃汝良則右楚王。萬曆帝認爲楚王嗣位已二十多年，證據不足爲憑，停止復勘。一貫和沈鯉也因此事求去。（詳見《明史》卷二二四〈郭正域傳〉）

〔註324〕《續憂危竑議》一書，託鄭福成作問答語，「鄭福成」意指：「鄭」貴妃所生「福」王當「成」太子。任用朱賡爲大學士有他日更易之意。書中指沈一貫袒護鄭貴妃。依附於沈一貫的科道官錢夢皋、康丕揚在上疏中直指郭正域並及沈鯉。錢夢皋的疏中說：「妖書刊播，不先不後，適在楚王疏入之時。蓋正域乃沈鯉門徒，而沈令譽者，正域食客，胡化又其同鄉同年，群奸結爲死黨。乞窮治根本，定正域亂楚首惡之罪，勒鯉閒住。」果然郭正域被勒令回家鄉聽候勘問，令譽和達觀與正域來往，致達觀拷死，令譽亦幾死，皆無所獲。（詳見《明史》卷二二四〈郭正域傳〉）

事）與都御史溫純主其事，嚴正剛直，不講情面，「力鋤政府私人。」，〔註 325〕若給事中錢夢皋、御史張似渠、于永清輩，咸在察中，又以年例出給事中鍾兆斗於外。此皆首輔沈一貫欲私庇者，因而密言於神宗，察疏遂留中不發，並特旨留錢夢皋及所有被察的科道官，而嚴厲指責楊時喬等報復，最後楊時喬求去，溫純致仕。而「二百餘年計典無特留者」，〔註 326〕此時遭到破壞。沈一貫也自知不容於公論，杜門求去，三十四年遂致仕。此次京察，被提報懲處者沒事，主其事的考官和關說的內閣（沈一貫）卻雙雙去職。

沈一貫去位後，黨派漸成。即宣黨、崑黨加上齊、楚、浙三黨為一邊，而東林黨為一邊。〔註 327〕同時科道官們也按籍貫分成了齊、楚、浙三派。〔註 328〕這三黨形成了鼎足之勢，把持言路，並與宣黨、昆黨互相憑倚，與所謂的「東林黨」〔註 329〕對峙。以排斥異己為能事，而湯賓尹成了諸黨的總策劃。於此，從萬曆三十八年廷推李三才，及三十九年的辛亥京察一起觀察。

李三才（道甫），萬曆二年進士。「揮霍有大略，在淮久，以折稅監得民心。」〔註 330〕屢加至戶部尚書。會內閣缺人，建議者有意推薦李三才。由是忌者日眾，謗議紛然。朝臣分兩邊爭論：反對者有工部郎中邵輔忠奏劾李三才大奸似忠，大詐似直，列具貪偽險橫四大罪，御史徐兆魁等繼之。〔註 331〕

〔註 325〕《明史》卷二二四，〈楊時喬傳〉。

〔註 326〕同前卷二一八，〈沈一貫傳〉。

〔註 327〕《明史》卷二二四，〈孫丕揚傳〉：「祭酒湯賓尹、諭德顧天埈各收召朋徒，干預朝政，稱之宣黨、崑黨；以賓尹宣城（今安徽）人，天埈崑山（今江蘇）人也。」

〔註 328〕《明史》卷二三六〈夏嘉遇傳〉：萬曆四十五年，「台諫之勢，積重不返，有齊、楚、浙三方鼎峙之名。齊則給事中亓詩教、周永春，御史韓浚。楚則給事中官應震、吳亮嗣。浙則給事中姚宗文、御史劉廷元。而湯賓尹輩陰為之主。其黨（案：宣黨）給事中趙興邦、張延登、徐紹吉、商周祚，御史駱駸曾、過庭訓、房壯麗、牟志夔、唐世濟、金汝諧、彭宗孟、田生金、李徵儀、董元儒、李嵩輩，與相倡和。」

〔註 329〕《明史》卷二三一，〈顧憲成傳〉載：萬曆三十二年，顧憲成罷官家居時，與同志高攀龍、錢一本等人常在書院講學。他們都是抱道忤時、得罪權貴而退處林野，在講學之餘，常常諷議朝政，裁量人物，形成一股清議力量，朝廷內外都有望風嚮往者。後來，凡救三才者，爭辛亥京察者，衛國本者，發韓敬科場弊者，請行勘熊廷弼者，抗論張差梃擊者，最後爭移宮、紅丸者，忤魏忠賢者，率指目為東林，抨擊無虛日。

〔註 330〕《明史》卷二三二，〈李三才傳〉。

〔註 331〕已而南京兵部郎中錢策，南京給事中劉時俊，御史劉國縉、喬應甲，給事中王紹徽、徐紹吉、周永春、姚宗文、朱一桂、李瑾，南京御史張邦俊、王萬

支持者有給事中馬從龍、御史董兆舒、彭端吾、南京給事中金士衡相繼爲李三才爭辯。〔註 332〕李三才四疏力辯，且乞休。朝端聚訟，迄數月未已。顧憲成乃貽書葉向高，力稱李三才廉直，又貽書孫丕揚力辯之。〔註 333〕御史吳亮素善李三才，即以兩書附傳邸報中，由是議者益嘩。喬應甲復兩疏力訐，至列其十貪五奸。神宗皆不予處置。李三才亦力請罷，疏至十五上。久不得命，遂自引去。

李三才既家居，忌者慮其復用。四十二年，御史劉光復劾其盜皇木營建私第至二十二萬有奇。光復再疏，並言其侵奪官廠爲園囿。御史劉廷元遂率同列繼之，而潘汝禎又特疏論劾。既而巡按御史顏思忠亦上疏如光復指。且言李三才與于玉立遙執相權，意所欲用，銓部輒爲推舉。給事中劉文炳、御史李徵儀、工部郎中聶心湯，李三才嘗舉吏也，助劉光復力攻李三才。工部侍郎林如楚言宜遣使覆勘。李三才疏辯，請遣中官按問，自請籍其家，並請諸臣會勘，又請帝親鞫。爲了廷推一位閣臣，論爭者察至毫毛、巨細無遺，至於眞假難辨、是非不明，全朝勞動，一事無成，道理因智者而更不明、更淆亂。

天啓元年，遼陽失。御史房可壯連疏請用李三才。熹宗欲用之，而廷議又相持未決。詹事公鼐力言宜用，刑部侍郎鄒元標、僉都御史王德完並主之。不久，王德完忽變前說。至議連署，鄒元標又拿不定主意。可見當時之朝議之不能成事，在於朝臣心中已失去公允的一把尺。反覆躊躇，已不足爲奇。

最終，如何定論三才，史云：「其後擊李三才者，若邵輔忠、徐兆魁輩，咸以附魏忠賢名麗逆案。而推轂李三才，若顧憲成、鄒元標、趙南星、劉宗周，皆表表爲時名臣。故世以李三才爲賢。」〔註 334〕李三才賢與不賢，並非從其事功操持而定，而從其所結交皆賢達，而以爲應屬賢達。此種鄉愿態度不如存而不論，當李三才任淮撫，諫皇帝，折礦使，賑災情，不畏權貴，體恤民情，此正是儒士胸懷，應給以肯定，至其「好用機權，善籠絡朝士。撫淮十三年，結交遍天下。而性不能持廉，以故爲眾所毀。」是其另一面向，

祚，復連章劾三才。

〔註 332〕已而給事中胡忻、曹于汴，南京給事中段然，御史史學遷、史記事、馬孟禎、王基洪，又交章論救。

〔註 333〕當時顧憲成里居，講學東林，好臧否人物。三才與深相結，憲成亦深信之。三才嘗請補大僚，選科道，錄遺佚。因言：「諸臣只以議論意見一觸當途，遂永棄不收，要之於陛下無忤。今乃假天子威以錮諸臣，復假忤主之名以文己過。負國負君，罪莫大此。」意爲憲成諸人發。

〔註 334〕《明史》卷二三二，〈李三才傳〉。

若有違失即予舉發，若無證據，則當存而不論，尤其用人或考核者，更應有所決斷，不然將陷於不辨良竄，造成有人而無人可用之窘境。

萬曆三十九年（1611 年）京察時，葉向高任首輔，孫丕揚與侍郎蕭雲舉、副都御史許弘綱領其事，考功郎中王宗賢、吏科都給事中曹于汴、河南道御史湯光京、協理御史喬允升佐之。故御史康丕揚、徐大化，給事中鍾兆斗、陳治則、宋一韓、姚文蔚，主事鄭振先、張嘉言及湯賓尹、顧天埈、劉國縉咸被察，又以年例出王紹徽、喬應甲於外。所罷皆齊、楚、浙、宣、昆等黨重要人物。尤其，「注賓尹不謹，褫其官。」〔註 335〕同黨大譟，刑部主事秦聚奎力攻丕揚，爲賓尹、大化、國縉、紹徽、應甲、嘉言辯。孫丕揚以人言紛至，亦屢疏求去，得神宗慰留。其中，於三十三年楊時喬主京察時，斥科道錢夢皋等十人，被神宗特旨留任。於本次京察仍被孜丕揚奏黜之，「群情益快」。〔註 336〕就這樣一來一往，「諸人日事攻擊，議論紛呶，帝一無所問，則益植黨求勝，朝端哄然。」〔註 337〕由此可見，政治變成迎敵攻人之競技而已，是非之爭已演變爲意氣之爭。

辛亥京察後，東林黨似處於優勢，但諸黨勢力仍盛。孫丕揚趁機推薦負有清望的東林黨人，〔註 338〕神宗均不加理睬。萬曆四十年二月，孫丕揚拜疏逕歸。「是時朋黨已成，中朝議論角立。」，〔註 339〕諸黨務以攻東林、排異己爲事。丕揚之後齊人趙煥繼任，不喜東林黨人，受到同鄉亓詩教的操縱。東林黨人受

〔註 335〕《明史》卷二一六〈王圖傳〉載韓敬科場案：庚戌會試，王圖主持，參加會試時，分校官湯賓尹私偏韓敬，後來湯賓尹爲此於辛亥京察免職，韓敬也稱病去職。孫振基進行彈劾，同時首次揭發了湯賓尹與韓敬的作弊行爲。疏下吏部、都察院合議時，官員們對湯賓尹作弊事不加審理。孫振基兩次抗疏請求審議，科道官拿出確鑿證據證明。禮部侍郎翁正春等合議坐韓敬不謹，讓他落職閑住。浙黨的劉廷元等三人是韓敬同鄉，拒絕簽名，翁正春作出了彈劾。孫振基等人連章論劾劉廷元，齊黨亓詩教則對翁正春進行指責，翁正春被迫辭職。接替翁正春的孫愼行又召集廷臣合議，仍然堅持要對韓敬作出處理。諸黨成員勢眾，將孫愼行趕出了朝廷，韓敬被寬大處理，僅僅謫爲行人司副。這件事一直拖了七年才算了結。

〔註 336〕《明史》卷二二四，〈孫丕揚傳〉。

〔註 337〕同前註。

〔註 338〕同前註：「丕場以白首趨朝，非薦賢無以報國。先後推轂林居耆碩，若沈鯉、呂坤、郭正域、丘度、蔡悉、顧憲成、趙南星、鄒元標、馮從吾、于玉立、高攀龍、劉元珍、龐時雍、姜士昌、范淶、歐陽東鳳輩。帝雅意不用舊人，悉寢不報。丕揚又請起故御史錢一本等十三人，故給事中鍾羽正等十五人，亦報罷。丕揚齒雖邁，帝重其老成清德，眷遇益隆。而丕揚乞去不已，疏復二十餘上。既不得請，則於明年（萬曆四十年）二月拜疏逕歸。」

〔註 339〕《明史》卷二二五，〈趙煥傳〉。

排擠，而齊、楚、浙三黨勢力越盛。四十一年趙煥去職後，次年二月，楚人鄭繼之繼任，是時，「言路持權，齊、楚、浙三黨尤橫，大僚進退，惟其喜怒。」〔註340〕鄭繼之唯聽三黨的意指。四十二年，首輔葉向高去職，方從哲繼任，直至天啓初年，齊、楚、浙三黨占絕對優勢，故當四十三年梃擊案的發生時，處理趨於單純，異議者如王之寀被斥。四十五年（1617年）丁巳京察時，鄭繼之與刑部尚書李鋕司其事，考功郎中趙士諤、給事中徐紹吉、御史韓浚佐之。所去留受三黨的好惡而定。一時與三黨異趣者，貶黜殆盡，善類一空。四十六年，鄭繼之離任，「時黨人勢成，清流斥逐已盡」〔註341〕亓詩教又力薦趙煥出任，煥時年七十七，對亓詩教更加言聽計從。自葉向高致仕，以亓詩教爲首的三黨，盡力驅逐東林，東林式微。

天啓初，方從哲在紅丸、移宮兩案中窮於應付，被迫去職，東林黨楊漣、左光斗等則在移宮案爲熹宗鞏固地位，故東林黨人相繼被召還，擔任重要官職。所謂「眾正盈朝，天下欣欣望治」，唯「徒善不足以爲政，徒法不足以自行」，東林黨並沒有善用時機，開創有爲政局，仍舊以「除惡爲善」或以「除惡爲政」的報復方式對待諸黨，故不但於政治無建樹，反樹敵愈眾，結怨愈深。天啓三年（1623）的癸亥京察，葉向高爲首輔，由東林黨人的吏部尚書張問達和左都御史趙南星主持，他們將三黨的主要人物加以排斥，如亓詩教等四人被趙南星稱爲「四凶」，評爲不謹而落職，其他屬於三黨或與他們有密切聯繫的官員也紛紛引退。東林黨人對三黨的官員窮追不捨，而在方從哲首輔任內所發生的梃擊、紅丸、移宮三案成了紛爭的焦點。惠世揚彈劾方從哲有十罪三可殺，〔註342〕認爲他在梃擊案中庇護了奸黨，紅丸案中又袒護了崔文升和李可灼，在移宮案中聽任李選侍久據乾清宮而不積極干預。〔註343〕在梃擊案中被削籍的刑部主事王之寀，〔註344〕這時已復官並要求嚴厲追究與三案有關的三黨成員的罪責。時已任禮部尚書的孫慎行抨擊方從哲犯有弒君之罪。〔註345〕孫慎行的奏疏下發讓百

〔註340〕同前，〈鄭繼之傳〉。

〔註341〕同前，〈趙煥傳〉。

〔註342〕其中三可殺：「貴妃求封後，舉朝力爭，從哲依違兩可，當誅者一。李選侍乃鄭氏私人，抗凌聖母，飲恨而沒。從哲受劉遜、李進忠所盜美珠，欲封選侍爲貴妃，又聽其久據乾清，當誅者二。崔文升用泄藥傷損先帝，諸臣論之，從哲擬脫罪，李可灼進劫藥，從哲擬賞賚，當誅者三。」

〔註343〕詳參卷二二八，〈方從哲傳〉。

〔註344〕於私審張差時王之寀與劉廷元等人意見相左而被削籍。

〔註345〕《明史》卷二二九，〈孫慎行傳〉天啓二年，孫慎行還朝，上疏指控首輔方從

官集議，左都御史鄒元標首先上疏支援，〔註346〕方從哲上疏自辯。當時朝廷中東林黨人已佔絕對優勢，因此孫愼行的奏疏盡管刻薄誇張，但仍群起附和，上疏彈劾方從哲及三黨成員，爭先恐後。

在眾人集體欲降罪方從哲之時，能持平而論，只有大學士韓爌、吏部尚書張問達、戶部尚書汪應蛟。刑部尚書黃克纘〔註347〕、御史王志道、徐景濂，給事中汪慶百則右從哲，而詹事公鼒持兩端。韓爌述進藥始末曰：

> 可灼至，同入診視，言病源及治法甚合。先帝喜，命速進。臣等復出，令與諸醫商榷。一熼語臣，其鄉兩人用此，損益參半。諸臣相視，實未敢明言宜否。須臾，先帝趨和藥，臣等復同入。可灼調以進，先帝喜曰：「忠臣，忠臣。」臣等出，少頃，中使傳聖體服藥後暖潤舒暢，思進飲膳，諸臣歡躍而退。比申末，可灼出云：「聖上恐藥力不繼，欲再進一丸。」諸醫言不宜驟。乃傳趨益急，因再進訖。臣等問再服復何狀，答言平善如初。此本日情事也。次日，臣等趨朝，而先帝已於卯刻上賓矣，痛哉！〔註348〕

當光宗病危，韓爌爲被召見大臣之一，其所陳述，不只爲方從哲解套，也平衡當時事事走極端的狀況。並希望：「議法者勿以小疑成大疑，編摹者勿以信史爲謗史。」〔註349〕吏部尚書張問達也是顧命大臣之一，與戶部尚書汪應蛟等上疏言：「進藥始末，臣等共聞見。輔臣視皇考疾，急迫倉皇，弒逆二字何忍言。」〔註350〕此乃體諒輔臣爲君父焦急無措之心情，但仍應負起醫護無效之政治責任，削其官階，以服中外。而對李可灼與崔文升兩人則無

哲對「紅丸案」處理不當：「臣以爲從哲縱無弒之心，卻有弒之事；欲辭弒之名，難免弒之實。實錄中即欲爲君父諱，不敢不直書方從哲連進藥二丸，須臾帝崩，恐百口無能爲天下後世解也。」

〔註346〕鄒元標除質疑光宗猝然崩卒，並指責方從哲秉政七年無建樹。(詳參卷二四三〈鄒元標傳〉)。

〔註347〕《明史》卷二五六，〈黃克纘傳〉載：「天啓元年冬，廷臣議「紅丸」，克纘述進藥始末，力爲方從哲辨。給事中薛文周詆其滅倫常，昵私交，昧大義。克纘憤，援《春秋》不書隱公、閔公之弒，力詆文周。」克纘歷官中外，清強有執。持議與爭「三案」者異，攻擊紛起。自是群小排東林，創《要典》，率推克纘爲首功。時東林方盛，克纘移疾，乘傳歸。天啓四年十二月，魏忠賢盡逐東林，召克纘爲工部尚書。視事數月，復移疾歸。

〔註348〕《明史》卷二四〇，〈韓爌傳〉。

〔註349〕同前註。

〔註350〕同前卷二四一〈張問達傳〉。

可寬貸：「至可灼罪不可勝誅，而文升當皇考哀感傷寒時，進大黃涼藥，罪又在可灼上。法皆宜顯僇，以泄公憤。」〔註351〕張達上疏後，李可灼遣戍，崔文升放南京，而方從哲不罪。

在追究方從哲的過失中，孫愼行似嫌刻薄矯情，但卻因此聲望崇高，後來廷推閣臣，被名列首位。韓爌則能身在東林，心能持平，「侃侃條揭，明其不然。」〔註352〕而不附和於孫愼行。至如黃克纘「不爲東林所與，然特不附東林。」〔註353〕述進藥始末，爲從哲辯護，持議與爭「三案」者異，遂被東林黨人攻擊，因而，閹黨編《三朝要典》時，率推黃克纘爲首功，當魏忠賢盡逐東林後，遂召黃克纘爲工部尚書，惟黃克鑽不就。而在魏忠賢定《三朝要典》，「梃擊」一案以王之宋爲罪魁；「紅丸」一案以孫愼行爲罪魁；「移宮」一案以楊漣、左光斗爲罪魁，並非黃克纘所能逆料。

質言之，有天啓的昏昧，方襯托出東林諸士的「有爲」，造就一群憤怒的尋仇之士，讓魏忠賢爲憤怒的眾人找到出口，一齣時代悲劇終於形成。易言之，爲政之君子，須知小人難纏之事實，如東林除惡不盡，反啄其身，可以爲殷鑒。當良知泯滅，「迂儒」全以立場定是非，以好惡決生死，縱「名儒」死節殉名，則士風變異，道統淪喪，其結果亦意料中事也。

二、矜名惡異，士風崩頹

朋黨之爭，彼此陷溺情緒之中，耗神廢事，名器空轉，而其形成原因，明史有精要記載：

> 朋黨之成也，始於矜名，而成於惡異。名盛則附之者眾。附者眾，則不必皆賢而胥引之，樂其與己同也。名高則毀之者亦眾。毀者不必不賢而怒而斥之，惡其與己異也。同異之見歧於中，而附者毀者爭勝而不已，則黨日眾，而爲禍熾矣。〔註354〕

此段話歸結晚明黨爭對士風影響之因，起於矜名，成於惡異，遂使好惡之心與仕宦立場交相糾結，導致士風之崩頹。以下茲就朝野對峙之皇帝、閹臣、東林人士之傾軋申明之。

〔註351〕同前註。
〔註352〕《明史》卷二六五〈倪元璐傳〉。
〔註353〕《明史》卷二五六，〈贊曰〉。
〔註354〕《明史》卷二三二，〈贊曰〉。

（一）提拔私人，人才凋零

謝國楨在他所撰寫的《明清之際黨社運動考》中，將萬曆在位的四十八年中，政治的黑暗紛擾歸納成四種現象：即 1. 缺官；〔註 355〕2. 大臣與大臣黨比，小臣與小臣黨比；3. 各黨的分歧；4. 東林黨興起及淮撫之專橫。〔註 356〕

謝國楨先生所謂的「缺官」現像是結果，原因是皇帝不用人。而皇帝不用人，則導源於另外三個因素：物以類聚，聚訟紛紜，官場失序。首觀神宗初年的張居正，於政務固有其才華魄力，但其私德則頗有可議，斂聚財富，提拔私人，三子於任內同登進士；申時行、王錫爵於任內亦子或婿登科；沈一貫則於京察時庇護私人，甚至建議察疏留中不下。神宗親政之後，追仇居正，他也知「大臣陰相庇，獨（李）植、（江）東之、（羊）可立能發其奸，欲驟貴之，風示廷臣。」〔註 357〕神宗本欲藉言官制止大臣朋比徇私，期於有所作爲，但第一次出手反被閣臣所藉用，以逐退朝廷倚重的言官。而皇帝與內閣仍在各取所需，如申時行讓神宗免除講筵、奏疏留中不下；王錫爵起草三王並封，立儲一爭十五年（萬曆十四年至二十九年），之後妖書案、三案皆其餘緒；礦稅之害，因萬曆三十年沈一貫未能當機立斷，致禍害增延近二十年。另方面，內閣則藉其崇隆之地位，左右皇帝，操縱百官之去留及考核，亦常使皇帝左右爲難。

關於吏部與內閣的關係，自張居正起的萬曆前二十年，吏部所執行的京察皆承內閣旨意，故閣、部之間相安無事，但言官則憤激抨擊，這就是內閣聯合銓部壓制言官的階段。自萬曆二十年代起，從孫鑨、孫丕揚、楊時喬等主持京察時，均能秉公行事，懲汰私人，而結果卻反被斥退或主動求去，其原因就是違背內閣旨意。然諸人「清公素履，秉正無虧，彼豈以進退得失動其心哉？」〔註 358〕故雖去猶榮，爲世所重。

關於言官，其糾察百官，爲皇帝耳目，角色至重，但其議論官僚時，往往成群相擊，難辨是非，如奪情、三案之爭論無不如此；亦波及皇帝之任事用人，

〔註 355〕《明史》卷二二五〈趙煥傳〉：四十年二月，孫丕揚去，八月任趙煥爲吏部尚書。「時神宗怠於政事，曹署多空。內閣惟葉向高，杜門者已三月。六卿止一煥在，又兼署吏部，吏部無復堂上官。兵部尚書李化龍卒，召王象乾未至，亦不除侍郎。戶、禮、工三部各止一侍郎而已。都察院自溫純罷去，八年無正官。故事，給事中五十人，御史一百十人，至是皆不過十人。」

〔註 356〕詳參《明清之際黨社運動考》，頁 40～45。

〔註 357〕《明史》卷二三六，〈李植傳〉。

〔註 358〕《明史》卷二二四，〈贊曰〉。

甚至宮闈隱私，如雒于仁所進《酒色財氣四箴》。故皇帝的觀感是，言官越多，言論越紛亂。由此，似乎有官不如無官，多官不如少官，故閣臣至葉向高、方從哲常獨相，萬曆四十年代以後，六部多空署，至趙煥爲吏部尚書時，補侍郎四人，而補給事中十七人，御史五十人，侍郎是實際任事者，而給事、御史則負言責，故當時「言路稱盛」。〔註 359〕若此，做事的人少，而論事的人多，終至言語盈庭而一事無成，群臣日以朋比爭勝爲事，不知內憂外患已不堪。當時，首輔葉向高曾呼籲放棄成見，同心爲國，其謂：「議論聽之言官，主張聽之當事。使大臣得展布而毋苦言官之掣肘，言官得發舒而毋患當事之摧殘。」〔註 360〕但言者諄諄，聽者藐藐，相爭相鬥依舊。而給魏忠賢得以挾熹宗之威勢，引失意政客爲助力，以暴烈手段痛擊當時所謂之君子，箝制天下異聲之口，雖君子成就英烈，魏忠賢得罵名，於明脈已無得救贖。

至思宗，除去魏忠賢而天下慶幸，其實，宦官集團依然堅固，朝臣仍勤於內鬥，天下瀕臨土崩瓦解而不自知。思宗雖有意用人才，但人才已凋零略盡，新猷則未養成，其在位十七年，共任用五十位閣臣，〔註 361〕似乎思治心切。其實，更易之頻繁，更見無人可用或所用非人，亦因思宗眼見長期黨爭之弊病，致對群臣產生猜忌，最後所用皆奸佞及內監。〔註 362〕被稱心學殿軍的劉宗周（蕺山），於崇禎九年入內閣，帝問人才、兵食及流寇猖獗狀。蕺山直言：

> 陛下求治太急，用法太嚴，布令太煩，進退天下士太輕。諸臣畏罪飾非，不肯盡職業，故有人而無人之用，有餉而無餉之用，有將不能治兵，有兵不能殺賊。流寇本朝廷赤子，撫之有道，則還爲民。今急宜以收拾人心爲本，收拾人心在先寬有司。參罰重則吏治壞，吏治壞則民生困，盜賊由此日繁。〔註 363〕

這是蕺山一貫的論事風格，不卑不亢、不矯激、不矯情。其於萬曆三十八年黨爭最烈時亦然。〔註 364〕蕺山針對心學末流空疏現象，提出「慎獨」〔註 365〕

〔註 359〕同前註。

〔註 360〕《明史》卷二二五，〈趙煥傳〉。

〔註 361〕參閱《明清之際黨社運動考》，頁 91，〈崇禎五十宰相表〉。

〔註 362〕雖有五十個宰相，但最被重用的是周延儒、溫體仁、薛國觀、陳演、魏藻德，其中周延儒、溫體仁史列奸臣傳中。

〔註 363〕《明史》卷二五五，〈劉宗周傳〉。

〔註 364〕同前註：劉宗周舉萬曆二十九年進士。三十八年，昆黨、宣黨與東林爲難。宗周上言：「東林，顧憲成講學處。高攀龍、劉永澄、姜士昌、劉元珍，皆賢

的思想體系，展現初始陽明心學狂而務實的基本精神：即在位勤於謀政，逢弊勇於針砭，在野以講學論道爲樂。但是，處在晚明蹈空紛亂的時代氛圍中，宦途急功近利，士風趨於放縱恣肆，蕺山雖樹立清正敢言之典範，終究受同儕排擠，皇帝亦以冷漠譏諷相對待。

總言之，晚明處於長期鬥爭，士人只拘泥於私情小局，無法蘊育恢弘大度之幹才，明之亡，蓋天、人兩失之故也。

（二）君子小人，厚薄無據

黨爭與明脉相始終，此爲政治事件，但當士人集團只爲爭勝，放棄守道之天職，則政教失去準繩，價值系統崩解，是非觀念不明，士林成爲亂林。自思宗除魏忠賢後，只是人心大快而已，宦官集團和朝臣仍在崇禎朝高舉旗鼓相抗。閹黨份子楊維垣把東林黨人和魏忠賢、崔呈秀並列抨擊，崇禎元年，編修倪元璐（玉汝）〔註366〕不能平，上疏極辨，於此即從其論述中檢查是非，其曰：

> 臣頃閱章奏，見攻崔、魏者必與東林並稱邪黨。夫以東林爲邪黨，將以何者名崔、魏？崔、魏既邪黨矣，擊忠賢、呈秀者又邪黨乎哉！東林，天下才藪也，而或樹高明之幟，繩人過刻，持論太深，謂之非中行則可，謂之非狂狷不可。〔註367〕

東林黨人就其講學要旨，果能「家事、國事、天下事，事事關心。」其以天下爲己任之志向，至爲可貴，但過於苛察，缺乏寬容，致與人不和諧，於事不圓滿。其於君子和小人之辨，亦過於主觀。如趙南星不能容魏廣微，魏廣微爲趙南星好友魏允貞之子，時魏廣微已入內閣，嘗三至南星門被拒。又嘗謂：「見泉（允貞別號）無子」。〔註368〕魏廣微恨之入骨，趙南星身爲長輩，只顧避諱，並無教誨，終至推友爲敵。趙南星行事又好走極端。主持天啓三年的京察，「他所澄汰，一如爲考功時。」〔註369〕時值東林勢盛，眾正盈朝，趙南星益搜遺佚，

人。于玉立、丁元薦，較然不欺其志，有國士風。諸臣摘流品可也，爭意見不可；攻東林可也，黨昆、宣不可。」黨人大嘩，宗周乃請告歸。

〔註365〕對應王學末流重本體而輕工夫的流弊，劉宗周（蕺山）寫了〈人譜〉展現其心學之要旨，一是對人性陰暗面的批判與洞察；二是對個體道德工夫的論證與提煉。「慎獨」之說，便是其心性義理、天道倫常和道德實踐的結合。

〔註366〕倪元璐，字玉汝，上虞人。父凍，曆知撫州、淮安、荊州、瓊州四府，有當官稱。天啓二年，元璐成進士，改庶起士，授編修。

〔註367〕《明史》卷二六五，〈倪元璐傳〉。

〔註368〕《明史》卷二四三，〈趙南星傳〉。

〔註369〕同前註：以故給事中亓詩教、趙興邦、官應震、吳亮嗣先朝結黨亂政，議黜

布之庶位。〔註370〕「中外忻忻望治，而小人側目，滋欲去南星。」是由主觀而走入極端，導致所有作爲將因細微而動則得咎。南星雖銳意澄清，卻過於主觀。當魏忠賢得勢，亦以意氣回報。其時，山西巡撫出缺，〔註371〕兩方各擁人選，來回論辯，「忠賢矯旨黜（魏）大中、（夏）嘉遇，並黜（陳）九疇，而責南星等朋謀結黨。南星遽引罪求去，忠賢復矯旨切責，放歸。」〔註372〕時天啓四年十一月。天啓初期，東林人士掌握朝政，未能審時度勢，號召志士，共爲家國，仍強分君子小人，繼續黨爭行徑。其缺乏政治遠見及和衷共濟精神，遂讓魏忠賢集團有反擊機會。

崇禎初年柄國者悉魏忠賢遺黨，〔註373〕倪元璐敢於直言，殊屬難得，也被當政者認爲立論不當，再被維垣疏駁。明顯地楊維垣駁東林，而倪元璐護東林，倪元璐再對黨爭人物做一比較：

> 維垣怪臣盛稱東林，以東林嘗推李三才而護熊廷弼也。抑知東林有力擊魏忠賢之楊漣，首劾崔呈秀之高攀龍乎！忠賢窮兇極惡，維垣猶尊稱之曰「廠臣公」、「廠臣不愛錢」、「廠臣知爲國爲民」，而何責乎三才？五彪五虎之罪，刑官僅擬削奪，維垣不駁正，又何誅乎廷弼？廷弼行賄之說，乃忠賢藉以誣陷清流，爲楊、左諸人追贓地耳，天下誰不知，維垣猶守是說乎？〔註374〕

熊廷弼行賄之說，據史載乃徐大化獻計欲陷害東林，而楊漣、高攀龍一向排斥魏忠賢、崔呈秀等人，倒是楊維垣狹縫裏求生存，而屈膝於魏忠賢，故有諸多諂媚奉承之稱呼。至於東林黨人，亦陷於以立場論君子與小人，當天啓朝，東林勢盛，「羅天下清流，士有落然自異者，詬誶隨之矣。」〔註375〕如崔

之。吏科都給事中魏應嘉力持不可。南星著『四凶論』，卒與考功郎程正己置四人不謹。

〔註370〕同前註：「高攀龍、楊漣、左光斗秉憲；李騰芳、陳於廷佐銓；魏大中、袁化中長科道；鄭三俊、李邦華、孫居相、饒伸、王之宷輩悉置卿貳。而四司之屬鄒維璉、夏嘉遇、張光前、程國祥、劉廷諫亦皆民譽。」

〔註371〕同前註：「山西缺巡撫，河南布政使郭尚友求之。南星乙太常卿謝應祥有清望，首列以請。既得旨，而御史陳九疇受（魏）廣微指，言應祥嘗知嘉善，（魏）大中出其門，大中以師故，謀於文選郎（夏）嘉遇而用之，徇私當斥。」

〔註372〕同前註。

〔註373〕崇禎初，兩任首輔即爲黃立極和來宗道。

〔註374〕《明史》卷二六五，〈倪元璐傳〉。

〔註375〕《明史》卷二五六，〈贊曰〉。

景榮〔註 376〕、黃克纘皆不為東林所與，然特不附東林。魏忠賢欲援以為重，兩人皆不應允。於是中立者如崔景榮、黃克纘類不免蒙小人之玷。如此一來，核人品者，完全以與東林厚薄為輕重，是非不明，更甚以往。

其次，對於鄒元標講學的爭論，閹黨不支援講學，以南宋因講學而亡國，元標則認為是不講學而亡國，立論南轅北轍，各執其論。倪元璐立場則採稍偏東林，故曰：「謂都門聚講為非則可，謂元標講學有他腸則不可。」〔註 377〕他認為當日魏忠賢驅逐諸人，毀廢書院者，正欲箝學士大夫之口。自鄒元標以偽學見驅，而逆璫遂以眞儒自命。

再者，就為魏忠賢頌德建祠者，楊維垣以「無可奈何」為解，鄒元標不以為然。他說：「假令呈秀一人舞蹈稱臣於逆璫，諸臣亦以為無可奈何而從之乎？又令逆璫以兵劫諸臣使從叛逆，諸臣亦靡然從之，以為無可奈何而然乎？」〔註 378〕對於當時某些政客，有的屈服威勢，苟延殘喘；有的趨炎附勢，獨慕榮利；至於「無可奈何」，屬心理之自我安慰，亦改節失圖之藉口，然絕不被正道所容許，孔子謂「有道則仕，無道則隱」，甚且「殺身成仁」、「捨生取義」，絕無貪生枉道而謂「無可奈何」者，否則矇混投機、貪贓枉法將不絕於途。

再次，楊維垣認為「今日之忠直，不當以崔（呈秀）、魏（忠賢）為對案」，鄒元標認為正當以崔、魏為對案。蓋「以崔、魏定邪正，猶以明鏡別妍媸。」〔註 379〕雙方以此為攻防。總之，東林之取憎於逆璫獨深，其得禍獨酷。

對於上述論點，柄國者認為是互相詆訾。當是時，閹黨猶盛，自不以東林為是。自倪元璐疏出，清議漸明，而善類稍稍獲得任用。再觀倪元璐請毀《三朝要典》，言：「梃擊、紅丸、移宮三議，鬨於清流，而《三朝要典》一書，成於逆豎。其議可兼行，其書必當速毀。」〔註 380〕蓋當事起議興，盈廷互訟。各有其是，不可偏非。後來，楊漣劾魏忠賢二十四罪，激怒魏忠賢，於是逆璫殺人則借三案，群小求富貴亦借三案。經此二借，而三案全非矣。而三案者，本有其事，可受天下之公議；而《要典》，是魏忠賢欲報復所撰之私書。因此，三案自三案，《要典》自《要典》。他認為「翻即紛囂，改亦多

〔註 376〕同前，〈崔景榮傳〉載：天啓四年十一月，特起為吏部尚書。
〔註 377〕同前卷二六五，〈倪元璐傳〉，
〔註 378〕同前註。
〔註 379〕同前註。
〔註 380〕同前註。

事，惟有毀之而已。」〔註 381〕經禮部會詞臣詳議而焚之。侍講孫之獬，魏忠賢黨徒，聞知此事，詣閣大哭。雖天下以爲笑談，而只問立場、不問是非之徒，蓋如此也。

（三）宦情太濃，官場依違

當政治成爲士人意氣角逐的擂臺，不是實現理想的園地；爭的是勝負而非績效，廷推舉賢之制毀於特權，京察考核則流於相互傾軋，只見立場，不見是非。加上晚明皇帝外無聲望，內無威信，於是士人依違官場，不即不棄，儼然成爲末世情態。

首先，萬曆至天啓年間黨爭發展，由相互競爭而物議橫生，致產生仇恨。東林黨對對立黨派官僚窮追猛打，雙方之間的怨仇越結越深。後來三黨中的許多成員投靠魏忠賢，並製造一部《三朝要典》，將王之采、孫愼行、楊漣等作爲三案罪首，並藉熊廷弼賄賂案發動「六君子事件」和「七君子事件」等冤案，其士風之惡質化已至極端。對於東林黨人，也不乏意氣之爭，如孫丕揚和沈思孝，本屬強勁有節之士，但於萬曆二十三年的外計，卻爲了具有爭議的丁此呂和蔣時馨兩人而意見相左，彼此交惡，甚至去職。再如楊時喬，算是東林黨的中堅，在乙巳京察中極力排斥浙黨官員，萬曆三十五年，李廷機因爲清廉被廷推爲閣臣，皇帝器重之，言官攻擊不止，「以其與申時行、沈一貫輩密相授受。」〔註 382〕而楊時喬依廷推意見舉報，後又推舉與沈一貫相善的黃汝良、全天敘等爲侍郎，東林黨人交相彈劾楊時喬，楊時喬疏辯並求罷。

李廷機在閣六年，上了一百二十多道辭職的疏章，最後，「陛辭出都待命」〔註 383〕以示決心，可見其心境之困苦，也可見言官之指責，皆出於主觀好惡，不在其操持作爲。如吳道南「遇事有操執，明達政體。」〔註 384〕頗有時望，獲萬曆帝信任。因舉發湯賓尹科場事，被湯賓尹同黨言官不斷攻擊，他說：「臺諫劾閣臣，職也，未有肆口謾罵者，臣辱國已甚，請立罷黜。」〔註 385〕杜門乞休一年多才得去職。黨爭到後來，如殺紅眼的仇敵，只有好惡，沒有是非。

〔註 381〕同前註。

〔註 382〕《明史》卷二一七，〈李廷機傳〉：他是沈一貫的教習門生，東林黨中的給事中曹于汴、王元翰等人反對，不同意他入閣。

〔註 383〕同前註。

〔註 384〕同前卷二一七，〈吳道南傳〉。

〔註 385〕同前註。

即使像鄒元標，在萬曆朝，「立朝，以方嚴見憚。」〔註386〕在天啓初年還朝，不再危言激論，而務爲和易，主張士人捐棄成見，避免黨同伐異，飽受批評，因其老成持重，尙能支援，其坦然曰：「大臣與言官異。風裁踔絕，言官事也。大臣非大利害，即當護持國體，可如少年悻動耶？」〔註387〕鄒元標能平心靜氣，不避譏諷，以遠見卓識，相忍爲國，在當時著實少見。如楊漣彈劾魏忠賢的二十四罪疏，魏大中告知黃尊素，尊素甚表憂慮，曰：「除君側者，必有內援，楊公有之乎？一不中，吾儕無噍類矣。」〔註388〕上了疏章，首輔葉向高也深爲擔憂。但東林黨人認爲，當時葉向高不能把握時機，取得優勢，而葉向高深知熹宗權炳在魏忠賢手中，東林所爲屬不顧時勢、缺少策略之舉。

如以趙南星與鄒元標相較，在萬曆朝，同屬剛毅凌厲個姓，至天啓朝，南星一貫嫉惡如仇，元標則展現迥異於前的包容，於此，如從心學的角度觀察，元標在野時，不斷的從講學中體現自我觀照，所以對現實的政治，能採取和諧務實的態度。但世俗或有不認同其改變者，殆歸因於各執立場而已。

要之，神宗之威勢已不足以震壓群臣，調停和解猶恐不及，群臣朋比，自成勢力，相擊唯以求勝，凡我族類，雖非必護，非我族類，雖是必反。如東林雖能守善卻不能與人爲善，常助長惡之擴張，如趙南星剛毅有節，甚得時望，但對好友魏允貞之子魏廣微，不能適時感召而以嚴厲非薄，致魏廣微投奔魏忠賢，結合敗陣於東林之政客，一意擊敗東林而不顧名節是非，因而才智之能量全耗於內鬥，致內政隳壞，外侮勢張，國家之危豈止小人之過，自以爲君子者更應靦顏。

最後，以葉向高來總結本節，向高自萬曆三十五年入閣，三十六年至四十二年爲首輔，在朝六年，熹宗時再任首輔四年。其初任相位，政壇紛擾，「務調劑群情，輯合異同。然其時黨論已大起，……諸臣既無所見得失，益樹黨相攻。」〔註389〕葉向高始終夾在黨爭中，調停不成，裏外皆非之，以致成了「天下第一窮困無告之人」。〔註390〕所以他感嘆說：「今日人心，純是名利；今日世界，純是爭場。以名利詆名利，以爭止爭，皆必不得之。」〔註391〕並

〔註386〕《明史》卷二四三，〈鄒元標傳〉。
〔註387〕同前註。
〔註388〕同前卷二四五，〈黃尊素傳〉。
〔註389〕《明史》卷二四〇，〈葉向高傳〉。
〔註390〕《綸扉奏草》卷十三，〈乞休第十四疏〉。
〔註391〕《遽編》卷九。

道出作爲閣臣的處境：

> 在廷諸臣，移書罪臣，輕者責臣以去，而甚者責臣以死。臣孱然之身耳，萬罪千愆，萬怨千恨，無不總集。雖使金石爲軀，亦將銷鍊，以至於盡也。今禍亂將作，天下已以臣爲罪首，紛紜如此，一旦變故橫生，恐雖死不足以快人之意。以二十年來蘊崇之畔毒，而使臣獨當，其辜甚可痛矣。〔註 392〕

集憂叢謗，欲振乏力，十二年內閣生活，六十幾次請求致仕，無奈無助，溢於言表。更於萬曆四十一年的疏中說：「視臣之匍匐號呼將就死地，如駑駘之垂斃於長途，牛羊之牽入於屠肆，而全不動念者。臣欲進不可，欲退不能，千古奇窮。生人未有，恨不早入黃泉，免此苦累。」〔註 393〕末世難爲的窘境，無力回天的感嘆，唏噓而已。黨爭如同燎原大火，已無從釜底抽薪矣。

再印證於袁宏道，其於萬曆二十年舉進士，正値黨爭蓬勃之時，對於以立場定是非，以好惡決善惡，羅織牽連，如天降災禍，深有感觸。他曾描述黨爭的詭異：

> 唯有一段沒證見的是非，無形影的風波，青岑可浪，碧海可塵，往往令人趨避不及，逃遁無地，難矣！難矣！〔註 394〕

「無形影的風波」卻可讓人「逃遁無地」。也由於禍出無門，動則得咎，故感慨：「更復十年，天下容有作令者耶？」〔註 395〕種種網阱，圍繞身邊，波光電影，隨時波及，既留官場，必須覺悟：「今時作官，遭橫口橫事者甚多，安知獨不到我等也？」〔註 396〕時局險惡如流沙，生命卑微如草芥，無奈中，消蝕盡了用世熱情，萌生退隱歸去念頭。此即士人的苦衷，亦時代之悲劇。

質言之，明代的黨爭，實爲士人集團之內鬨，導因於政治腐敗；黨爭的結果卻又加速政治的腐朽，終致朝代滅亡，所有參與鬥爭之黨人都負有不可推卸的責任。持平而論，諸黨固然不足取，東林黨人也殊多可議之處。他們聚眾朋比，互相標榜，皆衝擊士風，也捲入立場紛爭，對晚明而言，已經重傷國家命脈。

綜前所論，晚明政風險惡，士風炎涼，縱有不願欺世媚俗，又不免隨波

〔註 392〕《綸扉奏草》卷七，〈時政疏〉。
〔註 393〕《綸扉奏草》卷二十，〈謝聖諭疏〉。
〔註 394〕《袁宏道集箋校》卷五，〈沈廣乘〉。
〔註 395〕同上，卷六，〈何湘潭〉。
〔註 396〕同上，卷二二，〈答黃無淨祠部〉。

逐流，或敵不過世俗邪惡。於末世眾生相中，仕途立場與是非價值，不斷受到衝擊，以至於我們看到了晚明士人的無奈、無恥、無識、無實。心學「良知」之善端，多隱而不彰，誠如本節開頭所引李贄之言，從儒臣到一般儒士、儒生，皆「自入名網，絕難得脫」，終至沈淪，其評可謂透徹而一語中的。

第六章　晚明心學之影響與時代意義

陽明心學的產生，受到兩個因素的影響：一是思潮本身的衍化遞嬗；一是時代政治社經的氛圍。明代開國，以朱學爲官學，取其「格物窮理」、「由博反約」的嚴謹務實，但相沿既久，反而流於博而無方，終落入龐雜支離。反觀陽明心學的反求於心，直截簡易，遂取代官學，受當時士林歡迎。另就政經氛圍而言，陽明處於正德、嘉靖時期，皇帝昏庸荒唐、官場環境險惡，但部份士人既不能放棄對政治的關懷，心靈又須在紛擾橫逆的環境中獲得支撐，即使離開官場也能自我安頓。此時，陽明的「吾性自足」和「自信良知」的人生體悟，正可提供處危懼所須具備的自覺與自信，因此心學大行於中晚明。

由於陽明強調自我主體性與良知無限功能性，故在心學的傳播中，弟子依各自領會，加以發揮。其中被認爲影響最廣的是王畿（龍溪）和王艮（心齋）兩位，由於他們的講學傳播，使陽明心學獲得發揚，也超出原有的範疇：王畿從理論闡述，發揮陽明「無善無惡」之利根思想，偏重抽象思考，長於論理深思，使心性理論更加精細化，並與佛禪相通行，演變成末流的所謂空疏思潮。而王艮從日用常行施教，從士人至基層皆各自領略，使教化趨向平民化、人性化，且強調人人可爲聖人，既提升人的主體價值，又抽離道德高不可攀之藩籬。由於這種狂者的特質，塑造了自稱「異端」的李贄，李贄勇於表現自我，創新理論，無論支持者或反對者，都共同生活在「異端」的大環境裡。誠如顧憲成所說：

> 陽明先生開發有餘，收束不足。當士人桎梏於訓詁詞章間，驟而聞良知之說，一時心目俱醒，恍若撥雲霧而見白日，豈不大快！然而

此竅一鑿，混沌遂亡，往往憑虛見而弄精魂，任自然而藐兢業。陵夷至今，議論益玄，習尚益下，高之放誕而不經，卑之頑鈍而無恥。仁人君子又相顧裴回，喟然太息，以爲倡始者亦不能無遺慮焉而追惜之。〔註1〕

陽明之道德、事功均甚卓著，可謂「內聖外王」兼備。但他更注重的是「良知」之說，亦即內斂的心性之學。至龍谿，便認為：「夫儒者之學，務於經世，但患於不得其要耳。……周流變動，無爲而成，莫非『良知』之妙用，所謂渾然一體者也。」〔註2〕其以「良知」妙用之經世方式，期其無爲而成，在現實中實難以實現，換言之，龍溪以良知講經世，猶以「內聖」為「外王」，亦不得其要也。是以，後學多注重究心論道，「議論益玄」，僅從「良知」體悟中獲得心靈安頓，未進而致力於經世。至其末流，造成束書不觀、遊談無根的風氣，致「習尚益下」，或放誕不經，或頑鈍無恥。加以政治日趨惡化，世道陵夷，危機深重，引起有識之士之深切反省，而有對內作學術的反省改造，對外則是經世精神的發揚。本章擬將對心學之開展轉折再作綜合，並論其對當代與後世之影響及其價值意義。

第一節　心學與佛禪融合的意義——尊同敬異，回歸本質

儒家學問可以「內聖外王」概括，《大學》八目是「內聖外王」由內而外的層層實現。其中的格物、致知、誠意、正心屬於內聖；內聖顯現於修身，而作用於齊家、治國、平天下即是外王。再以內聖而分，格物致知屬於道問學，誠意正心屬於尊德性。但自孔子以來，皆偏重「內聖」一面，外王一面則顯得無力。如牟宗三先生曾說：

內聖一面之彰顯自孔子立仁教始。曾子、子思、孟子、《中庸》、《易傳》之傳承即是本孔子仁教而展開者。就中以孟子爲核心，其器識雖足以籠罩外王，然重點與中點以及其重大之貢獻實落在內聖之本之挺立處。宋儒興起亦是繼承此內聖之學而發展。其器識雖足以籠罩外王，亦從未忽視於外王，然重點與中點亦仍是落在內聖之本之

〔註1〕《小心齋劄記》卷三，頁62～63。
〔註2〕《王陽明全集》卷三七，王龍溪〈刻陽明先生年譜序〉。

挺立處。……自孔子立仁教後，此一系之發展是其最順適而又是最本質之發展，亦是其最有成而亦最有永久價值之發展，此可曰孔子之傳統。〔註3〕

依孔子的理想，他期望士人以仁爲己任，君主行仁政於天下。後來，君主已成無法束縛之異類，只好把守住「仁道」的任務交給士人。從此，論道教化皆以修鍊心性爲重。亦即以「內聖」爲主的心性論，不離「心意知物」四者之關係。如朱子以格物立教，他談格致關係說：「致知格物，只是一事。格物以理言也，致知以心言也。」由此顧憲成認爲：「可見物之格即知之至，而心與理一矣。今人說著物，便以爲外物，不知不窮其理，物是外物，物窮其理，理即是心。」〔註4〕故其爲學「大抵窮理以致其知，反躬以踐其實，而以居靜爲主。」〔註5〕對外窮物之理，再返回內心踐其實。

至陽明以良知爲宗旨，以「四句教」〔註6〕爲教法，其心學體系已如本論文第三章所述，於此，再舉理學殿軍劉宗周（蕺山）對良知教之修正，以顯現宋明心性立論之侷限。蕺山認爲：陽明「四句教」雖兼顧根器不同者，但「無善無惡是心之體」一句則自啓爭端。他說「若心體是無善無惡，則有善有惡之意又從何處來？知善知惡之知又從何處來？爲善去惡之功又從何處來？」〔註7〕亦即若心體是無善無惡，則意、知、物應是無善無惡，龍谿之說「四無教」〔註8〕正是如此，然「四無」並非陽明全意，此爲陽明立教之矛盾處，開啓爾後與禪合流之契機，王學末流之空疏亦起於此也。蕺山認爲「有善有惡意之動」亦不妥，他說：

今云有善有惡意之動，善惡雜揉，向何處討歸宿，抑豈大學知本之謂乎？如謂誠意，即成其有善有惡之意，成其有善固可斷然爲君子，成其有惡，豈不斷然爲小人。吾不意良知既至之後，只落得做半個小人。若云致知之始，有善有惡；致知之終，無善無惡。則當云大學之道正心而已矣始得。前之既欲提宗於致知，後之又欲收功於正

〔註3〕見鄭家棟編：《牟宗三新儒學論著輯要》，頁175～176。

〔註4〕《明儒學案》卷五八，〈東林學案〉一。

〔註5〕《宋史》卷四二九，〈道學列傳〉。

〔註6〕《王陽明全集》卷三，〈傳習錄〉下：「無善無惡是心之體，有善有惡是意之動，知善知惡是良知，爲善去惡是格物。」

〔註7〕《劉子全書遺編》卷一三。

〔註8〕《龍谿語錄》：「心是無善無惡之心，意即是無善無惡之意，知即是無善無惡之知，物即是無善無惡之物。」

> 心，視誠意之關直是過路斷橋，使人放步不得，主意在何處？〔註 9〕

陽明謂「心之所發便是意」，〔註 10〕是以念爲意，因念有善有惡，才合乎「有善有惡是意之動」之說法。蕺山則回歸「《大學》之道，誠意而已」之依據，指出「意」不應有善有惡，若「意」是有善有惡，則誠意本身即成矛盾。況又提宗於致知，收功於正心，越過誠意一關，實不合八目一貫之旨。所以他認爲「天地間道理只是個有善而無惡，我輩人學問，只是個爲善而去惡。言有善，便是無惡；言無惡，便是有善。」〔註 11〕因此他根據自己體認「心意知物」四者之關係，另立四句教曰：

> 有善有惡者心之動，好善惡惡者意之靜，知善知惡是良知，爲善去惡是物則。〔註 12〕

「有善有惡者心之動」是指心之所發之念，念隨軀殼而起，固有善惡；「好善惡惡者意之靜」是指「意蘊於心」，爲心之主宰，意恆好善惡惡，故意是絕對至善；「知善知惡是良知」是說良知即意之不可欺，「知藏於意」，故能知善知惡；「爲善去惡是物則」是指體物不遺之獨體，故有善無惡也。

一、心性學說之轉折綜論

從朱子格物教到陽明良知教，起始皆眾望所歸，其末多難免發生弊端，劉宗周（蕺山）以合一的觀點看「心意之物」之關係，他說：

> 意者，心之所以爲心也；知者，意之所以爲意也；物者，知之所以爲知也；物無體，又即天下、國家、身、心、意、知以爲體。此之謂體用一源，顯微無間。〔註 13〕

即認爲「心意知物」四者本是一事，彼此之間互爲體用並層層相扣，故曰「體用一源，顯微無間」。由此觀之，蕺山四句教以「意」代替陽明「心」的地位，從形式看，兩者之差異有二：其一，是蕺山認爲意爲心之所存，故意爲至善；陽明認爲意爲心之所發，故意爲有善有惡。其二，是蕺山認爲「藏知於意」；陽明認爲「藏知於心」。〔註 14〕蕺山將陽明之良知內轉，收攝至意根誠體極隱

〔註 9〕《劉子全書》卷一一，〈學言〉中。
〔註 10〕《王陽明全集》卷一，〈傳習錄〉上。
〔註 11〕《劉子全書》卷一九，〈與履思〉十。
〔註 12〕《劉子全書》卷一〇，〈學言〉上。
〔註 13〕《劉子全書》卷一〇，〈學言〉上。
〔註 14〕《王陽明全集》卷一，〈傳習錄〉上：「知爲心之本體，自然會知。」

微處。他曾說「好善惡惡是良知」，又說「意但好善惡惡而已」，〔註 15〕故其弟子黃宗羲（梨洲）曰：「先師之意，即陽明之良知；先師之誠意，即陽明之致良知。」〔註16〕誠意與致良知無異旨。繼曰：「欲全陽明宗旨，非先師之言意不可，如以陽明之四句定陽明之宗旨，則反失之矣。然先師此言故不專爲陽明而發也，從來儒者之得失，此是一大節目，無人說到此處。」〔註 17〕故蕺山合一觀點的誠意教，補救朱子學之支離，匡正陽明學之玄虛情識，實繼晦庵格致教，陽明良知教後，又一發明也。

此學說發明，對晚明士子有何影響？由於傳統封建制度塑造了一個享有絕對權力又完全免責的君主，士人的仕宦前途與身家性命都被君王所操控，因此，爲了讓自己心靈安適，只有不斷深化心志的鍛鍊。黃宗羲述蕺山之爲學云：「先生於新建之學凡三變：始而疑，中而信，終而辨難不遺餘力，而新建之旨復顯。」〔註 18〕始而疑，乃疑其空疏；中而信，乃信其以本心抵禦險境；終而辨難，特從改造王學，使有用於世、有補於世道人心，經綸世務之實學，亦即回到陽明濟世與修身兼顧之初衷。蕺山轉向「心學」，提出「君子之學，心學也」。而把世道之壞，歸結爲人心之惡，提倡通過講求內心省察，以達到道德的自我完善，來解救世道。他的「愼獨」、「敬誠」之說，成爲其思想的重要部分。蕺山認爲，「君子之學，愼獨而已矣」，〔註 19〕「學問吃緊工夫，全在愼獨。人能愼獨，便爲天地間完人。」〔註20〕在他看來，「愼獨」包括了上自對宇宙本體的認識，下至個人的道德修養等一切重要學問和做人的道理。

從堯、舜、禹的「十六字心傳」到孔子的「四勿」道德標準、孟子的「求放心」以至程朱的「涵養須用敬，進學則在致知」，乃至王陽明的「致良知」，都可概括在「愼獨」二字之內。爲了避免重犯程朱「支離」之弊，把本體和工夫都匯集在「愼獨」一體了。他提出「獨之外別無本體，愼獨之外別無工夫」〔註21〕的觀點。因此，陳確解釋說：「獨者，本心之謂，良知是也」。〔註22〕說

〔註15〕《劉子全書》卷一〇，〈學言〉上。
〔註16〕〈董吳仲墓誌銘〉，另於〈答董吳仲論學書〉：「先師意爲心之所存，與陽明良知是未發之中，其宗旨正相印合也。」
〔註17〕〈答董吳仲論學書〉。
〔註18〕《劉子全書》卷三九，〈子劉子行狀〉。
〔註19〕同前卷一三，〈喜鮑長孺社約〉。
〔註20〕《劉子全書續編》卷一，〈證人社語錄〉。
〔註21〕《劉子全書》卷八，〈中庸首章說〉。

明「獨」即是人的主觀意識的「心」，也就是王陽明所謂的「良知」。另一方面，蕺山的「獨」的體用也擴展至無限：「聖學本心，惟心本天，維玄維默，體乎太虛，因所不見，是名曰獨。」〔註23〕他的「獨」和王陽明的「良知」一樣，玄祕神奧，整個宇宙萬物，包括人的認識對象乃至道德準則，都在人心——「獨」（良知）之中，故而認識毋須外求，只要專心致志對「獨」作自我認識，就會達到對一切事物的認識和道德的自我完善。他的「慎獨」，是對王陽明「致良知」學說的一種改造和修正，將本體論、認識論、道德修養論融為一體。

為了補救良知流於不誠，蕺山推崇從孟子到周敦頤的「誠」說，他說：「聖學之道，一誠盡之矣。而主敬，其功也。敬則誠，誠則天。」〔註 24〕在此，他採取了程朱的「主敬」觀點，進一步把「敬」與「誠」相聯結。可見，其「慎獨」、「敬誠」之說，欲保持至誠的精神狀態，以進行內心省察、尋求道德的自我完善，達到天人一體的境界。蕺山所以提倡「敬誠」之說，因時代的危機日亟，為了糾正「良知」末流所患「不誠之病」，不得不產生新的轉折，此為其補救王學危機之苦心。〔註 25〕也凸顯蕺山論學重意之主宰，重慎獨之念，其目的便在於使自我之心歸於正，並以此正人正事。又如顧憲成肯定陽明「良知」之立意，但對其「無善無惡心之體」之說，則頗不認同，他說：「自古聖人教人，為善去惡而已，為善，為其固有也；去惡，去其本無也。本體如是，工夫如是，其致一而已矣。」〔註 26〕故其學術有修正陽明心學或返回程朱之趨勢。

又如鄒元標，師從胡直，胡直師從歐陽德、羅洪先，故其學出自江右王門，為王學正宗。其家居講學，與東林書院相呼應。馮從吾受業於許孚遠，遵奉程朱，天啓年間，與鄒元標建首善書院，聚集同志講學，極推崇陽明。曾說：「先臣守仁，當兵事倥偬，不廢講學，卒成大功。」〔註27〕當時雖學術方向不同，藉由講學，互相辨正理論，而砥志礪行則成為共同的志向。

針對明末清初學者之學術趨向，近人侯外廬指出：

王、顧、黃三人在時代精神上是宋明道學的異端，但都在形式上還

〔註22〕《陳確集》卷一○，〈輯祝子遺書序〉。
〔註23〕《劉子全書》卷二三，〈獨箴〉。
〔註24〕《明儒學案》卷六二，〈蕺山學案〉。
〔註25〕《明史》卷二五五載：蕺山其臨終之言曰：「良知之說，鮮有不流於禪學。」
〔註26〕《東林黨列傳》卷二，〈顧憲成傳〉。
〔註27〕《明史》卷二四三，〈馮從吾傳〉。

對理學抱有保留的態度。王、顧形式上左袒程朱，黃宗羲形式上左袒王守仁。顏元則不然，對於宋以來的道學家，一齊推翻，沒有一絲形式上的保留態度。〔註28〕

王夫之、顧憲成、黃宗羲三人均走過理學或心學的門庭，深知其弊其利，程朱窮理之學，陽明良知之學，其創始用意均良善可取，此爲三人有所不捨之原因。如同錢穆在論〈晚明東林學派〉也說：「若推究根柢，則東林氣節與王門良知實本一途。東林所以挽王學末流之弊，而亦頗得王學初義之精。」〔註29〕亦即顧憲成及高攀龍對心學末流極力反對，但其「切磨德義，念在世道」〔註30〕之主張亦是陽明「良知」之眞意旨也。

二、狂禪的人文意義

儒禪合流，陽明已開其端。首先，就一段談致知之功觀之，陽明曾說：

聖人致知之功至誠無息，其良知之體皦如明鏡，略無纖翳。妍媸之來，隨物見形，而明鏡曾無留染，所謂情順萬物而無情也。無所住而生其心，佛氏曾有是言，未爲非也。明鏡之應物，妍者妍，媸者媸，一照而皆眞，即是生其心處；妍者妍，媸者媸，一過而不留，即是無所住處。〔註31〕

此處所言「致知」顯然是屬於良知發用的道德踐履，它可以取得「妍者妍，媸者媸，一照而皆眞」的實效，但本體卻依然歸於「一過而不留」的無之境界。其中「明鏡曾無留染」〔註32〕及「無所住而生其心」皆爲佛禪常用語。

儒禪合流對心學之影響，顧憲成指出：

《大學》言致知，文成恐人認識爲知，便走入支離去，故就中間點出一良字。孟子言良知，文成恐人將這個知作光景玩弄，便走入玄虛去，故就上面點出一致字。其意最爲精密。至於如鬼如蜮，正良知之賊也，奈何歸罪於良知？獨其揭無善無惡四字爲性宗，愚不能

〔註28〕《中國思想通史》第五卷，頁324。
〔註29〕《中國近三百年學術史》第一章〈引論〉。
〔註30〕《明儒學案》卷五八，〈東林學案〉一。
〔註31〕《王陽明全集》卷二，〈傳習錄〉中，〈答陸原靜書〉
〔註32〕禪宗也有有無的辨別，據《傳燈錄》載：神秀說：「身如菩提樹，心如明鏡臺，時時勤拂拭，不令有塵埃。」慧能以爲：「菩提本非樹，明鏡亦非臺，本來無一物，何處惹塵埃。」

釋然耳。〔註33〕

由此可見顧憲成對「致良知」之立教旨意表肯定，但對「無善無惡」之教法訾議甚深。

狂禪代表人物李贄，也直陳其弊：「姚江之弊，始也掃聞見以明心耳，究而任心而廢學，於是乎《詩》、《書》、《禮》、《樂》輕，而士鮮實悟；始也掃善惡以空念耳，究且任空而廢行，於是乎名、節、忠、義輕，而士鮮實修。」〔註34〕點出士風放棄儒行，沉溺禪悟。此爲儒之沒落，非儒之原形。

其次，陽明心學創立宗旨，具有出世和入世兩種功能，出世則超越世俗求解脫；入世則經世濟民利眾生。在陽明本人看來，此二者並不矛盾，只有具備超越世俗的境界，才能義無反顧地投入現實的進取。心學與禪學都是明心見性、修練心志之學，心學以入世爲主，以出世爲不得已，用於經世濟民，可以勇往直前，面臨横逆，可以調適心境，或辭世避禍；禪學以出世爲主，入世爲不得已，以消遙禪林，參禪悟道爲功課，但也有例外，如達觀和尚，以大菩薩精神，積極入世，不避災禍，是特例之一。在晚明時期，陽明心學與禪學的合流已成爲不可逆轉之勢，儒者見面談禪論道是爲常事。其後學弟子，各有不同的現實境遇，也做了取其一端的選擇，如公安派是接受陽明心學時更趨於超越解脫的禪學一端。

最後，晚明儒、釋、道更趨融合，泰州後學多出入儒佛。他們之所以被稱爲「狂禪」是和他們浸染了禪的習氣分不開的。一方面，大乘佛學「我不入地獄，誰入地獄」的豪傑之氣，和呵祖罵佛的的祖師禪，〔註35〕叛逆性格極大地影響了他們的精神品格；受祖師禪「擔水劈柴無非妙道」，「平常心即是道」的影響，結合王艮「尊身即尊道」思想，狂禪派一反理學「道」的形上性，李贄把穿衣吃飯等人情物欲都看作是道的體現。〔註36〕儒家建立在心性論基礎上，追求聖人境界，連孔子也自嘆沒有達到的「聖人」，在狂禪派則謂滿街都是聖人。此狂禪之流弊，對晚明而言，實開啓與魏晉玄風迴異的人

〔註33〕《明儒學案》卷五八，〈東林學案〉一。

〔註34〕《高子遺書》卷五，〈崇文會語序〉。

〔註35〕《明儒學案》卷三二，〈泰州學案〉一：「所謂祖師禪者，以作用見性。諸公掀翻天地，前不見有古人，後不見有來者。釋氏一棒一喝，當機横行，放下柱杖，便如愚人一般。」

〔註36〕《焚書》卷一，〈答鄧石陽〉：「穿衣吃飯即是人倫物理，除去穿衣吃飯，無人倫也。」

文意義。茲分三方面述其異同。

其一，兩個裂解紛亂的時代，造就了兩批具有「異端」色彩的士人。晚明稱為「狂禪」，魏晉稱為「名士」。二者同時以解放自我而著名。狂禪與名士的哲學源頭分別為陽明心學與魏晉玄學。魏晉玄學是儒學與老莊融合，奉自然為最高原則；晚明狂禪是儒學與佛禪合流的產物，以參與社會為最高原則，其形式為突破傳統，完成自我，開啓蒙昧。

再者，兩者都是對名教的衝撞，而魏晉名士走向自然，晚明狂禪走向人群。東漢末期的黨錮之禍，使士人對政治產生恐懼，對名教產生不信任。士人「高自標持，欲以天下名教是非為己任」，〔註 37〕品核公卿，裁量執政，以清議來維護名教。至司馬氏，雖標以名教，卻極力誅夷名族，所謂「魏晉之際，天下多故，名士少有全者。」〔註 38〕士大夫時常性命難保，而「越名教而任自然」理論之產生，名教已成為政治工具。竹林七賢如阮籍、嵇康等遂蔑視禮教，以種種放誕的行為「非湯武」、「薄周孔」，作無聲的抵抗。玄風倡導精神自由，無論是任情、是違理都有存在的合理性，一切皆以個人精神自由為最高準則，如劉伶的行為放達近乎荒誕，〔註 39〕但其率性得到了精神滿足，凸顯主體的絕對自由。

反觀陽明，提倡「良知」，強調良知有至大無外的包容力。〔註 40〕還有廣大無邊的創造力。〔註 41〕吾心之作用超越天理，主體因而擁有了絕對的自由。心學發展到泰州學派，其性質已發生了很大的變化，「赤手搏龍蛇」的豪俠氣概，「遂復非名教之所能羈絡矣」。〔註 42〕狂者胸次有力地促進了該派與傳統名教的決裂。心學左派特別是泰洲後學和李贄得到較為充分的體現，打開以自我為中心的大門。

其二，心學之狂，首先是就理學之虛僞、陳式格套而發，強調不依聖賢

〔註 37〕《後漢書》卷六七，〈李膺傳〉。

〔註 38〕《晉書》卷四九，〈阮籍傳〉。

〔註 39〕《世說新語》下卷，〈任誕篇〉，任誕：「劉伶縱酒放達，或脫衣裸形在屋中。人見譏之，伶曰：「我以天地為棟宇，屋室為幝衣，諸君何為入我幝中！」《傳習錄》：「天地萬物具在我良知的發用流形中，何嘗有物超於良知之外，能作障礙。」

〔註 40〕《王陽明全集》卷一，〈傳習錄〉上：「天地萬物具在我良知的發用流形中，何嘗有物超於良知之外，能作障礙。」

〔註 41〕同前註：「良知是造化的精靈。這些精靈，生天生地，成鬼成帝。」

〔註 42〕《明儒學案》卷三二，〈泰州學案〉一。

榜樣，不依道理格式行事，全憑自己的眞心自得。陽明、龍溪雖狂，仍存有戒愼恐懼，不越儒者之規矩，發展到泰州後學則出儒入佛，即本體即工夫，以精神境界取代思想義理，以知覺情識認同現成良知。最終導致了對儒家綱常倫理的否定，對自我的一味肯定。

檢視狂禪派最具代表性的人物李贄，以絕假純眞的「童心說」向一切虛僞、陳規陋習開戰。爲了打擊那些假借孔子之名，而欺世盜名的僞學者，他明確提出不能以孔子之是非爲是非。〔註43〕打破儒學的神聖和至尊，也爲狂禪派擺脫名教羈絆、率眞任性的行爲提供了哲學依據。魏晉玄風和王門狂禪都具有任運而爲，張揚自我的作用。玄學到了阮籍、嵇康等竹林名士形成的玄虛風尙。他們嚮往的自由，是遠離世俗現實，與萬物合一的精神境界。〔註44〕但是，只要人生活在現實之中，就不可能口不論事，無喜怒哀樂。阮籍深刻地感受到理想和現實的衝突，飲酒癲狂只在麻醉自己，因此，魏晉名士之放達、任誕都帶有無可奈何的自我放逐。

因此，有別於魏晉名士之逃避現實社會，沈溺於酒色，放浪於形骸的精神風貌，狂禪派大多以其自尊自信，積極參與社會政治活動，在世俗活動中實現「百姓日用之道」，追尋精神自由。在狂禪者身上，我們看不到虛無和空疏，只有爲了「一體不容已之情」，〔註45〕而置名節和性命於不顧的豪傑氣概，以及一腔救世的情懷。

其三，歷史上，魏晉和晚明都是名士和隱士大放異彩的兩個時期，其共同的時代特徵，就是政治極端的黑暗腐朽，社會混亂不堪，舊有的儒家傳統道德價值體系分崩離析，新的哲學思潮蓬勃興盛，舊體制正在被打破，而新的體制尙未建立起來，社會處於解體和轉型時期。於是，處在一個「無道」的社會，社會價值和個體價值相背離，普遍理性和個體性矛盾尖銳，代表著文化精英的知識份子，便會處於焦慮和痛苦之中。因此，尋找解決困惑的出路，就顯得格外重要。魏晉士人（特別是竹林名士）和泰州後學顯然選擇了超越普遍理性之路。魏晉玄風和王門狂禪希圖主宰自身命運，提倡絕對自由，

〔註43〕《藏書·世紀列傳總目前論》：「前三代吾無論也，後三代，漢唐宋是也。中間千百餘年，而獨無是非者，豈其人無是非哉？咸以孔子之是非爲是非，故未嘗有是非耳。」

〔註44〕《世說新語》上卷，〈德行篇〉言：「晉文王稱阮嗣宗至愼，每與之言，未嘗臧否人物。」王戎則說：「與嵇康居二十年，未嘗見其喜慍之色。」

〔註45〕《王陽明全集》卷一，〈傳習錄〉上。

將個人價值凌駕於社會價值之上，對傳統的社會秩序產生強大的衝擊。從魏晉名士的「少有全者」和狂禪者多遭劫難，無不說明他們爲名教社會所不容。魏晉時期和晚明「重情輕禮」的世俗風氣，也造成對綱常名教的消解作用，致使他們的叛逆行爲被附上「玄」與「狂」的色彩。

狂禪派依據晚明獨特的社會環境和思想背景，將「致良知」發展成爲擺脫名教束縛，充分發揮個體意識、肯定個人價值、具有近代意義的個人主義。以李贄的「穿衣吃飯即是人倫物理」來說，他抨擊孔孟，裁量千年是非，揮斥處亦狂亦禪，掀翻萬世之名教的風格，不僅爲統治者所不容，亦爲當世的道學家所仇視。即使是一些具有進步思想的著名學者，如東林學派創始人顧憲成，乃至明清之際的早期啓蒙思想家黃宗羲等，也因囿於傳統儒學思想的影響，而對泰州學派和李贄的某些「異端」思想行爲提出過責難。最後，無論是空疏思潮或狂禪行徑，又引發晚明三個方向的改造：一是王學本身的改造，如劉宗周（蕺山）的「誠意」學說；一是回到朱學的窮理務實；一是促進事功之學的發展。

第二節　厚積薄發與別開生面——不拘格套，開展實學

晚明以學術空疏，政經空轉，激起崇實黜虛的風潮。究其實，儒學本已含有「內聖外王」的理想，以及「虛實互轉」的現象。當宋學的理氣心性之學彰顯，朱子已提醒務實踐履的重要，他說：「大抵今日之弊，務講學者多闕於踐履，……殊不知因踐履之實，以致講學之功，使所知益明，則所守日用。」〔註46〕陸象山也講務實：「平生學問惟有一實，一實則萬虛皆碎。」〔註47〕即使至明末清初以經世致用和經史考證爲學術重心，並不缺乏對理氣心性問題的探討。若自明中葉以降，實學的社會思潮，伴隨理學、心學在士林運轉著，當「空疏虛學」流行後，以「躬行踐履」爲主的改革力量也隨之出現。本節從學術及文學（小品文）方面總結其內在的繼承與革新。

一、文學上——小品文之啓蒙與發微

由於經濟的發揚和平民運動的開展，在思想文化裡，必然會出現平民的

〔註46〕《朱文公文集》卷四六。
〔註47〕《陸九淵集》卷三六。

啓蒙意識。在哲學上，以王艮、何心隱、李贄等爲代表的啓蒙哲學，他們除了大力宣傳人的主體意識和人的社會價值，鼓吹個性解放和人本主義之外，還針對宋明理學的「存理滅欲」，主張理欲統一說，從而使人性論從天理走向自然。他們不再崇拜權威，而否定以孔子之是非爲是非。在倫理道德上，他們針對傳統的三綱五常，特別是主張君臣關係應是「師友之義」，而不是君尊臣卑的主奴關係。在文學藝術上，隨著正統文藝的衰敗，興起了一股背離傳統的文藝思潮。徐渭的「本色論」、李贄的「童心說」、湯顯祖的「至情論」、袁宏道的「性靈說」等等，都是遠離廟堂文學而走向自我表達。

受到心學重視自我的影響，晚明文學家把很大的心力用在有別於廟堂文學之小品文的創作。從明初以來，台閣體、復古的文體演化，走至末流，陽明心學的抒張，物質文化的增長，自我意識的昂揚，這些都爲「不拘格套、抒發性靈」的小品文創造了發展的環境。萬曆以後，小品創作蔚爲風潮。如陳繼儒所說：「芽甲一新，精采八面，有法外法，味外味，韻外韻。典麗新聲，絡繹奔會，似隆、萬以來氣候秀擢之一會也。」〔註48〕充分描述小品文勃然興起的情態。

萬曆以來的小品文作家，處於人文高漲的時代，受到新思潮的洗禮，思想上反對名教，要求個性解放自由；政治上反對政治鬥爭，要求輕徭薄賦，富國強兵。袁宏道曾指斥朝中當權者，「有杞、檜之奸，林甫、嵩之之娼嫉，僞士滿朝，腐儒誤國。」〔註49〕但他仍無法擺脫傳統文化的束縛，也無法超越自身人格特質的侷限，終究回到老莊和禪宗，以求得自我解脫，形成脫離現實，陷入自我安慰的思想境地。其弟中道指其「宦況漸冷，有意棲遲，遂定臥游之計，其學亦日趨平淡。」〔註50〕至於「山人」、隱士則嚮往與世無爭的悠閒逸樂的生活。如陳繼儒云：

> 凡焚香、試茶、洗硯、鼓琴、校書、候月、聽雨、澆花、高臥、勘方、經行、負暄、釣魚、對畫、漱泉、支杖、禮佛、嚐酒、晏坐、翻經、看山、臨帖、刻竹、餵鶴，右皆一人獨享之樂。〔註51〕

反映這種生活方式和生活情趣的小品文，脫離了時代的風雲，磨去了批判的鋒芒，只能追求文人自以爲風雅的生活，談不上所謂的思想深度和生命格調。

〔註48〕《陳眉公集》〈文娛序〉。

〔註49〕《袁宏道集箋校》卷四，〈顧升伯太史別敘〉。

〔註50〕《珂雪齋集》卷一七，〈吏部驗封司郎中中郎先生行狀〉。

〔註51〕《陳眉公四種・太平清話》，〈凡焚香〉。

公安三袁，在文學上打破復古派模擬化的傾向。以「獨抒性靈，不拘格套。」〔註 52〕成為小品文的時代標竿，講求眞率自然，痛快流利。但由於矯枉過正，而流於輕佻。如譚元春評袁宏道的作品說：

予益以此嘆公之根器識力有大過乎人者焉。續集出，其卓大堅實之文，出自痛快俊穎之手，吾願學公者，從是悟文章之道。若捨其大者不言，而於所為翰墨遊戲、易於觸目者，則賞之不去口，傳之不崇朝，而法之不遺力也，又未免令述之纍息欷歔，而獨以予為知己矣。〔註 53〕

譚元春認爲公安派末流，只學袁宏道「翰墨遊戲」之作，而忽略其「卓大堅實之文」，捨本逐末，流弊更重。對此，袁中道亦洞察其本末，指出箇中原因：

至於一二學語者流，粗知趨向，又取先生少時偶爾率易之語，效顰學步，其究為俚語、為纖巧、為莽蕩，譬之百花開而棘刺之花亦開，泉水流而糞壤之水亦流，烏焉三寫，比至之弊耳，豈先生之本哉！〔註 54〕

末流取中郎「率易」之作為樣本，開出「棘刺之花」，流出「糞壤之水」，雖非中郎所逆料，唯其當初「不拘格套」的呼籲，才高者發揮性靈，才拙者流於草率俳諧。如同陽明創「良知教」，一時風靡天下，但「無善無惡」之教法，被認爲是開啓明末空疏學風之端，當初提倡者亦得負起道義責任也。

公安派末流產生淺俗粗俚，竟陵派欲予改善，鍾惺說：「大凡詩文，因襲有因襲之流弊，矯枉有矯枉之流弊。前之共趨，即今之偏廢；今之獨響，即後之同聲。此中機捩，密移暗度，賢者不免，明者不知。」〔註 55〕因此，鍾惺提出：「深厚者易久，新奇者不易久也。」〔註 56〕但是，竟陵派重在形式上的「幽深、婉曲、冷艷」，而不是從思想內容上尋求作品的深厚，故顯得艱深僻澀，仍未脫離膚狹淺薄的弊病。張岱處在小品發展的末期，能以冷靜的眼光、客觀的態度、辨證的方法，總結小品創作中的經驗，借鏡小品作家的優點，避免其缺失，取得超乎前人的突出成就。他在《石匱書・文苑列傳》中，曾對明代後期散文作過如下的分析：

〔註 52〕《袁宏道集箋校》卷四，〈敘小修詩〉。
〔註 53〕同前附錄三，譚元春撰〈袁中郎先生續集序〉。
〔註 54〕同前附錄三，袁中道撰〈袁中郎先生全集序〉。
〔註 55〕《隱秀軒集》卷二八，〈與王穉恭兄弟〉。
〔註 56〕同前，〈與譚友夏〉。

> 歸熙甫、劉子威〔註57〕、湯義仍、徐文長、袁中郎，皆生當王、李之世，故詩文崛起，欲一掃近代蕪穢之習，韓昌黎推孟子之功，故爲其不在禹下也……。而劉子威但爲佶屈聱牙，不足以屈服王、李，文長、義仍各以激昂強項，犄角其間，未能取勝。而中郎以通脫之姿，尖穎之句，使天下文人始知疏瀹心靈，搜剔慧性，以蕩摹擬塗澤之病，其功則更在歸、劉、湯、徐之上矣。後自七才子之縱橫當世，徐文長、袁中郎思以奇穎救之，而失於草率；劉子威、湯若士思以精練救之，而失於濃冶；鍾伯敬、譚友夏思以淡遠救之，而失於淺薄。〔註58〕

張岱對隆慶、萬曆以來的散文作家，特別推崇袁宏道，也指出湯顯祖、徐渭、袁宏道、鍾惺、譚元春等優秀小品作家的短處，或失於艱澀，或失於濃冶，或失於草率，或失於淺薄。不至如明末清初部分學者一概抹殺公安派與竟陵派，張岱要求在創作中把自由與規律、有意與無意結合起來，即要取公安、竟陵之長而去其短，認爲「孔重辭達，孟善言近，則詩文之妙不在角奇鬥險也明矣。」〔註59〕「辭達言近」不但是明代小品文的一大特徵，也是文學創作的共同原則。在這個原則下，產生了大量清新雋永的作品，造就了大批各具風格的作家。從萬曆以來，小品文滋長繁榮，展現其作爲新興文體的生命力。

總言之，晚明小品蘊含於啓蒙的潮流中，帶著個性解放的時代精神。在內容上，感情充沛且富有情趣；形式上簡鍊活潑，多采多樣。它是中國散文的別調新聲，更重要的是他標記著作者的心靈解放。小品文傑出作家如徐渭、李贄、湯顯祖、袁宏道、袁中道、鍾惺、譚元春等，不只在文中表現才華，也顯現其不受拘束人格特質。

明清鼎革之際，「天崩地解」的歷史巨變，國破家亡的嚴酷現實，孤臣孽子的憂心畏懼，使士風、文風發生了很大的變化。思想學術潮流由陽明心學轉到實用之學，文章也由清麗雋永轉到樸實敦厚。

二、學術上——實學之發揚與變通

實學即務實之學，以「經世致用」爲目標，相對於玄虛空疏之學而言。

〔註57〕劉鳳，字子威，長洲人。嘉靖二十九年（1550）進士，拜監察御史，著有《劉子威集》。

〔註58〕《石匱書》卷二〇二，〈文苑列傳〉。

〔註59〕同前註。另《論語・衛靈公》孔子曰：「辭達而已矣」。《孟子・盡心下》孟子曰：「言近而旨遠」。

如前述儒學以「內聖外王」爲理想，內聖以踐履爲實，講求明道致用，是篤實之學；外王則以民利爲義，講求經世致用，是實用之學。經世致用亦自始即是儒者的一貫理想。自孔子起，「經世」理想和德性修養就是儒家學說中相輔相成、並行不悖的兩輪。

明清實學如同宋明理學一樣，是儒學發展到明清時期出現的一種新的儒學形態。實學的基本特徵是「崇實黜虛」。所謂「崇實黜虛」，就是鄙棄哲學上的虛無，政治上的虛假，即厭棄當時心學的空談，及政事上的空轉，進而提倡「實踐」、「實功」、「實事」。

爲了挽救明代的社會危機和「富國強兵」，晚明曾提出了各種改革時弊的救世方案，如張居正政治改革運動，有效的提振國力於一時。明清之際，以顧憲成、高攀龍爲代表的東林黨人，面對「天崩地陷」的嚴峻現實，反對王學末流的「空疏學問」，提倡士大夫「居廟堂之上則憂其民，處江湖之遠則憂其君」〔註 60〕的治學宗旨，並以「風聲、雨聲、讀書聲，聲聲入耳；家事、國事、天下事，事事關心」代表東林黨人救世濟民的崇高理想。至於以陳子龍爲代表的復社君子，則編印《皇明經世文編》，其目的也是「資後世之師法」。顧炎武的《日知錄》和《天下郡國利病書》，黃宗羲的《明夷待訪錄》。這些積極的經世思想，在歷史上曾起過一定的進步作用。

有鑒於明末儒林空疏迂闊的流弊，平居講學，以經世之學和師儒之道自任的，如孫奇逢（夏峰）、黃宗羲（百家）、王夫之（船山）、李顒（二曲）、顧炎武（亭林）等輩，一變宋明理學諸家徒事心性的迂疏理念，轉而注重漢學訓詁的考據，終使清儒兩百餘年的經學，大有超越漢、唐之勢。

晚明實學思潮高漲，是對抗當世的空疏學風，也是儒學系統本來具有而被隱沒的事業。如唐順之以爲「夫學不知經世，非學也」；〔註 61〕焦竑則說：

> 余惟學者患不能讀書，能讀書矣，乃疲精力於雕蟲篆刻之間，而所當留意者，或束閣而不觀，亦不善讀書之過矣。夫學不知經世，非學也；經世而不知考古以合變，非經世也。〔註 62〕

儒者爲學，素以經世爲目標，經世必須有著力處、「如學書者必執筆臨池，伸紙行墨，然後爲學書；學匠者必操斧運斤，中鉤應繩，然後爲學匠。如何學

〔註 60〕《高子遺書》卷八。

〔註 61〕唐順之：《右編自序》。

〔註 62〕《焦澹園集》卷一四〈荊川先生右編序〉。

道只是口說？口說不濟事，要須實踐。」〔註63〕「學不知經世」、「要須實踐」，確是晚明目睹儒學偏於內聖而造成流弊時的呼籲。「經世」本來就是儒家的思想文化精神，儘管宋明理學諸儒也有經世之說，但他們所重者在心性，以爲修身正己即爲經世，其實是曲解了經世的意義。所以，晚明唐順之、焦竑、陳第等人重申經世，強調實踐與變通。隨著這股思潮而來的是對政治的關心和參與，東林諸儒在這方面即具有顯著代表性。如顧憲成云：「士之號爲有志者，未有不亟亟於救世者也。」〔註64〕另高攀龍亦曰：

> 居廟堂之上則憂其民，處江湖之遠則憂其君。此士大夫實念也，居廟堂之上，無事不爲吾君；處江湖之遠，隨事必爲吾民：此士大夫實事也。〔註65〕

由顧憲成、高攀龍所言可見，東林諸儒所提倡的學術是要經世的，而且應時刻事事以君民爲念、以君民爲事，學術不可以脫離現實社會生活和實際政治運作而獨立存在。他們講學既有如此意圖，則其「講習之餘，往往諷議朝政」，〔註66〕並且「紀綱世界，全要是非明白」，〔註67〕屬於必然現象。

簡言之，明中葉以後的王學末流，排斥讀書。一些學者不滿於王學末流之狂誕，開始起而扭轉空疏不學之風。如楊愼、王世貞、胡應麟、焦竑、陳第、梅鷟諸人，皆醉心於考據博文，以博洽多識著稱一時。在晚明博學諸君流風餘韻的影響下，入清以後，方以智、黃宗羲、錢謙益、姚際恒、閻若璩、毛奇齡、朱彝尊、顧亭林等人沿波而起，競相從事經史考證之學。以其精識博學之才，對九經諸史，一一疏通其源流，考證其謬誤，一掃宋明理學懸揣空談之風，開創了清代經史考證之學的規模和次第。

如顧亭林之學以匡時救世爲己任，認爲：「君子之爲學也，非利己而已也，有明道淑人之心，有撥亂反正之事，知天下之勢之何以流極而至於此，則思起而有以救之。」〔註68〕由於面臨生死存亡的選擇，「無事袖手談心性」的亡國之音不復存在，經世之學遂成清初知識界的共同主張。以經典考證和詮釋爲主要內容的清學學術範式漸次成型，儒學亦由理氣心性之學向經史考證之

〔註63〕同前卷四七，〈崇正堂答問〉。
〔註64〕《涇皋藏稿》卷八，〈贈鳳雲楊君令峽江序〉。
〔註65〕《高子遺書》卷八上，〈答朱平涵〉。
〔註66〕《明史》卷二三一，〈顧憲成傳〉。
〔註67〕《明儒學案》卷五八，〈東林學案〉一。
〔註68〕《顧亭林詩文集》，頁166。

學轉變。

綜言之，至中晚明，心學獨盛，王廷相起而宣導實學。他主張「學者讀書，當以經國濟世爲務。」〔註69〕後來，「經世」觀念逐漸受到知識界的重視，甚至一些心學家也常提及經世之學，如王畿說：「儒者之學務於經世。」〔註70〕江右王學的代表人物之一馮應京編《皇明經世實用編》二十八卷。東林諸儒更是明末宣導經世之學的重鎮。如顧憲成論學「與世爲體」，高攀龍講學以「紀綱世界」爲宗。〔註71〕繼之而起的復社領袖陳子龍則編成卷帙多達五百餘卷的《皇明經世文編》。可見經世之風在明末已開始匯成潮流。

明代中葉以後，儒家提倡實學，提倡變通，強調了解實際政治問題的重要，是他們爲解決這個難題所做的有益努力。其努力，一言以蔽之，就是注重經世之方法，以矯正往昔過偏於經世之理論的缺失。事功之學遂被儒林採行，經世不再只是一種抱負，而更是一門救世的學問。

事功實學在義利觀上有其鮮明的反傳統傾向。葉適說：「仁人正誼不謀利，明道不計功，此語初看極好，細看全疏闊。古人以利與人而不自居其功，故道義光明。後世儒者行仲舒之論，既無功利，則道義者乃無用之虛語爾。」〔註72〕漢代大儒董仲舒的名言受到「全疏闊」的評價，無功利的道義被認爲只是無用的「虛語」，這是對傳統儒家的義利觀進行了深刻修正。

其一，心性之學本爲事功之手段，事功爲心性之目的。因偉大之事功須有堅強之心志，以爲支撐。如張居正者，其心志足以彰顯其事功也。今卻把心性之學當作目的，因而與二氏之作爲無異，且儒學之心性理論復不及二氏之縝密，與之合流亦勢之所必然。

事實上，崇實才是學問的常態，流於玄虛是末流現象，所以必須加以救正，而歸於崇實。經學的本質是經世致用，如演變成言心言性，就是經學的玄虛化，就必須加以扭轉。晚明已有實學思潮低落之感覺，亦即當時的學風已向著崇實的方向在前進。

其二，應當說，儒家傳統中是有經世內涵的，而無論程、朱還是陸、王，都未完全拋棄此傳統，理學思想體系中也蘊涵著某些實學的因素，「所以明清

〔註69〕《王廷相集》卷三，〈督學四川條約〉。
〔註70〕《王龍溪全集》卷十四，《贈梅宛溪擢山東憲副序》。
〔註71〕《明儒學案》卷五八，〈東林學案〉一。
〔註72〕《習學記言序目》卷二三。

時期的實學家在批評、否定理學的空談心性的同時，對其中的某些實學思想也多加肯定和繼承。」〔註 73〕亦即理學本身也對佛老的「虛無寂滅」與漢學的「辭章記誦」具有反動的力量，當理學或心學走到「空談心性」，就必須回到追求眞實的聖賢之學，和實踐的道德之學，此即稱爲實學。

其三，清人陸隴其認爲明之亡由於學術，他說：「明之天下不亡於寇盜，不亡於朋黨，而亡於學術。學術之壞，所以釀成寇盜、朋黨之禍也。」〔註 74〕而他此處所言學術，即指王陽明之心學，故而他又具體的描述說：

> 學者苟無格物窮理之功，而欲持此心之知覺，以自試於萬變，其所見爲是者果是，而見爲非者果非乎？又況其心本以爲人倫庶物，初無與於我，不得已而應之，以不得已而應之心，而處乎其嘗究竟之事，其不至於顚倒錯謬者幾稀！其倡之者，雖不敢自居於禪，陰合而陽離，其繼起者則直以禪自任，不復有所忌憚，此陽明之學所以爲禍於天下也。〔註 75〕

至於王學何以能造成如此結果，他認爲其因有二：「一則爲其學者可以縱肆自適，非若程朱之履繩蹈矩不可假借也；一則其專以知覺爲主，謂人身有生死，而知覺無生死，故其視天下一切皆幻，而惟此爲眞。故不賢者既樂其縱肆，而賢者又思求其無生死者，此所以群趨而不能捨。」〔註 76〕明之亡國，非亡於學術，而是亡於人心之壞，學術只是其假借而已。蕺山曾說：「世道之禍，釀於人心，人心之惡，以不學而進。」〔註 77〕蓋盜賊起於飢寒，朋黨成於傾軋，當熊廷弼死於黨爭非死於禦敵，明廷已陷於有人而無人可用；當君臣忙於鬥爭貪瀆，放縱礦監稅使荼毒天下，人民已成政府之敵對，故流賊與清軍直入京城，國遂亡矣。但王學的發展也有起落、變異及弊端，支持與批判並存，如東林黨首領顧憲成曾經師事王門弟子薛應旂，算來應爲王門的三傳弟子，但後來卻轉尊程朱而痛詆王學。他最爲深惡痛絕的便是四句教中的「無善無惡」，他認爲「無善無惡」之害在於：

> 見以爲心之本體，原是無善無惡也，合下便成一個空。見以爲無善無

〔註 73〕葛榮晉：《中國實學導論》，載其主編《中日實學史研究》，中國社會科學出版社，1992 年版，頁 3。

〔註 74〕《三魚堂文集》〈學術辨〉上。

〔註 75〕《三魚堂文集》〈學術辨〉中。

〔註 76〕同前註。

〔註 77〕《劉子全書》卷四十，〈年譜〉。

> 惡，只是心之不著於有也，究竟且成一個混。空則一切解脫，無復掛礙，高明者入而悅之……混則一切含糊，無復揀擇，圓融者便而趨之……是故欲就而詰之，彼其所占之地步甚高，上之可以附君子之大道，……下之可以投小人之私心。即孔孟復作，其奈之何哉？〔註 78〕

顧憲成及其東林黨成員富有政治熱情與道德操守，希望能以學術救國，但他們的重振程朱之學並未能挽救時局，指責王學也無助於當時。王學影響層面應為心性的鍛鍊與思考的活絡，政策的規劃和施行屬於實務操作，「理法弛、政刑紊」是屬於規範執行的層面。陸隴其將明代的滅亡歸咎於王學，顯然是不相及的因果。

最後，清儒對晚明學術持負面的多，偏頗亦多。他們重新抬高程朱理學的地位，沉潛於經學與考據之學，回歸「正統」的學術氣氛。對具有啓蒙色彩的晚明學術，批駁甚多。明嘉靖以後的學者，不肯下功夫鑽研經學，且不守章句注疏，卻喜歡「掉弄聰明」，「好行小慧」，好發揮主體性、創發性，提出自己的見解，甚至離經叛道之說。在清儒看來，這便是無根之談，浮薄之見，便是異端邪說，空疏淺陋。但也有以新的觀點審視晚明學術思想，給予很高的評價，如龔自珍說：「俗士耳食，徒見明中葉氣運不振，以爲衰世無足留意。其實爾時優伶之見聞，商賈之氣習，有後世士大夫所必不能攀躋者。」〔註 79〕所謂「俗士」與「後世士大夫」，就是指的明末清初所謂儒士，其自以爲是的識見比起當時「優伶」、「商賈」的勇於自我做主，不見得就比較高明，龔自珍的這種不同流俗的識見，對當時以以正統自居、藐視前代的學者文人，確有當頭棒喝之功。

第三節　時代省思——不矜細行，終累大德

心學屬於心性之學，提供士人心靈改造之依據，也是協助實現外王的內聖之學。順境時，鼓舞勇往直前；逆境時，則韜光養晦，等待再起或引退時之安身立命。陽明心學的出現，本是爲了挽救明王朝的社會危機，但明王朝的發展卻隨著心學的發展而日趨沒落。〔註 80〕此本屬歷史發展之巧合，而清

〔註 78〕《明儒學案》卷五八，〈東林學案〉。

〔註 79〕《龔自珍全集・江左小辨序》。

〔註 80〕左東嶺先生在《王學與中晚明士人心態》第四章最後所說：「陽明心學本有濟世與超越兩個方面，體現了士人關心社會與珍惜自我、開放進取與封閉自守

初學者常以因果論之。蓋思潮屬於知的層面，提供一個發展可能性；把思潮化作具體行動的是士人，士人在推展的過程中，受影響最大的不是思潮本身，而是政治現實，由此交織而成的是士風，士風良窳才是決定一代盛衰之關鍵。明代之亡，不在良知學說或心學風潮，而是包括皇帝在內的士人集團立身處世之去「良知」化，以私心爲用，以掌權爲目的。最後，是非觀念不敵好惡之情，政治成爲樹惡除德之凶器，民風日偷，德化凌遲，國家之亡，可以《尚書》所云：「不矜細行，終累大德」〔註81〕爲註腳。本節試著以狂狷與鄉愿爲尺度，檢視晚明從國君到朝臣，他們在角色扮演上是否得宜，在處事應變上是否恰當。

一、國政荒廢與狂狷士風不再

儒教針對狂狷，早有明辨，子曰：

> 不得中行而與之，必也狂狷乎！狂者進取，狷者有所不爲也。〔註82〕

狂者見善則知進取，狷者見不善則知有所不爲，合兩者之長即爲中行。〔註83〕中行不可多得，狂狷已足可貴，與狂狷相對的是鄉愿。子曰：「鄉愿，德之賊也。」〔註84〕孟子進一步闡述，他說：

> 言不顧行，行不顧言，……闇然媚於世也者，是鄉愿也……非之無舉也，刺之無刺也；同乎流俗，合乎汙世；居之似忠信，行之似廉潔；眾皆悅之，自以爲是，而不可與入堯舜之道，故曰德之賊也。〔註85〕

堯舜之道，即正道也。而鄉愿，言行舉止都像正道，但皆非正道，所謂疑似而已，善則爲僞善、君子則爲僞君子也。又如子曰：「古之狂也肆，今之狂也蕩；古之矜也廉，今之矜也忿戾。」〔註86〕「肆」指志高而不拘小節，輕視

的兩個不同心態模式。由於社會環境的變遷，晚明只繼承了後者而捨棄了前者……陽明心學的出現，本是爲了挽救明王朝的社會危機，可最終卻走向了如此結局，實在是一個令人值得深思的問題。」

〔註81〕《尚書》卷一三，〈周書・旅獒〉：「夙夜罔或不勤，不矜細行，終累大德；爲山九仞，功虧一簣；允迪茲生，民保厥居，惟乃世王。」

〔註82〕《論語・子路》

〔註83〕錢穆先生認爲中行就是兼有狂狷二者的長處，他在《論語新解》中說：中行之道「退能不爲，進能行道，兼有二者之長也。」

〔註84〕《論語・子路》。

〔註85〕《孟子・盡心下》。

〔註86〕《論語・陽貨》。

庸俗，有理法可循；「蕩」指不受控制，興風作浪，只有立場，沒有是非。至於自矜，正面為以廉節自守；負面則傲慢而流於憤戾之氣，晚明士風受心學潮流影響，士人狂、矜、狷乃至鄉愿之角色，個性交錯呈現，乍看形形色色，實則多充斥似是而非之價值。以下舉例歸結論之。

為人君者，擁有四海，位高權重，責任重大，自應以中行為自我要求，雖不得中行，亦不能離狂狷而流於鄉愿。首先，從神宗說起，他自萬曆十年親政，對張居正私心部分的追究到底，似乎想有所作為。其實不然，他至少主動做了兩件足以動搖國本之事，其一，就是一再拖延「立國本」，被質疑有「廢長立幼」之意圖。〔註 87〕因此「立國本」及其衍生問題，就成為朝臣諫諍的重點，此事是皇帝當為而不為。其二，是派遣中官採礦、徵稅，朝臣都認為不可，神宗卻至死不省，此事屬不該為而為。不立國本至動搖國本，徵礦稅致擾民生變，得失之間，其理甚明。萬曆三十年，神宗病危時，指示廢礦稅為首要，故其深知國政問題所在，〔註 88〕但卻因私利私心或逃避心理，讓錯誤的政策不斷延續，信中官甚於信朝臣；愛珠玉甚於愛民命。之後，民憤越深，民變越盛，至萬曆三十三年始罷天下礦稅，〔註 89〕然中使仍不撤也，榷稅仍在。去世前遺詔「罷礦稅、榷稅及監稅中官」。唯礦民失業之後，或轉為礦賊矣。

為了配合神宗的怠政，首輔申時行也做了兩件動搖國本的事。第一，就是廢止皇帝例行講筵。神宗為逃避「立國本」之質問，開始扮演「深宮皇帝」。除了不臨朝主政，也一再荒廢定期「講筵」，自萬曆十八年，首輔申時行為順從帝意，把君臣講筵改成「進講章備覽」。臨朝主政本皇帝之天職，定期講筵亦進德修業所必需。罷講筵，君臣之間失去互相論德論政的機會。第二，則是章奏留中不發。神宗深居內宮後，章奏留中日漸嚴重，申時行、王家屏曾催請「發留中章奏」。萬曆十七年，評事雒于仁進酒色財氣《四箴》，〔註 90〕

〔註 87〕萬曆十四年，鄭貴妃產下皇三子之後，就一直被質疑有「廢長立三」之意圖，至萬曆二十九年，始完成立儲，至萬曆四十二年，皇三子才到封地，四十八年，神宗去世，光宗即位，不到一年就暴病而死，確實存再許多疑竇。

〔註 88〕萬曆三十年，神宗病危，命「罷礦稅、停織造、釋逮繫、復建言諸臣職。」次日，病情好轉，立即反悔。

〔註 89〕三十二年，沈鯉率諸臣奏罷礦稅，吏部尚書上言：「今日實政無有過於罷礦稅者」，三十三年始罷天下礦稅。

〔註 90〕《明史》卷二三四，〈雒于仁傳〉曰：「臣聞嗜酒則腐腸，戀色則伐性，貪財則喪志，尚氣則戕生。陛下八珍在御，觴酌是耽，卜晝不足，繼以長夜，此其病在嗜酒也。寵『十俊』以啓幸門，溺鄭妃，靡言不聽。忠謀擯斥，

指向神宗私德，雖爲事實，確是過於苛薄，神宗本將重懲，申時行爲免事情擴散，主動請該疏「留中勿發」，朝臣自請章奏留中勿發自此始。當時，爲了兩全，出此權宜之策，卻毀了一個重要制度。因爲，章奏可以留中，皇帝就可以積案或選擇性辦案，朝政之荒廢及偏差獲得合理化，所謂「不矜細行，終累大德」，就是如此。皇帝怠惰，輔臣和之，士風之頹廢，可見一斑。因此，萬曆十八年被認爲是神宗不理朝政之始。〔註91〕

由於上述四件事，致群臣諫諍不斷，神宗認爲言官多話而心生厭煩，想杜天下悠悠之口，以圖清靜，萬曆十九年，對科道官告誡道：

> 邇來風尚賄囑，事尚趨赴，內之參，外之劾，甚無公直，好生欺蔽。且前者天垂星變，群奸不道，汝等職司言責，何無一喙之忠，以免瘝曠之罪？汝等市恩取譽，輒借風聞之語訕上要直。至於鬻貨欺君，嗜利不軌，汝等何獨無言？且汝等豈不聞宮府中事皆一體之語乎？恨每以揄揚君惡，沽名速遷爲也？你等受何人之爵，食何人之祿？至於長奸釀亂，傍規避禍，無斥奸去逆之忠，職任何在？本都該拿問重治，姑且從輕，罰俸一年。〔註92〕

一個深居宮廷，不想有作爲的皇帝，對於官場陋俗，卻瞭如指掌。所謂「賄囑」、「趨赴」、「嗜利」、「沽名」等惡習歪風；甚至「鬻貨欺君」、「揄揚君惡」，已屬違法亂禁，理應給予嚴懲，卻沒有任何整飭之要求，而聽任其發展。尚稱罰俸一年爲「姑且從輕」，其官箴之腐壞可知。稱得上君臣不避汙名，共趨墮落。他的寬容，科道官並不領情，對國本之爭與章奏留中以及更多圮政仍繼續借題發揮。萬曆二十四年，兩京科道官三十四人被削籍，御史馬經綸以反諷的方式，論「言官有不言之罪五」，〔註93〕以指桑罵槐的方式指責神宗。史稱：「神宗中

儲位久虛，此其病在戀色也。傳索帑金，括取幣帛，甚且掠問宦官，有獻則已，無則譴怒，李沂之瘡痍未平、而張鯨之貲賄復入，此其病在貪財也。又宿怨藏怒於直臣，如范儁、姜應麟、孫如法輩，皆一詘不申，賜環無日，此其病在尚氣也。四者之病，膠繞身心，豈藥石所可治？今陛下春秋鼎盛，猶經年不朝，過此以往，更當何如？」所述也確有其事，但神宗情何以堪。

〔註91〕萬曆四十年，南京各道御史言：「台省空虛，諸務廢弛，陛下深居二十餘年，未嘗一接見大臣，天下將有陸沉之憂。」（詳參《明通鑒》卷七四）；萬曆四十三年，御史翟鳳翀言皇帝不見廷臣二十五年。（詳參《明通鑒》卷七四）。

〔註92〕以上引自《明神宗實錄》萬曆十九年閏三月。

〔註93〕《明史》卷二三四，〈馬經綸傳〉「帝欲尋端罪言官」，馬經綸抗疏曰：「乃言官今日之箝口不言者，有五大罪焉。陛下不郊天有年矣，曾不能援故典排闥以諍，是陷陛下之不敬天者，罪一；陛下不享祖有年矣，曾不能開至誠牽裾

年，德荒政圮。懷忠發憤之士，宜其激昂抗詞以匡君失。」〔註 94〕如雒於仁和馬經綸可謂肆無忌憚。君臣失去溫厚情誼，對話猶如寇仇，刻薄露骨不啻對待囚首，所謂「忠厚之情薄，而衒沽之情勝」，故雒於仁曰：「保祿全軀之士可以威權懼之，若懷忠守義者，即鼎鋸何避焉。臣今敢以四箴獻。若陛下肯用臣言，即立誅臣身，臣雖死猶生也。惟陛下垂察。」〔註 95〕抱著以身相殉的決心，不能行事立功，也要進諫立名，表面悲壯，其實無奈。

其次，皇帝不理朝政，百事不得裁示，群臣就事論事的政爭，逐漸演變成朋比任事，以立場決定是非的黨爭，神宗厭煩黨爭，黨爭已成，因此造成缺官不補，人才閒置無法歷練，以致有事無人可辦，緊要關頭無人可用，在任者得不到正常升遷，就心生怠惰或離職他去。在要人無人的情況下，六部首長相繼離去，〔註 96〕萬曆三十七年六部已成空署，甚有一人兼兩部事者。〔註 97〕萬曆三十九年，葉向高指出「閣部台署皆空，陛下萬事不理，臣恐禍機一發，不可止也。」四十年葉向高屢求去，六卿僅刑部尚書趙喚一人，並兼兵部事。此時之怪現象大略有：補科道六十餘人，本來就該做的事，當時卻以爲盛事；各省鄉試因無考官而改期；許宏綱同時代理刑部尚書和都御史；內閣只有葉向高一人，主會試時，票擬皆送闈中，時以爲異事；李廷機在內閣六年，秉政九月，爲言路所攻，受辱積年而後去，亦前此所未有。萬曆四十一年起，王象乾以兵部尚書兼署吏部，劉元霖以工部尚書兼署都御史。萬曆四十二年，吏部尚書鄭繼之兼兵部事，時繼之年已八十餘。至天啓朝，已無人可用，首輔只好啓用致仕六年的葉向高，回朝大臣如鄒元標、劉志選都已家居三十餘年。至崇禎朝，情況愈糟，使得中官遍布要津，甚至干預朝政。故神宗以減官方式擬達到減少雜音的作法，大大危及國家發展與安全，是所謂鋸箭療傷，飲鴆止渴者，其心

以諍，是陷陛下之不敬祖者，罪二；陛下輟朝不御，停講不舉，言官言之而不能卒復之，是陷陛下不能如祖宗之勤政，罪三；陛下去邪不決，任賢不篤，言官言之而不能強得之，是陷陛下不能如祖宗之用人，罪四；陛下好貨成癖，御下少恩，肘腋之間，叢怨蓄變，言官俱慮之，而卒不能批鱗諫止，是陷陛下甘棄初政，而弗獲克終，罪五。言官負此大罪，陛下肯奮然勵精而以五罪罪之，豈不當哉！奈何責之箝口不言者，不於此而於彼也？」

〔註 94〕《明史》卷二三四，〈贊曰〉。

〔註 95〕同前，〈雒於仁傳〉。

〔註 96〕户部尚書趙世卿拜疏去，吏部尚書孫丕揚拜疏去，兵部尚書李化龍卒，刑部尚書懸缺一年始到任。

〔註 97〕萬曆三十八年，工部侍郎劉元霖兼署刑、工二部事。

態及作爲，何止鄉愿而已。

空署的結果就是人才不繼，只好任用太監。熹宗時任用太監崔文升提督河漕，涂文輔督太倉銀庫，李明道督通州諸倉。鑒於魏忠賢肆虐，思宗崇禎元年，規定「中官非奉命不得出禁門。」〔註98〕並禁廷臣交結內侍。但崇禎四年，即派遣太監張彝憲總理戶工二部錢糧，又遣中官王坤等監視宣、大、山西兵餉。中官李奇戊監視陝西茶馬，呂直監視登島兵糧海禁。廷臣合疏諫請停用中官。思宗曰：「諸臣肯實心任事，朕亦何需此輩。」〔註99〕廷臣啞口不能對。崇禎五年，命太監曹化淳提督京營戎政。崇禎六年，太監王坤劾周延儒，吏部尚書李長庚指出，自古無內臣劾宰相者。復遣太監陳大金等分監曹文詔等軍。太監張彝請徵天下逋賦，給事范淑泰言民窮盜起，不宜追徵，思宗不聽。崇禎九年命內臣李國輔等分守紫荊、倒馬諸關。遣太監陳貴總監大同、山西。王夢弼監守宣府、昌平。思宗從禁太監，到無所不用太監，可見其對朝臣之不信任。考察思宗，確實想有所作爲，於崇禎元年，下詔「非盛暑、祁寒皆御文華殿議政。」以示其勤政之決心。崇禎八年，因流賊久不滅，下詔罪己，以示其自省之殷切。崇禎十四年，因時事多艱，災異迭見，痛自刻責，以減刑自箴。崇禎十七年，京城淪陷，登萬壽山見烽火徹天，曰「苦無民也」，可見其仁民愛物之心。但對敗亡責任則歸咎於朝臣，遺詔言「諸臣誤朕」，〔註100〕耽誤明江山者，豈在朝臣而已，其皇家先祖當爲首惡也。在此顯露了一個傳統專制帝王心態，即下詔罪己是皇帝自省最大的誠意，但他永遠不必負失敗責任，所謂「萬方有罪，罪在朕躬」，但是，所有責任，都在眾卿。

明之亡兆，起始於萬曆，而士風之大轉折則在天啓，而以魏忠賢爲集中之表現，可稱爲魏忠賢現象。忠賢「不知書，頗強記，猜忍陰毒，好諛。」〔註101〕卻得皇帝深信，他一邊「引帝爲倡優聲伎，狗馬射獵」，一邊「選武閹、煉火器爲內操」，密結大學士沈㴶、顧秉謙、魏廣微爲內援，勢力極速擴張，何以至此？遠因可以追溯皇太子缺乏皇帝養成教育，造成即位後昏庸無能，光宗、熹宗皆然。神宗的偏私猶豫，太子久不立，雖至萬曆二十九年完成立儲，並出閣講讀，但三十二年即廢講，至四十四年，太子出閣講學，已輟講十二年。光宗已然如

〔註98〕《明通鑒》卷八一。

〔註99〕《明通鑒》卷八二。

〔註100〕《明通鑒》卷九○。

〔註101〕《明史》卷三○五〈宦官傳〉二。

此，光宗之子熹宗就更等而下之，其昏庸無知也是理之當然。《三編》御批曰：

> 明事至熹宗勢已一蹶不振，乃復身親賤伎，欲與巧匠爭工，〔註102〕其爲客、魏煬蔽，實由自取。但自古閹奴乘隙爲奸，亦自師承有本。如……唐仇士良教其黨云：「天子不可令常閑，宜娛其耳目，無暇及他事，然後吾輩可以得志。」觀忠賢故智，前後如出一轍，可見宵小肺腸不謀而合。無如昏庸君，明知覆轍而蹈之，可慨也夫！〔註103〕

皇家爲培養帝王之才，素重太子之養成教育，簡選碩學鴻儒、德業彰顯之大臣，擔任太子講官，期能充實其學術，博深其識見，恢弘其胸襟。然熹宗十六歲即位，尚以「斧鉅髹漆」爲樂，因其深居內廷，以近侍輔導誦讀，淪於沉溺小伎，甘居下流，離帝王之胸懷氣度遠矣！正如李憲可所謂：「內庭足可誦讀，近侍亦堪輔導，則禁闥幽閒，豈若外朝之清肅；內臣忠敬，何如師保之尊嚴。」〔註104〕神宗之不慎，已啓子孫失政敗德之不幸，其過大矣。

最後，是黨爭過於激化，落敗者心生不服，唯想報復而已。當時，「與東林忤者，眾目之爲邪黨。天啓初，廢斥殆盡，識者已憂其過激變生。及忠賢勢成，其黨果謀倚之以傾東林。」〔註105〕東林素以社會清流自許，天啓初也掌握大權，卻無法擺脫黨同伐異之宿命，不只政治無成，並推異議者成爲對敵，使忠賢本一閹宦，而得恣意爲惡。即史家也驚嘆：

> 迨神宗末年，訛言朋興，群相敵仇，門户之爭固結而不可解。「忠賢不過一人耳，外廷諸臣附之，遂至於此，其罪何可勝誅！」痛乎哉，患得患失之鄙夫，其流毒誠無所窮極也！〔註106〕

所謂「小人窮斯濫矣！」小人成事雖不足，敗事卻有餘。小人不是天生，都是所謂君子製造了可以趨炎附勢的機會。試問：魏忠賢之惡，孰令致之？

魏忠賢現象一成，鄉愿之流即布滿天下。自魏忠賢得勢，威震天下，趨炎附勢者不絕於途，自浙江巡撫潘汝楨建生祠後，建生祠者接踵而起，幾遍天下，「無不攘臂爭先，洶洶若不及」。然會有潘汝楨，必先有魏忠賢，蓋唯諾之鄉愿，必先有強横之威勢；比諸蔓草，必巨石上壓，使之旁生也。故自

〔註102〕《明史》卷三〇五，〈宦官傳〉二：天啓帝「性幾巧，好親斧鉅髹漆之事，積歲不倦。」

〔註103〕《明通鑒》卷七七。

〔註104〕《明史》卷二三三，〈李獻可傳〉。

〔註105〕《明史》卷三〇五，〈宦官傳〉二。

〔註106〕《明史》卷三〇六，〈閹黨傳〉。

潘汝楨以下，大多畏懼魏忠賢之威勢，而後有諂媚奉承之作法。關於鄉愿之描述，劉宗周於崇禎九年十月，所發表一段用人的論述，發人深省：

> 昔唐德宗謂群臣曰：「人言盧杞奸邪，朕殊不覺。」群臣對曰：「此乃杞之所以爲奸邪也。」臣每三覆斯言，爲萬世辨奸之要。故曰：「大奸似忠，大佞似信。」頻年以來，陛下惡私交，而臣下多以告訐進；陛下錄清節，而臣下多以曲謹容；陛下崇勵精，而臣下奔走承順以爲恭；陛下尚綜覈，而臣下瑣屑吹求以示察。凡若此者，正似信似忠之類，究其用心，無往不出於身家利祿。陛下不察而用之，則聚天下之小人立於朝，有所不覺矣。天下即乏才，何至盡出中官下？而陛下每當緩急，必委以大任。〔註 107〕

崇禎四年以後，思宗即大量用太監，太監大多順從聽話，雖能力不如大臣，但「似信似忠」總比朝臣好論是非，令人愛憐。但是蕺山提出君子與小人之不同：「小人每比周小人，以相引重，君子獨岸然自異。故自古有用小人之君子，終無黨比小人之君子。」〔註 108〕凡事欲成，必靠君子，若用小人，必防其反覆。

於此，再舉兩人爲例，本屬正直之士，但到魏忠賢掌權就枉道附勢、失節失路而甘爲鄉愿。一位是劉志選，劉志選與葉向高同舉進士。與同官劉復初、李懋檜一起爲王恭妃爭冊封。後李懋檜被貶官，劉志選上疏力爭，〔註 109〕貶爲州判官，後因大計罷官家居三十年。天啓初年，葉向高被召入閣後，劉志選被魏忠賢起用爲南京工部主事，進郎中。當時他已七十多歲，極力攻擊東林黨人，〔註 110〕受到讚賞，被召爲尙寶少卿。後又上疏稱頌閹黨，對魏忠賢曲盡阿諛之能事，〔註 111〕與萬曆年間抗疏直言時，判若兩人。

另一位爲王紹徽，早年爲鄒平知縣，後擢戶科給事中。「居官強執，頗以清操聞」，〔註 112〕聲名很好。其爲宣黨首領湯賓尹門生，以此故，吏部尙書孫丕揚用年例將他排擠出朝，任山東參議，王紹徽託病不就。魏忠賢執政後，

〔註 107〕《明史》卷二五五，〈劉宗周傳〉。

〔註 108〕同前註。

〔註 109〕《明史》卷三〇六〈閹黨傳〉：「陛下謫懋檜，使人箝口結舌，蒙蔽耳目，非國家福也。」

〔註 110〕同前註：「嗜進彌銳，上疏追論『紅丸』，極詆孫愼行不道。」

〔註 111〕同前註：「慷慨憂時，力障狂瀾於既倒者，魏廣微也，當還之揆席，以繼五臣之盛事。赤忠報國，弼成巨典於不日者，廠臣也，當增入簡端，以揚一德之休風。」

〔註 112〕《明史》卷三〇六〈閹黨傳〉。

召回朝替代左光斗官職，後拜爲吏部尙書。魏忠賢替侄子魏良卿求世封，王紹徽立即奏請皇上封魏良卿爲伯爵。魏忠賢要求追崇祖宗三代，王紹徽也使其達到目的。政治上幾經挫折，尤其遭東林黨人排擠，王紹徽扭曲平生操守，屈服於魏忠賢。

影響所及，萬曆末年，黨勢難解，內政空耗，貴州苗亂、河套流寇作亂。此時，清太祖高皇帝也於萬曆四十四年建元。此後內亂外患，愈演愈烈。天啓二年，河套寇再起。山東白蓮賊徐鴻儒反。崇禎元年陝西大飢流賊大起。崇禎三年，延綏、甘肅入衛之兵潰，與流賊合，崇禎六年李自成起，七年張獻忠入漢南。崇禎八年海盜劉香亂。張李二賊合眾且三十萬。清軍入侵，幾乎年年戒嚴，楊鎬、熊廷弼、袁崇煥等經略遼東屢起屢換，至崇禎十七年，李自成陷北京，吳三桂引清兵入關，李自成敗，明遂亡矣。清高宗乾隆在《明長陵神功聖德碑》指出：

> 明之亡非亡於流寇，而亡於神宗之荒唐，及天啓時閹宦之專橫，大臣志在祿位金錢，百官專務鑽營阿諛。及思宗即位，逆閹雖誅，而天下之勢，已如河決不可復塞，魚爛不可復收矣。而又苛察太甚，人懷自免之心。小民疾苦而無告，故相聚爲盜，闖賊乘之，而明社遂屋。嗚呼！有天下者，可不知所戒懼哉？

清高宗近看明末局勢，先有神宗之荒唐，才有天啓宦官之專橫，導致群臣無節，百姓失路，淪爲寇仇，所謂肉腐生蛆，天下遂土崩瓦解，不可復返。

二、末世人文情懷

承前節所述，士人處此環境裡，尙有一群未參與朝廷鬥爭，所謂「名士」者，其特徵就是，不認同當世，亦不被當世所認同，如袁小修所謂：「大端我輩畢竟是一肚不合時宜……爲長往之計，而庶幾處非仕非隱間，聊以藏身而玩世。」〔註 113〕這是當時名士之共相。袁中郎三進三退，〔註 114〕以奔波於樹

〔註 113〕《袁宏道集箋校》卷四，〈答錢受之〉。

〔註 114〕袁宏道（中郎）於萬曆二十年中進士，萬曆二十三年選爲吳縣令，但不久又辭官離職。後又授順天教授，補禮部儀制司主事，但兩年後又解官回鄉；萬曆三十四年，又入京補儀曹主事，不久又辭去。兩年後再入京，補吏部主事，轉考功員外郎，後又遷稽勛郎中，三十八年，還是歸鄉定居。其屢官屢辭，屢辭屢官，以作官爲天下最痛苦，但痛苦忘了又回到官場。是其官場角色與個人性格不斷糾纏故也。

上果和樹頭飯之間，比喻仕宦與歸隱間的患得患失。他處在是非紛紜的時代，把官場角色和個性分開看待，〔註 115〕本來官場角色和個性必須合一，此爲儒者所設計的士人。然實際運作中，個性有好惡，角色則需超越好惡；因此，從做事的態度，角色與個性應該分離，但作爲的成敗責任，則兩者須合一。中郎所稱「不得不二者，時也」，蓋指當時官場風氣，並非以理性決定是非，而是以好惡決定是非，故可以把官場成敗與個人責任分開。

再談湯顯祖，明史謂：「顯祖意氣慷慨……蹭蹬窮老。」〔註 116〕最能描述其個性及結局，當其上《論輔臣科臣疏》，見其意氣慷慨，但在隨後給其師張起潛先生的信中說：「今待罪三月不下，弟子不精不神，蓋可知矣。」〔註 117〕可見他不是一個意志堅強的人。另外，萬曆三十年勸阻達觀進京，並說：「邇來情事，達師應憐我。白太傅、蘇長公終是爲情使耳。」〔註 118〕可見其心學的狂，都表現在才華的發揮，無法於實務中展現。因其感性遠大於理性，適合詩文戲曲之創作，而拙於人事之應對。但違時傲物的個性仍然可敬，當其晚年窮困時，仍不求助於官署，他說：「欲以三十餘年進士，六十餘歲老人，時與末流後進，魚貫雁序於郡縣之前，卻步而行，伺色而聲，誠自覺其不類。因以自遠。」〔註 119〕在晚明社會，黨比營利成風，但湯顯祖依然能持自我氣節，寧願蹭蹬窮老，也不與世同流，確是難能可貴。

在此，把顯祖和他的好友達觀作一比較。萬曆三十年，達觀決意北上至京阻止礦稅時，湯顯祖給予勸阻，免遭不測。但達觀卻說：「僕一祝髮後，斷髮如斷頭，豈有斷頭之人，怕人疑忌耶？」〔註 120〕這是覺悟之後的生死自如，礦稅一事，足以讓顯祖棄官，而達觀卻義無反顧要與世道相搏，最後他也以一死印證自我的諾言。達觀認爲，斷絕情緣，並不礙做人間事；而顯祖認爲既入世而又無世情是不可能的。達觀忘情，並非無情；顯祖多情，執著有情，終難忘情。

再說狂士一類，也是一肚子不合時宜，李贄可爲代表，他觸遍官場的個性，不適於做政治人物，而其勇往直前，衝撞體制，富於創發，不辭異端，

〔註 115〕《袁宏道集箋校》卷四，〈題初簿罷官冊〉：「官與人非二也，有不得不二者，時也。……初君幸而人與官二耳。二之則官去而人猶在，然則上之人亦罷吳縣主簿耳，非罷君也，君今失吳縣主簿耳，君尚在也。」

〔註 116〕《明史》卷二三〇。

〔註 117〕《湯顯祖詩文集》卷四四，〈答張起潛先生〉。

〔註 118〕同前卷四五，〈寄達觀〉。

〔註 119〕同前卷四九，《答王宇泰》。

〔註 120〕《紫柏老人集》卷二三，《與湯義仍》。

是天生的學術人才，異議份子。他的苦難來自於此，他的名氣成就亦來自於此。如果李贄的這種衝撞，是一種甘成烈士的求死意識，那麼，另一個狷者的代表就是陳繼儒，他二十九歲就燒儒衣，棄宦途，鑒於世網難逃甘作天聾地啞，這是一種求生意識，所以他做山人，投文獻策，成就他人，獲得讚賞實利，卻不負任何責任。

狂者，他自我作主，感情用事，而不在意別人；狷者，他深思熟慮，理性較強，在意別人的觀感。無論中郎、顯祖，他們只能算是生活上的狂者，在事功上還是狷者。以上這些人他們雖遠離官場，卻沒有離開政治。

再觀東林黨人，爲當時社會做了什麼：東林黨藉由講學以議論朝政，社會運動政治化，但所有參與的人都捲入政治鬥爭之中，無法超出黨派之外，陷入以立場爲是非的迷失之中，一群沒有作爲的君子，卻製造出一群破壞力很強的小人，最後毀在自己製造的小人手上。但他們的忠直仍值得肯定：

> 數十年來，勇者燔妻子，弱者埋土室，忠義之盛，度越前代，猶是東林之流風餘韻也。一堂師友，冷風熱血，洗滌乾坤，無智之徒，竊竊然從而議之，可悲也夫！〔註121〕

東林表彰正義，諷議朝政，是渾濁世界之警鐘，但正義的呼喚，仍敵不過權力的壓制；深入朝政及人物的品評，仍無法爲紛亂如麻的晚明找到一條出路。

綜上而觀，士人關係天下興衰，風俗厚薄，其以道自任，作社會中流砥柱，任何時代都是責無旁貸。如呂坤所說：

> 愚不肖者不能任道，亦不能賊道，賊道全是賢智。後世無識之人，不察道之本然面目，示天下以大中至正之矩，而但以賢智者爲標的。世間有了賢智，便看的中道尋常，無以過人，不起名譽，遂薄中道而不爲。道之壞也，不獨賢智者之罪，而惟崇賢智，其罪亦不小矣。中庸爲賢智而作也。中足矣，又下個庸字，旨深哉！此難與曲局之士道。〔註122〕

呂坤直接了當的指出，任道、賊道全在賢智，而道之壞，不只賢智有罪，支持賢智者亦有罪，故賢智必須知所進退，才能任道而趨於中庸。如鄒元標早年以剛毅立朝著稱，但天啓元年四月還朝，首倡和衷之說，〔註123〕是一種對

〔註121〕《明儒學案》卷五八，〈東林學案〉一。

〔註122〕《呻吟集》卷一，〈談道〉。

〔註123〕《明史》卷二四三，〈鄒元標傳〉：「今日國事，皆二十年諸臣醞釀所成。往者

過去的反省，對現在的覺悟，對未來的期盼。其歷經萬曆全朝，見聞黨爭之耗損，表現老臣憂國之心，收斂當年憤厲之氣。雖顧憲成認爲「鄒忠介（元標）晚年論學，喜通融而輕節義。」〔註 124〕爲了政治的安定，放棄個人的意氣，展現一種包容和承受，在明代好爭愛名的環境中確實難得。

總之，領導者必須以福國利民爲志向，勤政愛民，樹立典範，鼓舞民心，以盡領導者之天職。但是，考諸歷史，常常不然，領導者常倚仗有權無責的優勢，濫用權力，表現野蠻傲慢與貪婪無恥，並製造更多的社會與價值的紊亂。作爲士人（現代所謂知識分子），傳承聖賢教化，時時標舉以天下爲己任，以經世濟民爲理想，但在政治威勢及社會誘惑中，士人往往放棄操持，失節失路；或是憤世嫉俗，與世浮沉。當領導者與士大夫團體共同趨於墮落，那麼，國家命運，人民福祉，就如同負薪蹈火之徒，雖神仙亦難以救治矣。

檢視中國儒士，最愛標榜仁治，爲此，塑造一個政治最大的異端，稱爲「國君」，把治理天下的責任交付給他，又規定士人對於國君是無條件的「忠貞」，因而，造成士人以「仁」爲己任，而國君以「權」爲己任的現實，使得士人之「道」永遠匍伏於國君之「勢」之前，這是從政治互動導引出人性最大之異端。幾千年來，中國的士大夫就在自己設計的網絡裏掙扎受罪。於是，處在這個異端的環境裡，士人有兩條路可以選擇，一條是冒著被貶、被辱、甚至失去生命的危險，對領導者作無休止的批判；一條是噤聲或附和，對領導者姑息縱容，那麼，士人將默默承擔領導者的昏庸與錯誤，並等待接受腐儒、鄉愿之污名。當士人走上仕宦之途，就必須把儒者的理想和官場的現實，詳細評估，清楚認識，不能對政治有任何的同情與幻想，也必須爲自己可能的遭逢，取得自我心理的平衡。

在任何時代，士人都是扮演維護規範、擔任清流、創造普世價值的角色，拒絕緘默，抵抗沉淪，永遠不放棄士人的理想與風範。亦即士人永遠代表時代的希望，也是國家盛衰存亡之所繫。回顧晚明，神宗、思宗也曾望治，卻只是浮光一掠，繼之以爭民利、用心腹、廢制度，漠視紀綱，致百官失節失

不以進賢讓能爲事，日錮賢逐能，而言事者又不降心平氣，專務分門立户。臣謂今日急務，惟朝臣和衷而已。朝臣和，天地之和自應。向之論人論事者，各懷偏見，偏生迷，迷生執，執而爲我，不復知有人，禍且移於國。今與諸臣約，論一人當惟公惟平，毋輕搖筆端；論一事當懲前慮後，毋輕試耳食，以天下萬世之心，衡天下萬世之人與事，則議論公，而國家自享安靜和平之福。」

〔註 124〕《明儒學案》卷六〇，〈東林學案〉三。

路，群龍無首，朋比相爭，以致國政空轉，加上潦旱連年，子民遂淪爲寇仇。有人而無人可用，有將不能治兵，有兵不能殺賊。黃鐘毀棄，瓦釜雷鳴，致有魏忠賢領群魔亂舞，剪除英豪如草芥，人才死於黨爭，非殉於職事，慘痛代價，孰令爲之？最後，內啓民寇，外引邦敵，至於亡國易朝，孰令致之？已不言而喻。環顧現今環境，統治集團陷溺於腐化和濫權，士人集團朋必成黨，引狠相擊，只有立場，沒有是非；只問輸贏，不問道理；以滿足個人慾望爲優先，背棄人民殷切期待；功利凌駕道德，價値系統瀕於崩解，社會淪爲「倉廩足仍不知榮辱，衣食足仍不知禮節」。當此之時，最需要的是士人展現無畏的批判勇氣，發揮最高的智慧力量，扮演社會的中流砥柱，喚醒政治應有的人性與客觀，找回倫理與秩序的生活常軌，庶幾晚明成爲一面反照的鏡子，而非相同命運的類比。

主要參考書目

一、古　籍（依朝代順序，同朝代依作者出生先後排列）

1. 《朱子文集》，宋・朱熹，上海商務印書館，1937年。
2. 《朱子語類》，宋・朱熹，北京：中華書局，1994年。
3. 《陸象山全集》，宋・陸九淵，台北：世界書局，1979年再版。
4. 《陸九淵集》，宋・陸九淵，北京：中華書局，1980年。
5. 《萬曆野獲編》，明・沈德符，台北：偉文書局，1976年。
6. 《日知錄》，明・顧炎武，台北：明倫出版社，1970年三版。
7. 《明儒學案》，明・黃宗羲撰，台北：華世出版社，1987年。
8. 《宋元學案》，明・黃宗羲撰、清・全祖望補修，中華書局，1986年。
9. 《曹月川集》，明・曹端，台北：台灣商務印書館，1983年。
10. 《讀書錄》，明・薛瑄，台北：廣文書局，1975年。
11. 《陳獻章集》，明・陳獻章，北京：中華書局，1987年第一版。
12. 《居業錄》，明・胡居仁，上海：上海古籍出版社，1987年。
13. 《胡敬齋集》，明・胡居仁，北京：中華書局，1985年。
14. 《大學衍義補》，明・丘濬，日本京都市：中文出版社，1979年。
15. 《困知記》，明・羅欽順，台北：廣學社印書館，1975年初版。
16. 《滄溟先生集》，明・李攀龍，上海：上海古籍出版社，1992年。
17. 《甘泉文集》，明・湛若水，台大圖書館藏（清同治丙寅葺刻資政堂藏版）。
18. 《王陽明全集》，明・王守仁，上海：上海古籍出版社，1992年。
19. 《王廷相集》，明・王廷相，北京：中華書局，1989年。

20. 《空同集》，明・李夢陽，台北：臺灣商務印書館，1983 年。
21. 《王心齋全集》，明・王艮，台北：廣文書局，1987 年再版。
22. 《王龍溪全集》，明・王畿，台北：華文書局，1970 年。
23. 《念庵文集》，明・羅洪先，台北：臺灣商務印書館，1983 年。
24. 《荊川先生文集》，明・唐順之，台北：臺灣商務印書館，1967 年。
25. 《徐文長佚草》，明・徐渭，續修《四庫全書集部別集類》，上海：上海古籍出版社，1995 年。
26. 《徐文長三集》，明・徐渭，續修《四庫全書集部別集類》上海：上海古籍出版社，1995 年。
27. 《徐文長文集》，明・徐渭，續修《四庫全書集部別集類》，上海：上海古籍出版社，1995 年。
28. 《弇州山人四部稿》，明・王世貞，台北：偉文書局，1976 年。
29. 《張太岳文集》，明・張居正，上海：上海古籍出版社，1984 年。
30. 《耿天臺先生文集》，明・耿定向，台北：文海出版社，1970 年。
31. 《焚書／續焚書》，明・李贄，臺北縣樹林鎮：漢京文化事業，1984 年。
32. 《呻吟語》，明・呂坤，台北：河洛出版社，1974 年。
33. 《焦氏澹園集》，明・焦竑，台北：偉文圖書公司，1977 年。
34. 《焦氏筆乘》，明・焦竑，上海：上海古籍出版社，1986 年。
35. 《東越證學錄》，明・周汝登，臺北縣永和鎮：文海書局，1970 年。
36. 《小心齋劄記》，明・顧憲成，台北：廣文書局，1975 年初版。
37. 《顧端文公集》，明・顧憲成，上海：上海古籍出版社，1995 年。
38. 《涇皋藏稿》，明・顧憲成，四庫全書集部別集類，台北：臺灣商務印書館，1983 年。
39. 《高子遺書》，明・高攀龍，四庫全書集部別集類，台北：臺灣商務印書館，1983 年。
40. 《少墟集》，明・馮從吾，台北：臺灣商務印書館，1974 年。
41. 《白蘇齋類集》，明・袁宗道，台北：偉文圖書公司，1976 年。
42. 《袁宏道集箋校》，明・袁宏道著、錢伯城箋校，上海：上海古籍出版社，1979 年。
43. 《珂雪齋集》，明・袁中道，台北：偉文圖書公司，1976 年。
44. 《湯顯祖詩文集》，明・湯顯祖，上海：上海古籍出版社，1982 年。
45. 《綸扉奏草》，明・葉向高，四庫全書史部詔令奏議類，上海：上海古籍出版社，1995 年。
46. 《隱秀軒集》，明・鍾惺，上海：上海古籍出版社，1992 年。

47. 《譚友夏合集》，明・譚元春，台北：偉文書局，1976 年。
48. 《馮夢龍全集》，明・馮夢龍，江蘇：江蘇古籍出版社，1993 年。
49. 《鴻苞》，明・屠隆明萬曆刊本。
50. 《文徵明集》，明・文徵明，上海：上海古籍出版社，1987 年。
51. 《小窗幽記》，明・陳繼儒，台北：文津出版社，1985 年。
52. 《陶庵夢憶》，明・張岱，臺北縣樹林鎮：漢京文化事業，1984 年。
53. 《徐光啓集》，明・徐光啓、王重民輯校，台北：明文書局，1986 年。
54. 《農政全書》，明・徐光啓、石聲溪校注，台北：明文書局，1981 年。
55. 《劉子全書及遺編》，明・劉宗周，日本京都市：中文出版社，1981 年。
56. 《黃宗羲全集》，明・黃宗羲，杭州：浙江古籍出版社，1985 年第一版。
57. 《雕菰集》，明・焦循，台北：鼎文書局，1977 年。
58. 《先撥志始》，明・文秉，北京：中華書局，1985 年。
59. 《苑洛集》，明・韓邦奇，台北：臺灣商務印書館，1973 年。
60. 《聞雁齋筆談》，明・張大復，四庫全書子部雜家類，上海：上海古籍出版社，1995 年。
61. 《客座贅語》，明・顧起元，續修四庫全書子部小說家類，上海：上海古籍出版社，1995 年。
62. 《松窗夢語》，明・張瀚，續修四庫全書子部雜家類，上海：上海古籍出版社，1995 年。
63. 《西園見聞錄》，明・張萱，臺北縣永和市：文海書局，1984 年。
64. 《安雅堂稿》，明・陳子龍，台北：偉文圖書公司，1977 年。
65. 《廣志繹》，明・王士性，台北：新興書局，1986 年。
66. 《四友齋叢說》，明・何良俊，北京市：中華書局，1985 年。
67. 《雲間據目抄》，明・范濂，台北：新興書局，1968 年。
68. 《容台集》，明・董其昌，台北：國立中央圖書館，1968 年。
69. 《識小錄》，明・徐樹丕，台北：新興書局，1985 年。
70. 《虞初新誌》，明・張潮，台北：廣文書局，1968 年。
71. 《五雜組》，明・謝肇淛，台北：新興書局，1971 年。
72. 《留青日札摘抄》，明・田藝蘅，台北：廣文書局，1969 年。
73. 《天工開物》，明・宋應星，台北：臺灣商務印書館，1965 年。
74. 《太函集》，明・汪道昆，續修四庫全書集部別集類，上海：上海古籍出版社，1995 年。
75. 《四書遇》，明・張岱，續修四庫全書子部雜家類，上海：上海古籍出版社，1995 年。
76. 《碧血錄》，明・黃煜，台北：新興書局，1978 年。
77. 《説郛續》，明・陶宗儀纂，張宗祥集校，台北：新興書局，1972 年。
78. 《明季三朝野史》，明・顧炎武，台灣文獻一〇六種、台銀研究室。
79. 《明史》，清・張廷玉等，台北：鼎文書局，1975 年。
80. 《明紀》，上下清・陳鶴撰，台北：世界書局，1962 年。
81. 《明會要》，上下清・龍文彬撰，台北：世界書局，1963 年。
82. 《明通鑒》，上中下清・夏燮撰，長沙：岳麓書社，1999 年。
83. 《明史紀事本末》，清・谷應泰，台北：三民書局，1985 年。
84. 《列朝詩集小傳》，清・錢謙益撰，台北：世界書局，1965 年。
85. 《復社紀略》，清・陸世儀，台北：廣文書局，1977 年。
86. 《三魚堂文集》，清・陸隴其四庫全書集部別集類，台灣：台灣商務印書館，1983 年。
87. 《國朝漢學師承記》，清・江藩，北京：中華書局，1998 年。
88. 《寒夜錄》，清・陳宏緒，北京：中華書局，1985 年。
89. 《東林列傳》，清・陳鼎編著，台北：新文豐書局，1975 年。
90. 《柳南隨筆》，清・王應奎，台北：廣文書局，1969 年。
91. 《閒情偶寄》，清・李漁續修四庫全書子部雜家類，上海：上海古籍出版社，1995 年。

二、文史哲專著（依出版順序排列）

1. 《中國明代思想史》，王健。北京：人民出版社，1944 年第一版。
2. 《中國文化史》上下，陳登原，台北：世界書局，1962 年。
3. 《史林雜識初編》，顧頡剛，台北：中華書局，1963 年。
4. 《晚明史籍考二十卷》，謝國楨輯，台北：藝文印書館，1968 年。
5. 《李卓吾評傳》，容肇祖，台北：臺灣商務印書館，1973 年。
6. 《明代史》，孟森，台北：華平出版社，1975 年初版。
7. 《國史大綱》，錢穆，台北：臺灣商務印書館，1976 年。
8. 《宋明理學概述》，錢穆，台北：台灣學生書局，1977 年。
9. 《明代思想史》，容肇祖，台北：台灣開明書店，1978 年台五版。
10. 《明清儒學家著述生卒表》，(上下二冊)，麥仲貴，台北：台灣學生書局，1980 年初版。
11. 《明清史》，姜公韜著，台北：長橋出版社，1980 年。
12. 《柳如是別傳》，陳寅恪，上海：上海古籍出版社，1980 年。

13. 《增訂晚明史籍考》，謝國禎，上海：上海古籍出版社，1981
14. 《王陽明與禪》，陳榮捷，台北：台灣學生書局，1984 年初版。
15. 《從陸象山到劉蕺山》，牟宗三，台北：台灣學生書局，1984 年再版。
16. 《王陽明》，秦嘉懿，台北：東大圖書公司，1987 年初版。
17. 《晚明思潮與社會變動》，淡江大學中文系主編，台北：弘化文化事業，1987 年。
18. 《晚明文學革新派公安三袁研究》，張國光，黃清泉主編，湖北省：華中師範大學，1987 年。
19. 《竟陵派與晚明文學革新思潮》，湖北省：武昌武漢大學，1987 年第一版。
20. 《心學的現代詮釋》，姜允明，台北：東大圖書公司，1988 年初版。
21. 《晚明性靈小品研究》，曹淑娟撰，台北：文津出版社，1988 年。
22. 《「晚明文人」型態之研究》，黃明理撰，臺北撰者，1989 年。
23. 《明末奇才——張岱論》，夏咸淳著，上海：上海社會科學院，1989 年。
24. 《左派王學》，嵇文甫，台北：國文天地，1990 年。
25. 《萬曆十五年》，黃仁宇，台北：食貨，1990 年。
26. 《晚明小品與明季文人生活》，陳萬益，台北：大安出版社，1992 年。
27. 《牟宗三新儒學論著輯要》，鄭家棟編，中國廣播電視出版社，1992 年。
28. 《中國歷史上轉型時期的知識份子》，余英時，台北：聯經出版社，1992 年。
29. 《儒家的心學傳統》，楊祖漢著，台北：文津出版社，1992 年。
30. 《中國實學文化導論》，葛榮晉，中國社會科學出版社，1992 年。
31. 《中國儒學史》，趙吉惠等編，鄭州市中州古籍出版社，1993 年。
32. 《宋明理學》，陳來著，台北：洪葉文化，1993 年。
33. 《明中晚期理學的對峙與合流》，于化民著，台北：文津出版社，1993 年初版。
34. 《晚明士風與文學》，夏咸淳著，北京：中國社會科學出版社，1994 年。
35. 《湯顯祖與晚明文化》，鄭培凱著，台北：允晨文化，1995 年。
36. 《明代商賈與世風》，陳大康著，上海：上海文藝出版社，1996 年。
37. 《士與中國文化》，余英時，上海：上海人民出版社，1996 年。
38. 《萬曆傳》，樊樹志著，台北：台灣商務印書館，1996 年。
39. 《晚明思想史論》，嵇文甫，北京：東方出版社，1996 年。
40. 《佛教與晚明文學思潮》，黃卓越著，北京：東方出版社，1997 年。
41. 《李贄與晚明文學思想》，左東嶺，天津：人民出版社，1997 年。

42. 《晚明士人心態及文學個案》，周明初，北京：東方出版社，1997 年。
43. 《中國儒學》，一二三四卷，龐樸主編，上海：東方出版中心，1997 年。
44. 《宋明理學史》，上下冊，侯外廬、邱漢生、張豈之主編，北京：人民出版社，1997 年。
45. 《明代人口流動與社會變遷》，牛建強著，開封市：河南大學出版社，1997 年。
46. 《新編中國哲學史》，一二三，勞斯光著，台北：三民書局，1998 年。
47. 《理學的演變・從朱熹到王夫之戴震》，蒙培元著，福州：福建人民出版社，1998 年。
48. 《湯險祖的情與夢》，鄒元江著，南京市：南京出版社，1998 年。
49. 《景山的晚風：大明帝國的衰亡》，夏維中著，南京：江蘇人民出版社，1998 年。
50. 《西學與晚明思想的裂變》，何俊，上海：上海人民出版社，1998 年第 1 版。
51. 《衝決名教的羈絡——陽明心學與明清文藝思潮》，潘運告著，湖南教育出版社，1999 年。
52. 《晚明學術與知識分子論叢》，周志文著，台北：大安出版社，1999 年。
53. 《浪漫情感與宗教精神：晚明文學與文化思潮》，王崗著，香港：天地圖書，1999 年。
54. 《中國儒教史》，上中下李申著，上海：上海人民出版社，2000 年。
55. 《王學與中晚明士人心態》，左東嶺，北京：人民文學出版，2000 年。
56. 《明代宦官和宮廷》，溫功義著，重慶出版社，2000 年。
57. 《明清時期歐洲人眼中的中國》，吳孟雪著，北京：中華書局，2000 年。
58. 《王陽明與明末儒學》，日・岡田武彥著，上海：上海古籍出版社，2000 年。
59. 《儒釋道與晚明文學思潮》，周群著，上海：上海書店，2000 年。
60. 《陽明後學研究》，吳震，上海：上海人民出版社，2003 年。
61. 《良知學的展開 —— 王龍溪與中晚明的陽明學》，彭國翔，台北：學生書局，2003 年。
62. 《縱樂的困惑：明朝的商業與文化》，卜正民著，方駿等譯，台北：聯經出版社，2004 年。
63. 《晚明思潮》，龔鵬程，台北：里仁書局，2005 年再版。

三、學位論文

1. 《禪學與明代心學》，黎金剛，台北：臺灣師大國研所碩士論文，1972 年。

2. 《東漢士風及其轉變》，張蓓蓓，台北：台大中文研究所碩士論文，1979年。
3. 《明末東林運動新探》，林麗月，台北：臺灣師大歷史研究所博士論文，1984年。
4. 《明清之際儒家思想的變遷與發展》，林聰舜，台北：臺灣師大國研所博士論文，1985年。
5. 《王陽之人格教育思想》，文琯龍，台北：臺灣師大教研所博士論文，1987年。
6. 《陽明「內聖之學」研究》，台北：臺灣師大國研所碩士論文，1988年。
7. 《無善無惡的理想道德主義》，曾陽晴，台北：台大中文所碩士論文，1988年。
8. 《明嘉靖年間朱子學派批判》，鄭德熙，台北：文化大學史研所博士論文，1988年。
9. 《王龍溪良知四無說析論》，邱財貴，台北：臺灣師大國研所碩士論文，1990年。
10. 《從理本論到氣本論》，胡森永，台北：台大中文所博士論文，1991年。
11. 《明代書院講學的研究》，王崇竣，台北：臺灣師大歷史所碩士論文，1993年。
12. 《王門天泉證道研究——從實踐的觀點衡定「四無」、「四有」與「四句教」》，高瑋謙，中壢：中央大學哲研所碩士論文，1993年。
13. 《明末清初遺民逃禪之風研究》，廖肇亨，台北：台大中文研究所碩士論文，1994年。
14. 《晚明文藝社會「山人崇拜」之研究》，林宜蓉，台北：臺灣師大國文所碩論，國研所集刊39，1995年。
15. 《良知學的轉折——聶雙江與羅念庵思想之研究》，林月惠，台北：台大中文所博士論文，1995年。
16. 《王心齋思想與泰州學派》，王開府，台北：臺灣師大國研所碩士論文，1996年。
17. 《中國書院教育哲學之研究》，陳旻志，台北：淡大中文所碩士論文，1996年。
18. 《王陽明與禪佛教之關係研究》，林惠勝，台北：臺灣師大國研所博士論文，1996年。
19. 《回歸原始儒學：晚明清初儒學風氣之探討》，曹美秀，台北：台大中文研究所碩士論文，1998年。
20. 《中晚明文藝場域「狂士」身分之研究》，林宜蓉，台北：臺灣師大國研所博士論文，2003 年。

21. 《晚明極端個人主義的「聖人之學」——「異端」李卓吾新論》，台北：臺灣師大國研所博士論文，2006 年。

四、期刊論文

1. 〈對「致良知」前後的一個考察〉蔡仁厚，《陽明學學術討論集》，1988 年。
2. 〈儒家之兩輪哲學與現代化〉陳榮捷，《哲學與文化》，第十五卷第二期，1988 年。
3. 〈從現成良知看王學的衍化〉楊國榮，《哲學與文化》，第十七卷第七期，1990 年。
4. 〈王陽明哲學的理解與詮釋〉陳來，《哲學研究》，第一期，1991 年。
5. 〈晚明文人的休閑理念及其實踐〉曹淑娟，《户外游憩研究》，四卷三期頁 35～63，1991 年。
6. 〈晚明「崇奢」思想隅論〉，林麗月，《臺灣師大歷史學報》，1991 年。
7. 〈從異端出發——晚明社會與「公安派」文學〉，鄭明娳，《聯合文學》，1991 年。
8. 〈晚明文士風尚〉，黄桂蘭，《東南學報》，1992 年。
9. 〈晚明——一個停滯但注重内省的時代〉，黄仁宇，《歷史月刊》，1992 年。
10. 〈聶雙江歸寂説之衡定〉，林月惠，《嘉義師院學報》，第六期，1992 年。
11. 〈談宋明理學中的體用一源觀〉，朱伯昆，《中國哲學史》，創刊號，1992 年。
12. 〈晚明士大夫對婦女意識的注意〉，鄭培凱，《九州學刊》，第六卷第 2 期，1994 年。
13. 〈晚明顧黃二儒經世思想之比較〉，陳允成，《台中商專學報》，第 26 期，1994 年。
14. 〈羅近溪與晚明王學之發展〉，龔鵬程，《國立中正大學學報》，1994 年。
15. 〈晚明天主教思想對士大夫之影響〉，賈二強，《哲學與文化》，1994 年。
16. 〈宋明理學對佛道的批判與轉化——特舉陽明「出入佛老」爲例〉，唐亦男，《成大中文學報》，第 2 期，頁 13～33，1994 年。
17. 〈晚明小品文作家的思想及其生活〉，張宗良，《台南家專學報》，14 期，頁 17～24，1995 年。
18. 〈戴震對宋明理學的批評〉，張壽安，《漢學研究》，第十三卷第一期，頁 15～41，1995 年。
19. 〈論江右王門的學脈流衍〉，蔡仁厚，第三屆國際新儒學會議，1995 年。

20. 〈晚明小品文作家的思想及其生活〉，張忠良，《臺南家專學報》，1995年。
21. 〈晚明文藝社會「山人崇拜」之研究〉，林宜蓉，《國立台灣師範大學國文研究所集刊》，1995年。
22. 〈眞情與享樂——論晚明小品的兩個主題〉，周志文，《中華學苑》，48期，頁65～78，1996年。
23. 〈晚明西方科技知識的傳入與中國知識界〉，常紹溫，《文化雜誌》，1996年。
24. 〈對晚明小品的幾點反思〉，何寄澎，《中華學苑》，1996年。
25. 〈晚明文人的休閒生活及其反映的時代意義，李明宗，《台灣師大體育研究（復刊號）》，1997年。
26. 〈晚明閑賞美學之品味鑒識系統〉，毛文芳，《國立編譯館館刊》，1997年。
27. 〈晚明社會與少年中郎思想的形成〉，林美秀，《高雄科學技術學院學報》，1997年。
28. 〈晚明心態與晚明習氣〉，吳承學、李光摩，《文學遺產》，1997年第六期。
29. 〈趣：晚明新派文士一種重要的審美追求〉，王成，《淮北煤師院學報社會科學版》，1998年第一期。
30. 〈晚明小品文的「趣」與「眞」〉，黃暉，《運城高專學報哲學社會科學版》，1998年3月第16卷第1期。
31. 〈聖學教化的弔詭：對晚明陽明講學的一些觀察〉，呂妙芬，《中央研究院近代史研究所集刊》，1998年。
32. 〈晚明心學的衍化〉，楊國榮，《孔孟學報》，1998年。
33. 〈從魏晉玄風到王門狂禪〉，夏清瑕，《江淮論壇》，1999年6期。
34. 〈晚明流寇及其氣候背景〉，林思帆、羅瑞婷，《地裡教育》，1999年。
35. 〈閱讀與夢憶——晚明旅遊小品式論〉，毛文芳，《中正大學中文學術年刊》，第3期，頁 ～44，2000年。
36. 〈論晚明大山人陳繼儒的文化性格及其形成原因〉，張靜秋，《中國文化月刊》，2000年。
37. 〈重組與對話：晚明小品文之自我書寫〉，許麗芳，《國文學誌》，2000年。
38. 〈論晚明哲學的主體性轉向〉，傅小凡，《鵝湖月刊》，2000年。
39. 〈明代文人辨析〉，陳寶良，《漢學研究》，第19卷第1期，頁187～218，2001年。
40. 〈晚明「狂禪」探論〉，毛文芳，《漢學研究》，第十九卷第2期，頁171～200，2001年。
41. 〈世俗人生：儒家經典生活的窘境與晚明士人社會角色的轉化〉《西南師

範大學學報・人文社會科學版》，2001 第 27 卷第 5 期。

42. 〈禪悅士風與晚明小品〉，羅筠筠，《文學評論》，2001 年第 1 期。
43. 〈晚明小品中的人文精神〉，季桂起，《德州學院學報》，2001 年第 17 卷第 1 期。
44. 〈論陽明心學與晚明小品的體道方式〉，劉萬里，《北方論叢》，2003 年第 3 期。
45. 〈晚明「狂禪」考〉，趙偉，《南開學報・哲學社會科學版》，2004 年第 3 期。
46. 〈晚明思想的怯懦〉，元尚，《新京報・書評周刊》，2005 年 11 月 4 日。